JOSÉ MORAIS

L'ART DE LIRE

EDITIONS
ODILE JACOB

ISBN 2-7381-0263-6

15, RUE SOUFFLOT, 75005 PARIS

Remerciements

À Dona Rita, pour m'avoir appris à lire.

À Dona Marília, pour m'avoir donné mon premier prix d'écolier, un livre.

À mes parents, pour m'avoir montré la liberté de lire et de penser.

À mon grand-père, Jorge Pereira de Morais, pour m'avoir éveillé au goût de l'écriture.

À Marina Pestana e Vergílio Ferreira, pour m'avoir ciselé le goût de la littérature.

À Paul Bertelson, pour m'avoir initié à la science cognitive de la lecture.

À Paul encore, mais aussi à Monique, Jesus, Daniel (« les vieux du labo »), Alain, Régine, Philippe, Jacqueline (« les jeunes »), pour m'avoir laissé partager leurs recherches et connaissances pendant tant d'années.

À Bénédicte de Boysson-Bardies, pour m'avoir demandé d'écrire ce livre et m'avoir soutenu, mais aussi pour l'avoir revu avec rigueur et gentillesse.

À Catherine Francisse et à Leonor Scliar-Cabral, pour l'avoir lu et critiqué dans l'esprit de l'amitié dont elles me comblent.

À Jean-Luc Fidel, pour y avoir beaucoup contribué par ses conseils judicieux.

À Régine, pour m'avoir toujours dit que je devais l'écrire ; pour l'avoir lu, finement, idée à idée, lettre à lettre ; (mais surtout...) pour m'avoir redonné la passion de la lecture ; pour partager ses lectures avec moi.

À Sérgio, Inês et David, parce qu'ils me liront, chacun à leur manière.

INTRODUCTION

Le défi de la lecture

« Je ne sais comment j'appris à lire ; je ne me souviens que de mes premières lectures », a écrit Rousseau. Comme tous les arts cognitifs, la lecture, une fois qu'on la maîtrise, est simple, immédiate, et ne demande pas d'effort apparent. L'art de lire est un art oublié, intériorisé, renvoyé à des opérations automatisées dans des réseaux de neurones inaccessibles. Heureusement ! Si nous devions y penser, nous ne pourrions pas lire. Nous ne parviendrions pas non plus à nous endormir si nous voulions savoir comment nous nous endormons. À l'instant où nous nous endormons et où il faut justement faire bien attention, nous sommes malencontreusement toujours distraits...

L'art de lire et l'art d'écrire sont, comme l'art de parler et celui de percevoir, des arts méconnus. On s'en sert le plus souvent sans respect ni reconnaissance. Le mot « art » se réfère, d'après le Petit Robert, à un ensemble de moyens, de procédés réglés qui tendent à une certaine fin. En ce sens, lire et écrire constituent bien des arts. Les lecteurs disposent de l'art de lire, les scripteurs de l'art d'écrire, et s'ils utilisent intentionnellement leur art, ils n'en connaissent consciemment ni les moyens ni les procédés.

À quoi bon alors vouloir percer cette opacité ? Il est au moins trois raisons pour cela. La curiosité, d'abord, en l'occurrence le désir inné qu'a l'homme de se connaître. De plus, une telle connaissance peut servir à créer des machines qui lisent, qui pratiquent ce qu'on appelle la lecture automatique. Enfin, et c'est la raison d'être de ce livre, la compréhension des processus de lecture et de l'acquisition de ces processus peut aider à mettre en place des méthodes d'instruction et des techniques de rééducation appropriées.

La lecture est une affaire publique. Elle est un moyen de prise d'information (et l'écriture un moyen de transmission d'information), donc une composante d'un acte social. Mais elle constitue aussi une délectation individuelle. On est en droit d'exiger des États qu'ils s'occupent d'œuvrer au progrès social et, pourquoi pas ?, de garantir aussi les conditions du plaisir personnel. En conséquence, les États ont le devoir de faire en sorte que tous puissent, s'ils le veulent, jouir de la lecture et de l'écriture. L'intimité silencieuse du liseur et du scripteur isolés du monde est une affaire qui concerne chacun d'entre nous, tout autant que la capacité de lire et d'écrire adaptées aux besoins de la communication dans la société informatique.

La lecture, plaisir personnel

> Antonio José Bolivar Proaño [...] lisait lentement en épelant les syllabes, les murmurant à mi-voix comme s'il les dégustait et, quand il avait maîtrisé le mot entier, il le répétait d'un trait. Puis il faisait la même chose avec la phrase complète, et c'est ainsi qu'il s'appropriait les sentiments et les idées que contenaient les pages.
>
> Quand un passage lui plaisait particulièrement, il le répétait autant de fois qu'il l'estimait nécessaire pour découvrir combien le langage humain pouvait aussi être beau.
>
> Luis Sepúlveda,
> *Le Vieux qui lisait des romans d'amour.*

Les plaisirs de la lecture sont multiples. On lit pour savoir, pour comprendre, pour réfléchir. On lit aussi pour la beauté du langage, pour s'émouvoir, pour se troubler. On lit pour partager.

On lit pour rêver et pour apprendre à rêver (*« Il y a plusieurs manières de rêver. [...] La meilleure manière de commencer à rêver est par le moyen des livres. [...] Apprendre à se remettre totalement à la lecture, à vivre absolument avec les personnages d'un roman – voilà le premier pas »*, Fernando Pessoa, *alias* Bernardo Soares, *Le Manuel du rêveur : les degrés du rêve*). On lit même pour oublier (*« E ler é esquecer »* – *« Et lire, c'est oublier »*, Fernando Pessoa, *Œuvre poétique*).

La lecture a été souvent identifiée à la nutrition. Un texte, suivant notre faim et notre disposition momentanées, on l'avale, on le dévore, on le mâche, on le déguste. Lire, c'est brouter (Roland Barthes, *Le Plaisir du texte*), c'est digérer (Nietzsche, *Le Gai savoir*). *« J'avais [...] lu, [...] c'est-à-dire relu et ruminé »* (Amin Maalouf, *Le Premier Siècle après Béatrice*). Et si le texte est poétique, la poésie étant sans doute plus éthérée que la prose, lire, c'est aussi respirer (*« Il aspira Pouchkine (le volume des poumons du lecteur de Pouchkine s'agrandit) »*, Nabokov, *Le Don*).

On croit toucher le texte, bien que nous n'ayons de contact physique qu'avec son support. Qu'il soit inscrit sur du papier rêche ou velouté, on peut l'effleurer et le pincer (Montaigne, *Essais*), on peut le tondre (Barthes), on peut le cueillir. Un texte, on le retouche ou on le vénère. On le repousse et on le reprend. Plus sauvagement, on le craque entre nos doigts : *« Chaque fois que j'ai lu Shakespeare, il m'a semblé que je déchiquette la cervelle d'un jaguar »* (Isidore Ducasse, dit le comte de Lautréamont, *Poésies*).

D'objet (allons... je vais prendre un livre !), le texte devient être vivant. Il respire, sue, se fait lire ou se refuse. Il nous enveloppe : *« Elle qui, d'ordinaire, chaque fois qu'elle ouvrait le premier livre rencontré, s'y plongeait aussitôt tout entière avec le mouvement instinctif d'une créature aquatique rentrant en contact avec son élément naturel [...] »* (Nabokov, *Ada ou l'ardeur*).

Nous ne lisons pas tous un même texte de la même manière. Il est des lectures respectueuses, analytiques, des lectures pour faire entendre les mots et les phrases, des lectures pour réécrire, imaginer, rêvasser, des lectures narcissiques où l'on se cherche, des lectures magiques où des êtres et des sentiments inattendus se matérialisent et bondissent devant nos yeux éberlués. Il est des lectures où *« un sentiment que le texte apparaît comme étant entièrement nouveau, jamais vu auparavant, est suivi, presque immédiatement, du sentiment qu'il était* toujours là [en italique dans le texte], *que nous, les lecteurs, savions qu'il était toujours là et que nous l'avons* toujours connu *comme il l'était, bien que nous le reconnaissions maintenant pour la première fois* [...] » (A. S. Byatt, *Possession*).

Nous ne lisons pas tous les mêmes livres, nous n'avons pas tous les mêmes désirs. La liberté, y compris la liberté arrachée, conquise de front ou subrepticement, est indispensable à l'expérience passionnante de la lecture. Cent trente-six ans après le jugement de *Madame Bovary* (*« Il y a des limites que la littérature* [...] *ne doit pas dépasser »*), il faut toujours refuser de se soumettre à la question, prononcée par Maître Sénard à la fin de sa plaidoirie : *« La lecture d'un tel livre donne-t-elle l'amour du vice ? Inspire-t-elle l'horreur du vice ? »* La lecture est elle-même un vice, mais impuni (Valéry Larbaud) et au-dessus des lois.

Le plaisir de lire ignore les préceptes de sagesse ou de normalité. Aliéné, le Don Quichotte de Cervantes n'en est pas moins un liseur heureux : *« Je ne m'étendrai pas davantage là-dessus, mais, de ce que je viens de dire, on peut conclure qu'à n'importe quel endroit qu'on ouvre un livre de chevalerie errante, on y trouve toujours de quoi s'amuser et s'émerveiller. Croyez-moi, monsieur, lisez ces livres, comme je vous l'ai déjà conseillé : vous verrez qu'ils chasseront votre mélancolie, si vous en avez, et qu'ils adouciront votre humeur, si elle est mauvaise. »*

Dans un livre que je me plairai à citer souvent (*Comme un roman*), Daniel Pennac écrit : *« L'homme* [...] *lit parce qu'il se sait seul. »* Et il explique : *« Le vrai plaisir du roman tient en la découverte de cette intimité paradoxale : L'auteur et moi... La solitude de cette écriture réclamant la résurrection du texte par ma propre voix muette et solitaire. »* Répondant à la solitude, la lecture émerge comme recherche et preuve d'amour : *« Ce que nous avons lu de plus beau, c'est le plus souvent à un être cher que nous le devons. Et c'est à un être cher que nous en parlerons d'abord. »* Cette offre exaltante de communion, qui n'est pas spécifique de la lecture mais que partagent toutes les formes d'art, est généralement négligée dans le lieu même – l'école – qui érige la lecture en devoir social.

On entend souvent les gens préoccupés du manque croissant d'intérêt pour la lecture dire et redire que la maîtrise de la compréhension est une condition nécessaire pour que le plaisir de lire puisse se développer chez l'enfant. Étrange idée ! Y aurait-il toujours un seul entendement possible (ce qu'on appelle parfois une « lecture ») de chaque texte ? Est-il raisonnable d'enfermer le plaisir de lire dans un espace muré par des règles d'interprétation ? Le plaisir est libre ou il n'est pas plaisir. Je ne doute pas qu'il vaille mieux, du point de vue de l'adéquation à la réalité, interpréter correctement un texte, mais la question n'est pas là. Demandons-nous plutôt si, au nom du sacro-saint principe de la compréhension, nous devons tuer le plaisir dans l'œuf. Devons-nous vraiment exiger de l'enfant qu'il comprenne – à notre manière – le texte qu'il lit, avant qu'il ne prenne plaisir à sa lecture ? S'il comprend le texte autrement que nous, ce n'est pas nécessairement parce qu'il s'abuse en décodant les signes graphiques, mais, souvent, parce que les mots lus activent un univers mental, des connaissances et des procédures de raisonnement qui ne correspondent pas exactement aux nôtres.

Antonio José Bolivar, le héros de Sepúlveda (*Le Vieux qui lisait des romans d'amour*), exemplifie bien le fait que le plaisir ne se nourrit pas de vérité mais d'insolite et d'imagination. Il n'avait connu que la petite ville de Ibarra, une place avec une cathédrale, et des pâtés de maisons toutes blanches. *« Là s'arrêtait sa connaissance du monde et, en suivant les intrigues qui se déroulaient dans des villes aux noms lointains et sérieux tels que Prague ou Barcelone, il avait l'impression que le nom d'Ibarra n'était pas celui d'une ville faite pour les amours immenses. »* La neige, *« il l'avait vue comme une peau de mouton mise à sécher au balcon du volcan Imbabura »* ; la gondole était sans doute une barque ou une pirogue. *« Quant à Paul, il était clair que ce n'était pas un individu recommandable, puisqu'il donnait un "baiser ardent" à la jeune fille en présence d'un ami, complice de surcroît. »* Et pourtant, écrit Sepúlveda,

« ce début [du roman qu'il lisait] *lui plaisait. Il était reconnaissant à l'auteur de désigner les méchants dès le départ. De cette manière, on évitait les malentendus et les sympathies non méritées. Restait le baiser – quoi déjà ? – " ardent ". Comment est-ce qu'on pouvait faire ça ? »*

L'homme est un mélange, parfois doux et parfois explosif, de principe de plaisir et de principe de réalité. Détachons-nous donc de la visée envoûtante du serpent...

Les excès de la lecture peuvent être sévèrement jugés : *« Il faut savoir que, pendant les moments où notre gentilhomme était oisif (et c'était presque toute l'année), il s'adonnait à la lecture des livres de chevalerie, mais avec tant de passion et de plaisir qu'il en oubliait presque entièrement la chasse et le soin des affaires* [...]. *En un mot, notre gentilhomme s'acharna tellement à sa lecture qu'il y passait ses nuits blanches et ses journées entières ; et, à force de lire sans presque plus dormir, il se dessécha le cerveau, tant et si bien qu'il en perdit le jugement »* (Cervantès, *Don Quichotte*).

La tendance à croire aux effets pernicieux de la lecture est bel et bien dépassée : la lecture n'a plus le pouvoir de faire perdre l'entendement, ni, comme au siècle dernier, celui de conduire des esprits romantiques au suicide. Et pourtant, aujourd'hui, le liseur, aussi sensé soit-il, n'est toujours pas une référence sociale acceptée. Ce qui compte, pour la société, n'est pas d'être liseur, mais d'être lecteur. Dans certains milieux, *« lire est stupide et efféminé* [...] *cela démontre qu'on est hors circuit »* (Manuel Puig, *Malédiction éternelle à qui lira ces pages*). Il faut savoir lire. Pour quoi ? Pour étudier, s'instruire. Il est même des parents qui n'aiment pas trop que leurs enfants gaspillent leur temps à lire en dehors de l'étude. De manière générale, la lecture, prise comme problème social, est rarement vue comme lecture pour le plaisir.

La lecture, problème social

> The schools are creating illiterates. We cannot leave reform up to the educators.
>
> [Les écoles sont en train de créer des illettrés. Nous ne pouvons pas confier la réforme aux éducateurs.]
>
> Sénateur E. Zorinsky,
> *Congrès des États-Unis d'Amérique, 1986.*

La lecture, avant le XIXe siècle, autrement dit avant la révolution industrielle, était l'affaire d'une minorité, qu'il s'agisse de la lecture de romans, d'écritures divines, ou de textes plus directement liés aux institutions ou aux métiers. Aujourd'hui, on reconnaît à tous le droit de savoir lire, écrire et compter. Une scolarité minimale, qui devrait en principe matérialiser ce droit, est obligatoire (en France, depuis la loi Jules Ferry de 1882, sous la IIIe République). La sentence exprimée par António Salazar, le dictateur portugais, selon laquelle savoir lire, écrire et compter était suffisant pour la majorité de ses concitoyens, apparaissait déjà vers le milieu de ce siècle comme une prise de position scandaleusement réactionnaire.

Pourtant, comme la nourriture, la lecture reste très mal partagée. D'abord, à l'échelle de notre planète. Près d'un milliard d'individus âgés de quinze ans et plus, dont cinq cents millions en Inde et en Chine, et cent soixante-dix millions en Afrique, c'est-à-dire environ un quart des adolescents et des adultes, seraient incapables *« de lire et d'écrire un exposé simple et bref de faits en rapport avec leur vie quotidienne »* (cette incapacité constituant le critère de l'illettrisme pour l'UNESCO). La population féminine est particulièrement défavorisée : environ 35 % des femmes dans le monde seraient illettrées[1].

Dans les pays développés, on s'inquiète devant les taux

d'illettrisme. Selon certains, on assisterait même à la *« montée d'un illettrisme dont notre société se croyait à l'abri*[2] ». C'est probablement faux, en termes absolus. Néanmoins, les chiffres de l'illettrisme fonctionnel (c'est-à-dire l'incapacité réelle de lire et d'écrire le matériel nécessaire au travail et à la vie de citoyen, malgré le passage à l'école, voire malgré l'obtention de certificats) impressionnent ceux qui lisent les statistiques, c'est-à-dire les lettrés. Ceux-ci tendent à se fréquenter entre eux, et on sait que la vision qu'a chacun de la société est teintée par les caractéristiques de son propre milieu.

Ainsi, aux Pays-Bas, l'illettrisme fonctionnel, modéré ou sévère, pourrait atteindre 24 % de la population au-dessus de dix-huit ans, d'après une enquête sur un millier de personnes[3].

Une étude des capacités de lecture des adultes danois, portant sur des récits, des textes informatifs, des textes schématiques (un tableau de prix, une liste de noms de rues, etc.), et des formulaires à remplir, a révélé qu'environ deux personnes sur dix présentent des difficultés modérées. L'âge, le niveau scolaire et le revenu sont tous corrélés avec la fréquence de ces difficultés. Les problèmes de lecture apparaissent davantage chez les personnes plus âgées : à peine 4 % de la population entre dix-huit et vingt-neuf ans, mais 20 % entre quarante-cinq et cinquante-neuf ans, et 27 % à partir de soixante ans. Ces différences résulteraient de plusieurs facteurs, notamment la généralisation de la scolarité et l'augmentation du niveau scolaire dans les dernières décennies, ainsi que la diminution probable de la fréquence des activités de lecture chez les plus âgés. Les difficultés de lecture sont présentes chez 30 % des personnes qui ont moins de neuf ans de scolarité, mais chez seulement 1 % de celles qui ont au moins douze ans de scolarité. Enfin, ces difficultés se manifestent chez 26 % des sans-emploi, chez 23 % de ceux qui ont un revenu inférieur à cent vingt mille couronnes, mais seulement chez 5 % dont le revenu est égal ou supérieur à cent quatre-vingt mille couronnes[4]. On sait que les différences de statut économique entraînent généralement des différences dans les possibilités éducatives (ce qui inclut l'accès à des instruments culturels et les temps de loisir), et par conséquent il n'est pas étonnant qu'elles soient aussi associées à des différences dans la capacité de lecture.

C'est pour les États-Unis d'Amérique, où la question a été discutée à plusieurs reprises au Congrès, et où des enquêtes à grande échelle ont été commanditées par des organismes officiels, que l'on possède le plus d'indications[5].

Une étude réalisée en 1971 pour le Comité national de lecture, où étaient mesurées les capacités à lire des annonces et à remplir des formulaires, a révélé que 4 % des personnes testées (pourcentage qui représente 5,7 millions d'Américains) répondaient correctement à moins de 80 % des questions, et 11 % (15,5 millions de personnes) à moins de 90 % des questions[6]. Un travail mené en 1976 pour le Bureau pour la promotion du droit de lire de l'Éducation nationale a suggéré que 12,6 % des étudiants de dix-sept ans n'atteignaient pas 75 % de réponses correctes dans la lecture de graphiques, cartes, formulaires, listes de références, etc.[7]. Les résultats de ce travail ont incité le président de la Commission nationale sur l'excellence en éducation à affirmer que l'avenir de la nation était menacé. Une enquête de la même époque, pour le Service d'évaluation éducative, a montré qu'une personne sur quatre avait des difficultés pour interpréter correctement des matériels en rapport avec la situation de travail (demande d'emploi, congé de maladie, etc.)[8]. Toujours aux États-Unis, un test effectué en 1982 pour le Département de l'éducation a indiqué que 13 % de la population (plus exactement, 9 % et 48 %, suivant que leur langue maternelle était l'anglais ou non) pouvait être considérée comme fonctionnellement illettrée[9]. Enfin, une enquête menée par l'Estimation nationale du progrès éducatif en 1986 a montré que les tâches de lecture les plus simples étaient réussies par au moins 95 % des jeunes adultes, mais que 44 % d'entre eux avaient quelques difficultés pour prendre de l'information dans une encyclopédie, et 80 % pour paraphraser un argument dans un éditorial ou pour utiliser un horaire de bus[10].

Comme on pouvait s'y attendre, la performance varie très fortement avec le type de matériel à lire. Une série d'études [11] montre que seule une personne sur mille semble avoir des difficultés pour reconnaître le mot *milk* sur le dessin d'une bouteille (parmi d'autres bouteilles contenant du détergent ou autres produits), mais une sur cinquante ne comprend pas entièrement les instructions d'utilisation du téléphone, et une sur vingt les annonces de logement. Environ 8 % des personnes font des erreurs de contenu en remplissant un formulaire de demande de permis de conduire, 14 % en émettant un chèque ou en écrivant l'adresse du destinataire sur une enveloppe, 21 % en suivant les instructions contenues dans la notice d'un médicament (« prenez deux comprimés deux fois par jour »), et 40 % en lisant un texte court au sujet d'un programme de don de sang, notamment pour essayer d'identifier la personne à contacter. Enfin, 60 % des adultes entre vingt et un et vingt-quatre ans seraient incapables d'appréhender les idées essentielles d'un article de journal. En résumé, il semble bien que, suivant un calcul grossier, 20 % de la population adulte américaine, soit trente-cinq millions de personnes, éprouvent des difficultés embarrassantes dans des tâches courantes de lecture[12].

On peut comprendre, à la lecture de ces estimations, que le ton alarmiste des auteurs américains, spécialistes en sociologie de l'éducation, ait tendance à s'accentuer depuis une vingtaine d'années : *« Parmi les nations industrielles, la performance en lecture des étudiants* [américains] *est au niveau de la moyenne ou en dessous »* (1973[13]) *« comparés à leurs concurrents industriels, les États-Unis voient apparaître un nombre disproportionné de* très *mauvais lecteurs »* (1984[14]) ; *« déjà un adulte américain sur cinq est fonctionnellement illettré »* (1986[15]). Les hommes politiques ne semblent pas moins effarés : Paul Simon, représentant de l'Illinois au Congrès, a déclaré à celui-ci en 1982, que *« dix à vingt-cinq millions d'Américains sont incapables de lire et d'écrire »*, et que *« trente-cinq autres millions d'Américains ont un niveau de lecture égal ou supérieur à celui de la cinquième année »*[16].

En France, les illettrés fonctionnels sont, suivant des estimations peu précises, entre cinq et huit millions[17]. Comme l'a dit Nina Catach[18], il y a *« à l'autre bout, cinq ou six millions de spécialistes de l'écrit, vous et moi, sans nulle vanité, qui avons l'illusion de lire " naturellement ". Entre eux, plus de quarante millions de Français, dans toute leur diversité* [...] *».*

La lecture est indiscutablement un problème de société. Le développement économique est conditionné par la possibilité qu'auront tous les hommes et femmes actifs (et pas seulement certaines couches sociales) de traiter l'information écrite d'une façon efficace.

On parle de crise de la capacité de lecture. Mais, en réalité, jamais autant d'individus n'ont été capables de lire et d'écrire. Aux États-Unis d'Amérique, en 1870, 20 % de la population se déclarait elle-même illettrée, ce pourcentage tombant à 0,6 % en 1979[19]. En 1910, un quart de la population n'allait pas au-delà de la quatrième année de scolarité ; en 1980, ce n'était le cas que de 3,3 %[20]. En France, en 1880, c'est-à-dire juste avant l'institution de la scolarité obligatoire, près de 17 % des conscrits ne savaient pas écrire leur nom ; un siècle plus tard, en 1984, ce n'était plus vrai que pour 0,76 % d'entre eux[21]. « *Jamais, par exemple, on n'a tant vendu et consulté de dictionnaires, d'encyclopédies, de revues spécialisées, de manuels, de brochures internes, dans chaque unité sociale – régions, communes, entreprises, écoles, etc.* [22] ». Le niveau scolaire, le taux d'utilisation de l'écrit, en moyenne, ne cessent de monter, pour tenter de correspondre aux exigences technologiques de la société. Il ne semble pas, par ailleurs, que le niveau de lecture des élèves baisse avec les générations. Tout au contraire. Il semble légèrement s'améliorer. Par exemple, une étude menée en Indiana a révélé que les étudiants de 1976 étaient meilleurs, y compris en lecture, que ceux de 1944-1945, les tests utilisés étant les mêmes[23]. Un autre travail a montré une supériorité en lecture des étudiants testés en 1982 par rapport à leurs pairs de 1973[24].

D'où vient, alors, la crise ? Elle s'explique par le fait que la demande sociale en matière de capacité de lecture et d'écriture augmente encore plus vite. Les fonctions sociales et économiques de la lecture et de l'écriture se multiplient en nombre et en importance comme jamais auparavant. Les besoins de formation et d'information exigent invariablement de la lecture, et beaucoup de lecture. C'est à travers la lecture qu'on acquiert généralement les lexiques scientifiques et techniques ; or la quantité et la richesse de ces lexiques spécialisés se sont accrues de manière considérable depuis un siècle, en liaison avec l'accumulation très rapide des connaissances.

Les niveaux actuels de lecture et d'écriture, qui sont déjà insatisfaisants, seront probablement tout à fait inappropriés en l'an 2000. Les demandes de la société augmentent plus rapidement que la capacité des adultes, et même que celle des jeunes à peine sortis de l'école. La rééducation des adultes et leur recyclage éventuel peuvent exiger un niveau de lecture qu'ils n'ont jamais possédé ou ne possèdent plus. La lecture se fait et se fera de plus en plus sur écran, à des rythmes qui peuvent échapper au contrôle du lecteur.

La lecture est déjà indispensable dans la vie quotidienne, en dehors même de la sphère professionnelle. Les textes écrits remplacent l'information parlée, individuelle, dans les aéroports et les gares, les magasins, les banques... Il ne s'agit plus seulement d'être capable de lire le nom de la station de métro, les petites annonces, ou le numéro de téléphone de quelqu'un dans l'annuaire, mais de savoir lire l'information par minitel, les bulletins de prévision météorologique, les catalogues touristiques, les notices des médicaments, les instructions pour l'utilisation d'équipement électroménager, etc.

Cette exigence est encore plus importante dans la vie professionnelle, car les postes de travail non qualifié diminuent. Les travailleurs peu qualifiés sont les plus touchés par les suppressions d'emploi et par le chômage de longue durée. Il existe, certes, une tendance, fort marquée aux États-Unis, à recruter des centaines et des centaines de milliers d'individus pour des postes de surveillant (l'augmentation de l'insécurité est une conséquence logique de l'exclusion). Mais ce phénomène ne fait qu'aggraver le processus de discrimination sociale, et ne permet en tout cas pas d'enrayer le processus de clochardisation de millions d'autres individus.

Certains croient que l'on pourrait résoudre le problème des salariés peu qualifiés en évaluant leurs capacités autrement que selon les critères académiques (fondés sur la lecture et l'écriture), en tenant compte de leur expérience professionnelle. C'est oublier que les critères d'évaluation ne font qu'exprimer les nécessités technologiques.

Les postes de travail qualifié, y compris ceux de travail

manuel, incluent un apprentissage théorique. L'apprenti n'apprend plus seulement en regardant faire et en faisant. Les aides-infirmières, les mécaniciens, les cuisiniers font des études théoriques, tout comme les secrétaires et les techniciens en électronique. Professionnellement, la lecture est depuis longtemps sortie du cercle des clercs et infiltre toute activité.

On accède à la plupart des professions prestigieuses ou même moyennement valorisées par des études supérieures. Celles-ci impliquent des milliers et des milliers d'heures passées à lire et à écrire. Les cadres qui occupent des fonctions dirigeantes dans la société contemporaine emploient une bonne partie de leur temps à lire et à écrire. L'avantage qu'ont ceux qui le font vite et bien est considérable. Les cadres, eux non plus, ne sont pas à l'abri du chômage. Ces dernières années, c'est même parmi eux que la progression du chômage est, proportionnellement, la plus forte.

Le Royaume-Uni, l'Espagne et la France comptent aujourd'hui chacun à peu près trois millions de chômeurs, l'Union européenne en totalise quinze millions, et les pays de l'OCDE trente-cinq millions. La croissance du chomâge est liée aux conditions technologiques actuelles. Le chomâge augmente, mais la richesse augmente aussi. Pourquoi ? Parce que le travail est de moins en moins nécessaire pour produire davantage de biens. Les nouvelles technologies de traitement d'information ont moins besoin de force de travail que les technologies de production d'énergie. L'informatisation et l'automatisation interviennent de plus en plus dans la production des biens (en cinq ans, par exemple, la production belge d'acier a pu augmenter de 10 % malgré une réduction de presque 50 % de la main-d'œuvre), ainsi que dans les services.

Cette tendance à l'augmentation du chômage ne peut être contrecarrée que par une politique économique et sociale radicalement nouvelle. Quelle que soit la marche de l'histoire, que l'on assiste à la montée de l'exclusion ou à la diminution généralisée du temps de travail, les exigences en termes de capacité de lecture seront plus fortes.

Il faut reconnaître que l'importance de la lecture et de l'écriture a encore été renforcée par la révolution informatique. La consommation d'images, notamment à travers la télévision, a sans doute fait diminuer, proportionnellement, une certaine lecture, celle de la littérature et des journaux. Mais la part de la lecture et de l'écriture dans la vie professionnelle a augmenté avec leur banalisation dans toute une série de métiers qui utilisent l'informatique. Le changement de support, l'écran et le clavier remplaçant le papier et le crayon, n'a fait qu'accroître l'efficacité de stockage, d'archivage, de manipulation et de communication de l'information.

Le travail sur ordinateur a renforcé la dynamique interactive de la lecture et de l'écriture. Sur l'écran, dit Catach, *« on lit ce qu'on écrit et on écrit en lisant »*[25]. Certains craignent que les logiciels de correction automatique d'orthographe, en remplaçant l'effort d'attention sur l'orthographe, conduisent à une perte de cette capacité. Mais, comme le dit aussi Catach, *« faire des fautes n'est pas formateur. Ce qui est formateur, c'est de voir un texte devenir correct sous vos yeux. Plus on voit de textes corrects, mieux on sait l'orthographe »*.

D'autres, follement visionnaires[26], regardent déjà les lendemains des lendemains. Ils pensent que des machines semi-intelligentes accompliront les actes routiniers des ingénieurs, des médecins, des avocats, des banquiers, et rendront inutiles la lecture et l'écriture. L'homme du futur ne serait plus un être de langage, mais un imaginatif, un visuel, un intuitif : il rejetterait les symboles et manipulerait directement sa propre expérience ; il apprendrait à nouveau en faisant et non pas en lisant. Par une interprétation abusive de la réalité clinique, ces visionnaires prétendent que les dyslexiques, qui certainement présentent des difficultés linguistiques, excellent dans les modes spatiaux et visuels de la pensée (modes de pensée mal connus, par ailleurs). On évoque Einstein, mais Einstein n'a jamais eu de problème de lecture ; on cite Faraday, et pourtant lui non plus n'était pas dyslexique. L'exemple célèbre qui supporte tout le poids de la théorie est celui de Léonard de Vinci. Léonard avait indiscutablement d'étonnantes habiletés visuo-spatiales, et il faisait beaucoup d'erreurs en écrivant. Cependant, ses difficultés d'écriture étaient apparemment sélectives. Son écriture présente des signes d'une insuffisance au niveau de la représentation des patrons orthographiques des mots, mais elle n'offre aucune indication d'un déficit de nature phonologique, déficit qui, comme nous le verrons, est présent chez un grand nombre de dyslexiques[27].

Le dyslexique, avancent ces visionnaires, serait l'homme du futur. Poussé à ses extrêmes conséquences, l'argument qui sous-tend cette proposition voudrait que l'on chérisse la dyslexie, plutôt que de la combattre. De manière générale, l'idée suivant laquelle l'excellence dans une capacité mentale doit nécessairement s'accompagner de la médiocrité dans une autre, comme si les dons devaient se payer pour qu'il y ait justice ou équilibre, est absolument fausse. Il n'y a aucune raison de promouvoir la dyslexie, même pas pour faire miroiter la terre promise aux dyslexiques d'aujourd'hui.

Revenons donc à notre époque. Au-delà du retard observé dans les capacités de lecture de la population par rapport aux exigences de la technologie actuelle, le fait que beaucoup d'enfants échouent dans l'apprentissage de la lecture constitue un problème social majeur. Les échecs et, de manière plus générale, les difficultés ou les retards de lecture se manifestent dès la première année d'école. La dynamique des apprentissages fait que les petits retards au départ se payent très cher plus tard. Ces enfants ont du mal à rattraper les autres et, pire, les écarts se creusent. L'école devient, malgré elle, et à l'insu des maîtres, une source de disparités sociales et culturelles. À sa décharge relative, il faut souligner que, dans beaucoup de cas, elle ne fait qu'aggraver des disparités préexistantes.

L'incapacité d'apprendre à lire a été considérée au début du siècle comme un signe d' « imbécillité » (terme qu'il faut prendre ici dans son acception strictement technique, exprimant un certain degré d'arriération mentale), et dans les années soixante comme une maladie. Cette dernière idée n'est pas étrangère à la création en France, en 1964, d'un réseau de centres médico-psycho-pédagogiques. Au début des années soixante-dix, on a créé *« des sections d'adaptation qui permettent de retarder l'arrivée au cours préparatoire des enfants qui risqueraient d'encourir un échec grave s'ils y étaient scolarisés dès six ans »*[28]. Mais, dans la mesure où les critères d'un diagnostic de risque d'échec ne sont pas fondés scientifiquement, aiguiller l'enfant vers ces sections constitue une mesure de discrimination éducative et sociale.

Les raisons des échecs dans l'apprentissage de la lecture ne sont pas toutes liées à la société et à l'école. Loin de là. Il existe certainement des troubles de l'apprentissage de la lecture qui sont associés à des déficiences cognitives de l'enfant lui-même. L'école et la société n'en sont pas responsables. Cependant, le renvoi dans des classes spéciales n'est peut-être pas la meilleure solution. En tout cas, il est raisonnable de penser qu'il y a grand intérêt à mieux connaître la nature et les facteurs des troubles si l'on veut choisir les solutions éducatives les plus appropriées.

Aux États-Unis, le rôle de la science dans les grandes questions de société est généralement mieux reconnu qu'en Europe. Chez nous, les politiciens craignent souvent de laisser leurs responsabilités entre les mains de scientifiques. Écouter les scientifiques et ne pas suivre leurs recommandations serait en effet prendre le risque de se heurter au prestige de la science. La recherche de solutions fondées sur la recherche scientifique a donc été plus importante aux États-Unis que dans les pays de langue française. Plutôt que de se fier à l'idéologie dominante des praticiens (médecins, psychologues, pédagogues), les autorités américaines ont réclamé des études scientifiques. Cependant, on assiste ici comme partout, en ce qui concerne la politique de la lecture, à un choc d'idéologies et, sur le terrain, à une grande confusion d'idées.

En 1959, la Conférence nationale sur la recherche en anglais a proposé la réunion d'un groupe d'experts sur l'instruction de la lecture. De là est sorti le projet, officialisé par le Département fédéral de l'éducation, de réaliser une étude scientifique à large échelle sur l'efficacité des programmes de lecture en première année de l'école primaire. Jeanne Chall a publié le rapport de cette étude, dans un livre devenu célèbre, *Learning to Read : The Great Debate*, publié en 1967.

Récemment, le Congrès américain a voté un amendement qui demande au Département fédéral de l'éducation de fournir une « orientation sur la manière dont les écoles pourraient maximiser la qualité de l'instruction phonique dans les programmes de lecture débutante ». Le Centre pour l'étude de la lecture a été mandaté par le Bureau de l'éducation, et la charge du rapport est revenue à Marilyn Adams, une psychologue cognitiviste de Cambridge (Massachusetts). Le livre qu'elle a publié en 1990, *Beginning to Read : Thinking and Learning about Print*, constitue un document de première importance, avec une caractéristique essentielle, celle d'être fondé sur une analyse très fouillée des travaux de psychologie cognitive concernant aussi bien le lecteur adulte habile que l'apprenti-lecteur. On peut espérer que son impact sur les milieux politiques et éducatifs aux États-Unis contribuera au développement de la lecture.

Par ailleurs, il ne faut pas oublier que le développement et la généralisation de la lecture ne dépendent pas que d'une instruction efficace et ouverte à tous. La lecture ne peut se développer et se généraliser que dans le contexte d'une politique plus globale de développement culturel. La lecture n'est pas seulement une affaire de bibliothèques. Elle dépend aussi, indirectement, du soutien accordé au théâtre, au cinéma, à la musique, aux arts plastiques, aux expositions scientifiques.

Lorsque les conditions matérielles et cognitives de l'activité de lecture sont réunies, alors la dimension personnelle de la lecture peut véritablement s'épanouir. L'expérience de vie imprègne inévitablement l'exercice de la lecture. Des écrivains célèbres ont consigné à leur manière les limitations de l'art de lire sans l'art de vivre. L'un des héros de Yourcenar dit : *« La vie m'a éclairci les livres »* (*Mémoires d'Hadrien*). Pessoa, lui, évoque l'intimité profonde : « Há no sossego incerto / Uma paz que não há / E eu fito sem o ler o livro aberto / Que nunca mo dirá ». [*« Il y a dans le calme incertain / Une paix qui n'y est pas / Et je fixe sans le lire le livre ouvert / Qui jamais ne me le dira », Œuvre poétique.*]

Jacques, Jérémie, Jonathan et les autres...

Était-il sourd ? Dyslexique, peut-être ?

Daniel Pennac,
Comme un roman.

Au-delà de la réalité sociale de la lecture, des statistiques sur l'illettrisme et la lecture habile, il y a la réalité concrète, tangible, de chacun de nous face à la lecture. Il y a, heureusement, les enfants qui acquièrent sans grande difficulté une capacité élevée de lecture, mais il y a aussi les illettrés, il y a les jeunes lecteurs en échec, désavantagés par des facteurs de personnalité et de motivation, par des déficiences mentales ou par des facteurs cognitifs spécifiques, et enfin il y a ceux qui ont été lecteurs habiles et qui voient leur capacité de lecture réduite, parfois dramatiquement, par une atteinte cérébrale. Ces catégories dissimulent une réalité individuelle d'une grande diversité. Cependant, à travers l'examen de cas de lecteurs ou de non-lecteurs, on peut retrouver des tendances générales. Jacques, Jérémie, Jonathan et les autres, décrits brièvement ci-dessous, sont des personnages réels. Leur description est inspirée de mon observation personnelle et, pour la plupart, de rapports d'autres chercheurs. J'ai choisi de mettre en scène les troubles spécifiques plutôt que des histoires sans histoire ou des cas sociaux. Commençons cependant par une bonne histoire simple, comme on les souhaiterait toutes.

Jacques vient de fêter joyeusement ses cinq ans avec ses copains, une douzaine de pirates et une douzaine d'Indiens. Son tableau noir, qu'il couvre habituellement de majuscules et de scènes fabuleuses, est resté vierge toute la journée. On peut y voir encore son nom, « papa », et, bien qu'on soit en novembre, « Pacques » et quelques autres curieuses variations sur le mot. Ses parents l'avaient mis au défi : « Imagine un petit Martien qui vient à ta fête et qui ne sait pas dire Jacques ; il t'appelle

Pacques, comment tu écris Pacques ? » Il a écrit « Pacques » et il a été applaudi.

Pourtant, papa et maman ne l'accablent pas de leçons. Il ne se serait d'ailleurs pas laissé faire. Il a dû apprendre à peu près toutes les majuscules au jardin d'enfants. Parfois, il demande comment on écrit tel ou tel mot (mais il aurait été incapable de lire des mots simples si on le lui avait demandé). Ce qui l'amuse le plus ce sont les jeux de rime, surtout quand une ceinture de sécurité le tient bien attaché dans la voiture (« tartine » rime avec « copine », avec « Sabine », et avec quoi encore ?). Depuis l'âge de deux ans, il aime transformer les mots : « pyjama », « pyjimi », « pyjoumou ». Encore aujourd'hui, en jouant, il crée des mots merveilleux. Évidemment, tout cela n'est pas aussi excitant que les jeux électroniques !

Depuis quelques mois, il « lit » avant de s'endormir. Ces derniers jours, il se veut plus précis car il sait ce qu'est la lecture : « Non, je ne lis pas, je ne sais pas lire, je regarde. » Pendant des semaines, il a voulu qu'on lui lise l'histoire de Bison Jaune ; maintenant, c'est Tintin son préféré. Papa ou maman lui lisent quatre pages, et puis il reste seul avec Tintin, la chambre éclairée. De temps en temps, il délaisse Tintin pour le beau livre des dinosaures, un cadeau de ses quatre ans : tricératops, ptérodactyle, que sais-je encore, il les connaît et les reconnaît tous.

Aujourd'hui, Richard, un ami des parents de Jacques, vient à la maison. Jacques ne sait pas que l'ami de papa et maman est psychologue et étudie l'apprentissage de la lecture. Mais il a bien compris que si Richard vient juste après l'école pour le voir – et non pour manger des olives et des noix de cajou et se mettre à table pendant que lui, Jacques, est prié de dire au revoir à tout le monde –, c'est qu'on veut de lui quelque chose d'important. Il espère même qu'un cadeau viendra couronner son attente. Richard lui montre deux marionnettes, un jeune prince et une sorcière édentée. Le jeune prince dit « aki ». Que dit la sorcière ? Elle dit « ki ». Le jeune prince dit « achou ». Que dit la sorcière ? Elle dit « chou ». « C'est simple, pense Jacques, je ne dois pas dire le petit morceau. » Le grand sourire de Richard lui confirme qu'il a vu juste. Jacques réussit tout d'un bout à l'autre. « Maintenant, dit Richard, cela va être un peu plus difficile. Le prince dit " fouch " et la sorcière répond " ouch ", le prince dit

" fal " et la sorcière répond " al ". Tu as compris ? Alors, si le prince dit " foj ", que répond la sorcière ? » Jacques est mal à l'aise. Il ne comprend pas, il reste silencieux, et puis il se hasarde. Mille sabords, ce n'était pas cela. « Oj, reprend Richard, si l'un dit " foj ", l'autre dit " oj ". » Le jeu continue, embarrassant (il y a là quelque chose de plus subtil qu'il faut taire), et à un moment donné une petite lumière s'insinue dans l'esprit de Jacques. Des grands « bravos » de Richard. Et un sac de bonbons, chic, j'ai bien travaillé.

Jacques connaît mieux que les noms de certaines lettres ; il a appris la manière dont on prononce les lettres dans les mots. Il a compris que la parole est une combinaison de petits sons (il ne sait pas évidemment que ce sont en fait des phonèmes). Jacques ne sait pas encore lire, mais il est prêt pour apprendre à lire. Il apprendra très vite et il sera content de savoir lire. Puis, il oubliera qu'il est content de savoir lire. Il aura tout simplement le désir de lire, et il lira sans plus se soucier des lettres et des petits sons que la sorcière ne pouvait pas dire.

Si toutes les histoires de lecture étaient aussi belles que celle de Jacques... Les histoires qui suivent présentent, elles, des formes et des degrés divers d'insuffisance de la capacité de lecture. Certaines sont de belles histoires de victoire obtenue par le travail et par l'astuce. D'autres sont plus tristes, mais cependant elles n'en démontrent pas moins des possibilités d'action dans l'adversité.

Jérémie[29] a eu du mal à parler correctement, ce qui l'a astreint à un traitement orthophonique depuis l'âge de trois ans. À onze ans, il fait toujours des erreurs de parole, par exemple il dit « biskeki » pour « spaghetti » et lit comme un enfant de sept ans. Quatre ans plus tard, sa parole est plus intelligible, mais il commet encore des erreurs lorsque les mots sont longs et complexes. Il ne sait pas lire des mots qui lui sont inconnus ni, évidemment, des mots sans signification (pseudo-mots). Cette incapacité a sans doute contribué à l'appauvrissement de son vocabulaire. On a essayé, à l'école, de lui apprendre les correspondants phonémiques des lettres, mais il s'est révélé incapable de les maîtriser. Il ne parvient pas à lire un grand nombre de mots de deux syllabes, voire d'une seule syllabe, et il les confond souvent avec des mots qui s'écrivent de manière assez voisine. Ses capacités de discrimination auditive (est-ce que je dis la même chose ou des choses différentes quand je dis « ba » et « pa » ?) sont pauvres. Il ne sait pas juger correctement si deux expressions riment ou ne riment pas ; il ne sait pas jouer au petit prince et à la sorcière pour enlever les premières consonnes des mots, voire même les premières syllabes.

Les déficits de Jérémie au niveau du langage parlé sont tellement sévères qu'ils ne pourraient pas lui permettre de développer normalement des capacités de lecture et d'écriture. Lorsqu'on a constaté ses énormes difficultés pour apprendre à lire, on a pu facilement les associer à son lourd passé de dysphasique. Jérémie a des capacités visuelles normales et en profite pour reconnaître un certain nombre de mots, mais ces capacités sont largement insuffisantes pour arriver à maîtriser un système d'écriture qui représente des unités phonologiques, c'est-à-dire des unités d'expression du langage parlé.

Jérémie ne sera jamais un lecteur normal. Mais son courage et le dévouement de ses proches et de ses rééducateurs pourront l'aider à faire quelques progrès.

Jonathan[30] est très intelligent, bien adapté à son entourage et sans problèmes affectifs ; il a toujours reçu une instruction de qualité... et pourtant, cela ne marche pas à l'école !

Contrairement à Jérémie, Jonathan ne donne pas l'impression d'avoir des problèmes d'expression. Les psychologues qui l'ont examiné ne se sont pas laissé mystifier par son articulation correcte (lente, néanmoins) ni par sa conversation intelligente. L'enfant a une capacité de mémoire immédiate verbale qui est inférieure à la normale. Par exemple, il ne peut pas répéter dans l'ordre de la présentation autant de chiffres qu'un enfant du même âge.

Jonathan est incapable de lire des pseudo-mots ; en réponse à ces items, il donne souvent des mots. Il lit moins de mots qu'un lecteur normal de son âge et, ce qui peut paraître curieux, il ne lit pas moins bien les mots irréguliers que les mots réguliers. Les mots comme « femme » ou « oignon » sont irréguliers parce qu'ils contiennent des graphèmes – lettres ou groupes de lettres associés à un phonème – dont la prononciation est exceptionnelle, c'est-à-dire déterminée non par une règle mais par le mot dans lequel ils apparaissent. Le fait que Jonathan ne lise pas mieux les mots réguliers que les irréguliers indique qu'il n'utilise pas les règles de correspondance graphème-phonème.

Les difficultés de Jonathan sont, comme celles de Jérémie, d'ordre phonologique. Cependant, elles sont beaucoup moins graves. Par ailleurs, Jonathan a de bonnes capacités visuelles : il copie correctement des dessins géométriques abstraits et peut les dessiner de mémoire une demi-heure plus tard. Il n'a pas de difficulté d'analyse visuelle des stimuli graphiques. Cette capacité lui a permis d'acquérir un certain vocabulaire « visuel », inférieur toutefois à celui d'un lecteur normal de son âge. Profitant pleinement de son intelligence et de ses capacités syntaxiques et sémantiques intactes, il parvient à comprendre des textes à un niveau à peine inférieur à la normale.

Jonathan, à l'âge de treize ans, lit autant de mots qu'un enfant de onze ans. Les psychologues cherchent à le comparer, pour d'autres habiletés, à des enfants de onze ans qui sont des lecteurs normaux pour leur âge. Pourquoi prennent-ils ces enfants comme terme de comparaison ? Parce que si, pour une certaine habileté, Jonathan est aussi bon que les enfants plus jeunes présentant le même niveau de lecture, alors son retard dans cette habileté peut être une simple conséquence de son niveau de lecture. En effet, la capacité de lecture peut avoir une influence sur d'autres habiletés. Mais si, pour telle habileté, Jonathan est encore moins bon que le groupe contrôle, alors la déficience qu'il présente pour cette habileté-là ne peut pas être une simple conséquence de son faible niveau de lecture. Sa déficience dans l'habileté en question pourrait être à l'origine de ses difficultés de lecture.

La nature des déficiences de Jonathan peut aider les chercheurs à progresser dans l'élaboration d'un modèle théorique de l'architecture cognitive impliquée dans la lecture. Ce travail peut, en juste retour, aider Jonathan et d'autres enfants présentant le même type de difficultés. Mettre le doigt sur l'origine exacte des troubles constitue un bon départ pour toute tentative de rééducation appropriée.

Que trouvent-ils, les examinateurs de Jonathan ? Qu'il est

beaucoup moins bon que les enfants du groupe contrôle (qui lisent au même niveau que lui) pour répéter des mots et des pseudo-mots, ainsi que pour rappeler une séquence de chiffres dans l'ordre de leur présentation. En revanche, Jonathan est aussi bon que les enfants du groupe contrôle pour discriminer auditivement entre des paires de mots et de pseudo-mots, les mêmes qu'il tend à répéter incorrectement, ainsi que pour décider si des expressions phonétiquement très proches telles que « gain », « quin », etc., sont ou non des mots. Il n'a donc pas de difficulté spécifique pour reconnaître des mots parlés. Les anomalies que Jonathan présente au niveau de ses représentations phonologiques ne concerneraient donc pas tant les représentations qui lui servent à reconnaître la parole que celles qui lui servent à parler. Ce sont sans doute ces dernières représentations que nous utilisons pour analyser la parole intentionnellement en ses plus petites unités phonologiques – les phonèmes –, et pour faire des appariements entre graphèmes et phonèmes.

Le cas de Jonathan illustre celui de beaucoup d'enfants (et d'adultes) dits dyslexiques ou simplement mauvais lecteurs. Ses troubles phonologiques ne sont pas assez sévères ou étendus pour se manifester dans la communication orale ; pourtant, ils n'en constituent pas moins un grave danger pour l'apprentissage de la lecture.

Daniel[31] appartient à une famille où tout le monde a réussi une carrière universitaire exemplaire, à l'exception d'un oncle et d'un cousin qui étaient « dyslexiques » et qui en ont souffert pendant leur scolarisation.

Il a été examiné pour la première fois à l'âge de huit ans. Il est brillant. Il a un bon développement linguistique, dispose d'un vocabulaire sophistiqué et connaît bien une large gamme de sujets. Il obtient le score le plus élevé possible à un test de raisonnement verbal et se montre tout aussi excellent dans des tests d'arithmétique. Cependant, il a révélé des difficultés en lecture depuis le début de l'instruction et, en deuxième année, il détestait déjà cet exercice. Grâce à des leçons privées, il a fait des progrès considérables en lecture, mais l'orthographe est toujours restée très mauvaise.

Contrairement à Jérémie et à Jonathan, ses problèmes ne sont pas de nature phonologique. Il peut même rappeler huit chiffres dans l'ordre de leur présentation ; une performance d'adulte, chez un petit bout de chou de huit ans ! Cependant, il a des problèmes de perception visuelle, notamment pour assembler des puzzles et pour copier des dessins ou les dessiner de mémoire.

Daniel lit tout à fait bien des pseudo-mots ; en revanche, il montre une certaine lenteur pour lire des mots irréguliers présentés isolément. Ses connaissances des correspondances grapho-phonologiques lui permettent de s'en sortir correctement la plupart du temps. C'est dans les situations ambiguës qu'il trahit sa manière de lire. Prenons le mot « sot » qui se prononce comme « seau » (on dit de ces mots qu'ils sont homophones). Lorsqu'on demande à Daniel de définir des mots comme « sot », qui ont des homophones (saut, seau, sceau), il répond parfois en donnant la définition d'un homophone, par exemple celle de « seau ». Cela n'arrive jamais chez un lecteur normal. De même, lorsqu'il doit dire si une séquence de lettres constitue un mot ou non, Daniel désigne souvent à tort un stimulus qui n'est pas un mot mais se prononce comme un mot (par exemple, « martot »).

Étant donné ses capacités intellectuelles supérieures et ses connaissances, il peut lire un texte à un niveau de performance en avance d'un an et demi par rapport à son âge chronologique et il peut le comprendre à un niveau qui représente une avance de trois ans. Ses capacités cognitives générales le mettent, davantage que Jonathan, à l'abri de l'échec, en grande partie parce que la nature de ses déficiences est moins défavorable pour le développement de la lecture que celle des déficiences de Jonathan. Cependant, son intelligence et ses connaissances, qui permettent à Daniel d'atteindre un haut niveau de compréhension en lecture, créent des obstacles pour apprendre l'orthographe. Daniel se référant largement au contexte, son attention est détournée de la structure interne des mots, alors que la connaissance de cette structure est nécessaire afin d'écrire les mots correctement. Ainsi, il peut écrire « fame » pour « femme ».

Daniel, souvent réprimandé, a été tout près n'abandonner l'école. Le service de psychologie de l'école, qui n'a pas compris la nature des difficultés de l'enfant, en est arrivé à conseiller à ses parents une thérapie familiale.

Heureusement, Daniel et ses parents ont de solides personnalités et ont pu compter sur les conseils des scientifiques. À onze ans, Daniel lit des mots isolés comme l'aurait fait un lecteur normal de quatorze ans. Son orthographe reste pauvre par rapport à ses autres capacités, mais elle n'est pas plus mauvaise que celle d'un lecteur moyen de son âge. Il écrit de manière laborieuse, en particulier des textes difficiles qui l'empêchent de se concentrer sur l'application des règles d'orthographe qu'il a apprises. Mais n'est-ce pas là un bien moindre mal que celui qui affecte Jonathan, et surtout Jérémie ? Par ailleurs, Daniel excelle dans l'utilisation des ordinateurs, il peut donc se servir du correcteur orthographique de son programme de traitement de texte pour produire des textes à orthographe irréprochable.

En résumé, Daniel n'a pas de difficultés phonologiques, mais des difficultés pour apprendre les propriétés orthographiques des mots. Nous verrons plus loin toute l'importance de cette compétence.

Rosine[32] est une jeune étudiante universitaire en psychologie, incapable de lire des pseudo-mots, mais capable de lire des mots rares, même ceux qui comportent des irrégularités. Elle comprend la signification des mots techniques dans les textes, mais ne peut pas les lire à haute voix si quelqu'un ne les prononce pas d'abord.

Rosine a des difficultés pour attribuer aux lettres les sons qui leur correspondent, bien qu'elle puisse les nommer correctement. (Devant la lettre A, elle répond : « comme dans avion ».) Elle est incapable de dire que deux mots riment lorsqu'ils s'écrivent différemment à la fin (« mot » – « veau »). Elle ne peut pas faire des manipulations intentionnelles de phonèmes, par exemple échanger les phonèmes initiaux de deux mots (contrepèteries, par exemple « bar cossu » donne « car bossu »), ou fusionner les phonèmes initiaux d'une suite de mots (acronymes). Dans ces tâches, elle commet des erreurs qui montrent qu'elle se réfère aux lettres initiales des mots (ainsi, au test d'acronymes, « phoque-oublier » peut susciter la réponse « po », alors que la réponse correcte serait « fou »).

Alors que généralement on rappelle mieux, dans l'ordre de la présentation, une liste d'items dont les noms ne riment pas (sapin, poulet, radis) qu'une liste d'items dont les noms riment (château, gâteau, cadeau), ce qui est dû à la confusion en mémoire des noms phonologiquement proches, Rosine ne présente pas cet effet. Il semble donc que Rosine souffre d'un trouble phonologique profond qui l'a empêchée d'apprendre à lire en se fondant sur les correspondances grapho-phonologiques.

Malgré l'importance de ce trouble phonologique (ce n'est pas un trouble auditif puisqu'elle a de bonnes capacités de discrimination phonétique et de bonnes capacités musicales), Rosine a développé une lecture et une orthographe des mots essentiellement normales. Comment se fait-il qu'elle soit devenue une lectrice normale (à part ce déficit, relativement peu dérangeant, pour les mots écrits qu'elle n'a jamais entendu prononcer), alors que Jonathan continue d'éprouver tant de difficultés ? Rosine, qui a été étudiée par des chercheurs de la meilleure eau, reste, dans la littérature, un cas exceptionnel. Aurait-elle des capacités de catégorisation visuelle hors du commun, lui permettant de neutraliser entièrement son déficit phonologique, capacités qui ne seraient pas aussi développées chez la grande majorité des dyslexiques phonologiques et des lecteurs normaux ?

Rosine lit et écrit bien parce qu'elle semble posséder, à un niveau exceptionnel, le type de compétence, en l'occurrence la compétence orthographique, qui manque à Daniel.

Pierre a vingt-huit ans, il est beau, riche (ou presque) et intelligent (il le pense, en tout cas). Il dirige une petite entreprise d'import-export après avoir fait des études universitaires en sciences économiques. Que vient-il faire parmi Jérémie, Jonathan et les autres ? Imaginons-le en ce moment dans un laboratoire de psychologie expérimentale, où il est venu pour une troisième et dernière séance de test, parce que Marc est son ami et parce que Marc a une amie appelée Katia qui est rousse et jolie. Ce sont des conditions nécessaires mais certes pas suffisantes pour être là. Il y a en effet autre chose, Pierre a toujours eu des difficultés pour lire, il se considère lui-même (mais il ne le dit qu'à ses amis) dyslexique. Katia fait un travail de fin d'études et Pierre est devenu son sujet volontaire.

Il lit bien et rapidement les mots fréquents, c'est ce qui compte. Il lit correctement deux mots sans signification sur trois, pour les autres il a une détestable tendance à répondre avec des mots. Ce n'est pas grave. Katia lui a dit que, si on le considérait comme dyslexique, il serait un dyslexique phonologique, mais modéré, léger. En effet, il connaît les sons de toutes les lettres, il a bien répondu au test de soustraction de la consonne initiale. (Katia n'a pas osé lui faire jouer le rôle de sorcière. S'il s'était transformé en dragon, gare à toi petite princesse...) Il a une bonne mémoire verbale, il rappelle mieux les listes de mots qui ne riment pas que les listes de mots qui riment. Tout est bien normal, n'est-ce pas ?

Aujourd'hui, tout de même, elle lui fait faire des choses drôles. Comment échanger les premiers sons de Serge Gainsbourg ? Serbourg Gainge ? Non. Peut-être Singebourg Serge ? Non, Jerge Serbourg... Guerge Sainsbourg, le corrige-t-elle au bout de plus d'une minute de tentatives atroces. « Diantre », fait-il. On passe à Bill Clinton. Clean Biton. Non, ce n'est pas ça. Kill Binton ? Presque, presque... Ah oui, c'est cela : Kill Blinton. Et Jacqueline Kennedy ? Janine Kadie, Janedy Keneline... Il transpire. Il fallait dire Kacqueline Jennedy. Dans sa recherche désespérée, il lui a pris la main, mais Katia l'a laissée choir. Un verre, ce soir ? Tu dois te remettre à écrire ? Tu veux que je relise ton texte ? Il se mord les lèvres, il n'est peut-être pas le plus habilité...

Katia lui explique qu'il est quand même très bon, qu'il a bien caché ses petites difficultés, mais que tous les dyslexiques de son type, même les plus malins, se trahissent dans ce fichu test. Tu enlèves le premier, d'accord, puis tu vas prendre l'autre, mais quand tu prends l'autre tu ne sais déjà plus quel est le premier, et tu te trompes, tu prends toute la syllabe, tu prends n'importe quoi... La chienlit ! De toute manière, elle ne veut pas de toi, c'est clair, avec ou sans Kacqueline Jennedy, elle ne voulait pas de toi, la Katia...

Samuel[33] a trente et un ans et il a fait des études universitaires. Jusqu'à il y a peu de temps, il lisait bien et beaucoup, trois heures par jour, pour le travail et même pour l'amusement, quand il n'avait pas de migraine... Mais un soir, il est conduit à l'hôpital, hémorragie cérébrale, dans l'hémisphère gauche. Après cet accident, il pouvait encore parler, mais pas de manière très compréhensible ; il ne comprenait pas bien non plus et il répétait mal ce qu'on lui disait. Toutefois, le plus touché, c'était le langage écrit : Samuel était incapable de lire, incapable d'écrire !

Trois mois après, cela allait bien mieux du côté du langage oral. Toujours incapable d'écrire, Samuel lisait environ un quart des mots présentés, mais pratiquement pas de pseudo-mots. Il ne lisait pas mieux les mots réguliers que les irréguliers. Ce patient, jusque-là lecteur habile, était devenu dyslexique et dysgraphique et son comportement en lecture montrait qu'il était devenu incapable d'utiliser les correspondances grapho-phonologiques. En outre, il faisait un type très curieux d'erreurs de lecture appelées paralexies sémantiques : devant « cercle » il lisait « rond », et devant « cèdre » il répondait « olivier ».

Dans son malheur, Samuel a eu la grande chance de rencontrer une neuropsychologue rééducatrice excellente, tant sur le plan de la théorie que de la pratique. La stratégie de cette scientifique de la rééducation a été de profiter de la connaissance résiduelle dont disposait Samuel sur l'orthographe des mots pour lui faire réacquérir la connaissance des correspondances grapho-phonologiques. Il a ainsi appris à associer des lettres (qu'il était devenu incapable d'identifier) à des mots : C pour Caroline, M pour maman, B pour bébé, etc. Ensuite, il a dû focaliser son attention sur le phonème initial de chacun de ces mots pour parvenir à établir la correspondance lettre-son. Ce travail a pris trois mois. Puis, des mots simples et courts ont été introduits, que Samuel devait apprendre à lire en fusionnant les correspondants phonémiques de chacune des lettres du mot. Petit à petit, Samuel et sa rééducatrice ont travaillé la connaissance de la prononciation de groupes de lettres (OU, AU, OI, etc.). Et après douze mois de thérapie intensive, non seulement Samuel pouvait identifier chacune des lettres mais, ce qui était le but recherché, son taux d'erreurs en lecture de mots était tombé de 72 % à 14 %. Plus significatif encore, il lisait maintenant les pseudo-mots aussi bien que les mots, et les paralexies sémantiques avaient pratiquement disparu.

La neuropsychologue de Samuel nous a permis de l'examiner six ans après. Samuel est redevenu capable de lire tous les mots et pseudo-mots que nous lui avons présentés, bien qu'il le fasse avec une certaine lenteur. Il n'est sans doute plus tout à fait le lecteur d'avant son accident cérébral, mais il est redevenu lecteur.

Les cas décrits ci-dessus illustrent la diversité des profils de compétence qui peuvent être créés par le seul jeu des capacités cognitives sous-jacentes à la lecture.

Jacques est l'enfant bien développé ; il n'aura pas de problème pour devenir un bon lecteur.

Pierre, Rosine, Jonathan et Jérémie présentent des capacités phonologiques anormalement diminuées, à des degrés très divers. Les deux premiers s'en sont sortis plutôt bien. Jonathan a pu se fonder sur d'autres capacités, qu'il avait fort développées, pour limiter jusqu'à un certain point les effets pernicieux de ses troubles phonologiques. Quant à Jérémie, étant très mal loti au départ, il ne sera jamais un lecteur habile.

Le cas de Samuel est différent, bien que, lui aussi, ait présenté un trouble phonologique. Mais il ne s'agissait pas d'un développement insuffisant ou anormal des capacités phonologiques. Chez Samuel, l'utilisation des capacités phonologiques dans la lecture avait été rendue impossible en conséquence d'un dommage cérébral survenu après l'apprentissage pleinement réussi de la lecture. Cette atteinte n'ayant pas affecté ses capacités phonologiques de base, un réapprentissage de la lecture qui faisait appel à ces capacités semble avoir conduit à d'excellents résultats.

Enfin, Daniel présente des difficultés d'une tout autre nature. Elles ne sont pas phonologiques mais orthographiques. Étant donné ses hautes capacités intellectuelles, Daniel s'en sort beaucoup mieux en lecture que la plupart des personnes qui partagent ce type de déficit. Cependant, il écrit toujours mal.

Cette panoplie de profils de compétence ne peut s'expliquer qu'au travers d'une approche scientifique de la lecture. Cette approche est celle de la psychologie cognitive.

L'approche scientifique de la lecture

Psychology is the Science of Mental Life.

[La Psychologie est la Science de la Vie Mentale.]

William James,
Principles.

Qu'est-ce que la lecture ? Comment apprend-on à lire ? Quelles sont les difficultés qu'un enfant peut éprouver dans cet apprentissage ? Que peut-on faire pour l'aider ? Pour répondre à ces questions, il est indispensable de mettre en évidence les mécanismes cognitifs qui sous-tendent la capacité de lecture ainsi que le processus d'apprentissage de cette capacité.

La compréhension de l'art de lire doit s'appuyer sur la psychologie cognitive de la lecture. Mais qu'est-ce que la psychologie cognitive ?

La psychologie cognitive est la science qui cherche à décrire et à expliquer l'ensemble des capacités cognitives (autrement dit, les capacités mentales de *traitement de l'information*) dont disposent les animaux et, en particulier, les êtres humains. Pour ce faire, elle examine des comportements, mais ceux-ci ne constituent pas l'objet de l'étude, pas plus que les gouttes de pluie et les rayons de soleil ne constituent l'objet de la météorologie.

Dans la mesure où les capacités cognitives d'une espèce se sont développées de manière à garantir sa survie et des échanges efficaces avec l'environnement, on peut supposer qu'elles entretiennent entre elles des relations structurées. On prend donc comme hypothèse que les capacités cognitives sont structurées et organisées en un *système*. Le système cognitif est un système complexe de traitement de l'information comprenant des connaissances (*représentations*) et des moyens d'opérer sur ces connaissances (*processus*).

L'approche du système cognitif par la psychologie cognitive

est une approche *analytique*. Elle cherche à décomposer le système cognitif en sous-systèmes, et ceux-ci à leur tour en sous-systèmes. Elle s'efforce évidemment aussi de décrire les relations entre ces sous-systèmes et la manière dont le système opère dans la perception, la reconnaissance, le langage, la sélection, l'acquisition et la mémorisation d'information, l'organisation et la planification de l'action, l'évaluation et l'attribution de connaissances, le raisonnement, la prise de décisions, etc.

La méthodologie de la psychologie cognitive est essentiellement *expérimentale* : on examine les performances de « sujets » normaux ou pathologiques dans des tâches où l'on manipule une ou plusieurs variables en même temps que l'on cherche à prévenir ou à contrôler toute source d'artefact provenant d'autres variables. La comparaison des résultats obtenus dans des tâches qui ne diffèrent que par tel ou tel aspect du matériel, de la situation ou des opérations demandées au sujet constitue la stratégie dominante de recherche.

La capacité de lecture est justement l'une des capacités cognitives qui ont fait l'objet d'un grand nombre d'études depuis un siècle. Les progrès réalisés dans la compréhension de la capacité de lecture ont été particulièrement importants dans le dernier quart de ce siècle. Une brève synthèse de nos connaissances sur les processus de lecture utilisés par le lecteur habile est donnée dans ce livre, au chapitre 2.

Cependant, il nous faut montrer, au préalable, que la clé du langage écrit se trouve dans le rapport de celui-ci avec le langage parlé. Les systèmes d'écriture diffèrent entre eux par le niveau de structure (mot, morphème, syllabe ou phonème) du langage parlé dont ils constituent la représentation. Un examen des systèmes non alphabétiques permettra de mieux se rendre compte de la spécificité du système alphabétique. L'alphabet est une représentation écrite du langage au niveau du phonème. Mais qu'est-ce qu'un phonème ? Quelle est sa réalité dans la parole et le traitement du langage parlé ? Le chapitre 1 tente de répondre à ces questions et se doit d'évoquer une question complémentaire : puisque l'écriture est une représentation du langage, qu'apporte-t-elle en retour ? Autrement dit, nous nous demanderons quelles sont les conséquences de la capacité et de l'exercice de la lecture sur le langage et la cognition en général.

Le chapitre 3 aborde l'apprentissage de la lecture. Nous aurons déjà vu, au chapitre 2, de quels processus le lecteur habile se sert. Nous allons dès lors nous demander comment ces processus se constituent. Que faut-il pour apprendre à lire ? Comment apprend-on ? Quelles difficultés, embûches, pierres d'achoppement attendent le jeune apprenti ? L'examen de ces questions fera apparaître une idée cruciale, celle de l'importance de la découverte du phonème, condition d'un bon départ.

Le chapitre 4 examine le problème du lecteur déficient. Existe-t-il un rapport entre la lecture déficiente et l'intelligence ? Faut-il opposer deux catégories de lecteurs : les lecteurs normaux et les dyslexiques ? Nous nous interrogerons sur les capacités cognitives défaillantes. Nous verrons aussi dans quelle mesure les déficiences de lecture ont une origine biologique ou bien dépendent de facteurs environnementaux.

Le chapitre 5 est consacré à l'enseignement et à la rééducation de la lecture. Dans quelle mesure les méthodes d'instruction de la lecture affectent-elles le devenir de l'apprenti lecteur ? Que penser de la querelle entre les méthodes phoniques, fondées sur l'explicitation du code alphabétique, et les méthodes globales ? Nous verrons quelles sont les possibilités de rééducation des lecteurs déficients. Nous évaluerons aussi les avantages potentiels des nouvelles techniques d'apprentissage qui utilisent l'ordinateur.

Enfin, la conclusion se voudra pragmatique tout en se permettant un peu de fantaisie et de rêve. Je n'en dirai pas plus maintenant.

CHAPITRE 1

Le langage et l'alphabet

L'écriture est une analyse linguistique à des degrés divers de conscience.

C. Hagège,
L'Homme de paroles.

On ne sait pas exactement depuis quand les hommes parlent. Au moins depuis trente mille ans, sous une forme fort proche de la communication linguistique actuelle. Sous des formes plus primitives, sans doute depuis beaucoup plus longtemps. En effet, on trouve des indications d'un développement de l'aire de Broca, qui est une aire du cerveau associée à la production du langage, déjà chez l'*Homo habilis*, notre ancêtre d'il y a deux millions d'années.

Comparé au langage parlé, le langage écrit est une acquisition très récente. Les premières traces d'écriture n'ont que six mille ans. Ce sont des comptes, inscrits sur des tablettes en argile (telles les tablettes d'Uruk, dans le pays de Sumer, au Moyen-Orient), où l'on atteste le nombre d'esclaves, de gens de métier, de têtes de bétail ou de sacs de grain. Cependant, ces listes de nombres ne constituent pas encore une représentation du langage propositionnel, lequel combine de petites unités de signification pour faire émerger de nouvelles significations. L'écriture du langage propositionnel est sans doute encore plus récente que l'écriture comptable. Il est difficile d'en dater exactement l'origine, mais nous pouvons admettre qu'elle a dû apparaître il y a trois ou quatre mille ans.

Si, comme le font souvent les paléontologues, nous ramenons ces chiffres astronomiques à l'échelle d'une année, nous constatons que le langage parlé, qui dispose de son substrat anatomique le 1er janvier, est incontestablement présent sous une forme déjà évoluée au lendemain de Noël, que l'écriture comptable apparaît le 30 décembre au soir, et que l'écriture propositionnelle est enfin là le 31 dans la matinée. Cette différence d'âge du langage parlé et du langage écrit est l'une des caractéristiques sur lesquelles ces deux modes de communication s'opposent de manière éclatante.

À l'exception de certaines pathologies, comme dans les formes sévères d'autisme, tous les enfants acquièrent un langage propositionnel, pour autant qu'ils ne sont pas privés d'expérience linguistique. Même les enfants sourds-muets peuvent, en dehors de toute éducation oraliste, acquérir un langage gestuel hautement structuré et aussi riche en possibilités communicatives que le langage parlé. Les enfants déficients mentaux peuvent, eux aussi, acquérir le langage. Ainsi, les enfants atteints du syndrome de Williams, qui est dû à un trouble métabolique, peuvent atteindre le niveau linguistique d'un enfant de neuf ou dix ans alors qu'ils ne dépassent jamais l'âge mental de six ans[1].

En contraste avec cette force irrésistible du langage, combien d'enfants vifs et intelligents échouent lamentablement dans l'apprentissage de la lecture et de l'écriture ! À l'opposé du langage parlé, il faut des écoles, une instruction, pour apprendre à lire et à écrire, même à un petit génie ! La reconnaissance de ces paradoxes constitue le meilleur point de départ d'une réflexion efficace sur les problèmes de l'apprentissage de la lecture et de l'écriture.

Quelles sont les relations entre le langage parlé et le langage écrit ? Que représentent exactement les différents systèmes d'écriture et, surtout, que représente l'alphabet ? L'invention de cet instrument merveilleux de représentation du langage a suscité l'une des plus importantes découvertes scientifiques de l'histoire de l'humanité, sans doute la première grande incursion de l'homme dans son inconscient cognitif.

La parole et l'écrit

> – Parfaitement vrai, dit Tegumai. Et il y a dans ce jeu-là plus que tu ne penses. Taffy, chérie, j'ai l'idée que la fille de ton Papa a mis le doigt sur la plus belle chose qui fut jamais inventée depuis que la tribu de Tegumai a remplacé le silex par les dents de requin pour leurs pointes de harpons. Je crois que nous avons découvert le grand secret du monde.
>
> – Serpent – perche – œuf cassé – queue de carpe et bouche de carpe, dit Taffy. *Shu-ya*, eau du ciel (pluie). À ce moment une goutte tomba sur sa main, car le ciel s'était couvert. Mais, Papa, il pleut. Est-ce cela que vous vouliez me dire ?
>
> – Naturellement, dit son Papa. Et je l'ai dit sans prononcer un mot, pas vrai ?
>
> Rudyard Kipling,
> *Histoires comme ça.*

Dans un livre sur le langage et les langues, l'écrivain britannique Anthony Burgess présente le langage comme étant une bouchée, ou plusieurs bouchées, d'air[2]. Pour lui, toute la littérature est ainsi faite, même si elle n'en a que rarement conscience. Comme exemple de la prise de conscience de l'écrit en tant que représentation de parole, il cite l'un des passages initiaux de *Lolita* : « **L**o**l**ita, **l***i*ght of m*y* **l***i*fe, f*i*re of m*y* **l**oins. M*y* **s**in, m*y* **s**oul. Lo-lee-ta : the **t***i*p of the **t**ongue making a **tr***i***p** of thr*ee* ste**ps** down from the **p**alate to ta**p**, at **thr***ee*, on **the** t*ee***th**. Lo. Lee. Ta » (j'ai noté, en gras, la séquence d'allitérations consonantiques – l, t, p, th –, et, en italique, les consonances vocaliques, deux procédés que Nabokov a utilisés avec une délicieuse profusion).

Cependant, il serait inexact, car insuffisant, de dire, comme l'a fait Saussure, que l'unique raison d'être de l'écriture est de représenter la langue. Souvent, les représentations, se passant de la présence de ce qu'elles représentent (*cf.* Derrida[3]), se constituent en un nouveau système, accaparent les procédures, infléchissent les comportements. Rousseau avait sous-estimé l'écriture en croyant qu'elle « ne sert que de supplément à la parole ». Tout en semblant regretter « la tyrannie de la lettre », Saussure[4] mesure en fait très bien ses conséquences : « l'écriture voile la vue de la langue », est « un travestissement » ; elle « influe sur la langue et la modifie » et « finit par usurper le rôle principal ».

L'homme de paroles est devenu aussi l'homme abécédé, selon l'expression de Joyce dans *Finnegans Wake*. Les sons des mots évoquent inévitablement des lettres, tout comme ils ne manquent pas d'éveiller des sens. Dans notre système mental, les représentations sémantiques, phonologiques et orthographiques des mots communiquent de manière totalement interactive. Lorsque le stimulus à l'entrée est un mot écrit, sa représentation phonologique est activée, comme est activée la représentation orthographique d'un mot entendu. Si la plupart du temps ces activations multiples renforcent l'interprétation finale du stimulus, parfois elles conduisent à des disparités, voire à des contradictions qui perturbent la prise de décision. Ainsi, le fait qu'un mot de couleur soit écrit en une autre couleur, ou qu'un pseudo-mot se prononce comme un mot, retarde leur reconnaissance[5].

Nous ne pouvons plus reconnaître des mots parlés sans les « voir » écrits. Demandez à quelqu'un de vous dire le plus rapidement possible si deux mots que vous prononcerez riment ou non. Si vous lui donnez les mots POULET et BALAIS, il prendra un peu plus de temps pour vous répondre que si vous lui donnez POULET et VALET[6]. En d'autres termes, même si les stimuli sont auditifs et que le sujet ne doit rien lire pendant cette expérience, les représentations mentales des mots écrits correspondants sont activées et, dans le cas où la rime s'écrit différemment, une interférence passagère se produit.

Dans *Les Vagues*, Virginia Woolf écrit que « rien ne devrait recevoir un nom, de peur que ce nom même le transforme ». On pourrait appliquer cette sentence à ce qui se passe lors de l'attribution d'une représentation écrite à un mot parlé. Les exemples d'influence de la graphie sur la manière dont nous jugeons la prononciation sont nombreux. À ce propos, Saussure cite un linguiste, Grimm, qui considérait la fricative /þ̌/ non seulement comme une occlusive aspirée mais aussi comme un son double, parce qu'elle s'écrit « th »[7]. Il mentionne aussi l'évolution du nom *Lefèvre* (du latin *faber*). Simultanément à cette graphie populaire, il y avait la graphie savante et étymologique *Lefèbvre*. L'existence de cette forme et la confusion du « u » et du « v » dans l'ancienne écriture ont conduit à la prononciation *Lefébure*. Notons, cependant, que l'existence de graphies étymologiques n'est pas qu'une source de confusion. Au contraire. Au-delà de l'accès qu'elle permet à la prononciation, l'orthographe peut apporter une information très utile sur l'étymologie des mots et sur les relations de dérivation morphologique qu'ils entretiennent.

Dans notre analyse même de la prononciation, les lettres tendent à se substituer aux phonèmes. Demandez à vos amis de compter le nombre de sons élémentaires qu'il y a dans des mots comme « champ ». Ils hésiteront, et certains iront même jusqu'à vous contredire si vous déclarez qu'il y en a deux. Comment peut-il y avoir deux sons, se diront-ils, s'il y a cinq lettres ? Beaucoup de personnes croient qu'il y a cinq ou six voyelles (a, e, i, o, u, y). En réalité, si c'est vrai pour l'espagnol et le japonais qui en ont cinq, en français et en anglais il existe une quinzaine de sons vocaliques. Un auteur américain, Linnea Ehri, a constaté que les étudiants américains considèrent que « pitch » a un son de plus que « rich », alors que le nombre de phonèmes est exactement le même[8]. Dans le même esprit, Marina Yaguello, dans *Alice au pays du langage*, écrit que beaucoup de gens sont incapables de rappeler plus de trois ou quatre mots se terminant en /o/, alors que cette finale est une des plus répandues en français[9]. Tout simplement, ils pensent à « métro », « dodo », « piano », « stylo », mais oublient toutes les terminaisons en « -ot », « -op » et « au ». Un exemple historique de ce que Roy Harris appelle la tyrannie de l'alphabet[10] est la correspondance que le franciscain Diego de Landa a cru pouvoir établir entre les hiéroglyphes maya et les lettres. Le franciscain disait les noms des lettres à ses informateurs maya qui les interprétaient comme étant des mots maya mal prononcés. Ils dessinaient alors les symboles qui correspondaient à ces mots et de Landa prenait à tort ces symboles pour des lettres.

La représentation écrite peut nous aider à mieux retenir les noms qui ont des prononciations complexes ou peu familières. Lorsque je dois apprendre des mots étrangers, le simple fait de pouvoir les voir, ne fût-ce qu'une fois, m'aide beaucoup. Les illettrés tendent à déformer les prénoms des gens à qui ils sont présentés (Régine peut devenir Christine, Éliane peut devenir Diane). Pourquoi ? Parce qu'il est difficile de fixer une forme phonologique sans la confondre avec d'autres formes très proches (vous remarquerez que la rime, probablement plus saillante, est préservée dans ces exemples). Pascal disait que les sons des mots ne sont que du vent. C'est sans doute un vent difficile à structurer et à intégrer dans le réseau des connaissances préalables, surtout lorsque, comme c'est généralement le cas pour les noms propres, aucun contexte significatif ne vient aider l'apprentissage de l'association entre le mot et ce qu'il désigne.

L'écrit n'est donc pas qu'une « conduite d'exil, hors de l'échange vivant des paroles proférées » (C. Hagège, *L'Homme de paroles*). Du point de vue des capacités cognitives, l'écrit et la parole ne sont pas des représentations extérieures l'une à l'autre et ne sont pas non plus des adversaires. Ce sont généralement des collaborateurs très efficaces.

La nature de cette collaboration est naturellement fonction de la relation qui unit l'écrit à la parole. L'histoire connaît différents systèmes d'écriture, en première approximation pictographique, idéographique, logographique, syllabique et alphabétique.

Le système le plus primitif est le système pictographique. Les pictogrammes représentent un objet de manière simplifiée, par exemple un cercle avec des petits traits irradiant à partir de lui désigne le soleil. Ce système, dans la mesure où il comporte un nombre relativement fixe de signes formels, « officialisés » par la communauté, doit être distingué de « l'écriture par dessins ».

La figure 1.1 donne un exemple d'écriture par dessins, découvert sur une roche au Michigan. D'après Gelb[11], les cinq canoës placés en haut transportaient cinquante et un hommes, leur chef étant représenté par l'oiseau dessiné au-dessus du premier canoë.

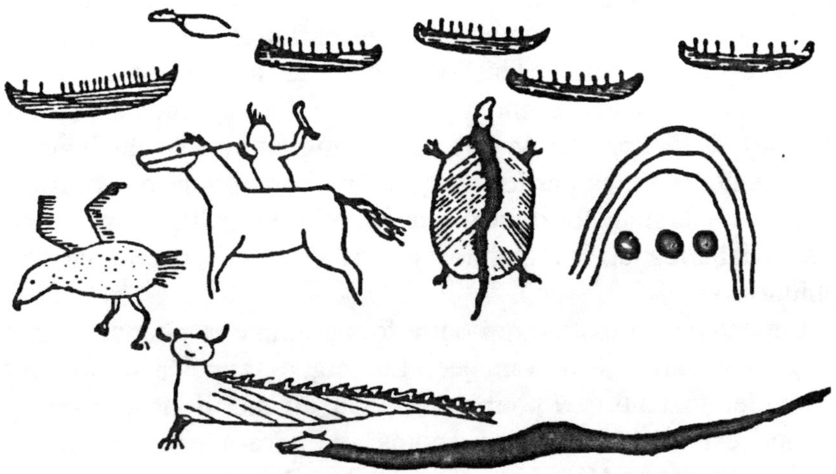

Figure 1.1 – Dessin indien sur une roche aux États-Unis (source : H. R. Schoolcraft[13]).

L'aigle symbolise leur courage, la panthère leur force et le serpent leur ruse. Les trois soleils sous les trois arcs indiquent que l'expédition a duré trois jours ; l'homme à cheval signale une course rapide et la tortue un débarquement heureux. Andrew Ellis, qui reprend cette figure dans son livre sur la lecture, souligne qu'il y a beaucoup de manières de convertir ce dessin en phrases[12] ; il s'agit donc d'un cas de préécriture.

Les idéogrammes se distinguent des pictogrammes par le fait qu'ils ne signalent pas un objet mais une idée. Une flèche indiquant la direction à suivre est un idéogramme. Le pictogramme qui désigne le soleil prend la valeur d'idéogramme s'il est utilisé pour désigner la lumière ou la chaleur. Ces signes ne représentent pas le langage parlé ; ils représentent par des dessins ce que celui-ci peut transmettre au moyen de mots et de phrases. Les chiffres romains, par exemple, étaient à l'origine des pictogrammes : ils représentent un nombre différent de doigts, le chiffre V désignant toute la main par l'ouverture entre le pouce et l'index.

Les systèmes d'écriture qui représentent le langage parlé sont les systèmes logographique, syllabique et alphabétique. Ils représentent le langage parlé chacun à un niveau différent, respectivement lexical (les mots ou les morphèmes qui constituent les mots), syllabique et phonémique. Les écritures chinoise et japonaise actuelles comportent beaucoup de logogrammes, mais notre écriture aussi, comme en témoignent les symboles § (paragraphe), $ (dollar) ou & (et). Les logogrammes se distinguent des phonogrammes par le fait qu'ils ne comportent pas d'information sur la manière dont il faut les prononcer. Par opposition, les syllabaires et les alphabets sont des écritures phonographiques.

Cependant, la distinction entre logogramme et phonogramme n'est pas toujours si tranchée. Les signes appelés rébus, par exemple, sont utilisés pour représenter un mot dont la prononciation est identique ou au moins similaire à celle d'un mot qu'ils désignent déjà. Un exemple de rébus en français serait l'utilisation du dessin d'une dent pour indiquer la préposition « dans ». Le principe du rébus va au-delà de l'écriture proprement dite : ainsi, chez les Yoruba, du Nigeria, l'offre de six coquilles à une personne de l'autre sexe signifie « je suis attiré par vous » parce que le mot *efa* signifie à la fois « six » et « attiré »[14]. En tant que signes écrits, les rébus sont logographiques par le matériel qu'ils utilisent mais phonographiques par la nature de la médiation à laquelle ils ont recours. Néanmoins, il faut insister sur le fait que le rébus est fondé sur une relation d'analogie, tandis que dans les systèmes phonographiques la prononciation des mots peut être obtenue en ajoutant ou en fusionnant progressivement les prononciations des caractères qui les constituent.

Les capacités linguistiques interpellées par les différents systèmes d'écriture ne sont pas exactement les mêmes. L'apprentissage d'une écriture alphabétique, par exemple, exige des compétences différentes de celles que demande l'apprentissage des autres systèmes et se déroule d'une manière propre. Pour comprendre l'apprentissage du système alphabétique, il faut savoir exactement ce qu'est l'alphabet, comment il est devenu capable de représenter le langage au niveau des phonèmes, de quelles capacités nous avons besoin pour saisir cette relation, et comment la représentation alphabétique peut être modulée par des conventions orthographiques. Ces questions sont traitées dans le présent chapitre. Cependant, pour mieux comprendre la spécificité de l'écriture alphabétique, il est utile de faire connaissance avec d'autres systèmes d'écriture. C'est pour cette raison que je vous invite, tout d'abord, à lire des extraits de la conférence de monsieur Wang, une lettre de Nimura-sensei à son ami et collègue Aristide Dupont de l'université de Grenoble, et à écouter le monologue du scribe Nakht.

Contrairement à l'écriture alphabétique, les écritures chinoise et japonaise et celle de l'Égypte ancienne présentent toutes une diversité de modes de représentation, fruit de leur développement historique. Dans l'écriture chinoise, des indices globaux de prononciation sont venus s'ajouter aux caractères désignant des unités de signification ; dans l'écriture japonaise, un système phonographique complexe et complet, mais non phonémique, est venu coexister avec le système logographique ; dans l'écriture de l'Égypte ancienne, à l'origine essentiellement pictographique et idéographique, certains caractères servaient à représenter des groupes de syllabes qui partageaient la même consonne.

Quelques extraits de la conférence de monsieur Wang

Wang s'assit dès qu'on lui donna la parole, lissa de la paume de la main droite les feuilles légèrement chiffonnées qui contenaient le texte de sa conférence et se lança dans une lecture ardue mais mélodieuse.

« Illustrissime Président du Centre sportif européen de Tai Chi Chuan, Mesdames et Messieurs, »

« Je suis très honoré d'être ici pour vous parler de cet art que j'apprends depuis presque cinquante ans, l'art de l'écriture et de la lecture chinoises. Nous y mettons autant d'application, de recherche de la perfection du détail et de l'harmonie de l'ensemble, que dans la préparation de nos mets. La certitude que nous n'en percerons jamais complètement les secrets nous inspire la modestie que doit avoir l'être provisoire devant l'infinitude. »

« On présente les caractères de notre écriture comme des pictogrammes, des idéogrammes ou des logogrammes. J'espère être suffisamment habile pour vous montrer que ces termes ne conviennent pas[15]. »

« Il serait inexact de dire que notre écriture est pictographique. Les pictogrammes sont des représentations relativement iconiques d'un objet. Or seul un pourcentage très faible, environ 1 %, de nos caractères transmet la signification de cette manière. Dans le cas de nos pictogrammes, la relation avec la représentation schématique de l'objet s'est érodée, comme atteinte par des tempêtes successives de sable. Regardez, sur cette diapositive [*voir figure 1.2*], ce que les caractères qui dénotent cheval, tortue, éléphant, poisson, enfant et femme agenouillée étaient autrefois, il y a trois mille ans, et ce qu'ils sont devenus. Vous ne pourriez pas deviner ce que ces derniers caractères désignent. »

« L'écriture chinoise est-elle idéographique ? On parle d'idéogramme lorsque le caractère représente quelque chose de plus abstrait.

Figure 1.2 – Pictogrammes anciens et modernes pour cheval, tortue, éléphant, poisson, enfant et femme agenouillée.

Lorsque, par exemple, on réunit dans un même caractère les caractères pour " homme " et pour " mot ", on peut exprimer le sentiment de faire confiance à quelqu'un. Vous voulez écrire " non " (bù) ? Regardez [*voir figure 1.3*]. Vous utilisez le caractère qui désigne " plante " et vous mettez au-dessus un trait horizontal pour exprimer " non " de manière métaphorique : la plante essaie de croître, mais vous l'en empêchez. Comme disait Anthony Burgess, ce caractère est un petit poème de la négativité, une métaphore du non-recevoir (" a little poem of negativeness, a metaphor of notness "). Vous pouvez voir, sur cette diapositive [*voir figure 1.4*], le caractère pour " pin " qui a été créé en combinant dans un même caractère ceux qui désignent " bois " et " beauté ". Cependant, ce genre de caractères est plutôt rare ; ils ne représentent certainement pas plus de 5 % de notre système. »

« Notre écriture n'est donc ni pictographique ni idéographique. Elle n'est pas logographique non plus. Dans le cas du chinois ancien, la

不

Figure 1.3 – L'idéogramme pour « non ».

杉 木 彡

Figure 1.4 – L'idéogramme pour « pin » (à gauche), formé à partir des éléments sémantiques « bois » (au milieu) et « beauté » (à droite).

plupart des caractères représentaient des mots, mais ceci n'est plus vrai actuellement. Ils représentent essentiellement des morphèmes, c'est-à-dire les plus petites unités de signification. En chinois moderne, beaucoup de mots sont bimorphémiques, ils s'écrivent donc avec deux caractères. En fait, il n'y a pas de séparation particulière entre les mots, autre que celle qui existe entre les caractères. »

« Pour illustrer la représentation des mots plurimorphémiques, prenons le mot qui indique " semaine ". Il est composé de deux caractères qui signifient " étoile " et " période ". Si nous y ajoutons le caractère pour " trois ", nous avons le mot " mercredi ". Je vous donne d'autres exemples. Le mot " paradis " est construit en faisant suivre " ciel " de " porte ", et le mot " temps " (atmosphérique) en faisant suivre " ciel " de " gaz ". On peut considérer que chacun de ces groupes de caractères constitue un mot. En effet, vous ne pouvez pas introduire à l'intérieur du groupe un autre caractère sans changer la signification du groupe, de la même manière que, dans votre langue, vous ne pouvez pas insérer, par exemple, " belle " dans le mot " voiture " pour désigner une belle voiture : " voibelleture " n'est pas une belle voiture. En chinois, on ne peut pas insérer un caractère entre " ciel " et " porte " sans détruire la signification de " paradis ". »

Une dame prend alors la parole.

– Monsieur, ce que vous dites correspond à la définition de mot qui avait été avancée par le Cercle de Prague. Notez cependant qu'il y a des contre-exemples dans au moins une langue. En portugais, le mot « contar-vos-ei » (« je vous raconterai ») résulte de l'insertion de l'expression « vos », dérivée de « a vós » (« à vous ») entre l'infinitif « contar » et la terminaison « ei »[16]. Les linguistes ne sont toujours pas d'accord entre eux sur la définition de mot.

« Madame, vous êtes linguiste, n'est-ce pas ? Je suis honoré de votre présence ici et je n'oserai pas m'opposer à ce que vous affirmez. Ma seule intention est de dire à mon illustre audience que les caractéristiques de la représentation graphique de notre langue font que la notion de morphème est bien plus évidente pour les Chinois que celle de mot. L'écriture chinoise représente des morphèmes. D'ailleurs, nos jeunes étudiants éprouvent quelques difficultés pour segmenter un texte en mots. Ce n'est certainement pas un hasard si les mots plurimorphémiques chinois qui correspondent à " vocabulaire " et à " dictionnaire " ne comprennent pas le caractère " mot ", mais celui de " caractère ". »

« Nous avons environ cinquante mille caractères, bien que trois mille puissent être suffisants pour la communication non spécialisée et non sophistiquée de la vie quotidienne. Presque tous les caractères sont prononcés comme une seule syllabe ; en fait, tous si l'on excepte la représentation du suffixe " r ". Je vous ai dit que notre système d'écriture est essentiellement morphémique. Je peux ajouter maintenant qu'il est aussi essentiellement syllabique. Mais beaucoup de caractères se prononcent de la même manière. En chinois, il y a trois cent quatre-vingt-dix-huit syllabes différentes. En outre, la prononciation d'une même syllabe peut admettre des variations tonales. Par exemple, en cantonais " ji " signifie " vêtement ", " chaise ", " signification ", " enfant ", " oreille " ou " deux ", suivant que cette même syllabe est prononcée avec un ton haut, haut montant, moyen, bas descendant, bas montant, ou bas, respectivement. Si l'on tient compte de ces variations tonales, on atteint, pour l'ensemble des syllabes, plus d'un millier de prononciations différentes, exactement mille deux cent soixante-dix-sept (pensez qu'en anglais il y a environ cinq mille syllabes différentes). Ce nombre reste bien inférieur aux dizaines de milliers de caractères de l'écriture chinoise. Beaucoup de caractères se prononcent donc de la même manière, en d'autres termes, le nombre d'homophones est très élevé. Environ 60 % des caractères chinois ont des homophones, et un quart d'entre eux ont au moins six homophones. À première vue, l'existence d'un si grand nombre de morphèmes homophones devrait provoquer de grandes difficultés de compréhension. Ce n'est pas le cas cependant, puisque le mécanisme de formation de mots plurimorphémiques permet d'y apporter remède. »

« Notre système d'écriture comprend un mécanisme supplémentaire de différenciation des morphèmes. Plus de 90 % des caractères chinois sont constitués d'un élément sémantique et d'un élément phonétique qui fournit au lecteur un indice de prononciation en lui indiquant qu'il doit lire le caractère en question en se référant à la prononciation d'un homophone connu. Dans certains cas, on prononce le caractère exactement comme on prononce l'élément phonétique qu'il contient. Dans d'autres cas, je dirais même que c'est la majorité, peut-être quatre fois sur cinq, l'indice phonétique contribue simplement à modifier la prononciation de l'élément sémantique. Nous avons deux cent quatorze radicaux sémantiques, tandis que les indices phonétiques sont beaucoup plus nombreux, trois mille huit cent soixante-sept, si l'on se réfère aux analyses faites par le missionnaire Joshua Marshman au début du XVIIIe siècle. »

C'est à peu près à cet endroit de sa conférence que monsieur Wang vécut un instant d'épouvante. Heureusement, l'audience ne le remarqua pas, sans doute grâce à la superbe maîtrise qu'a Monsieur Wang de l'extériorisation de ses émotions. En tournant une feuille, il constata que les feuilles suivantes ne contenaient pas la fin de son texte, mais étaient en fait des exemplaires de la carte des Dim Sum préparés à « La Porte du Ciel », le restaurant où il mangeait presque tous les soirs et où il avait préparé sa conférence. Monsieur Wang avait encore quelques diapositives devant lui. Il présenta la première d'entre elles et la commenta de manière plus vivante qu'auparavant, provoquant des redressements de cils que les exercices de Tai Chi Chuan de la fin d'après-midi avaient délicatement contribué à clore.

« Vous savez, parmi les indices phonétiques, certains n'ont qu'une valeur phonétique, c'est-à-dire qu'ils sont toujours combinés à des éléments de signification. D'autres ont une valeur phonétique dans certains caractères, tout en fonctionnant en tant qu'éléments de signification dans d'autres caractères. Regardez, sur cette diapositive [*voir figure 1.5*], le caractère pour " riz " (/mai/). Combiné à un autre élément de signification, il peut donner lieu à une prononciation très différente, par exemple /fan/ qui signifie " poudre ", mais il peut aussi fonctionner comme indice phonétique et donner sa prononciation au caractère auquel il participe (c'est le cas dans le caractère pour " enchanter "). »

« Y aurait-il un lien quelconque entre les mots " cheval " et

米 粉 迷

Figure 1.5 – Les caractères pour « riz » (/mai/), à gauche, « poudre » (/fan/), au milieu, et « enchanter » (/mai/), à droite.

" mère " ? N'en cherchez pas. Regardez plutôt cette autre diapositive [*voir figure 1.6*] : " cheval ", en chinois, se prononce " ma " ; lorsqu'on combine le caractère pour " cheval " à un autre, on peut obtenir, par exemple, " conduire " (" ga : ", le signe : exprimant l'allongement de la voyelle) ou " mère " (" ma : "). Dans ce dernier cas, le caractère pour " cheval " n'a servi que d'indice phonétique. »

« Nous avons une écriture bien adaptée aux propriétés de notre langue. Nos morphèmes étant syllabiques, la grande majorité de nos caractères correspondent à la fois à l'un et à l'autre de ces niveaux de la langue. Le mécanisme de formation de ces caractères paraît

馬 駕 媽

Figure 1.6 – Les caractères pour « cheval » (« ma »), à gauche, « conduire » (« ga : »), au milieu, et « mère » (« ma : »), à droite.

relativement simple. En réalité, c'est très complexe. Les positions relatives de l'indice phonétique et de l'élément sémantique peuvent être très variables. Il nous faut beaucoup de travail et de patience pour apprendre à lire et à écrire dans notre langue, vous savez... Pour connaître la prononciation de l'indice ainsi que la prononciation du caractère dans lequel il est contenu, il faut les étudier un à un. Nous devons aussi apprendre les éléments sémantiques et les combinaisons acceptables de ces éléments. Avec vos vingt-six lettres, excusez-moi, c'est tout de même plus facile pour vous... »

La lettre de Nimura-sensei à son ami et collègue Dupont

> On s'annonce dans un immense bâtiment qui s'appelle toit-pointu, croix de lorraine-penchée, accent circonflexe à trois étages, chèque barré et chiffre quatre à l'envers.
>
> San-Antonio,
> *Fleur de nave vinaigrette.*

Nimura-sensei avait appris que son collègue, le Professeur Aristide Dupont, parlait de la lecture à ses étudiants. En tant qu'ami authentique, et en tant que Japonais fier de la culture de son peuple, il n'attendit pas que Dupont prenne l'initiative de lui demander de l'aide. Il était impensable que Dupont parle de la lecture à ses étudiants sans parler des grands systèmes d'écriture, et par conséquent de l'écriture japonaise. Nimura consacra toute une soirée à la rédaction d'une lettre à son ami Dupont, où il consigna tout ce que Dupont devrait dire dans ses cours. Il poussa le zèle jusqu'à noter quelles parties Dupont pourrait omettre si, contrairement à ce qu'il espérait, Dupont n'avait que deux heures et pas quatre pour cette mission. Voici quelques passages de la lettre.

« Cher Aristide »,

« Tout d'abord, je voudrais vous remercier pour le tiré-à-part de votre dernier article que vous m'avez gentiment adressé. Je le lirai très attentivement. J'ai cru pouvoir vous être utile en vous envoyant ces quelques notes sur l'écriture japonaise, ou plus exactement les écritures japonaises. »

« Le système traditionnel est fondé sur deux types de caractères : l'ensemble d'idéogrammes appelé " kanji " et deux ensembles de phonogrammes représentant des syllabes, le " hiragana " et le " katakana ". Malgré la fierté que nous avons de notre civilisation, nous avons eu, au cours de notre histoire, l'intelligence de nous approprier deux grandes réalisations étrangères : la première, essentiellement entre le ve et le xe siècle, est l'écriture chinoise, que les Chinois appelaient *hanzi* et nous *kanji* ; la deuxième est la grande révolution industrielle de l'Occident. Nous avons adapté la valeur phonétique des caractères chinois pour représenter nos syllabes, par exemple le caractère chinois pour *liu* a servi à notre terminaison *-ru.* En outre, nous avons simplifié un certain nombre de caractères phonétiques pour constituer nos syllabaires. Il faut savoir que nous avons un nombre de syllabes, de cent cinq à cent treize suivant les dialectes, bien inférieur à celui du chinois. Le hiragana est plus commun que le katakana, car celui-ci est surtout utilisé pour transcrire des noms étrangers. »

« Les substantifs, ainsi que les racines verbales et adjectivales, sont généralement transcrits en kanji tandis que les morphèmes grammaticaux et les mots fonctionnels sont transcrits en hiragana, qui veut dire " kana facile ". Ainsi, la forme verbale " mange " (" taberu ") s'écrit avec le radical kanji pour " manger " (" tabe ") plus deux signes kana et la forme verbale " sera mangé " s'écrit de la même manière mais avec deux autres signes kana intercalés entre les précédents. Le kanji et le kana sont donc combinés très souvent. »

Suivait une longue dissertation sur la morphologie du japonais, que le professeur Dupont a parcourue vaguement des yeux, s'arrêtant seulement pour déguster quelques passages amusants[17] :

« Les emprunts faits aux Chinois et la création de nouveaux mots sans que des précautions soient prises par rapport à leur prononciation ont engendré des homonymies détestables. Ainsi, la séquence " shikaishikaishikai " signifie " le président de séance de la convention des docteurs en dentisterie " (" shi.ka-í.shi " veut dire " docteur en dentisterie ", " kai " " réunion ", et " shi.kai ", " présidence "). Interrogé par sa fille, qui lui demandait quelle était la fleur nationale française, un Japonais a répondu que c'était la Marseillaise, parce que " kókka " veut dire aussi bien " fleur nationale " qu'" hymne national ". Encore un exemple : un présentateur de télévision a dû recourir à différents synonymes avant de savoir que le métier de " seika ", donné par un participant, n'était ni confiseur, ni chausseur, ni marchand de légumes, mais fleuriste. Vous pouvez imaginer, mon cher Aristide, que ce n'est pas vraiment comme cela tous les jours. Nous savons utiliser le contexte et les paraphrases. »

La lettre du professeur Nimura abordait ensuite le *kana*.

« Pour comprendre l'écriture kana, il faut se référer à la phonologie du japonais. Si l'on utilise, pour décrire notre langue, le même type d'unités qui vous sert à décrire le français et les autres langues écrites alphabétiquement, on peut dire que le japonais est élaboré en combinant dix-neuf phonèmes, dont cinq voyelles, deux semi-voyelles et douze consonnes. Nous ne représentons pas individuellement la plupart de ces phonèmes. La plupart de nos kana sont des combinaisons de consonnes et de voyelles, mais il y a aussi des kana pour représenter les voyelles isolées et une consonne (/N/) qui est prononcée en position finale de syllabe. Vous trouverez à la fin de cette lettre un tableau avec les caractères hiragana [*voir figure 1.7*][18]. Il est organisé comme une matrice, suivant un critère phonémique, puisque les caractères de chaque colonne partagent la même consonne et ceux de chaque ligne, à l'exception du caractère pour /N/, partagent la même voyelle. Vous remarquerez qu'on représente deux syllabes qui ne diffèrent que par le fait que la consonne initiale est sourde ou sonore (/ka/ et /ga/, par exemple) à l'aide de kana presque identiques. La seule différence réside dans le diacritique ajouté en haut à droite dans le cas des kana qui comprennent une consonne sonore. »

Dupont tourna rapidement les feuillets remplis de la petite écriture de son collègue Nimura et trouva effectivement la matrice tout à la fin.

« Je viens de vous parler de syllabes, et comme vous le savez on dit habituellement que le système des kana est un syllabaire. Ce n'est pourtant pas tout à fait exact. Non seulement le /N/, que nous représentons par un seul caractère, n'est pas une syllabe, mais en outre nous représentons séparément la gémination des consonnes. Ainsi, par exemple, le mot bisyllabique [nippoN] (Japon) s'écrit avec quatre caractères (にっぽん pour ni-p-po-n). En fait, nos caractères représentent des mora, qui sont, si je peux me permettre cette expression, les molécules de notre langue. La mora peut être considérée comme une unité de temps. Le doublement de la consonne, le /N/ en finale de syllabe et l'allongement très fréquent de la voyelle occupent des unités de temps. Chacun de ces événements constitue donc à lui seul une mora dans la suite des mora. »

« L'importance relative du kana dans notre communication écrite s'accroît par rapport au kanji. Ainsi, les télégrammes, les factures de gaz et d'électricité et les documents de banque sont écrits en kana. La lecture des caractères kanji pose évidemment un problème de recon-

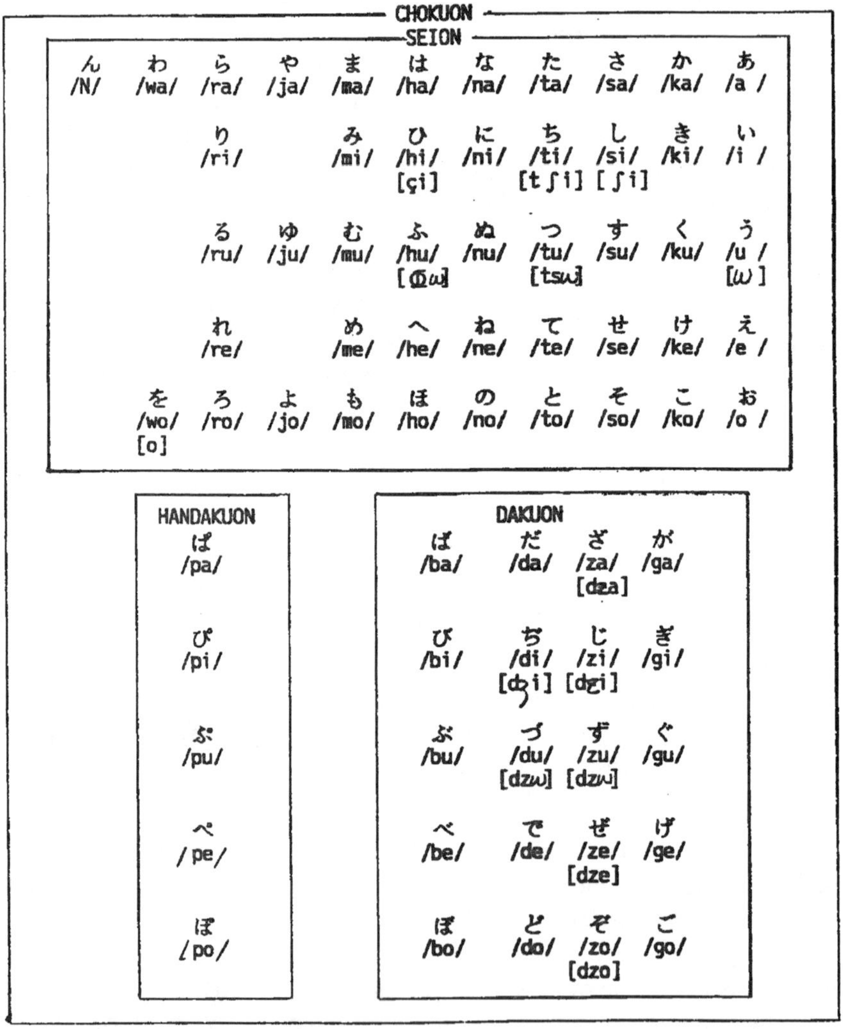

Figure 1.7 – Matrice de l'hiragana.

naissance, si bien que, pour représenter la prononciation dans les journaux et les magazines, et en particulier dans certains livres pour les enfants, on utilise souvent des petits caractères kana à droite du caractère kanji lorsque l'écriture est verticale et au-dessus de ce dernier lorsque l'écriture est horizontale. En effet, les textes peuvent être écrits soit horizontalement, soit verticalement. »

« La population adulte n'a pas une connaissance suffisamment vaste du kanji. Les journaux d'avant la deuxième guerre mondiale employaient sept mille cinq cents kanji, mais aujourd'hui, sous la pression des autorités, ils en utilisent un peu moins de deux mille, et les autres ont été remplacés par des kana. La plupart des Japonais sont capables de reconnaître ces deux mille kanji mais dès qu'il s'agit de s'en souvenir pour pouvoir les écrire les difficultés apparaissent. Beaucoup de personnes ne pourraient écrire spontanément qu'un demi-millier de ces signes. Par ailleurs, lorsque nous utilisons des traitements de texte sur ordinateur, nous rentrons le texte en kana ou en " romaji " (le romaji est un alphabet romain que nous avons créé pour la communication internationale et que nous utilisons aussi entre nous). Après avoir rentré le texte, nous choisissons éventuellement parmi les correspondants en kanji qui sont affichés à l'écran. Cela ne peut que contribuer à affaiblir notre connaissance du kanji. En outre, la proportion de publications en romaji est en train d'augmenter dans les domaines de la science et de la culture ; et la plupart des messages télex s'écrivent en romaji. Cependant, nous considérons la capacité à écrire en kanji comme une preuve de culture et de raffinement, si bien que nous n'abandonnerons probablement jamais l'écriture mixte kanji-kana. »

L'œil pervers d'Aristide Dupont fixa encore une petite plaisanterie impudique sur le *romaji*.

« Direz-vous à vos étudiantes que la lettre M, que nous lisons /emu/, peut représenter aussi bien " argent " que " pénis " ? Pourquoi pénis ? Peut-être à cause de " membre viril ", ou peut-être par son association avec " mará ", utilisé comme argot à partir d'un terme bouddhiste d'origine indienne. Mais il n'y a pas que cette petite grivoiserie. Étant donné sa prononciation en anglais, la lettre Y, par exemple, peut remplacer le morphème WAI – " obscène " – qu'on trouve dans " waidan " (histoire sale) et dans " waisetsu " (obscénité), de même qu'elle peut remplacer la première partie du mot " waishatsu " qui signifie chemise. Plus sérieusement, ne trouvez-vous pas curieux ce retour à l'idéographie, cette manière d'utiliser l'alphabet autrement que pour représenter les phonèmes de la langue ? Vous écrivez, vous aussi, WC, BD... »

L'attention de Dupont fut captée, plus loin, par quelques passages sur l'apprentissage de la lecture par les petits Japonais[19].

« Dans les livres pour les enfants de l'école maternelle et de l'école primaire, les phrases s'écrivent en hiragana. Un espace blanc sépare généralement les mots. La connaissance des correspondances entre les kana et leurs prononciations, ainsi que de quelques règles pour certains caractères spéciaux, est suffisante pour lire n'importe quelle phrase. Beaucoup d'enfants entrent à l'école primaire, parfois même à l'école maternelle, en ayant déjà maîtrisé le système et donc en sachant lire. Mon neveu vient d'avoir quatre ans. Il peut lire des phrases écrites en hiragana et comprendre leur signification. Souvent, lorsque la phrase comprend un mot qu'il ne connaît pas, il passe au-dessus, puis il y revient et le lit. Les étrangers trouvent souvent que l'apprentissage de la lecture au Japon est facile. Ce n'est pas seulement parce que le hiragana est un système entièrement régulier avec des correspondances biunivoques. C'est aussi parce que les enfants sont entourés de livres, de magazines et de textes en général qui leur sont spécifiquement destinés, et parce que les parents, sans nécessairement s'occuper beaucoup d'eux, contribuent à renforcer leur curiosité naturelle en leur répondant volontiers sur toutes leurs questions au sujet des caractères. »

« Par rapport à l'apprentissage de l'écriture alphabétique, l'apprentissage de l'hiragana présente deux grandes différences : il n'exige pas une analyse intentionnelle de la parole en phonèmes, puisque chaque caractère correspond à un son prononçable isolément, et par conséquent il n'exige pas non plus de fusionner les phonèmes dans une unité articulatoire plus large. Certaines études ont examiné l'habileté d'analyse de la parole des enfants japonais qui connaissent bien les kana, mais n'ont pas encore reçu d'instruction alphabétique. Ces études ont montré qu'ils sont incapables de faire une analyse phonémique de la parole, alors qu'ils sont légèrement supérieurs aux enfants américains ou européens pour l'analyse en syllabes. La capacité à analyser la parole en syllabes (on pourrait dire aussi, en mora) est évidemment indispensable à la maîtrise de l'écriture kana. N'oublions pas que tout prépare l'enfant dans ce sens. L'une des activités courantes des petits Japonais est le “ shiritori ”, un jeu verbal dans lequel la mora initiale de chaque mot doit être identique à la dernière mora du mot précédent. Lorsqu'ils jouent en groupe, les enfants de trois ans qui commettent des erreurs sont généralement corrigés par les enfants plus âgés et ils apprennent ainsi à se représenter les mora initiales et finales des mots. Un autre jeu, le “ sakasauta ”, consiste à inverser l'ordre des mora d'une expression chantée. »

Les choses sont bien organisées, se dit Aristide Dupont, admiratif. Les enfants japonais sont préparés à la lecture de l'hiragana par des jeux qui impliquent la représentation mentale des unités que l'hiragana représente graphiquement. Évidemment, c'est différent avec l'alphabet, les phonèmes sont autre chose... Mais ne pourrait-on pas généraliser dans nos écoles maternelles, dans les familles, des jeux qui feraient prendre conscience des phonèmes à nos enfants ?

Le monologue de Nakht

Monsieur Wang et Nimura-san nous parlaient au présent. Reportons-nous maintenant à un passé lointain, qui est pourtant, à certains égards, très proche de nous. Le système d'écriture de l'Égypte ancienne est l'arrière-grand-père ou l'arrière-grand-oncle du système alphabétique. Comme nous le verrons en saisissant la longue suite de pensées heureuses du scribe Nakht, un tel système d'écriture contenait déjà les éléments qui allaient permettre l'invention du système alphabétique.

« Nakht, vois-tu venir le crépuscule ? C'est Nut qui s'approche pour unir son corps à celui de Geb, comme hier et avant-hier. Avant la création de l'Univers, la Terre et le Ciel vivaient ensemble comme mari et femme, eux qui étaient aussi frère et sœur. Rá, sortant des eaux du chaos, leur ordonna de se séparer, et Shu, leur père, envoya un vent puissant qui engendra l'espace et la lumière entre eux et fit s'élever le corps de Nut. Geb resta couché, son corps formant les montagnes et les vallées. Immobile, impuissant, il voit chaque jour, à l'aube, le corps de sa femme s'éloigner. Rá parcourt langoureusement l'arc étoilé de Nut, mais à la tombée du jour la déesse redescend et vient se coller à son mari, créant le noir. Je me demande toujours comment Rá peut l'ignorer, il regrette sans doute sa décision et fait semblant de ne rien savoir. J'aime les récits des actions des dieux, ce sont les plus beaux, même si les récits de la vie des scribes m'émeuvent davantage. Combien de fois ai-je raconté à mon fils aîné les récits, que j'ai entendus de mon propre père, sur le plus savant des scribes, Satni, fils du roi Usinarès. Quand, la plaque entre les jambes croisées, déroulant le rouleau de papyrus de la main gauche et tenant le calame taillé de la droite, il prenait de l'encre rouge et noire dans les petits godets, la déposait sur la palette, la mouillait d'une goutte d'eau, et dirigeait le calame sur le papyrus, des inscriptions magiques coulaient de ses doigts habiles. Il connaissait les réponses à toutes les énigmes. Un jour, un messager du roi d'Éthiopie s'est présenté devant le Pharaon pour le défier d'avaler tout l'Océan. Satni a sorti le Pharaon de la difficulté en rétorquant que son père pourrait le faire à condition que toute l'eau se trouve au point exact où elle se trouvait au moment où le défi avait été lancé. Il fallait donc que le roi d'Éthiopie découvre d'abord le moyen de faire arrêter les fleuves qui se jettent sans cesse dans l'Océan. Une autre fois, Satni a été conduit par son propre fils, Senosíris, dans un endroit inconnu de la montagne de Memphis, où se tenait le tribunal qui juge les morts. Là, il a vu Thot, dieu à tête d'oiseau et long bec noir, inventeur des paroles divines, jouer le rôle de scribe et calculer les crimes et les mérites de chacun des morts. Il est temps que je décide quels objets et quels mots seront gravés sur les murs de mon tombeau. Mon image, mon métier, mon nom [*voir figure 1.8.a*][20], suivis de l'inscription " di ânkh " " *doué de vie* ", " *di* " *: prononciation du signe du pain, et* " *ânkh* ", *un lien avec une boucle, signe de la vie* [*voir figure 1.8.b*]. Ainsi, j'existerai après ma mort et je goûterai les délices du champ des roseaux. Je devrais penser aussi à la liste des hétép [*offrandes, voir figure 1.8.c*] pour pouvoir

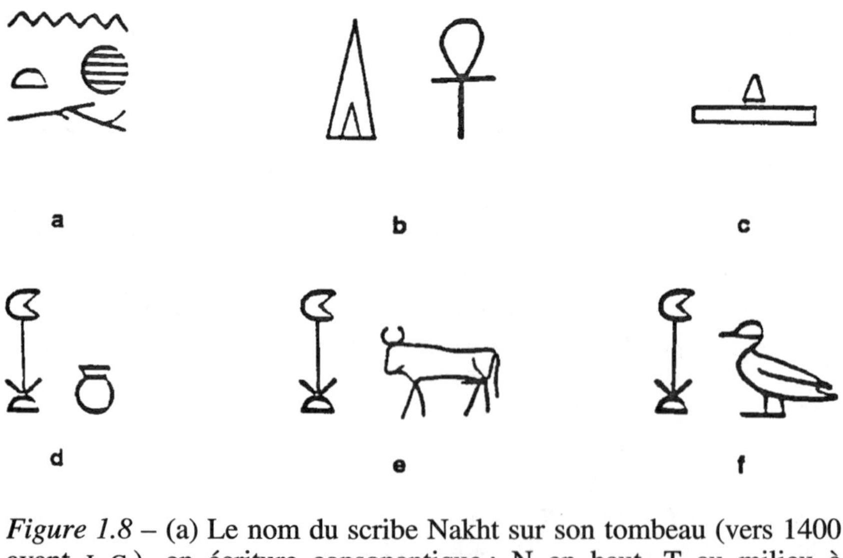

Figure 1.8 – (a) Le nom du scribe Nakht sur son tombeau (vers 1400 avant J.-C.), en écriture consonantique : N en haut, T au milieu à gauche, et KH au milieu à droite ; ensuite des hiéroglyphes : (b) « di ânkh » ; (c) hétép, un phonogramme qui remplace les trois consonnes h, t et p ; (d) mille pichets de vin ; (e) mille têtes de bétail, et (f) mille oies (d'après N. J. Katan[20], reproduction autorisée par « L'école des loisirs »).

continuer à me nourrir convenablement, même si des voleurs me prennent ces biens : cent, non, mille [*le signe pour lotus*] pichets de vin [*voir figure 1.8.d*]. Buvons encore un peu de ce vin, avec cette chaleur la bière que j'ai avalée de toute la journée n'a pas été suffisante. Continuons, mille têtes de bœufs et de chèvres, mille oies... [*voir figure 1.8.e*]. À propos d'oies : il faut que l'on me représente chassant l'oie et le canard sur les marais dans les marges du Nil, avec mon boomerang, suivi de ma femme, mes enfants et de mon chat préféré. J'aurai mérité des dieux les offrandes qu'ils me feront, car je leur en ai fait moi-même, et j'ai toujours travaillé intensément et loyalement. J'ai suivi les conseils de mon père, qui m'a mis sur le sentier de Dieu : " Être scribe est mieux que toute autre profession. Il n'y a rien d'équivalent sur terre. J'ai vu un chaudronnier au travail devant son fourneau, ses doigts étaient comme des pattes de crocodile et il puait plus qu'un poisson. Le potier est couvert de terre, ses vêtements raides de boue, sa tête coiffée de chiffons. Les reins du maçon lui font mal. Le tisserand, s'il reste un seul jour sans tisser, est battu avec cinquante lanières de fouet ; il doit donner à manger au gardien pour qu'il le laisse sortir à la lumière du jour. Le préposé au fourneau a les doigts brûlés, les yeux lui brûlent à cause de l'épaisse fumée. Le laveur travaille au bord de la rivière près des crocodiles. " Mon apprentissage a été long. J'ai commencé à l'âge de cinq ans, plus tôt que beaucoup d'autres. Chaque jour, pendant des heures, je psalmodiais en chœur avec les autres, je copiais des signes et des textes complets sur des morceaux de calcaire, de poterie et sur des planches de bois. J'ai appris l'écriture liée. J'étais encore très jeune quand j'ai obtenu le droit d'écrire sur du papyrus. Je connais plus de sept cents signes qui représentent des choses familières, et aussi plus d'une vingtaine de signes qui représentent des sons de base. Ainsi, le dessin d'un tapis (*pè*) me sert à représenter les sons pè, pou, pa et d'autres sons de la même famille [*voir figure 1.9*]. D'autres signes encore représentent des ensembles de deux ou de trois sons élémentaires (par exemple, le signe pour " hétép ") [*voir figure 1.8.c*]. J'ai appris à représenter des mots difficiles par des signes dont les noms se prononcent de la même manière. [*Ainsi, pour représenter " fils ", qui ne peut pas être facilement évoqué par un signe iconique, les Égyptiens utilisaient le hiéroglyphe de " canard " étant donné que " canard " se prononçait de la même manière que " fils " : on dit, dès lors, que le signe pour " canard " sert d'idéogramme-rébus pour " fils "*.] J'ai perfectionné ma calligraphie et mon style de composition. Avec toute l'intelligence de mon cœur, j'ai étudié les mathématiques, l'astronomie, la médecine et la religion. Je ne restais pas inactif un seul jour, car je savais que

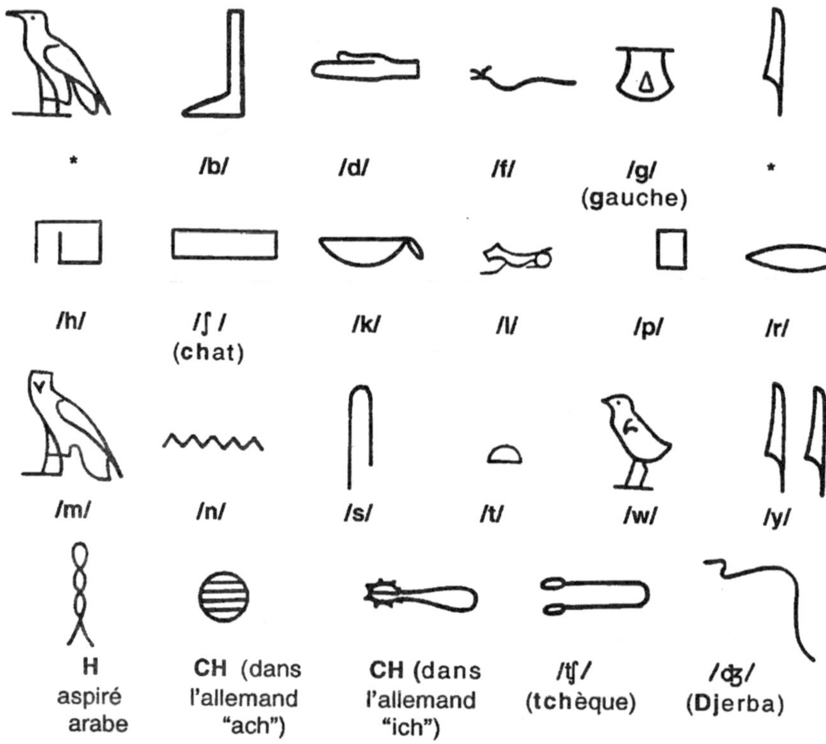

Figure 1.9 – Signes représentant des sons consonantiques de l'égyptien ancien (entre parenthèses, des exemples de prononciation ; * indique des occlusives glottales) (d'après N. J. Katan[20], reproduction autorisée par « L'école des loisirs »).

sinon je serais battu, on me l'avait dit : " L'oreille du garçon est sur son dos, il écoute quand on le bat. " À seize ans, je pouvais déjà rédiger toutes sortes de lettres et de rapports, écrire des hymnes aux rois et aux dieux, des poésies, des fables et des maximes de morale, enregistrer les paiements d'impôts, préparer des contrats de vente de biens, diviser l'année en mois, connaître le jour où une étoile donnée surgit à l'horizon, mesurer en palmes et en doigts, évaluer l'aire d'un terrain, calculer le nombre de blocs nécessaires pour la construction d'une pyramide, dessiner des cartes avec les montagnes, les temples, les mines d'or et les maisons des ouvriers. J'aurais pu devenir docteur, prêtre, chroniqueur des mariages royaux et des batailles, secrétaire privé d'un noble, architecte du roi, voire même gouverneur d'une province. Je dirige les entrepôts de grain, je suis riche et respecté. Il est bon d'être scribe. Les scribes commandent tous les travaux dans le pays, pour eux il n'y a pas d'impôts, ils paient leurs tributs en écrivant. Mais, parfois, comme aujourd'hui, surtout à la fin d'une période de sécheresse, je suis un homme fatigué [*voir figure 1.10*]. »

Figure 1.10 – Représentation en hiéroglyphes de l'expression « un homme fatigué ». Il faut la lire de la gauche vers la droite, car la règle de directionnalité est qu'il faut regarder l'homme et l'animal dans les yeux. Ourèd signifie « être fatigué », il est obtenu en combinant l'oiseau qui se prononce *our* (WR), la bouche qui se prononce *rè* (R) cet la main qui se prononce *dè* (D) (d'après N. J. Katan[20], reproduction autorisée par « L'école des loisirs »).

L'invention de l'alphabet

> Et maintenant, après des milliers et des milliers d'années, et après les Hiéroglyphiques, Démotiques, Nilotiques, Cryptiques, Koufiques, Runiques, Doriques, Doniques et bien d'autres tiques ou niques [...], le brave vieil alphabet simple, facile – A, B, C, D, E et le reste – a repris sa forme d'autrefois pour que toutes les Mieux Aimées puissent l'apprendre plus facilement quand elles sont assez grandes.
>
> Rudyard Kipling,
> *Histoires comme ça.*

> La société humaine, le monde, l'homme tout entier est dans l'alphabet. [...] L'alphabet est une source.
>
> Victor Hugo,
> *Carnets de voyage.*

Qu'est-ce que l'alphabet ? A-t-il été découvert ou inventé ? Il a certainement été inventé, mais, comme c'est le cas pour toutes les inventions, l'alphabet ne surgit pas du néant. Il résulta de l'adaptation d'un système préalphabétique à des besoins nouveaux. L'invention de l'alphabet aura entraîné, du coup, la découverte de ce qu'il représente, le phonème. Ces affirmations demandent naturellement des explications.

On aurait pu penser que l'alphabet a été inventé *pour* représenter les phonèmes. Les lettrés cultivés ont, en effet, tendance à croire qu'il est évident pour tous que la parole est une combinaison de petits sons, que tout le monde sait que « car » et « bar », par exemple, ont chacun trois sons élémentaires, et ne diffèrent que par le premier. Cependant, cette notion ne se constitue qu'avec l'apprentissage de la lecture dans un système alphabétique. Nous l'avons nous-mêmes montré en testant des adultes illettrés portugais qui n'avaient jamais appris à lire et à écrire et en les comparant à des ex-illettrés, c'est-à-dire des personnes qui n'ont appris à lire et à écrire qu'à l'âge adulte, dans des classes d'alphabétisation[21]. L'une des tâches était comparable à celle du prince et de la sorcière (voir l'Introduction), mais sans cet habillement imaginaire destiné à captiver les enfants. Qu'il s'agisse de soustraire le phonème initial d'une expression, ou d'ajouter un phonème au début d'une expression, les adultes illettrés ont été incapables de faire ces manipulations. En revanche, la grande majorité des ex-illettrés a réussi ces mêmes tâches. L'incapacité des illettrés n'est pas due à une incapacité de comprendre cette opération de soustraction ou d'adjonction d'un petit morceau de parole. Lorsqu'il s'agit, par exemple, de soustraire, non pas un phonème, mais une syllabe, la majorité des illettrés est parfaitement capable de le faire.

L'idée que l'émergence de l'habileté à analyser intentionnellement la parole en phonèmes dépend de l'apprentissage d'un système alphabétique d'écriture a été confirmée par une étude réalisée en Chine[22]. Une version chinoise du test construit pour les illettrés et les ex-illettrés portugais a été appliquée à deux groupes d'adultes chinois. Les uns avaient été à l'école primaire juste avant l'introduction dans les écoles chinoises d'un alphabet (essentiellement destiné à la transcription des noms étrangers). Ils connaissaient l'écriture logographique chinoise, mais pas l'écriture alphabétique : ils étaient des lettrés analphabètes. Les autres avaient été à l'école primaire au moment de l'introduction du système alphabétique. Ils connaissaient donc les deux systèmes d'écriture et ils étaient des lettrés alphabétisés (encore que faiblement). Les résultats aux tests de soustraction et d'addition de phonèmes ont révélé que les lettrés analphabètes chinois sont incapables de faire des manipulations de phonèmes, tout comme les illettrés portugais ; tandis que les Chinois rudimentairement alphabétisés sont aussi bons que les ex-illettrés portugais. Ce qui compte, pour être capable d'analyser intentionnellement la parole en phonèmes, n'est donc pas d'être lettré, mais d'*apprendre à lire dans un système alphabétique*. Nous ne nous représentons pas consciemment les phonèmes si nous n'apprenons pas l'alphabet.

Nous avons vu, dans le monologue de Nakht, que les Égyptiens possédaient depuis des temps très anciens un système d'écriture dont certains éléments ressemblent étroitement à l'alphabet. Était-ce un véritable alphabet ? Certains auteurs disent qu'il s'agit d'un système hiéroglyphique et consonantique, et qu'un système alphabétique doit être à la fois consonantique et vocalique. Il ne manquerait donc au système égyptien que la dimension vocalique pour être alphabétique[23]. Cependant, il ne me semble pas exact de dire que le système d'écriture égyptien était consonantique. Il aurait été étonnant que l'on puisse représenter les consonnes et non pas les voyelles. Une voyelle peut former, à elle seule, une syllabe, tandis que certaines consonnes, comme les occlusives /b, d, g, p, t, k/, sont imprononçables isolément. La représentation des consonnes dans l'écriture égyptienne n'est probablement qu'apparente. Nous, qui sommes capables de représenter mentalement les consonnes en tant qu'entités séparées, attribuons à ces signes une référence consonantique, mais pour les Égyptiens ils pouvaient représenter tout simplement des syllabes ayant le début (l'attaque) en commun. Étant donné l'absence de notation séparée de la voyelle intrasyllabique, il me semble plus prudent de penser qu'il s'agissait d'un système de notation catégorielle (généralisée) des syllabes, et non d'un système consonantique.

Notre connaissance alphabétique, autrement dit notre connaissance consciente des consonnes et des voyelles de la langue, tend à pervertir l'interprétation des autres systèmes. À première vue, le fait de pouvoir représenter /pa/, /pi/ et /pu/ par un seul signe impliquerait que l'on a nécessairement conscience de la consonne commune à ces syllabes. Ce serait une inférence injustifiée. Les enfants prélettrés sont capables de juger comme étant plus similaires des monosyllabes qui partagent la même consonne initiale que des monosyllabes qui ne la partagent pas. Pourtant, ils échouent dans d'autres tâches qui exigent, elles, de se représenter mentalement les différents phonèmes d'une expression[24]. Ils échouent, par exemple, lorsqu'ils doivent prononcer séparément les trois phonèmes de « chaque » aussi correctement que possible (/ʃ – a – k/), ou lorsqu'ils doivent prononcer le mot qui résulterait de leur inversion : « cache ». L'étude des enfants prélettrés, ainsi que celle des adultes illettrés, nous montre combien il est difficile d'atteindre une conscience claire des consonnes, conscience qui permettrait de représenter graphiquement les consonnes de manière exclusive, séparée de la voyelle. Je soutiens donc que les signes supposés consonantiques des Égyptiens ne sont pas des signes consonantiques authentiques mais plutôt des signes syllabiques où l'identité de la voyelle n'est pas spécifiée.

Un nombre assez important de systèmes d'écriture fondés sur cette composante syllabique « catégorielle » du système égyptien naquirent dans la péninsule du Sinaï au cours du deuxième millénaire avant J.-C. (la figure 1.11 présente des exemples de caractères des écritures sémitiques ainsi que de caractères d'autres écritures qui en seraient dérivées)[25]. Les Cananéens, des Phéniciens selon la terminologie grecque, semblent avoir été les premiers à en posséder. Ils disposaient, au début du XIIIe siècle avant J.-C., de vingt-deux signes représentant des syllabes à voyelle non spécifiée[26].

Il faut remarquer qu'en cananéen, comme en hébreu et dans plusieurs autres langues et dialectes appartenant à la famille des langues sémitiques, les racines des mots étaient constituées uniquement de consonnes, deux, trois, moins fréquemment quatre ou plus. Les voyelles étaient utilisées pour les dérivations nominales ou verbales et avaient donc un rôle grammatical plus que sémantique. Par exemple, en hébreu standard, la séquence de consonnes /k/, /t/, /v/ (ou /b/) évoque l'idée d'écriture : « KaTaV » signifie « j'ai écrit », « KOTaV » signifie « j'écris, un écrivain », « KaTOUV » signifie « écrit », « KiTaV » signifie « lettres, livre », etc.[27]. Ces mots s'écrivent de la même manière,

Figure 1.11 – Les caractères qui représentaient les syllabes comprenant les consonnes /b,d,g,p,t,k,z,s,m,n,r,l,h,w,y/, en phénicien, arabe d'Avicenne, arabe maghrébin, sabéen (Yémen), pehlevi (Perse), sogdien (Iran), manichéen (basse Babylonie et Turkestan), syriaque, numidique, touareg et punique (adapté de J.-G. Février[25]).

et le contexte détermine, à chaque fois que KTV apparaît, comment il faut le comprendre et par conséquent le prononcer.

Le fait que, dans les langues sémitiques, la morphologie des mots était essentiellement dépendante de ce que nous appelons aujourd'hui le patron consonantique peut justifier le développement d'un système d'écriture qui nous apparaît comme représentant des consonnes, mais qui probablement était un syllabaire « catégoriel ». Ce système ne transcrit pas l'oralité, c'est une sorte de sténographie destinée à noter la signification des lexèmes de la manière la plus directe possible[28]. Son ajustement aux langues sémitiques est indéniable, comme le montre la persistance encore aujourd'hui de l'absence de représentation des voyelles en hébreu. La spécification des voyelles par des points ajoutés n'est faite généralement qu'au tout début de l'apprentissage de la lecture.

Un mécanisme, celui des *matres lectionis*, pourrait avoir permis la transition entre l'écriture « catégorielle » (pseudo-consonantique) et l'alphabet grec. Les *matres lectionis* (« mères de la lecture ») étaient des caractères consonantiques, en général des consonnes faibles, employés dans certains cas pour indiquer approximativement la vocalisation de la consonne précédente. Les écritures égyptienne et hébraïque en ont fait usage, à partir en tout cas du IXe siècle avant J.-C. Faut-il interpréter l'usage des *matres lectionis* comme impliquant une représentation mentale de la consonne en tant qu'entité séparable de la voyelle ? Rien n'est moins sûr. Du point de vue de l'analyse consciente de la syllabe, les *matres lectionis* ne vont peut-être pas plus loin que les indices phonétiques de l'écriture chinoise. Dans les deux cas, il s'agit de pallier l'insuffisance de l'ensemble des caractères disponibles, en ajoutant au caractère de base une information qui vise à modifier la prononciation de ce caractère.

Le syllabaire « catégoriel », vu le petit nombre de signes utilisés, est hautement économique. Quand, autour du IXe siècle avant J.-C., les Cypriotes, Éoliens, Ioniens et Doriens adoptèrent cette solution des Phéniciens (les Grecs anciens appelaient leur alphabet « écriture phénicienne »), ils conservèrent la forme des lettres, leur nombre, ordre et noms. Ainsi, alpha, bêta, gamma et delta correspondent aux noms hébreux « aleph », bœuf, « beth », maison, « gimel », chameau, et « daleth », porte (les noms phéniciens devaient être très proches de ceux-ci, puisque les langues hébraïque et phénicienne semblent avoir présenté un haut degré de similitude). Mais en grec, comme c'est le cas en latin, en sanskrit, et de manière générale dans les langues indo-européennes, les combinaisons de courant vocalique et d'obstacles consonantiques servent à indiquer des différences de signification, et les fonctions grammaticales sont exprimées par d'autres techniques telles que l'affixation. Beaucoup de lexèmes Grecs ne peuvent être distingués que par les voyelles. En outre, les mots commençant par une voyelle étaient nombreux, et les scribes ressentirent certainement le manque de signes pour ces sons (d'ailleurs, avant l'adoption de l'écriture phénicienne, les grecs possédaient déjà une écriture syllabique où les voyelles isolées étaient représentées). Une invitation supplémentaire au changement résultait du fait que les Grecs n'entendaient pas toute une série de sons consonantiques des langues sémitiques. Les signes correspondants, qui représentaient des syllabes à voyelle non spécifiée, furent alors utilisés par les Grecs pour représenter les voyelles. Par exemple, le premier signe de l'abécédaire, qui représentait une occlusion glottale en langue sémitique, fut destiné à marquer un phonème vocalique. Le système d'écriture passait à représenter de manière spécifique chacun des constituants phonémiques du langage. L'alphabet, le véritable alphabet, était né.

Le lecteur peut voir, à la figure 1.12 (b), les vingt-quatre lettres de l'alphabet grec, avec à sa gauche son « parent » formel, le système phénicien, et à sa droite un alphabet étrusque, dérivé de l'alphabet grec. La partie (a) de la même figure reprend la planche de l'*Encyclopédie* de Diderot et d'Alembert sur l'alphabet grec. À titre d'illustration des différences et des similitudes entre les nombreux alphabets, on peut voir, à la figure 1.13, les caractères relatifs aux voyelles /a,e,i,o,u/ et aux consonnes /b,d,g,z,s,m,n,l,r/, dans vingt-deux alphabets.

D'après la légende, un Grec, le roi Cadmos, fondateur de Thèbes, sema des dents de dragon et en fit sortir des hommes armés. Exilé à Ougarit, à Canaan, il l'aurait quitté avant sa destruction par les « Peuples de la Mer » originaires essentiellement d'Asie Mineure (vraisemblablement au XIIIe siècle avant J.-C., ce qui laisse un intervalle obscur de quatre siècles avant les premières manifestations indéniables de l'alphabet grec), rejoint sa patrie et introduit l'alphabet phénicien en Grèce[29]. Quels que soient les noms des protagonistes de ce prodigieux progrès technologique, ce sont donc bien les Grecs qui, ayant adapté le syl-

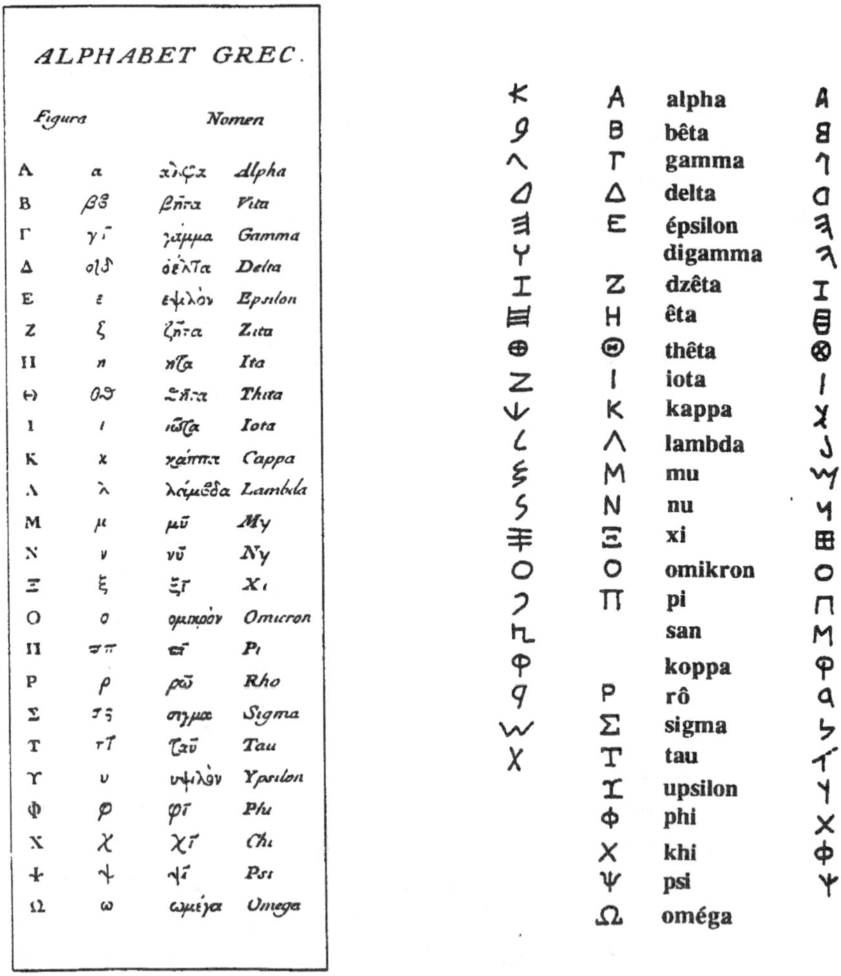

a b

Figure 1.12 – L'alphabet grec (a) reproduit à partir de la planche de l'*Encyclopédie* de Diderot et d'Alembert ; (b) avec à sa gauche, son géniteur, le phénicien, et à sa droite un de ses enfants, l'étrusque (adapté de J.-G. Février[25]).

labaire « catégoriel » des Phéniciens aux caractéristiques de leur langue, inventèrent l'alphabet et découvrirent la décomposition des syllabes. Pour la première fois apparaît de manière indiscutable l'analyse des syllabes en constituants discrets, dont cer-

Figure 1.13 – Les caractères représentant les voyelles /a,e,i,o,u/ et les consonnes /b,d,g,z,s,m,n,l,r/, dans les alphabets avestique (Perse), ouigour (Turquie), sibérien, ibériques septentrional et méridional, thaï (XIIIe siècle), tham laotien, carien, lycien, lydien (les trois derniers d'Asie Mineure), gothique, copte, arménien, géorgien, russe, marsiliana (étrusque), vénète, picénien, messapien, ombrien (les trois derniers d'Italie méridionale), germanique et anglo-frison (adapté de J.-G. Février[25]).

tains imprononçables isolément, et la synthèse de ces éléments pour former un son. Le mot français qui s'écrit « bac » doit s'analyser en /b/ – /a/ – /k/, et la réunion de ces constituants ne mène pas à [bəakə] (transcription phonétique de « be–a–ke »), mais à [bak]. La puissance de l'alphabet pour représenter la langue, quelle que soit la complexité de ses structures phonologiques, est énorme. Il y a un prix à payer : l'apprentissage de l'écriture et de la lecture alphabétiques exige des capacités d'analyse de la langue en phonèmes et de synthèse des phonèmes qui ne sont pas nécessaires pour apprendre les autres systèmes d'écriture. Pour beaucoup d'enfants, ce prix n'est pas dérisoire.

Les Grecs, ayant spécifié les voyelles intrasyllabiques dans l'écriture, purent saisir intégralement la différence de nature des consonnes et des voyelles. Il semble d'ailleurs qu'ils les enseignaient séparément dans les écoles. Ils appelèrent les consonnes « muettes » (les *aphona*, d'après Platon, dans le *Cratyle*), et plus tard « celles qui sonnent avec » (*symphona*)[30]. La notation des voyelles est tout aussi indispensable en français qu'en grec ancien. Certains firent remarquer qu'il est possible de lire le français même si l'on ne représente pas les voyelles. En effet, on peut comprendre et prononcer la phrase « Dchffrr ctt phrs st l mllr prv d ctt rmarq », mais avec quel effort et quelle lenteur ! D'ailleurs, la difficulté augmente lorsqu'il s'agit de lire des phrases moins prévisibles, comme par exemple « N crs ps q l lvr t prd d v, Lctr ». Si vous n'avez pas trouvé la solution (il s'agit d'une phrase d'Italo Calvino, dans *Si par une nuit d'hiver un voyageur*), la voici : « Ne crois pas que le livre te perde de vue, Lecteur. » Il faut admettre que cela serait pire si c'étaient les consonnes qui manquaient : « e oi a ue e ie e ee e ue eeu ». Pierre Gamarra a écrit une histoire amusante dans laquelle soit les voyelles, soit les consonnes, disparaissent mystérieusement des livres de lecture (« – Et les journaux ! Imagine ton père lisant un journal uniquement composé de voyelles ! Ou de consonnes... Et dans les rues, les enseignes des boutiques, tu imagines ? »)[31].

Le système d'écriture le plus efficace est probablement celui qui représente explicitement le maximum de structures phonologiques du langage parlé qui, par leur traitement au cours de la reconnaissance des mots écrits, contribue le mieux à celle-ci. Il est donc légitime de faire l'hypothèse qu'un système d'écriture qui à la fois représente les phonèmes et introduit des marques de segmentation syllabique soit particulièrement efficace. Cette hypothèse est difficile à tester parce que les langues qui diffèrent entre elles par les principes de leur écriture se distinguent aussi par beaucoup d'autres caractéristiques. Par ailleurs, il est intéressant de constater qu'un système alphabétique dans lequel les syllabes sont explicitement marquées a été créé d'une manière clairement intentionnelle. C'est l'alphabet coréen, appelé *Hangul* et imaginé au XVe siècle par la volonté d'un roi qui étudiait la phonologie et s'inquiétait de l'éducation de son peuple[32].

Les deux principes d'écriture dont le roi Sejong s'inspira furent le principe alphabétique, grâce à la connaissance d'écritures alphabétiques, et le principe syllabique sous-jacent à l'écriture chinoise. À la base du choix du principe alphabétique se trouvait probablement le Phags-Pa, un alphabet d'origine indienne, développé par un lama tibétain à la demande de Koubilaï Khan, l'empereur mongol petit-fils de Gengis Khan (les Coréens étaient en contact direct avec les Mongols). Promulgué en 1446 dans un document intitulé « Les sons corrects pour l'instruction du peuple », l'alphabet du roi Sejong comprend vingt-huit lettres et était destiné à ce que tout un chacun puisse s'exprimer. Cette écriture est bel et bien alphabétique car les graphèmes correspondent à des phonèmes, mais par ailleurs le roi a repris la propriété spatiale des caractères syllabiques chinois qui consiste à attribuer à chacun d'eux un bloc carré séparé des blocs adjacents. Dans l'écriture coréenne, chaque bloc correspond à une syllabe quelle que soit la composition phonologique de celle-ci (V, CV, CV, VCC, CVC, ou CVCC). Ainsi, par exemple, la syllabe /a/ s'écrit « 아 » (la voyelle initiale est toujours précédée d'un petit cercle), /ta/ s'écrit « 다 », /tal/ s'écrit « 달 », t /talk/ s'écrit « 닭 ». Si l'on écrivait l'expression « ALPHABET CORÉEN » suivant ce principe, cela donnerait :

```
°A   PHA   BE   CO   RÉ   °E
 L          T               N
```

L'alphabet coréen présente une autre propriété intéressante : la forme des lettres serait en rapport avec les caractéristiques de l'articulation du son correspondant, qu'il s'agisse des consonnes ou des voyelles. Dans le décret de promulgation, le caractère pour /k/, par exemple, était explicitement désigné comme décrivant le profil de la racine de la langue bloquant la gorge, et celui pour /n/ le profil de la langue touchant le palais. Cependant, il ne semble pas que, à part les linguistes, les utilisateurs de cet alphabet perçoivent ce système comme exprimant des traits sous-phonémiques.

Ne quittons pas cette référence à l'écriture coréenne sans rendre hommage à la fois aux capacités linguistiques du roi Sejong et à son esprit démocratique : en effet, il appela tous ces sujets, de naissance noble ou non et « même les femmes », à s'exercer dans l'art de l'instruction. Son alphabet ne fut, cependant, pas bien reçu par les classes élevées et son utilisation resta très réduite pendant presque cinq cents ans, à l'avantage de l'écriture chinoise. La domination japonaise à partir de 1910 s'accompagna d'une répression, allant jusqu'à l'emprisonnement de ceux qui, à partir de la fin du XIXe siècle, avaient cherché à stimuler l'emploi de l'hangul. Ce n'est qu'en 1949 que, au Nord, l'alphabet du roi Sejong remplaça les écritures chinoise et japonaise dans tous les domaines de la communication écrite. Au Sud, on a assisté à l'établissement d'une écriture mixte combinant un peu plus de mille caractères chinois pour les mots de contenu à la représentation alphabétique pour les mots grammaticaux.

Tout en rendant certains aspects de la parole explicites, un système d'écriture en laisse d'autres dans l'ombre. L'intonation, par exemple, n'est représentée que très pauvrement, au moyen de signes tels que « ? », « ! » et « ... ». Mais cela peut être pris non pas tant comme une faiblesse du système que comme la création d'un espace de liberté que la créativité humaine se fera constamment le plaisir d'occuper. La fiction littéraire est un des moyens par lesquels la sous-détermination de la signification et de l'intensité, inhérente au système alphabétique, évite la platitude de l'unicité. C'est parce que le système ne marque pas le ton ironique qu'il est possible de découvrir (ou de ne pas découvrir) de l'ironie, par exemple dans les nouvelles de Kafka[33]. On cite parfois Platon, qui pensait que l'écriture représente les mots mais pas l'auteur, et Rousseau, qui pensait qu'elle représente les mots mais pas la voix[34]. Pourtant, l'auteur et sa voix ont d'autres instruments au sein même de l'écriture, comme Maurice Couturier l'a montré au sujet de Nabokov dans un ouvrage sous-titré « La tyrannie de l'auteur[35] ». La prise de conscience des phonèmes n'est que la découverte initiale que nous faisons en apprenant l'alphabet. Les découvertes qui la suivent, en série infinie, sont optionnelles. Elles dépendent de nous-mêmes et de nos rencontres.

L'alphabet et l'orthographe

> Dites ah, je vous en prie, P'pa, et gardez la bouche ouverte, et prêtez-moi cette dent. Je vais dessiner une bouche de carpe grande ouverte.
>
> Rudyard Kipling,
> *Histoires comme ça.*

Il faut distinguer le système d'écriture et l'orthographe. Les systèmes d'écriture se caractérisent par le niveau de structure du langage qu'ils représentent, tandis que l'orthographe se réfère aux conventions utilisées dans chaque langue particulière. Ainsi, le français et l'anglais utilisent le même système d'écriture, le système alphabétique, et le même alphabet, l'alphabet latin, mais les conventions orthographiques des deux langues ne sont pas identiques.

Les conventions orthographiques de l'anglais, par exemple, sont telles que la relation entre graphèmes et phonèmes devient souvent complexe et apparemment obscure, notamment parce que l'orthographe de l'anglais tend à préserver des relations morphologiques entre les mots. Par exemple, « sign » (/sain/) et « signal » (/signəl/) se prononcent avec des voyelles très différentes mais gardent en commun la lettre « i », ce qui *signale* leur racine commune. Le nombre de prononciations différentes qui peuvent être associées aux voyelles crée un problème certain pour le lecteur débutant, que ce soit l'enfant anglophone ou l'étranger. En voici une liste non exhaustive :

a – card ([ɑ :]), care ([ɛə]), captain ([æ]), career ([ə]), case ([ei]), chalk ([ɔ :]), wash ([ɔ]).

e – here ([iə]), there ([ɛə]), the ([ə]), herb ([ə :]), help ([e]), theme ([i :]).

i – police ([i :]), bit ([i]), bind ([ai]), bird ([ə :]).

o – wood ([u]), do ([u :]), go ([ou]), come ([ʌ]), pocket ([ɔ]), cork ([ɔ :]), work ([ə :]), obey ([ə]), one ([wʌ]).

u – bury ([e]), put ([u]), suffice ([ə]), burst ([ə :]), bus ([ʌ]), busy ([i]), fuel ([ju]), fruit ([u :]), sure ([uə]).

ou – tough ([ʌ]), bough ([au]), cough ([ɔ]), thought ([ɔ :]), thorough ([ə]), through ([u :]), tour ([uə]), though ([ou]).

ea – heard ([ə :]), great ([ei]), dear ([iə]), bear ([εə]), health ([e]), heart ([ɑ :]), heap ([i :]).

Se débrouiller avec l'orthographe des mots n'est pas une chose aussi dramatique en français qu'en anglais quand il s'agit de lecture (le nombre de mots exceptionnels, comme « femme », « oignon » ou « ville », est relativement réduit), mais pour l'écriture la complexité des deux langues est comparable.

Le français moderne comprend trente-six phonèmes, dont seize sont des voyelles, dix-sept des consonnes, et trois des semi-voyelles. Son système orthographique comprend vingt-six lettres et six marques diacritiques, faisant un total de trente-huit graphèmes, parmi lesquels dix-sept sont vocaliques (a, à, â, e, é, è, ê, ë, i, î, ï, o, ô, u, ù, û, y) et vingt et un sont consonantiques (b, c, ç, d, f, g, h, j, k, l, m, n, p, q, r, s, t, v, w, x, z). Si l'on considère une définition plus large du graphème, comprenant tous les groupes de lettres qui peuvent être lus comme un seul phonème, alors le nombre de graphèmes est bien plus important. Ainsi, pour le seul phonème /o/, il faut encore prendre en considération les graphèmes « au », « eau », « aut », « aud », « aux », « eaux », « auts », « auds », « ho », « op », « ot », « os », « ops » et « ots ». Cela semble déjà beaucoup, et pourtant c'est moins que pour le phonème /ɛ̃/. Comptez-les : « in », « im », « int », « inct », « ing », « ingt », « ein », « eint », « eing », « ain », « aint », « aing », « aim », « ainc », « en », « ent », « ym », « yn », « hun », « eung », « un », « eun » et « um »[36].

Beaucoup des variations graphémiques pour un même phonème s'expliquent par l'avantage de véhiculer une information morphologique. Nous ne parlons que rarement de la sainteté du *sein*, et nous ne disons pas que notre ceinture nous *saint* trop. La graphie actuelle de « femme », dérivée du latin *femina*, permet de maintenir le lien morphologique avec « féminité ». Le

« s », marque du pluriel, ne se lit généralement pas, mais il apporte au lecteur une information utile dans bien des contextes. Un « r » et un « z » à la fin du mot écrit peuvent marquer la différence entre un infinitif et un impératif, alors que la prononciation ne les distingue pas.

Les complexités de l'orthographe sont certainement une source de difficulté pour l'enfant qui apprend à lire. Cependant, elles ne sont pas une raison majeure d'échec. Beaucoup d'enfants échouent même lorsque les mots écrits sont en correspondance simple avec les phonèmes de la langue, et des troubles de la lecture sont observés même dans des langues qui ont une orthographe presque entièrement régulière. La raison principale d'échec semble être, comme nous le verrons, la difficulté que pose pour l'enfant la découverte du phonème, clé de la compréhension du principe alphabétique.

2005, Odyssée de l'esprit

La science est une aventure de la curiosité, les scientifiques sont des explorateurs. Ils ont le goût de l'histoire, à la fois parce qu'ils aiment savoir d'où viennent leurs idées, et parce que le passé se teinte souvent d'ombres plus ou moins épaisses. Cependant, ils ont aussi, voire surtout, les yeux tournés vers l'avenir. Le temps qu'il faut pour réunir les conditions nécessaires à la recherche, pour recueillir des données et les analyser, est exaspérant. Lucky Luke tire plus vite que son ombre. Les scientifiques, eux, conçoivent des projets et anticipent des faits plus vite que le courant ne se propage entre leurs neurones ! Souvent, ils sont séduits par des hypothèses dont ils croient intimement qu'elles constituent la bonne voie, mais qu'ils n'osent pas formuler car la démonstration manque ou est insuffisante. Quelle envie de faire éclater les barrières de son temps, et de scruter l'avenir ! Alors, après le plongeon dans le passé, après la visite que nous avons faite ensemble à Nakht, aux Cananéens et au roi Cadmos, cédons au désir..., propulsons-nous dans l'avenir, et laissons-nous rêver !

Le texte qui suit est une monographie écrite en 2005 par un jeune licencié en psychologie, qui reçut une bourse de la Confédération européenne pour faire une spécialisation en psycholinguistique cognitive. Un de ses professeurs lui demanda de définir les bases cognitives de l'apprentissage de la lecture et d'essayer de situer cet apprentissage dans le contexte du développement linguistique. Le travail a été jugé excellent par le professeur.

« Pour trouver l'accès à un code, il faut, comme pour une porte, trouver la clé qui s'adapte à la serrure. Dans ce texte, j'essaierai de démontrer que la clé qui peut ouvrir la serrure du code alphabétique est la découverte du phonème. J'essaierai aussi de démontrer que cette découverte n'est pas une entreprise facile, essentiellement parce que le phonème est une entité bien cachée dans notre inconscient cognitif.

« Dans les années soixante-dix et quatre-vingt, certains auteurs ont prétendu que le phonème n'a pas de réalité mentale, plus exactement qu'il est une pure construction intellectuelle sans fondement perceptif[37]. Or, à peu près à la même époque, d'autres auteurs ont soutenu qu'il est impossible de comprendre quoi que ce soit à l'apprentissage de la lecture alphabétique si l'on ne tient pas compte du fait que tout l'édifice de la lecture repose sur cette chose insaisissable, d'une insoutenable légèreté, qu'on appelle le phonème[38].

« Il faut savoir, par ailleurs, que les questions que j'aborde dans ce travail ont une grande importance au-delà de la lecture. La recherche sur les unités perceptives de la parole, en particulier sur le phonème, a beaucoup contribué à l'état actuel de la technologie de la parole. Sans cette recherche, des machines que l'on utilise chaque jour, comme le phonographe ou le grapholecteur, n'auraient pas atteint le degré d'efficacité qui est le leur. Pour convertir les sons de parole en un texte imprimé, le phonographe doit analyser l'onde sonore en constituants et en paramètres phonologiques ; puis, par des règles de conversion phonologique-orthographique, coder graphiquement la séquence phonologique. Il est évidemment agréable, quand notre corps et nos yeux sont fatigués, de se glisser dans le lit, la lumière éteinte, et de rester à écouter le son velouté de la voix de notre grapholecteur qui lit pour nous un roman ou un recueil de poèmes.

« En mettant en évidence les processus de segmentation perceptive de la parole, les psycholinguistes ont fourni de bonnes suggestions aux ingénieurs de la parole. Il faut dire que les ingénieurs de la parole ont aussi fort aidé les psycholinguistes à faire un tri pragmatique entre leurs hypothèses et à mieux les tester. Les programmes qui sont dans notre phonographe et dans notre grapholecteur ont été élaborés en tenant compte des découvertes qu'ont réalisées ces dix dernières années plusieurs réseaux internationaux d'équipes européennes, japonaises et américaines[39]. Les derniers grapholecteurs commencent à incorporer des options qui permettent, par exemple, à un francophone qui éprouve encore quelques difficultés de compréhension de l'anglais d'écouter une version de parole plus adaptée aux processus perceptifs dont il dispose. Cela aurait été impossible si l'on n'avait pas commencé à déceler les processus propres à chacune de ces langues. Évidemment, on travaille pour aller plus loin. Nous aimerions que notre robot-barman puisse nous préparer un cocktail sur commande orale, et qu'il puisse même nous interpeller pour savoir combien de verres il doit remplir ou s'il faut servir du porto blanc ou rouge. La perception automatique de nos paroles doit aboutir à l'activation de représentations visuelles des objets et de connaissances sur ces objets. Et ce en attendant le moment où le robot deviendra capable de boire avec nous...

« Qu'est-ce que la parole ? Nous articulons des mots par un jeu très complexe de combinaisons de mouvements des mâchoires, des joues, des lèvres, de la langue, du vélum et du larynx. Ces mouvements permettent de transformer en son de parole le souffle d'air qui provient des poumons et qui est mis en vibration par les cordes vocales. Le son de parole peut être visualisé par un sonagramme, qui est une représentation de l'information acoustique. Seules des personnes hautement entraînées pourraient identifier les mots représentés dans les sonagrammes. Avant les années quarante, on croyait que les phonèmes ont une réalité acoustique et qu'il serait possible, en les rendant visibles, de produire des signaux permettant aux sourds profonds de " lire " la parole et de pouvoir ainsi utiliser le téléphone. Les premiers sonagrammes, obtenus aux laboratoires de la Bell Telephone, ont sonné le glas de ce rêve. On peut voir ci-dessous, par exemple, les sonagrammes des mots " chimpanzé " et " camembert " [*voir figure 1.14*][40].

« Le déroulement temporel du son est donné en abscisse [*l'axe horizontal*], et la fréquence acoustique est représentée en ordonnée [*l'axe vertical*]. Les variations d'intensité du signal sont grossièrement représentées par le noircissement du papier. Les bandes horizontales d'ombre épaisse s'appellent les formants. Quelle est l'origine des formants ? La cavité qui commence au larynx et s'ouvre à l'extérieur au niveau des lèvres constitue une chambre de résonance d'une forme complexe. L'air dans ce conduit est mis en vibration d'une façon quasi périodique. Le taux de vibration des cordes vocales détermine la fré-

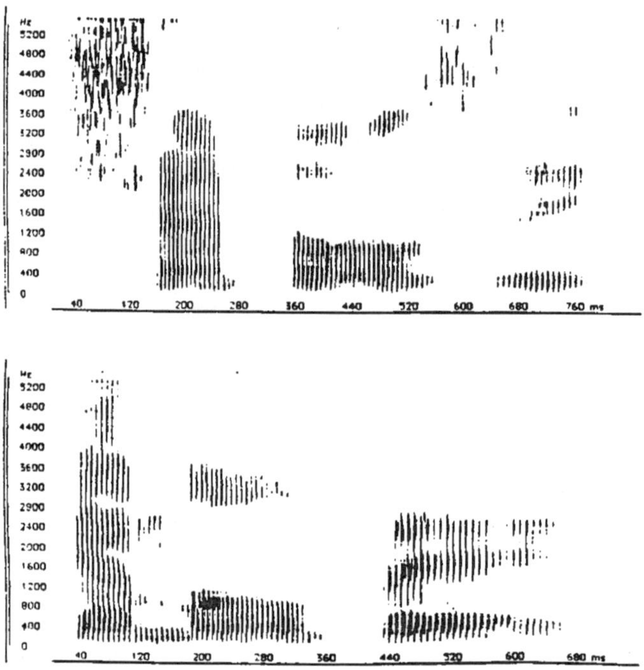

Figure 1.14 – Sonagrammes des mots « chimpanzé » (en haut) et « camembert » (en bas).

quence fondamentale, ou hauteur tonale de la voix. C'est le formant le plus bas (on le désigne par F zéro), il n'est pas apparent sur les sonagrammes reproduits. Les autres formants sont liés à la forme particulière que prend le conduit vocal pendant l'émission du son. On les appelle premier, deuxième, etc., à partir du bas.

« Dans " chimpanzé ", la voyelle nasalisée " im " ([ɛ̃]) est centrée autour de 200 msec à partir du début du signal, la voyelle nasalisée " an " ([ã]) commence vers 360 msec et s'étend jusqu'au-delà de 500 msec, et la voyelle finale " é " ([e]) est visible entre 680 et 760 msec. Quand nous parlons, la forme du conduit vocal change presque continuellement, de telle sorte que les formants sont rarement stables. Ils peuvent présenter des montées et des descentes, au début et/ou à la fin. C'est particulièrement apparent pour le deuxième formant du [a] de " camembert ", qui est descendant du début à la fin. Par ailleurs, le sonagramme montre aussi des bruits, des sons non périodiques, tels que le bruit du prévoisement qui précède la consonne [b] de " camembert " (de 330 à 440 msec), et le bruit (provoqué par le resserrement du conduit vocal) de la friction correspondant aux consonnes [ʃ] et [z], de " chimpanzé ".

« Lorsque nous, individus lettrés, écoutons de la parole, nous avons l'impression d'entendre une suite de sons élémentaires, appelés phones ou segments phonétiques. Dans le mot " camembert ", par exemple, nous avons l'impression d'entendre d'abord [k], puis [a], puis [m], etc., et nous nous disons que le locuteur les a prononcés dans le même ordre. Pourtant, c'est faux. Le travail pionnier de Alvin Liberman et de ses collègues des Laboratoires Haskins, dans les années soixante du XXe siècle, l'a démontré très clairement[41]. Prenons des sons de parole artificielle, synthétisée, qui sont perçus par les auditeurs comme étant les syllabes [di] et [du] [*voir figure 1.15*]. Si l'on ne fait écouter que les parties stables des formants, on a l'im-

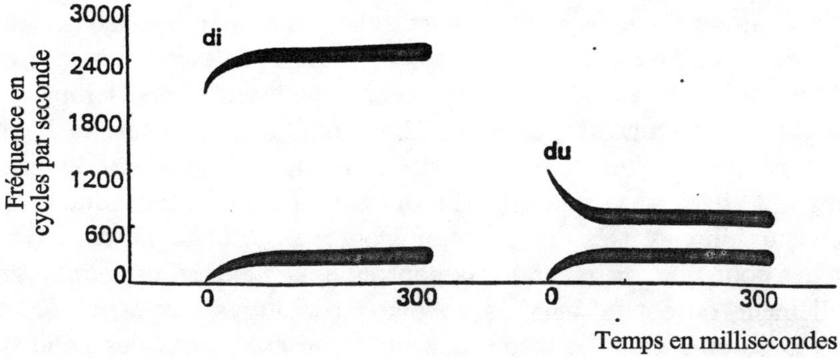

Figure 1.15 – Sonagrammes de patrons acoustiques suffisants pour la synthèse de [di] et de [du] (d'après Liberman et al.[41], reproduction autorisée par l'American Psychological Association).

pression d'entendre respectivement [i] et [u]. Maintenant, supprimons cette partie stable et écoutons seulement les parties montantes et descendantes des formants, qu'on appelle des transitions de formant. On espère entendre [d] dans les deux cas, et pourtant tout ce qu'on entend est une espèce de grésillement.

« On pouvait se douter que quelque chose d'étrange se produirait, puisqu'on a l'impression d'entendre le même [d] dans [di] et dans [du], et pourtant la forme physique du son au début présente une grande différence : la transition du deuxième formant est montante dans le cas du [di], mais descendante dans le cas du [du]. Comment, avec des sons si différents, aurait-on pu entendre le même phone [*l'unité perceptive la plus petite*] ? On pourrait se dire : on a trop coupé, laissons un peu de la partie stable pour essayer d'entendre le

[d]. Cependant, si l'on écoute les transitions avec un peu de la partie stable, on n'obtient pas plus de succès. On entend bien le [d], mais dans chaque cas avec quelque chose de plus, c'est-à-dire on entend toujours [di] et [du], les voyelles paraissant maintenant beaucoup plus brèves. Comme on est patient, on essaie encore une fois en gardant un peu moins de partie stable. Peine perdue ! On a beau aller vers la droite, aller vers la gauche, on n'entend jamais ce qu'on espérait entendre, un beau (même un vilain) [d], rien d'autre qu'un [d]. C'est comme si le [d] n'existait pas ! On ne peut pas prononcer un [d] isolément. Nos efforts pour le produire sans y ajouter une voyelle sont inexorablement voués à l'échec. Lorsque nous essayons de prononcer la valeur phonémique de la lettre " d ", ce que nous prononçons est une syllabe ([də]), dans laquelle la voyelle contient peu d'énergie acoustique.

« Pourquoi la consonne n'apparaît-elle pas en tant que telle dans le signal acoustique ? Ce qui se passe, c'est que le locuteur prépare l'articulation de la consonne et de la voyelle en même temps. Les mouvements articulatoires nécessaires pour produire l'une et l'autre se combinent, et évidemment leurs effets acoustiques se combinent aussi, de telle sorte que la partie initiale du signal acoustique reflète les deux phones. Dès que l'on fait écouter assez de signal à partir du début pour pouvoir entendre la consonne, et non pas un simple grésillement, on entend aussi la voyelle. En d'autres termes, ce qui est perçu comme étant la même consonne présente, dans des contextes vocaliques différents, de très grandes différences du point de vue acoustique. On dit, en conséquence, que les consonnes, surtout les consonnes occlusives, présentent un haut degré d'encodage dans le courant acoustique de la parole. Puisque l'expression acoustique de la consonne dépend de la voyelle, on dit aussi qu'elle manque d'invariance acoustique.

« Le manque d'invariance acoustique est une conséquence de la co-articulation des phones que nous avons l'impression d'entendre en succession, mais que le locuteur articule simultanément, et que très vraisemblablement notre système perceptif traite aussi simultanément. Derrière le manque d'invariance acoustique il y a, pourtant, une constance articulatoire. Considérons toutes les syllabes qui commencent par [d]. On verra, en mettant côte à côte les différents sonagrammes, que les transitions du deuxième formant pointent toutes vers un point en arrière dans le temps [*figure 1.16*]. Cette fréquence unique, qui correspond à environ 1 800 cycles par seconde, peut être appelée le " site " du deuxième formant du [d]. Pour les autres consonnes occlusives qui diffèrent du [d] par le lieu

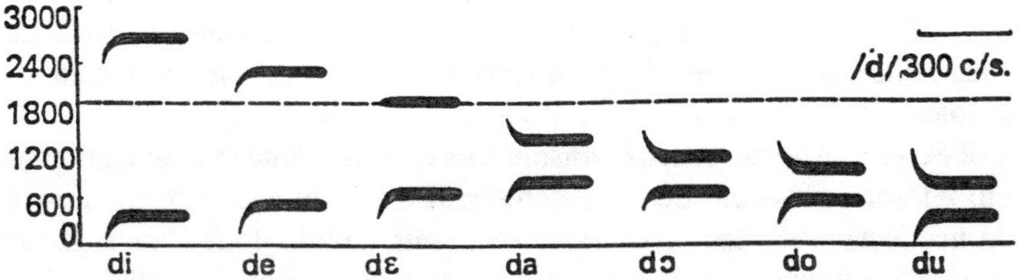

Figure 1.16 – Sonagrammes de patrons acoustiques suffisants pour la synthèse des syllabes consonne-voyelle initiées par [d] (d'après Liberman et al. [41], reproduction autorisée par l'American Psychological Association).

d'articulation (c'est-à-dire l'endroit où le conduit vocal est fermé), le site du deuxième formant est aussi différent. Pour le [b], le site est plus bas dans l'échelle de fréquences, et pour le [g] il est plus haut. C'est normal. Pour prononcer un [b], on ferme le conduit au niveau des lèvres, et par conséquent celui-ci est plus long et la fréquence de résonance est plus grave, que si on le ferme au niveau des dents (pour produire un [d]) ou au niveau du vélum (pour produire un [g]).

« La position du site nous informe donc sur le lieu d'articulation. Le site lui-même n'est pas représenté dans le sonagramme, parce qu'avant qu'il n'y ait un certain degré d'ouverture du conduit vocal il n'y a pas d'émission de son. C'est pourquoi, si on juxtaposait toutes les transitions du deuxième formant associées à une même consonne, on verrait que, bien qu'elles pointent toutes vers un même point, elles ne convergent pas. Si on créait des sons où la transition commencerait à partir du site, on risquerait de produire une autre consonne, car le système perceptif serait trompé : lui sait qu'entre le site et le début de la transition il y a un temps de silence.

« Les phones ne sont donc pas des segments acoustiques. Notre système perceptif doit faire des calculs savants pour les extraire du courant acoustique. L'auditeur a l'impression de percevoir chaque mot que le locuteur prononce, à peu près à l'instant où celui-ci le prononce, et pourtant entre l'instant où le locuteur prononce un mot et l'instant où l'auditeur le perçoit il y a un grand nombre d'opérations mentales. Ces opérations mentales analysent la représentation acoustique, qui correspond *grosso modo* à ce que l'on voit dans un sonagramme, à partir des connaissances que l'auditeur (ou son système de perception de la parole) possède sur les effets acoustiques de la co-articulation des phones. Autrement dit, les phones sont liés aux sons par un code spécifique qui renvoie l'auditeur aux conditions de production de la parole.

« Peu de gens ont jamais pensé qu'ils ont dans leur tête un dispositif qui interprète les sons de parole entendus en se référant aux conditions de production de ces sons. Pourtant, nous devons tous l'avoir. Pour nous en convaincre, prenons un son tel que celui de la syllabe [sa], comme quand nous disons " c'est quoi, ça ? ". On peut le digitaliser dans notre ordinateur, et introduire 50 msec de silence entre la friction du [s] et le début des transitions vers la voyelle [a] [*voir figure 1.17*]. On pourrait imaginer entendre [s] – un silence – [a]. En fait, non ! Nous entendons [sta]. Donc, nous introduisons un silence, et nous

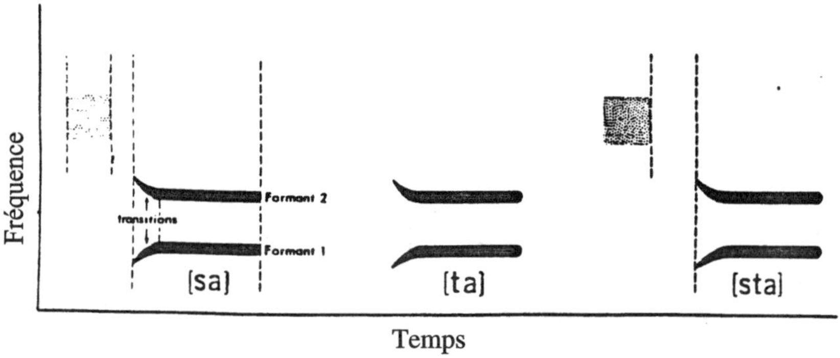

Figure 1.17 – Sonagrammes de patrons suffisants pour la synthèse de [sa] et de [ta]. L'introduction d'un intervalle de silence entre la friction et la voyelle crée la syllabe [sta] (d'après Liberman et Shankweiler [42], reproduction autorisée par Springer-Verlag).

entendons une consonne[42]. Merveilleux ! Ce ne sont pas des voix off et nous n'avons pas d'hallucination. Il se passe, tout simplement, que normalement le silence apporte de l'information sur le geste articulatoire de fermeture du conduit vocal qui caractérise la production de toute consonne occlusive. Notre système perceptif, qui connaît les conditions de production de la parole, nous dit qu'il faut percevoir une occlusive entre le [s] et le [a]. Pourquoi [t] et pas [p] ou [k] ? Parce que la dentale est plus cohérente avec les transitions présentes dans la syllabe [sa].

« Jusqu'à présent, nous avons apprécié la complexité des opérations que doit faire notre système perceptif pour percevoir la parole. Il nous reste à savoir comment le système fait pour parvenir à identifier des mots à partir de l'analyse phonétique de la parole. Est-ce que cette analyse phonétique fournit, à elle seule, des codes d'accès suffisants ? Est-ce que l'on active d'autres représentations entre l'analyse phonétique et l'identification des mots ? En particulier, est-ce que l'auditeur identifie les phones ou phonèmes successifs (les phonèmes étant des classes de phones qui jouent le même rôle distinctif dans la langue) ? Est-ce qu'il identifie directement les syllabes qui les contiennent ? Est-ce qu'il identifie des parties de syllabe comme par exemple l'attaque et la rime ? En d'autres termes, y a-t-il des unités qui servent de relais dans l'activation des formes phonologiques des mots, et si oui, quelles sont-elles ?

« Il y a une vingtaine d'années, plus exactement à partir de 1981, Jacques Mehler, un psychologue français, argentin d'origine, et son équipe parisienne ont découvert que la syllabe est une unité importante de l'identification des mots parlés de la langue française[43]. Un peu plus tard, en collaboration d'ailleurs avec Mehler, Anne Cutler, une psychologue australienne travaillant à Cambridge, en Angleterre, a trouvé que la syllabe joue un rôle beaucoup moins important en anglais, si elle en a un[44]. À partir de là, la recherche sur les unités d'identification des mots parlés dans différentes langues s'est intensifiée.

« Curieusement, beaucoup de ces travaux sont dus à des femmes. On y trouve peut-être confirmation d'une idée vieille de plus de trois siècles, qui était que, “ en cas de doute sur le langage, il est ordinairement préférable de consulter les femmes ”. Cette phrase, de Claude Favre de Vaugelas, dans ses *Remarques sur la langue française*, de 1647, avancée à l'époque où les femmes brillaient dans les salons littéraires, pourrait s'appliquer avec beaucoup plus de sérieux à nos psycholinguistes de la fin du siècle dernier.

« Dans les années quatre-vingt-dix, Régine Kolinsky et ses collaborateurs[45] ont trouvé, à travers l'étude d'illusions perceptives, des indications très fortes sur le rôle du phone ou du phonème, en particulier de la consonne, dans l'identification des mots parlés dans certaines langues, dont notamment le portugais. Elle a notamment montré que les adultes illettrés portugais utilisent autant la consonne dans la perception de la parole que ne le font les adultes lettrés qui parlent cette langue. Or on sait que les illettrés n'ont pas de représentations mentales conscientes des phonèmes. Les implications de cette découverte sont les suivantes. La réalité psychologique du phonème n'est pas limitée au fait que celui-ci est représenté par les lettres de l'alphabet, autrement dit le phonème n'est pas une création de l'alphabet. Puisque le phonème n'est pas une création de l'alphabet mais existe dans notre monde mental inconscient, on est en droit de se dire que, tout compte fait, l'alphabet n'est pas une pure invention. Il repose sans doute sur des matériaux déjà présents dans notre esprit qui, une fois réélaborés, peuvent servir pour des fonctions nouvelles. Dans cette optique, le phonème apparaît comme condition de l'alphabet, non pas notre notion consciente de phonème, mais le phonème en tant que représentation intermédiaire de notre percept de parole, le phonème caché, le phonème insoupçonné.

« Pour comprendre l'invention de l'alphabet, pour comprendre l'acquisition du code alphabétique à l'âge de cinq, six ou sept ans, nous devons examiner l'émergence même de ce phonème insoutenablement léger, qui échappe à l'analphabète comme une goutte d'eau échappe à notre vision d'un flot. Tournons-nous, non pas vers le lettré, mais vers le petit enfant. Si l'émergence du phonème inconscient n'était pas un processus pleinement réalisé chez certains enfants, ne pourrait-on pas concevoir que ces enfants-là auraient des difficultés pour maîtriser le code alphabétique ? Cette hypothèse nous conduit à envisager la question du développement phonologique de l'enfant. »

« Le développement phonologique semble procéder du global vers le plus spécifique. Comme l'ont montré Jacques Mehler, Josianne Bertoncini et leurs collaborateurs, les bébés de quelques jours sont sensibles aux structures syllabiques de la parole[46]. Plus tard, dans les cris de confort du bébé de cinq mois, apparaissent des configurations de fermeture (donnant lieu à des sons consonantiques) et d'ouverture (des voyelles). Commence alors la période du babillage, dans laquelle, comme l'a montré Bénédicte de Boysson-Bardies, l'influence de la parole adulte se marque de plus en plus[47]. Au stade terminal du babillage, cette influence est manifeste, aussi bien pour les consonnes que pour les voyelles. Cependant, à cet âge, le bébé n'exerce pas encore un contrôle séparé des constituants consonantique et vocalique de la syllabe. Les mêmes syllabes sont répétées ([bababa]) dans un mouvement rythmique de la joue, sans mouvement indépendant de la langue. Le contrôle de l'articulation est global. La différenciation des paramètres qui spécifient les consonnes et les voyelles à l'intérieur de la syllabe ne s'installe qu'à la fin de la première année, et l'intégration des gestes articulatoires, avec un ajustement temporel correct, n'apparaît que vers un an et demi[48].

« L'acquisition d'un nombre croissant de mots exige de l'enfant une diversification des routines articulatoires et une intégration de plus en plus précise des gestes articulatoires. Le segment phonétique et, ensuite, le phonème vont ainsi émerger en tant qu'unités à la fois perceptives et motrices, permettant de discriminer entre eux des mots qui ont beaucoup de voisins phonologiques[49]. Sans ce type de codage, en se basant uniquement sur la forme globale, il nous serait difficile de distinguer des mots comme [bato], [bado], [baro], [gato], [garo], [rato], [rago], [rado], [kado], [kapo], [ʃamo], [ʃato], [ʃapo], [ramo], [maʃo], et [kaʃo] (bateau, badaud, barreau, gâteau, garrot, râteau, ragot, radeau, cadeau, capot, chameau, château, chapeau, rameau, macho et cachot). À partir de l'âge d'un an et demi ou de deux ans, le langage de l'enfant devient une combinatoire d'un petit nombre d'éléments : les phonèmes (consonnes et voyelles). C'est cette combinatoire qui permet à l'enfant non seulement de faire face aux centaines, voire aux milliers de mots qu'il rencontre dans son environnement, mais surtout d'identifier et de produire n'importe quel mot, y compris des mots nouveaux. Elle est à l'origine de l'extraordinaire productivité du langage. N'oublions pas que chacun de nous connaît facilement plus de cinquante mille mots.

« Étant constitué de caractères qui correspondent aux phonèmes, l'alphabet reprend à son compte cette caractéristique de productivité. Il nous permet d'écrire n'importe quel mot, connu ou inconnu. Si l'enfant n'avait pas développé un tel système phonologique, aurait-il pu apprendre l'alphabet, aurait-il pu acquérir des représentations conscientes de phonèmes ? Si le phonème n'était que la création d'un système arbitraire d'écriture, aurait-il pu contrôler notre capacité de lecture comme il le fait ? En toute vraisemblance, la réponse à ces questions est négative.

« J'ai dit que l'émergence du phonème commence, *grosso modo*, vers l'âge de deux ans. Le processus est plus long qu'on ne l'aurait imaginé. Peu avant 1990, Susan Nittrouer (encore une femme...), utilisant des tâches de discrimination de syllabes, a montré que, par rapport aux adultes, les enfants entre trois et sept ans utilisent moins les indices segmentaux (par exemple, le bruit de friction d'une consonne fricative, et la partie stable des formants de la voyelle) et plus les indices de co-articulation (les transitions)[50]. Cette longue évolution, de représentations peu segmentales vers des représentations plus segmentales, s'observe aussi au niveau de la production de la parole[51]. Ces découvertes ont inspiré l'idée suivant laquelle l'atteinte de représentations de plus en plus segmentales prépare le terrain à la prise de conscience des unités phonémiques de la langue. On peut comprendre aisément cette relation. Plus les représentations qui interviennent dans la perception et la production de la parole sont de nature segmentale, plus elles fournissent des indices perceptifs et articulatoires qui pourraient être mis en relation avec les symboles graphiques correspondant à ces segments. En effet, il est souvent plus facile d'apprendre à l'enfant prélettré à segmenter intentionnellement une syllabe consonne-voyelle lorsque la consonne est une fricative que lorsqu'elle est une occlusive[52].

« Je résumerai ce que je viens d'affirmer sur le développement phonologique de l'enfant de la manière suivante. Ce développement va mettre en place un système basé sur des représentations de phonèmes. Il aurait pu prendre la forme d'une construction progressive, l'enfant acquérant tel phonème, puis tel autre, et ainsi de suite jusqu'à posséder l'ensemble des phonèmes de sa langue. Or, ce n'est pas cela qui caractérise essentiellement le développement phonologique. Une grande psychologue du milieu du XXe siècle, Eleanor Gibson, avait vu juste quand elle a suggéré que le développement phonologique se fait suivant le principe biologique de différenciation[53]. Un organisme croît par division cellulaire. De même, la “ croissance ” du système phonologique part de la représentation globale d'unités syllabiques pour aboutir à des représentations de phonèmes, comme les doigts qui percent peu à peu du contour diffus d'une main de fœtus. Cette analogie a pourtant des limitations. Elle ne tient pas compte de deux autres caractéristiques majeures du processus de développement phonologique : ce développement est fortement marqué par l'expérience, et il présente un degré important de fragilité. Il est aujourd'hui démontré que des anomalies du développement phonologique peuvent être source de troubles de l'apprentissage de la lecture.

« Quel est le lien entre la perception de la parole et l'apprentissage du code alphabétique ? À première vue, la distance entre les deux est énorme. Quand nous parlons, nous n'épelons pas nos mots. Nous ne disons pas “ que-a-rre ”, nous disons “ car ”. Quand les enfants apprennent à lire, ils n'apprennent pas à associer des lettres et des sons[54]. Nous avons vu que la perception de la parole implique la référence à des représentations inconscientes de phonèmes. Nous avons vu aussi qu'il faut apprendre à associer des lettres et des représentations conscientes de phonèmes pour apprendre à lire. Il y a donc un élément commun aux deux fonctions, c'est le phonème, sauf qu'il s'agit de représentations inconscientes dans le cas de la parole, et de représentations conscientes dans le cas de la lecture. Cela fait-il une différence ? Oui, énorme ! C'est cela qui fait que la parole s'acquiert facilement, sans effort, sans nécessité d'école, par simple exposition, et que la lecture peut être difficile à apprendre et exige une instruction spécifique.

« Pourquoi est-ce difficile de prendre conscience des phonèmes ? Nous avons vu qu'il y a un très grand recouvrement des phonèmes dans le signal de parole. Leur co-articulation permet des taux de transmission très élevés, environ dix consonnes et voyelles par seconde.

Alvin Liberman[55] a écrit que peu d'ingénieurs auraient essayé de faire passer un flux d'information aussi rapide que celui du langage parlé à travers un goulot aussi étroit que celui de l'oreille, ce qui confirmerait l'idée de François Jacob que la nature n'est pas tant un ingénieur qu'un bricoleur. En d'autres termes, la parole est organisée de telle manière que c'est justement sa facilité de compréhension qui rend la lecture et l'écriture alphabétiques difficiles. La relation entre le signal de parole et la structure sous-jacente du langage est complexe, mais pour faire face à cette complexité nous possédons un système de traitement qui est le produit d'une évolution biologique et qui opère automatiquement. Par contre, la relation entre le signe écrit et la structure sous-jacente du langage est relativement simple, mais pour concrétiser cette relation la nature n'a rien prévu, pas plus qu'elle n'a doté l'enfant des moyens de calculer spontanément des équations.

« Lors de l'écoute de la parole, les phonèmes sont récupérés automatiquement et inconsciemment. Au travers des lettres, l'apprenti-lecteur ne peut trouver immédiatement les unités phonémiques correspondantes qu'il ne connaît pas encore. Pour découvrir la manière dont les mots écrits alphabétiquement correspondent à des mots parlés, l'enfant doit découvrir les phonèmes. Or, comme nous le savons, sans recevoir une instruction sur le code alphabétique, l'enfant ne découvre pas les phonèmes. Voilà un cercle vicieux qui n'est qu'apparent, mais qui permet d'illustrer la difficulté de l'apprentissage de la lecture et de l'écriture.

« La recherche de la connaissance suscite parfois des convergences qui reflètent celles des objets de la recherche. La convergence des travaux d'un et d'une scientifiques, Alvin et Isabelle Liberman, du premier sur la perception de la parole, et de la seconde sur l'apprentissage de la lecture, s'est faite autour de cette idée de base que la parole est facile et la lecture difficile parce qu'il faut passer du phonème inconscient à la conscience du phonème. Isabelle Liberman l'a très bien exprimé, à peu près dans les termes suivants.

« Jamais les processus par lesquels les enfants parlent et comprennent la parole ne leur ont révélé que les mots ont une structure segmentale, et jamais ils n'ont été dans une situation qui exige d'eux de savoir qu'une telle structure existe. Que peuvent alors faire les lecteurs débutants des trois lettres qui forment le mot " bac " ? L'écriture alphabétique ne donne que des indices très indirects de la prononciation des mots. Nous ne pouvons pas prononcer les phonèmes qui correspondent aux lettres " b " et " c ". Si nous disons à l'enfant qui apprend à lire que " b " se prononce [bə] et " c ", dans ce contexte, se prononce [kə], il va lire [bəakə]. Si nous prononçons le " b " avec un petit peu de la voyelle [a] pour rester près du mot qu'on veut enseigner, alors cette information sera trompeuse dès qu'il s'agira de lire “ bec ”. Donc, si nous leur disons que les lettres représentent des sons, alors nous les trompons, parce qu'ils savent, et nous devrions le savoir, qu'il y a trois lettres mais en fait un seul son. Si nous leur disons que les lettres représentent des phonèmes ou des gestes articulatoires abstraits, alors nous leur disons la vérité, mais cette explication ne va pas les aider à lire ![56]

« Apprendre à utiliser le code alphabétique dans la lecture, c'est à la fois apprendre à trouver les correspondants phonémiques des lettres, ce qui implique de pouvoir analyser consciemment la parole en phonèmes, et apprendre à fusionner les phonèmes successifs. La lecture alphabétique est donc une activité qui suppose la découverte du phonème, et qui comprend un rappel des correspondances et une habileté de synthèse.

« La lecture des caractères phonétiques de l'écriture égyptienne et des écritures sémitiques n'exige pas d'analyse de la parole au niveau phonémique. Elle est basée sur l'identification de la syllabe et sur une habileté de généralisation sur des familles de syllabes. En termes de capacités mentales, elle se fonde sur l'analogie, bien plus que sur l'analyse. Malgré les similitudes et la continuité apparentes en termes de nombre et forme des caractères, l'alphabet constitue une rupture, une innovation cognitive, parce qu'il est le seul système d'écriture hautement analytique. De la même manière que le raisonnement analytique caractérise l'activité scientifique, prenant la place du raisonnement analogique typique des présciences, l'invention de l'alphabet constitue un exploit scientifique, et sa maîtrise par chaque enfant relève de la pensée scientifique, constitue un acte personnel de science. Les Grecs ont découvert la structure phonémique du langage, profitant du fait que les Phéniciens leur ont transmis (sans le savoir !) un alphabet. Nos enfants découvrent la structure phonémique du langage, poussés par l'obligation d'apprendre à lire une écriture alphabétique.

« À travers l'alphabet, le phonème cesse d'être inaudible. N'avons-nous pas l'impression d'entendre les phonèmes ? L'enfant prélettré, lui qui entend dans [bak] un son et pas trois, pourrait nous trouver quelque peu dérangés mentalement. Cantonnés dans la seule audition, le phonème ne se révèle pas à nous. Prenant une forme visible, du coup il devient audible. Curieuse entraide des modalités d'entrée de l'information dans l'élaboration de représentations mentales supramodales, abstraites ! »

Prenons congé de notre étudiant de l'an 2005 et de la recherche scientifique sophistiquée dont il nous parlait. Ne craignons pas le vertige des grands sauts dans le temps sociologique et examinons en détail le cas d'un illettré qui a la particularité d'être poète. Il nous apportera d'autres éléments pour nous aider à préciser l'ensemble de capacités qui sont nécessaires à l'apprentissage de la lecture.

Un poète illettré

Haut Alentejo, rive gauche du Tage, vert-gris des oliviers sur fond rouge foncé. Routes tordues, trouées, sur onze kilomètres conduisant d'Alter do Chão à Cabeço de Vide. Cinq heures de l'après-midi. Ni l'atmosphère paisible ni les coquelicots ne réussissaient à dissoudre l'anxiété qui me gagnait. À trois heures, nous avions rejoint le Crato, pour apprendre, d'un dialogue que Luz Cary entretint avec trois femmes au seuil d'une maison, pendant que Régine Kolinsky et moi restions discrets dans la voiture, que Flor da Rosa (Fleur de Rose, quel beau nom !), plus de quatre-vingts ans, une des rares femmes poètes illettrées du Portugal, était décédée cet hiver-là. Maintenant, Luz nous conduit d'un pas assuré, à la fois de par sa connaissance de l'endroit et de par son rang (pourtant soumis à des convictions démocratiques), hérité d'un comte, seigneur de terres et de gens, vers la maison de Francisco de Jesus Calado, septante-trois ans, pensionné, accordéonniste, chanteur, poète comme attribut principal et fier de l'être, heureux au-delà de la dureté de la vie, et bien sûr illettré.

Francisco n'est pas chez lui. On le trouve finalement dans les champs, terminant doucement un petit travail d'élagage, accompagné d'une de ses petites-filles. Il est jovial et se montre clairement flatté de l'intérêt que nous lui portons, au point de venir de l'étranger pour étudier ce don qui le rendait célèbre. Nous convenons d'une séance de travail le lendemain, à neuf heures du matin (séjournant dans la maison de Luz à Alter do Chão, nous devrons presque nous lever avec les poules...).

Luz avait déjà recueilli des données sur les habiletés métaphonologiques de quatre poètes illettrés, y compris Francisco[57]. Toutes sont convergentes. Ils se montrent incapables de faire des manipulations phonémiques. Ils réussissent ce que les illettrés non poètes peuvent réussir. Ils sont capables, devant l'image d'un chat et d'un papillon, de choisir l'image d'un papillon comme correspondant au nom le plus long. Autrement dit, ils peuvent faire attention à la forme phonologique globale des mots et estimer leur longueur relative sans se laisser distraire par la taille réelle des objets dessinés[58]. Ils sont aussi capables de supprimer la syllabe initiale d'une expression (par exemple, dire « pou » pour « apou »), ce qui d'ailleurs est déjà tout à fait à la portée des enfants prélettrés[59]. Les illettrés ont donc une certaine conscience phonologique. On peut dire, en particulier, que l'habileté à se représenter séparément les syllabes de la langue ne dépend pas de l'apprentissage de la lecture.

La conscience phonologique doit être distinguée de la sensibilité à la phonologie. Cette sensibilité est une composante de la compréhension du langage parlé, qui permet à l'auditeur, par exemple, de reconnaître correctement les pronoms français « mon », « ton » et « son ». Mon fils David, quand il était âgé de deux ans et demi et ne connaissait pas encore une seule lettre, protestait vigoureusement en nous entendant dire, en Savoie, qu'on irait visiter Monchavin : « Non, ce n'est pas ton chavin, c'est mon chavin. » Il pouvait donc discriminer entre des mots qui ne diffèrent que par une consonne, mais pour cela il n'avait pas besoin de se représenter l'élément différent. La conscience phonologique va, quant à elle, au-delà de la discriminabilité perceptive, elle résulte d'une réflexion sur les propriétés phonologiques des expressions, plus exactement elle est cette réflexion. Elle peut jouer aussi un rôle important dans les autocorrections de prononciation que fait l'enfant depuis l'âge de deux ans au moins. Quand David revendiquait d'aller à son chavin, il montrait qu'il possédait des représentations mentales séparées pour « mon » et « ton », et qu'il les distinguait entre elles. Aucune réflexion sur la forme phonologique des mots n'est impliquée dans ce comportement. En revanche, lorsqu'il se fâchait parce que nous imitions sa manière de dire « accident » (« asquident »), il montrait sa capacité de comparer la prononciation qu'il savait être la prononciation correcte et la prononciation qu'il pouvait produire lui-même. Cependant, cette forme de conscience phonologique est rudimentaire. Les corrections de la prononciation des mots par les petits enfants, même lorsqu'elles portent sur un seul segment, sont toujours des corrections de sons, non de phonèmes. La forme phonologique du mot reste non analysée, la comparaison entre cible et produit se faisant de manière globale[60].

D'autres formes de conscience phonologique sont nécessaires pour, par exemple, apprécier des jeux de mots fondés sur des similitudes phonologiques, et évaluer ou produire des expressions qui riment entre elles. Ces formes de conscience phonologique peuvent varier largement entre les individus. Pourtant, elles n'exigent généralement pas une instruction spécifique pour se développer. Elles se développent dans les conditions habituelles d'expérience du langage parlé, dépendent de dispositions naturelles de l'individu, et peuvent éventuellement être améliorées par l'exercice.

Il ne faut pas être lecteur pour être capable d'apprécier et de produire des rimes ou pour pouvoir juger si deux expressions riment. Beaucoup de travaux ont montré que les enfants prélettrés et les adultes illettrés peuvent dire que « château » et « cadeau » riment et que « cadeau » et « palais » ne riment pas [61]. Beaucoup d'enfants sont d'ailleurs friands de jeux de rime. Cette capacité peut nous sembler quelque peu mystérieuse, vu que nous avons tendance à définir la rime en utilisant des critères segmentaux. Nous disons que deux syllabes riment si la voyelle et les consonnes qui éventuellement la suivent sont identiques. On est dès lors tenté de croire, comme c'est arrivé à plusieurs auteurs dans un passé encore relativement récent, que les enfants prélettrés ont déjà acquis la capacité d'analyser la syllabe en deux parties, l'attaque et la rime. (À titre d'exemple, dans le mot « clair », [klɛr], le groupe consonantique « cl– », [kl], constitue l'attaque et « -air », [ɛr], la rime.) Je pense qu'il a été démontré qu'il n'en est rien[62], et actuellement il semble y avoir un large consensus à ce propos (nous aurons l'occasion d'examiner certains résultats pertinents dans le chapitre 3).

Il n'en reste pas moins qu'à l'époque où je rends visite à Francisco de Jesus Calado la possibilité que l'habileté métaphonologique de rime puisse conduire spontanément à une prise de conscience des phonèmes continue à être envisagée. Cette idée cadre bien avec les théories du développement psychologique qui postulent la continuité, chaque capacité émergeant d'une autre par développement interne. Les poètes illettrés offrent le meilleur test de cette hypothèse dont on puisse rêver. En effet, comme les autres illettrés, ils n'ont jamais reçu d'enseignement de la lecture, et, comme eux, ils devraient être incapables de réaliser une analyse consciente des phonèmes, s'il est exact qu'il n'y a pas de continuité entre l'habileté de rime et l'habileté phonémique, et que la découverte du phonème se fait dans le cadre de l'apprentissage du code alphabétique.

Luz a récolté beaucoup d'informations sur la poésie de ces poètes illettrés. Leurs poèmes se présentent comme quatre groupes de dix « lignes », qu'ils n'écrivent évidemment pas, mais qui correspondent à des césures rythmiques ou mélodiques. Si on groupe dans l'ordre la dernière ligne de chaque groupe, on voit apparaître le thème, constitué donc de quatre lignes rimant deux à deux. Chaque groupe de dix lignes est caractérisé par une relation de rime forte qui relie les lignes 1, 4 et 5 (6, 7 et 10), ainsi que les lignes 2 et 3 (8 et 9). Voici des exemples de poèmes créés par deux de nos poètes, Serafim Batista et Francisco de Jesus Calado lui-même.

1. Neste triste assento e estado
2. Nem uma esperança me apraz
3. Sem alentos meu corpo jaz
4. Num leito inerte e pesado
5. O meu fim será julgado
6. Darei dó e piedade
7. Só eu e Deus é que sabe
8. Que a poesia de mim fugiu
9. Pois se o meu cérebro já ruíu
10. Secou-se uma saudade.

[1. Dans ce triste sort et état
2. Même pas un espoir me plaît
3. Sans forces mon corps gît
4. Sur un lit figé et lourd
5. Ma fin sera jugée
6. J'inspirerai pitié et compassion

7. Seuls moi et Dieu savons
8. Que la poésie de moi-même s'est échappée
9. Car si mon cerveau s'est effrité
10. Un souvenir nostalgique a séché.]

Serafim Batista

1. Dizes que em mim gosto fazes
2. Na presença da minha mãe
3. Por enquanto ainda estou bem
4. Ainda não penso em rapazes
5. Grande vontade tu trazes
6. De ires comigo pró jardim
7. Moço não penses assim
8. E tu não gastes calçado
9. Porque não dá resultado
10. Passos que dês por mim.

[1. Tu dis que je suis à ton goût
2. En présence de ma mère
3. Pour l'instant je m'en moque
4. Je ne pense pas aux garçons
5. Grande envie tu portes
6. De me mener au jardin
7. Jeune homme n'y pense pas
8. Et n'use pas tes souliers
9. Car ne mèneraient à rien
10. Les pas que tu feras pour moi.]

Francisco de Jesus Calado

Cette poésie présente une autre propriété, tout aussi systématique que la rime : c'est le patron prosodique. Ce patron prosodique consiste en une chute de la hauteur tonale de la voix à la fin des lignes 1, 4 et 8, une montée à la fin des lignes 2, 5 et 9, et le maintien à la fin des lignes 3, 6, 7 et 10. Par ailleurs, une pause est introduite à la fin des lignes 4, 6 et 8.

Il est possible que ce type de poésie ait été, sinon créé, au moins influencé par la culture littéraire. Il se rapproche peut-être davantage des vers épiques qui, écrits en couplets et rimant, étaient destinés à être chantés, que des chants yougoslaves composés par des chanteurs illettrés où la rime n'était pas une caractéristique systématique et où le patron rythmique (lignes de dix syllabes, avec une pause après la quatrième) était dominant[63]. En général, nos poètes gardent des cahiers de papier où leurs poèmes ont été écrits à la main ou même à la machine par des amis, un fils ou une fille, sous leur dictée. Ils les connaissent en grande partie par cœur, et les récitent de bon gré lors des fêtes villageoises. Cette habileté est hautement appréciée et eux-mêmes en sont très fiers. Ils se sentent investis d'un don et rendent grâce à leur mémoire qui leur permet de composer peu à peu tout un poème, alors qu'ils ne peuvent à aucun moment profiter de traces écrites des parties déjà créées.

Nos poètes illettrés sont parfaits dans des tâches de jugement et de production de rimes, même lorsque la rime doit être distinguée de l'assonance. En portugais, « bule », par exemple, est une assonance de « gume », tandis que « lume » en est une vraie rime. Ils font preuve d'une grande attention aux ressemblances et aux dissimilitudes phonologiques entre les expressions de parole. À aucun moment, cependant, ils ne parviennent à donner une explication verbale acceptable de ce qu'est la rime. Ils se limitent à en produire de nouveaux exemples avec une aisance déconcertante. Ils ne savent pas non plus expliquer pourquoi une assonance n'est pas une rime, malgré leur capacité à les distinguer.

Nous testons Francisco de Jesus Calado chez une de ses filles, dans la salle à manger. Meubles rustiques, sévères, grande table, autour de laquelle nous nous asseyons. Luz avait déjà constaté, plusieurs fois d'ailleurs, que Francisco est incapable de faire des soustractions de phonèmes. Sa réponse typique lorsqu'on lui demandait, après toute une série d'exemples, de soustraire le premier « son » de « fup » était de dire « pi... pifu » (il faut tenir compte du fait que, bien que nous essayions de prononcer un « p » terminal, dans le dialecte local on prononce les consonnes terminales en leur ajoutant « i »).

Étant donné l'inhabileté phonémique que Francisco a toujours manifestée, nous sommes là aujourd'hui pour aller jusqu'au bout. Voyons s'il peut apprendre facilement la segmentation phonémique quand on la lui explique. Je place devant Francisco trois pièces de monnaie différentes, et je lui dis[64] :

– Ces trois pièces ensemble représentent un mot, c'est comme un mot, un mot qui ne signifie rien, « boup » [bup]. Cette pièce est b... (j'essaie de prononcer le « b » de la manière la plus pure possible), celle-ci u, et celle-ci p... Donc, chaque pièce est un petit son. Laquelle est b... ? Oui, c'est bien ! Et laquelle est u ? Oui, et laquelle est p... ? Oui, c'est parfait. Voyons maintenant ceci. Ces trois pièces forment le mot « fop ». Quel est le premier son, la première pièce ?

Francisco – Fo.

– Non, lui dis-je, c'est f..., la première est f..., et la deuxième ?

Francisco – Fo.

– Mais non ! Dites-moi combien de sons il y a dans « fop » ?

Francisco – Trois, je suppose.

Francisco est un homme intelligent. Je suis persuadé qu'il n'entend pas trois sons, mais on a mis trois pièces devant lui, on s'attend sûrement à ce qu'il dise trois.

Nous avons alors le dialogue suivant :

Moi – Dites les trois sons séparément.

Francisco – Ah, c'est difficile, c'est difficile !

Moi (en ne lui présentant que deux pièces) – Maintenant le mot est « fo ». La première pièce est f..., et la seconde ?

Francisco (après un long silence de réflexion) – Je ne sais pas.

Moi (insistant) – Quelle est la dernière ?

Francisco – Fo.

Moi – Non, « fo », c'est le tout. Si celle-ci est f..., celle-ci est quoi ?

Francisco (après d'innombrables mouvements de bouche, comme s'il cherchait à dégager un noyau d'olive) – Fa !

Très clairement, Francisco ne peut pas « casser » l'unité d'une syllabe, tout au plus parvient-il, sous notre pression, à en donner des variantes. Pourquoi ne me dit-il pas la prononciation « phonémique » de chaque pièce, alors que j'ai commencé par la lui donner ? Dès que je prononce toute la syllabe, il semble hypnotisé par elle.

Nous essayons avec beaucoup d'autres exemples similaires. Enfin, il est capable de dire la consonne et la voyelle séparément. Je lui présente alors de nouveau trois pièces, et je recommence le même type d'exercice du début :

– Ceci est « fap ». La première est f..., la deuxième a, et la troisième p... Le tout est « fap ». C'est quoi, la première pièce ?

Francisco – Fa.

L'erreur qu'il ne faisait plus revient.

Moi – Non, c'est f... Et la deuxième ?

Je le regarde et j'ai l'impression de voir son crâne fumer, tellement il se concentre.

Francisco – Fap. Oh non ! Ce n'est pas ça ! Fap, c'est le tout.

Moi – Bien, alors c'est quoi la deuxième ?

Francisco – F...

Moi – F... est la première. Quelle est la deuxième ?

En répétant à nouveau ma question, j'ai dans la bouche le goût amer du bourreau qui ressent de la pitié pour sa victime.

Francisco – Pi.

Moi – Non, p... est la dernière.

Francisco – Ah oui, c'est vrai.

Moi – Fap, c'est f..., a, p... Si vous le dites plus vite, cela fait fap.

J'exécute plusieurs fois ce jeu qui consiste à essayer de dire le mot morceau par morceau de plus en plus vite, jusqu'à fusionner les morceaux en une seule émission de voix. Et je recommence :

– C'est quoi alors, la première ?

Francisco – F...

Moi – Et la deuxième ?

Francisco – Fa.

Moi – Non, la première est f..., la deuxième a, et la troisième p... Quel est le mot entier ?

Francisco – Fiap.

Oubliant le mot de départ si souvent répété, Francisco me dit le résultat d'une opération où le premier élément est redevenu une syllabe. Comme il est difficile de concevoir chaque pièce comme représentant non pas un son mais une entité abstraite ! Étant incapable de surmonter cette difficulté, il fusionne des syllabes, pas des phonèmes.

Je retourne à la situation des deux pièces. Soyons modeste, et donnons-lui une chance de s'en sortir sans sentiment d'échec. C'est évidemment une illusion de ma part, Francisco a de toute manière la conscience aiguë du fait que lui, le poète, n'est pas à la hauteur de cette épreuve.

Moi – Ce mot est « fa ». C'est quoi la première ?

Francisco – Fa.

Moi – Non, fa c'est tout le mot. Celle-ci est f.., celle-ci a, si vous enlevez f... qu'est-ce qui reste ?

Francisco – A.

Moi – Voilà, c'est bien. Maintenant, les deux pièces ensemble font « sé », c'est quoi la première ?

Francisco – S...

Remarquez, je ne lui ai pas dit ce qu'était chaque pièce. Je continue :

– Et la seconde ?

Francisco – Sé.

Moi – Non.

Francisco – ...é.

Très bien ! Francisco peut y arriver. Il pourrait apprendre l'écriture alphabétique, même à septante-trois ans. D'ailleurs, nous savons, par l'étude des adultes ex-illettrés, qu'il n'y a pas de période critique pour découvrir le phonème et pour apprendre à lire[65]. Cependant, Francisco, le poète, le subtil manipulateur de rimes, n'a pas moins de difficultés qu'un enfant de cinq ans pour analyser la parole en phonèmes.

Francisco doit retrouver sa tranquillité heureuse d'homme accompli. Il nous dit : « Et maintenant, jouons à mon propre jeu. Voyons si vous pouvez le faire. Faites-moi un petit poème de quatre lignes ». Attrapés ! Régine, n'étant pas portugaise, est exclue de la joute, mais Luz et moi ne pouvons pas la lui refuser. Je n'ose pas transcrire ici ma piètre performance. Francisco rit, débonnaire et amical. Je viens de faire, non pas une rime, mais une assonance. « Ce n'est pas comme ça. » Tel mot ne va pas avec tel mot ! « Il faudrait dire comme ceci, écoutez ! » Et, s'adressant à toute l'assistance, savourant sa revanche, il corrige mon pauvre poème.

Ce soir-là, nous écoutâmes deux vieilles bonnes de la maison de Luz chanter, pour notre instruction et plaisir, des chansons du départ au travail, de la moisson, de fleurettes et de feints rejets d'amour. Après le truculent dîner, nous nous mîmes au salon, devant le feu, et dégustant un rouge bien corsé nous savourions aussi notre propre victoire. Oui, c'est bien comme nous le pensions. L'expert dans la production de rimes ne semble pas être plus à même d'acquérir des représentations conscientes de phonèmes que n'importe quel médiocre rimeur. La conscience phonémique ne peut pas éclore des autres formes de conscience phonologique.

Cependant, nous nous invitions mutuellement à la modération. Il est difficile d'imaginer qu'au contact de l'écriture alphabétique l'enfant puisse acquérir des représentations conscientes de phonèmes s'il n'a pas pris l'habitude de faire attention à la forme phonologique des mots de sa langue, indépendamment du sens de ces mots, s'il n'a pas expérimenté dans la bouche, dans l'oreille et dans la tête les mouvements, les sonorités et les contrastes de la parole.

Le cas de notre poète illettré démontre à satiété que l'habileté à analyser intentionnellement la parole en phonèmes est très intimement liée à l'apprentissage de la lecture dans le système alphabétique. Je reviendrai souvent sur cette habileté phonémique, qu'on appelle dans la littérature spécialisée la « conscience phonémique ». Je reviendrai aussi quelquefois sur les recherches relatives aux adultes illettrés. Bien que ces personnes ne lisent pas du tout, leur étude peut nous apprendre beaucoup sur les capacités préexistantes nécessaires à l'apprentissage de la lecture, ainsi que sur celles qui se développent avec l'apprentissage de la lecture. Comparés aux lecteurs déficients, les adultes illettrés peuvent nous donner aussi des informations très utiles sur la nature des déficiences cognitives impliquées dans les troubles de la lecture.

Pour l'instant, une conclusion pratique est à retenir de l'absence de conscience phonémique chez les adultes illettrés. L'idée que la conscience phonémique ne se forme qu'au moment de l'apprentissage de la lecture n'était pas courante au début des années soixante-dix. En particulier, en France, la revue *Enfance* a publié une étude dans laquelle on affirmait que la conscience phonémique se développe « naturellement » en liaison avec le QI (quotient d'intelligence) et que son absence est « un obstacle majeur d'immaturité ». Cela a conduit l'auteur de cette étude à dire que « l'âge légal du début de l'apprentissage de la lecture a été fixé, en France, d'une manière un peu trop précoce »[66]. Ce genre d'idée a peut-être joué un rôle dans la création de sections d'adaptation pour des enfants « qui risqueraient d'encourir un risque grave s'ils étaient scolarisés dès six ans ». Cette idée est tout à fait pernicieuse et risque seulement de défavoriser encore plus les enfants provenant de milieux culturellement pauvres, ceux qui ont eu très peu de contacts avec le langage écrit, dont l'attention n'a jamais été attirée sur les propriétés phonologiques des mots, et qui par conséquent apparaissent comme plus immatures que les autres.

L'absence de conscience phonémique chez les adultes illettrés qui, pour des raisons socioculturelles, n'ont jamais eu l'occasion d'apprendre à lire et à écrire montre clairement que la conscience phonémique n'est pas un prérequis de l'apprentissage de la lecture. Son absence chez un enfant qui n'a pas encore commencé l'apprentissage de la lecture dans un système alphabétique ne peut donc pas être considérée comme un signe d'immaturité cognitive.

L'alphabétisation n'a pas qu'un effet sur l'habileté d'analyse phonémique. L'alphabétisation et de manière plus générale le lettrisme ont des effets importants sur l'ensemble des capacités linguistiques. Ce n'est pas étonnant. On sait, par exemple, que les mots de fréquence modérée et les mots rares apparaissent beaucoup plus souvent dans le langage écrit que dans le langage parlé. C'est vrai même si la comparaison porte sur des livres pour enfants et des conversations entre étudiants universitaires. La lecture de magazines contient trois fois plus d'occasions d'apprendre des mots nouveaux que l'écoute de programmes de télévision[67]. La lecture en général est donc un moyen très précieux pour enrichir le vocabulaire. En outre, les différentes structures syntaxiques n'ont pas lieu avec la même fréquence dans le langage parlé et dans le langage écrit[68]. Enfin, le langage écrit est un moyen extraordinaire de transmission d'informations et de connaissances. La télévision, la radio ne transmettent pas une information aussi approfondie et détaillée que les livres et les revues.

Les personnes qui n'ont jamais fréquenté l'école et n'ont jamais appris à lire et à écrire n'ont jamais été instruites non plus en calcul, en sciences, en géographie, en dessin, etc. Il leur manque des instruments et des habitudes d'étude ainsi que des procédures d'organisation de l'information en vue de sa mémorisation.

Voici deux exemples de différences cognitives entre lettrés et illettrés. L'un concerne la mémoire de travail ou immédiate, l'autre la cognition visuelle. Nous avons soumis des adultes illettrés à un test de rappel de dessins, dont les noms soit riment, soit ne riment pas. Les illettrés ont un meilleur rappel, dans le bon ordre, des dessins dont les noms ne riment pas. Comme les lettrés, ils ont tendance à coder l'information verbale sous une forme phonologique. Cependant, le nombre de dessins qu'ils peuvent se rappeler correctement dans l'ordre est très petit : environ quatre. La présentation d'une série de cinq dessins conduit déjà à une détérioration importante de la performance de rappel[69]. Les adultes lettrés, eux, peuvent se rappeler correctement des séries de sept dessins.

L'autre exemple concerne un test d'analyse visuelle qu'on peut voir à la figure 1.18. On présente au sujet un dessin à six segments de la colonne de gauche et un dessin, à trois segments, de l'une des trois colonnes de droite (1 à 3). Le sujet doit indiquer si oui ou non ces trois segments appartiennent au dessin à six segments. Dans les cas représentés dans la figure 1.18, la réponse correcte est toujours affirmative, mais il peut y avoir des cas où la réponse correcte est négative.

Le sujet dispose de tout le temps qu'il veut pour donner sa réponse, ce qui rend cette tâche très facile pour n'importe qui...,

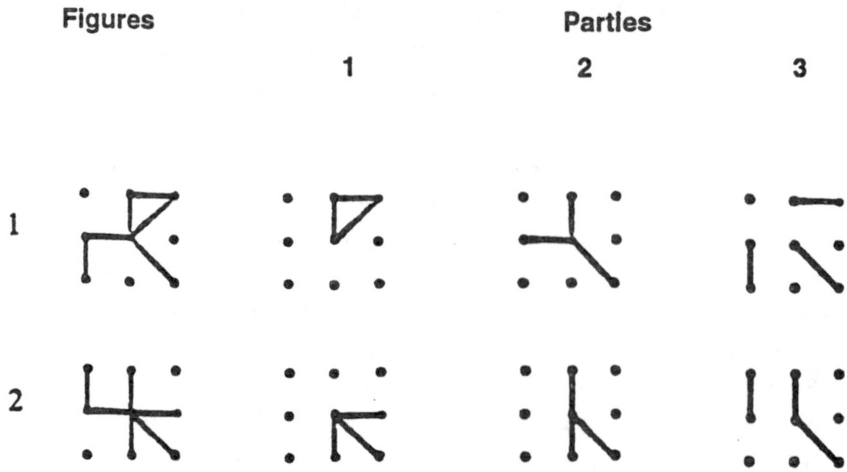

Figure 1.18 – Exemples d'essais d'une tâche d'analyse visuelle (adapté de Kolinsky et al. [70]).

plus exactement pour n'importe quelle personne scolarisée. Les adultes illettrés répondent correctement dans 80 % des essais quand il s'agit des segments présentés à la colonne 1, c'est-à-dire lorsque les trois segments forment une partie bien séparable du reste du dessin, mais ils ne répondent, respectivement, que dans 30 % et 20 % des essais dans le cas des segments des colonnes 2 et 3. Autrement dit, lorsque les trois segments sont plus ou moins disséminés dans la figure à six segments, les illettrés n'arrivent pas à les repérer. Ils sont donc incapables d'effectuer une analyse interne de la figure visuelle. Leur performance est clairement inférieure à celle d'enfants de deuxième année de primaire[70].

Ces faiblesses et incapacités cognitives des illettrés relèvent d'un manque d'expérience avec ce type de matériel et avec le type d'opération analytique exigée par la tâche. Elles ne sont pas liées spécifiquement à leur condition d'illettrés, mais à leur condition de non-scolarisés. En effet, nous avons testé aussi des personnes qui ont appris à lire à l'âge adulte dans des classes d'alphabétisation pour adultes et qui savent lire de manière rudimentaire. Ces personnes n'ont pas eu des performances significativement meilleures que les illettrés, que ce soit dans la tâche de mémoire immédiate ou dans celle d'analyse visuelle.

Le monde cognitif du non-scolarisé est certes très différent du nôtre. De nombreux lettrés, en particulier dans les milieux intellectuels et universitaires des pays industriellement développés, n'ont aucun contact avec des adultes totalement non scolarisés, et ils ont tendance à imaginer que la plupart des schémas mentaux qui leur servent à interpréter le monde sont le résultat d'une maturation cognitive. Une histoire de John Wilkins (*Mercury, Or the Secret and swift messenger*, 1641) que j'emprunte, moyennant quelques altérations, au récit qu'en fait Umberto Eco dans l'introduction de son livre *Les Limites de l'interprétation*[71], illustre de manière admirable combien l'univers mental d'une personne non scolarisée peut être éloigné de celui d'un scolarisé. Un esclave indien est chargé par son maître de porter une lettre et un panier de figues à un ami de celui-ci. En chemin, notre homme, fatigué et assoiffé, se met à l'ombre d'un arbre. Il se dit que l'ami de son maître ignorera que des figues ont disparu et en mange donc quelques-unes. Mais le destinataire des figues l'accuse de vol, lui montrant la lettre et lui disant qu'il le sait par la lettre. L'esclave n'a d'autre solution que de confesser sa faute. La semaine suivante, son maître lui fait faire le même voyage, en lui donnant à nouveau une lettre et un panier de figues. Le soleil est torride, la soif grande, notre homme s'assied à l'ombre d'un arbre, regarde les figues, hésite, ne sait pas quoi faire, et soudain a une inspiration. Il prend une grosse pierre, dépose la lettre par terre, et met la pierre dessus, de telle sorte qu'elle ne puisse rien voir...

Nous pouvons donc dire que l'illettrisme et la non-scolarisation constituent une amputation mentale sur le plan cognitif. Les conséquences du manque de lecture vont d'ailleurs au-delà du cognitif. La lecture constitue une voie importante d'accès aux idéologies, aux systèmes éthiques, à certaines formes d'expression émotionnelle. Elle constitue la voie dominante d'accès à l'expression esthétique qu'est la littérature.

Et pourtant, qu'il s'agisse de la cognition, des valeurs, des affects ou des émotions, les conséquences de la lecture ne doivent pas être surestimées non plus. Notre poète illettré, homme créatif et sensible, est là pour nous le rappeler. Nous ne pouvons nier la créativité des illettrés, sous peine de nier la découverte du feu et la fabrication de tant d'outils et d'objets par nos ancêtres. L'invention de l'alphabet n'a pas précédé toute forme d'art. Le lettré n'a pas de meilleures valeurs ni de meilleurs sentiments que l'illettré. Il y a d'autres matériaux que les livres pour l'éducation des sentiments.

L'élitisme du lettré convaincu d'une illusoire supériorité morale ou affective est une forme d'autosatisfaction qui, se nourrissant de l'ignorance de l'autre, ferme la voie au changement et à la découverte de trésors insoupçonnés. Il relève de la xénophobie contre ceux qui ne sont pas citoyens de la République des Lettres. Cultivons la lecture pour tous et pour chacun, n'en faisons pas une perversion narcissique ! Dans un numéro récent du *Figaro* [72], on pouvait lire : *« En France, l'aventure amoureuse naît des mots, elle sort littéralement des romans.* [...] *toute avancée de l'illettrisme est un recul des mœurs : en lisant peu on aime différemment, et l'on aime moins bien. »* Et la conclusion était : *« Il faut savoir lire pour savoir aimer. »* Qu'est-ce savoir aimer ? Qu'est-ce savoir lire, d'ailleurs ? Plus modeste que l'auteur de ces lignes, qui semble connaître les réponses à ces questions, Jean-Paul Sartre a écrit un jour : *« Pour avoir découvert le monde à travers le langage, je pris longtemps le langage pour le monde. »*

CHAPITRE 2

Le lecteur habile

Qu'est-ce que la lecture ? Nous devons répondre à cette question avant d'essayer d'examiner la lecture habile. Nous verrons, dans la première section de ce chapitre, que ce qu'il existe de spécifique de l'activité de lecture est la capacité de reconnaissance des mots écrits, c'est-à-dire la capacité d'identifier chaque mot en tant que forme orthographique ayant une signification et de lui attribuer une prononciation.

Encore de nos jours, d'aucuns disent, privilégiant l'analogie avec une sensation particulière, que la capacité de lecture est essentiellement visuelle ou essentiellement auditive ; d'autres, plus éclectiques, mais partageant le même esprit, disent qu'elle est une capacité multisensorielle. La capacité de lecture n'est pas une capacité sensorielle, elle est cognitive. Cela dit, il est évident qu'en lisant nous prenons de l'information par l'intermédiaire des organes sensoriels. Chez les voyants, le mode d'entrée habituel de la lecture est fourni par la vision. L'activité oculo-motrice en cours de lecture constitue donc une source importante de renseignements sur notre capacité de lecture. J'y consacre la deuxième section de ce chapitre.

La troisième section est consacrée à la description des principaux troubles de la capacité de lecture observés à la suite d'un dommage cérébral chez des lecteurs qui, avant l'occurrence de ce dommage, étaient considérés comme étant habiles. Ce sont les troubles sélectifs, c'est-à-dire ceux qui portent sur un type de matériel particulier ou qui se manifestent par un type d'erreur particulier, qui nous intéressent surtout, car ils peuvent nous informer sur les composantes de la capacité de lecture. La situation du chercheur qui essaie de comprendre une capacité mentale peut, en effet, être comparée à celle d'une personne qui a appris à se servir d'une voiture sans rien savoir de sa structure. En constatant que la voiture chauffe trop et en voyant de la fumée sortir du capot, cette personne ne ferait-elle pas l'hypothèse que les voitures comportent un système de refroidissement du moteur ?

Comme le fonctionnement d'une voiture, celui de la capacité de lecture peut aussi être testé à l'état normal. Nous devons à l'ingéniosité des expérimentateurs un certain nombre de techniques qui permettent de recueillir des informations sur la nature des processus de lecture chez le lecteur habile. L'utilisation de ces techniques est souvent très complexe parce qu'elle requiert des situations que l'on appelle de contrôle et qui sont destinées à écarter la possibilité d'explications alternatives des données obtenues. Pour ne pas trop ennuyer le lecteur et pour lui faciliter la compréhension des découvertes réalisées au moyen de ces techniques, la quatrième et dernière section de ce chapitre est rédigée en faisant appel à un scénario fantaisiste et en utilisant parfois un langage métaphorique.

Qu'est-ce que la lecture ?

Ah sentir tudo de todos os feitios !
[...]
Seja eu leitura variada
Para mim mesmo !

[Ah, tout sentir de toutes les façons !
[...]
Que je sois une lecture
Variée pour moi-même !]

Soares, *alias* Pessoa,
Livro do desassossego.
[*Le Livre de l'intranquillité.*]

Vous lisez en ce moment. Vous lisez aussi quand vous consultez l'annuaire de téléphone, quand vous vérifiez le prix des produits dans un magasin, quand vous parcourez la rubrique « télé » ou « cinéma » de votre journal. Sans doute avez-vous lu *Les Fleurs du mal.* Vous avez peut-être lu *Le Capital.* Quoi de commun à toutes ces activités ? Lire, qu'est-ce que c'est ?

La démarche qui consiste à nous interroger sur ce qu'est la lecture peut être utile si nous voulons éviter de tomber dans le piège de l'amalgame.

Est-ce que vous faites de la lecture lorsque vous « lisez » entre les lignes ou sur les lèvres, ou encore lorsque vous « lisez » une certaine émotion dans l'expression de votre interlocuteur ? Beaucoup de personnes cultivées m'ont répondu affirmativement à chacune de ces questions. Elles partageaient le point de vue d'un auteur qui, dans une conférence sur la lecture, avait jugé utile de proposer que « dans son sens le plus large, la lecture est le processus d'interprétation des stimuli sensoriels[1] ». Pourtant, il est facile de se rendre compte que cette définition large de la lecture est à la fois fausse et pernicieuse. Le processus d'interprétation des signes sensoriels constitue ce qu'on appelle habituellement « perception », et il serait grotesque d'identifier lecture et perception. Est-ce que la perception de la parole et de la musique, la perception visuelle et tactile des objets, la perception des odeurs et des saveurs, et les différentes formes de perception du corps propre, font partie de la lecture ? Certainement pas !

L'expression « lire sur le visage » est commode dans le langage courant. Elle indique que la perception du visage conduit à une interprétation de signes. La lecture étant un traitement de signes graphiques, on étend l'utilisation du terme « lecture », de manière suggestive, au traitement de signes non graphiques. Le cas de la lecture labiale peut paraître moins évident. Bien que les signes qu'on interprète ne soient pas graphiques, ils sont certainement linguistiques. N'empêche, la lecture labiale fait partie de la compréhension du langage parlé, et elle n'est que rarement mise en relation avec la lecture de matériel écrit. La paire « lecture-écriture » est indissociable, il n'y a lecture que là où il y a (ou, plus précisément, là où il y a eu) écriture.

Pour comprendre ce qu'est la lecture, nous devons nous garder d'étendre le champ d'application de notre objet d'étude. En gonflant l'extension du concept, certains pensent sans doute en accroître l'importance. En fait, de la sorte, on ne saurait plus exactement ce qu'on étudie. L'objet lui-même se diluerait, il perdrait ce qu'il a de spécifique, d'intrinsèquement intéressant.

Dès qu'on se place dans le cadre de l'approche scientifique, la restriction du terme « lecture » au traitement de signes graphiques doit être complétée par une seconde restriction. Celle-ci peut être illustrée en réfléchissant à l'expression « lire entre les lignes » . « Lire entre les lignes », c'est inférer quelque chose qui n'est pas écrit à partir de ce qui est écrit. L'habileté qui est en jeu ici dépasse l'écrit pour atteindre l'intention. Elle n'est pas spécifique de la lecture, puisqu'elle se retrouve notamment dans la compréhension du langage parlé, voire du comportement gestuel. Si mon interlocuteur dit « il fait chaud », il me fait peut-être implicitement la demande d'aller ouvrir la fenêtre ; si mon hôte se lève de manière impatiente, je dois peut-être en déduire qu'il aimerait me voir partir. Quand nous lisons, nous établissons fréquemment des associations, évoquons des images, construisons des raisonnements, parfois même nous rêvons éveillés. Cependant, nous pouvons aussi faire tout cela alors que le livre est oublié sur nos genoux. Rien, dans cette activité mentale, n'est spécifique de la lecture !

Quand vous, lecteur, ouvrez un livre sur la capacité de lecture, vous ne voulez certainement pas y trouver décrites les capacités de traitement du langage parlé, d'évocation d'images mentales, ou de raisonnement. Vous voulez qu'on vous dise en quoi, du point de vue mental, la lecture se distingue des autres activités que l'homme peut avoir. La lecture est un mode particulier d'acquisition d'information. Ce sont les processus spécifiques impliqués dans ce mode d'acquisition d'information, et non l'utilisation ultérieure de l'information acquise, que vous voulez connaître.

En parlant de lecture, il est courant de confondre la capacité de lecture, les buts de la lecture, l'activité de lecture et la performance de lecture. La performance de lecture est évidemment le résultat, le degré de succès de l'activité de lecture. L'activité est l'ensemble des événements qui se passent dans le cerveau et dans le système cognitif que le cerveau supporte, ainsi que dans les organes sensoriels et moteurs. Les buts de la lecture sont la compréhension du texte écrit et/ou l'atteinte d'une impression de beauté. La capacité est cette partie de l'ensemble des ressources mentales que nous mobilisons en lisant et qui est spécifique de l'activité de lecture, autrement dit qui n'est pas mise en jeu dans les autres activités.

Le but des processus spécifiques de la lecture est de représenter du matériel écrit sous une forme utilisable par le reste du système cognitif. La capacité de lecture peut, par conséquent, être définie comme étant l'ensemble des processus perceptifs qui permettent de faire en sorte que la forme physique du signal graphique ne constitue plus un obstacle à la compréhension du message écrit.

La capacité de lecture est, comme toute autre capacité cognitive, une transformation de représentations (dites d'entrée) en d'autres représentations (dites de sortie). La représentation d'entrée dans le cas de la capacité de lecture est un patron visuel. Comme nous le verrons, étant donné les contraintes d'acuité visuelle et sans doute aussi de capacité de traitement, ce patron visuel correspond *grosso modo* à un mot écrit. La représentation de sortie est une représentation phonologique. Chaque mot que nous connaissons, que nous sachions lire ou non, est une forme phonologique, une prononciation.

Avant d'apprendre à lire, l'enfant connaît déjà beaucoup de mots. Autrement dit, il connaît leurs formes phonologiques et il connaît aussi les significations correspondantes. Formes phonologiques et significations des mots sont donc associées dans son système de langage. En apprenant à lire, l'enfant apprend à associer une forme orthographique à chaque mot, donc à sa forme phonologique. La forme orthographique d'un mot peut être définie comme une séquence ordonnée de graphèmes. Elle est abstraite, en ce sens qu'elle est indépendante du fait que le mot s'écrit en majuscules ou en minuscules, avec des lettres liées ou séparées, et avec tel ou tel type de fonte ou de calligraphie.

La forme phonologique d'un mot peut être obtenue en l'assemblant « morceau par morceau » ou bien au travers de l'activation de la forme orthographique correspondante. Quant à la signification, on peut l'obtenir non seulement au travers de sa forme phonologique, mais aussi par l'intermédiaire de sa forme orthographique. En effet, les formes orthographiques acquises par l'enfant au cours de l'apprentissage de la lecture vont devenir associées non seulement aux formes phonologiques correspondantes, mais aussi aux significations associées à ces formes phonologiques. Il devient alors possible d'obtenir directement la signification à partir de la forme orthographique, autrement dit sans médiation phonologique.

L'obtention de la prononciation est, de toute manière, l'étape critique de la lecture, parce qu'elle permet de réaliser la convergence avec le langage parlé. Bien que la signification correspondante soit d'ordinaire immédiatement activée, cela n'est pas toujours le cas. Combien de fois ne nous arrive-t-il pas, en lisant un texte technique ou un roman, de tomber sur un mot qui ne nous est pas familier mais que nous pouvons néanmoins prononcer et auquel nous n'attribuons une signification probable qu'après avoir évalué longuement le contexte ! N'est-il pas utile aussi de pouvoir prononcer des mots écrits dans une langue étrangère, même si on le fait en utilisant notre phonologie et les règles de correspondance entre lettres et sons typiques de notre langue ?

Le grand poète anglais John Milton, auteur du *Paradis perdu*

(1667), avait exploité pleinement cette dernière capacité[2]. Étant devenu aveugle, il avait appris à ses filles à décoder du grec, elles qui n'en comprenaient pas le moindre mot ! Toujours est-il qu'en les écoutant il pouvait « relire » les auteurs classiques par l'intermédiaire de décodeuses. Qui lisait réellement dans ce cas, Milton ou ses filles ? Au sens précis des termes lecture et écoute de la parole, les filles de Milton lisaient, c'est-à-dire transformaient des signes graphiques en parole, et Milton lui-même écoutait la parole émise par ses filles. On peut remarquer qu'une personne n'ayant jamais appris à lire mais connaissant le grec ancien aurait pu, elle aussi, comprendre (ne fut-ce qu'à un niveau superficiel) ce que les filles de Milton lisaient. Il serait paradoxal de dire que cette personne lisait, puisqu'un illettré, par définition, est incapable de lire. Dès lors, il est démontré que Milton ne lisait pas. Milton ne lisait pas plus les textes décodés par ses filles qu'il ne lisait quand elles lui parlaient en anglais. La lecture n'atteint pas son but sans compréhension, toutefois les processus spécifiques de la lecture ne sont pas des processus de compréhension mais bien ceux qui mènent à la compréhension.

Dans les milieux de praticiens, une conception rêveuse, romantique de la lecture s'est répandue. La lecture n'aurait pas de mécanisme ; elle serait seulement compréhension. Le sens et l'appréhension du sens précéderaient toute autre activité d'analyse de l'écrit. Pourquoi, dès lors, puisque la lecture est censée être une fonction naturelle, les hommes n'ont-ils pas lu depuis toujours ? À moins, comme certains le pensaient encore à l'aube des temps modernes, qu'une écriture naturelle n'ait précédé le Déluge (B. de Vigenère, 1586 ; C. Duret, 1613), ou que parole et écriture « naquirent jumelles et cheminèrent parallèlement » (G. de Vico, 1744)[3]. Cette conception romantique erronée devient dangereuse lorsque à partir d'elle on en vient à soutenir que, étant donné le caractère « naturel » de la lecture, celle-ci se développerait spontanément à partir de l'expérience libre de l'écrit.

Nous ne sommes généralement pas conscients des mécanismes que nous, lecteurs habiles, utilisons dans la lecture. L'autocentrisme de notre conscience nous pousse parfois à sous-estimer l'importance de notre inconscient cognitif. Or ce n'est pas parce que nous avons l'impression d'être directement, immédiatement conscients du sens de ce que nous lisons, que cette compréhension n'est pas le résultat d'une activité mentale complexe.

Afin de comprendre les textes, nous utilisons nos compétences lexicales (c'est-à-dire notre connaissance du sens des mots), ainsi que des processus d'analyse syntaxique et d'intégration sémantique ; nous utilisons même nos connaissances du monde, notre expérience personnelle, mais tous ces processus et connaissances sont aussi à l'œuvre lorsque nous comprenons le langage parlé. Des processus et des connaissances du type de ceux que je viens d'évoquer ont été développés chez l'enfant bien avant qu'il n'apprenne à lire.

Trois petits sauts, et puis s'en vont... à la ligne suivante

> If we seat directly before one who is reading and watch his eyes closely ; or, more conveniently, perhaps, if we have him hold a hand mirror flat on the adjoining page as he reads, while we look over his shoulder, we will notice that his eyes move pretty regularly from side to side along the printed lines.
>
> [Si nous nous asseyons en face de quelqu'un qui est en train de lire et regardons ses yeux de près, ou, ce qui est peut-être plus approprié, s'il tient un miroir couché sur la page d'à côté au fur et à mesure qu'il lit pendant que nous regardons par-dessus son épaule, nous remarquerons que ses yeux se déplacent bien régulièrement d'un côté à l'autre le long des lignes imprimées.]
>
> E. B. Huey,
> *The Psychology and Pedagogy of Reading (1908).*

Depuis que, dans *L'Immortalité*, Kundera a permis à Goethe et Hemingway de s'entretenir là-haut, le Paradis est devenu un club de rencontre très prisé des hommes et des femmes célèbres qui n'ont jamais pu se retrouver ici-bas. À part naturellement les couples d'amoureux, qui ont entrée libre, la Direction admet parfois de brèves visites de non-résidents. C'est ainsi que Baruch Spinoza, le philosophe opticien, et Émile Javal, l'ophtalmologue studieux des mouvements oculaires, eurent l'occasion de dialoguer avec un psychologue cognitiviste contemporain. Ils s'assirent autour d'une table au « Café des Marranes de la raison », à l'invitation de Spinoza, près de la fresque représentant Mélibée, la femme séduite, et Célestine, la *puta vieja*, la prêtresse de l'amour. Spinoza, qui était un habitué, tournait le dos à cette mise en scène de festivités voluptueuses, et Javal, presque aveugle, ne pouvait discerner le contraste entre ce décor plutôt charnel et le contenu de leur discussion. Pour ne pas ruiner Spinoza, qui continuait à vivre de sa rente viagère de cinq cents florins, léguée par Simon de Vries et réduite à trois cents florins par la volonté même de Spinoza, ils commandèrent de la bière, qu'ils ne portèrent pas souvent aux lèvres.

LE PSYCHOLOGUE : C'est pour moi un très grand plaisir de pouvoir vous parler, à vous Baruch. Vous permettez que je vous appelle Baruch, n'est-ce pas ? Et aussi de vous parler à vous, Professeur... Émile ? Merci Émile.

SPINOZA (tirant avec délice sur sa pipe) : Vous savez que je n'ai pas beaucoup approfondi mes recherches en optique. Mais vous savez aussi que je respecte votre démarche scientifique. Ce que j'appelle la *scientia intuitiva*, cette vision plus profonde de la totalité... Oui, bien sûr, je l'appelle aussi la connaissance du troisième genre... Je disais donc que la *scientia intuitiva* est un peu au-delà de la science. Elle est une forme plus élevée de rationalité, mais elle n'abolit pas sa forme ordinaire, la *ratio*, et elle émerge à partir des œuvres de la raison scientifique. La conscience directe de soi est une illusion. La psychologie doit prendre la place de l'*imaginatio*. Elle doit montrer comment les affects et les idées des mouvements des corps naissent des lois générales de l'Univers[4].

LE PSYCHOLOGUE : Des lois sans doute, mais peut-être pas générales.

SPINOZA (sans sourciller) : La véritable connaissance de soi exige que l'on se libère de l'illusion de sa subjectivité, il faut commencer par objectiver notre esprit en le mettant en rapport avec un événement corporel de manière à faire dériver ensuite cette relation des lois naturelles de la causalité. Je ne dois pas me regarder à partir de moi-même, mais me regarder à partir du dehors. La synthèse des points de vue externes fera surgir une nouvelle clarté. N'ayant pas d'accès direct aux essences des objets, je dois d'abord expliquer chaque objet, y compris moi-même, par des lois mécanistes.

LE PSYCHOLOGUE (ne pouvant pas se contenir) : Pas uniquement mécanistes...

SPINOZA : Oui, je sais, je suis tout de même un peu au courant. Certaines actions résultent des propriétés intrinsèques de la matière, je l'ignorais de mon temps. Mais ce n'est pas là l'essentiel. Laissez-moi terminer. L'investigation scientifique sur mon esprit, sur mon corps, sur moi dans le monde est nécessaire, mais elle n'est pas suffisante. Il faut encore faire la synthèse qui m'apportera l'intuition de la cohérence universelle et l'amour de la totalité.

JAVAL : Je partage avec Baruch la nécessité de dépasser notre introspection et de chercher des explications scientifiques. On ne peut pas trouver ces explications si on ne décrit pas objectivement notre comportement, et on ne peut pas aboutir à ces descriptions si on ne se méfie pas de nos impressions. Vous vous rendez compte de l'état de cécité où nous étions tous, mes prédécesseurs, mes contemporains... Des millions de gens ont lu avant moi, et ils avaient l'impression, comme moi d'ailleurs, qu'en lisant, leurs yeux glissaient sur la page, sur chaque ligne, dans un mouvement continu, comme s'ils poursuivaient un objet mobile. Cela semblait si évident ! Il me fallait objectiver l'activité oculaire en cours de lecture. On était en 1879[5]. J'ai tout simplement observé les yeux du lecteur pendant qu'il lisait. Quelle impression extraordinaire ! Les yeux ne manquent aucune ligne et, sur chaque ligne, ils sautent de proche en proche en partant de la gauche, un petit saut, et encore un petit saut, et encore un autre, et ainsi de suite. Parfois, ils rebroussent chemin. Je l'ai dit l'autre jour à Diderot, il ne voulait pas me croire. Maintenant, dans toutes les langues, même en anglais, on appelle ces petits sauts des « saccades ».

Le psychologue : Beaucoup de gens ne savent pas qu'en lisant ils fixent successivement presque tous les mots. Regardez, j'ai dessiné ici, sur les lignes d'un extrait d'un texte que j'aime beaucoup, le comportement oculaire typique d'un lecteur habile [il tend à Spinoza une feuille de papier sur laquelle se trouve la figure 2.1, puis se tourne vers Javal]. Vous aviez aussi été le premier à affirmer qu'on ne lit en réalité que pendant les fixations, c'est-à-dire les intervalles d'immobilisation du regard.

Javal : C'est exact. D'ailleurs, les fixations prennent 90 % du temps de lecture, contrairement à notre impression qu'on lit en parcourant le texte de manière continue. Après moi, Dodge, un Américain, et Erdmann, un Allemand, ont fait des observations très intéressantes[6]. Ils ont remarqué que les fixations

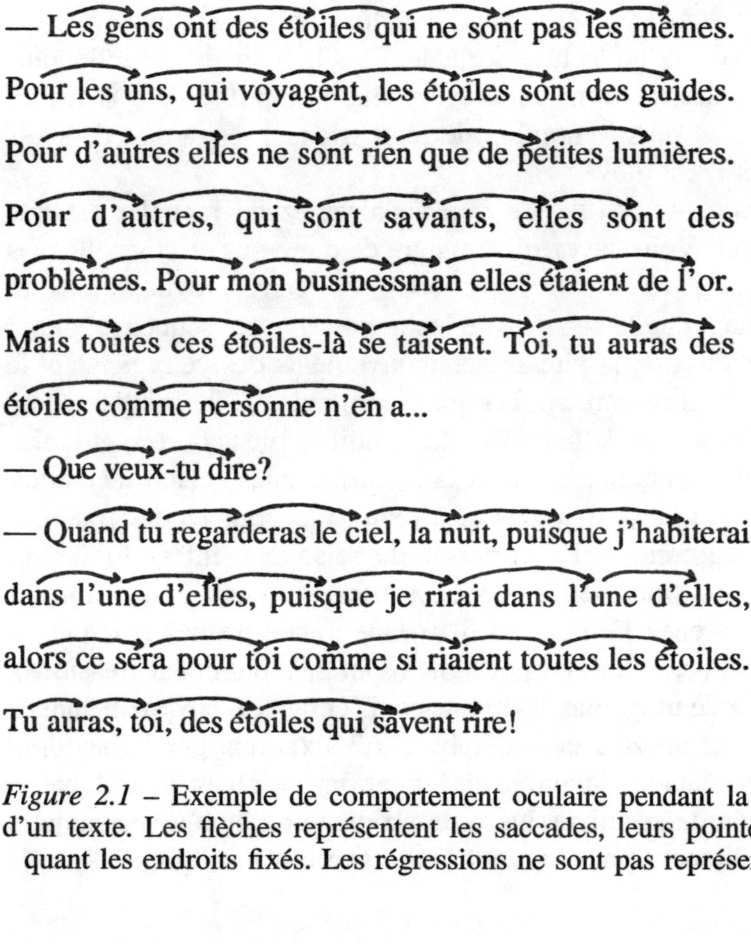

Figure 2.1 – Exemple de comportement oculaire pendant la lecture d'un texte. Les flèches représentent les saccades, leurs pointes indiquant les endroits fixés. Les régressions ne sont pas représentées.

tombent presque toujours sur des mots, très rarement dans les espaces blancs entre les mots. Dodge a été le premier à photographier, à partir de différents angles, le faisceau de lumière réfléchi par l'œil, pendant le mouvement de l'œil d'une fixation à la suivante, ce qui lui a permis de calculer la durée des saccades. Les saccades durent en moyenne de 20 à 35 millisecondes, en fonction de la distance parcourue. Les fixations, comme on l'a appris plus tard, durent un quart de seconde en moyenne, mais leur durée peut varier largement, essentiellement entre 60 et 500 millisecondes[7]. Chez l'enfant qui commence à peine son apprentissage de la lecture, les fixations peuvent être encore plus longues. Notez que le nombre de fixations par ligne dépend de la largeur de la ligne, mais aussi de la difficulté du texte. On a besoin de plus de fixations pour lire un texte en langue étrangère qu'un texte écrit dans sa propre langue, et les fixations sont à peu près trois fois plus nombreuses en correction d'épreuves qu'en lecture normale. Plus le texte est difficile, plus la durée des fixations est élevée, plus l'amplitude des saccades diminue, et plus le nombre de régressions, c'est-à-dire de sauts en arrière, est élevé.

LE PSYCHOLOGUE : Ce que vous venez de rappeler est très important. Vous savez que, malgré ce que vous et vos collègues pionniers avez montré, beaucoup de gens croyaient encore récemment que la capacité de lecture est une conséquence, plutôt que la cause, de la vitesse des mouvements des yeux pendant la lecture. Voilà comment ils raisonnent : puisque les meilleurs lecteurs font moins de fixations, des fixations plus courtes, et moins de mouvements régressifs, il faut entraîner les gens à raccourcir la durée de leurs fixations et à réduire le nombre des fixations et des régressions. La prémisse du raisonnement se fonde sur une observation bien étayée. En effet (dit-il en consultant ses notes[8]), prenez l'enfant de deuxième année primaire. Il fait en moyenne 10,7 fixations par ligne (dont 2,3 sont des régressions), d'une durée moyenne de 364 msec. L'enfant de cinquième année montre un progrès considérable : 7,3 fixations par ligne (dont 1,3 régressions), la durée des fixations tombant à 252 msec. Chez l'étudiant universitaire, le progrès continue à se marquer, essentiellement pour le nombre de fixations par ligne (5,9) et le nombre de régressions (0,5). Mais on a pu extraire de cette corrélation une conclusion qui prend l'effet pour sa cause...

SPINOZA : C'est absurde...

LE PSYCHOLOGUE : ...de telle sorte que certains parmi ces gens-là sont allés jusqu'à proposer des programmes d'entraînement des mouvements oculaires comme traitement de la dyslexie et comme moyen de développer la lecture rapide. En fait, le patron des mouvements oculaires d'un même lecteur, quel que soit son niveau, varie largement suivant le degré de difficulté du texte. Lorsque le lecteur habile doit lire un texte très difficile, son patron de mouvements oculaires devient comme celui d'un mauvais lecteur. C'est le niveau de lecture et le degré de difficulté qui déterminent les mouvements des yeux, pas le contraire. La durée moyenne de fixation chez le lecteur habile peut aller de 200 msec pour de la fiction légère à plus de 260 msec pour un texte de physique ou de biologie. La longueur moyenne de la saccade passe de 9,2 lettres à 6,8. Quant au pourcentage moyen de régressions, il varie de 3 % à 18 % (6 % pour un article de journal, 10 % pour un classique de la littérature). La conséquence est évidemment une réduction de la vitesse de lecture avec la difficulté du texte (trois cent soixante-cinq mots par minute, en moyenne, pour la fiction légère, trois cent vingt et un pour le journal, trois cent cinq pour le classique, et deux cent trente-cinq pour le texte scientifique). Évidemment, même entre les lecteurs habiles, on constate qu'il y a une large variabilité dans la vitesse de lecture. Ainsi, on a trouvé par exemple que, lors de la lecture d'un article de journal, le lecteur le plus rapide faisait 3,8 fixations par ligne, d'une durée moyenne de 160 msec, tandis que le lecteur le plus lent faisait plus de fixations (5,4) et celles-ci étaient plus longues (400 msec)[9]. Cette variabilité est elle-même liée à une série de facteurs en rapport avec des différences individuelles dans les stratégies cognitives de traitement d'information. En général, si vous forcez quelqu'un à faire moins de fixations, des fixations plus courtes, et à retourner moins souvent en arrière, la conséquence ne peut être qu'une extraction appauvrie d'information, autrement dit le prix du gain annule le gain. La seule manière vraiment efficace d'obtenir un changement dans les patrons oculaires dans la lecture est donc de faire progresser la capacité de lecture.

SPINOZA : Mais pourquoi faut-il faire autant de fixations, pourquoi ne peut-on pas prendre toute l'information contenue dans une ligne en une seule immobilisation du regard ?

LE PSYCHOLOGUE : Essentiellement à cause de la réduction très rapide d'acuité à partir de chaque côté du point de fixation, réduction liée à la distribution des cellules réceptrices (cônes et bâtonnets) dans la rétine. Le maximum d'acuité a lieu dans la région fovéale, qui correspond à environ 2° d'angle autour du point de fixation. La région parafovéale s'étend ensuite jusqu'à 5°, et au-delà on parle de région périphérique. Lors d'une seule fixation, nous percevons souvent un mot, parfois deux mots, et plus rarement encore trois mots, à condition qu'ils soient très courts. Disons que, pour une écriture qu'on lit de gauche à droite, on peut identifier la partie de texte qui s'étend de quatre caractères à gauche du point de fixation jusqu'à sept caractères à droite[10].

JAVAL : Je suppose que cette asymétrie n'est pas liée aux propriétés de la rétine.

LE PSYCHOLOGUE : Non, bien sûr, il s'agit d'un effet attentionnel lié à la directionnalité de la lecture. Le champ perceptif des lecteurs bilingues français-hébreu (vous savez que l'hébreu s'écrit de droite à gauche) est plus étendu à droite lorsqu'ils lisent un texte en français, mais plus étendu à gauche lorsqu'ils lisent un texte en hébreu[11].

SPINOZA : Décrivez-nous les nouvelles techniques...

LE PSYCHOLOGUE : La question se pose de savoir combien et quel type d'information on peut extraire de la vision parafovéale. Pour cela, on a mis au point une technique qui permet de changer le texte en fonction des mouvements oculaires du lecteur. La « fenêtre mobile » est une variante de cette technique[12]. Regardez cette figure [figure 2.2]. La ligne de texte n'est intacte qu'à l'intérieur d'une fenêtre dont la largeur est fixée par l'expérimentateur, et le reste de la ligne, à l'extérieur de la fenêtre, est remplacé par une séquence de « x » non informatifs. La fenêtre est centrée à l'endroit que le lecteur fixe et elle se déplace avec la progression des fixations vers la droite. Quand, ayant effectué une saccade, le lecteur fixe un point correspondant à n caractères vers la droite du point de fixation précédent, la fenêtre a été déplacée simul-

A. Texte normal

Dans la lecture courante, les mots sont fixés un à un.

B. Fenêtre de 13 caractères (espaces remplis)

xxxxxxlecture couraxxxxxxxxxxxxxxxxxxxxxxxxxxxxx

F

xxxxxxxxxxxxe courante, lxxxxxxxxxxxxxxxxxxxxxxxxx

F

C. Fenêtre de 13 caractères (espaces préservés)

xxxx xx lecture couraxxx, xxx xxxx xxxx xxxxx xx x xx

F

xxxx xx xxxxxxe courante, lxx xxxx xxxx xxxxx xx x xx

F

Figure 2.2 – Dans la technique de la fenêtre mobile, la ligne de texte présentée en A peut prendre la forme indiquée en B ou en C, suivant que les espaces sont, en plus des lettres, remplacés par des « x » ou non. F indique le point de fixation (adapté de Balota et Rayner[13]).

tanément d'autant de caractères, de telle sorte qu'elle accompagne sans faille les mouvements oculaires du lecteur.

JAVAL : Cela va beaucoup perturber la lecture, non ?

LE PSYCHOLOGUE : Presque pas ! Cela n'affecte pratiquement pas la vitesse de lecture. La largeur de la fenêtre a une influence, mais les limites de la capacité de lecture sont rapidement atteintes. Si la fixation correspond *grosso modo* à un mot, la vitesse de lecture est d'environ deux cents mots par minute. Si elle permet de visualiser à peu près deux mots, le nombre de mots lus par minute augmente de 50 %. Au-delà, l'effet sur la vitesse de lecture est faible : une fixation correspondant à trois mots ne permet qu'un accroissement supplémentaire de la vitesse de lecture de 10 %. Par ailleurs, si l'information au sujet de la délimitation des mots peut être obtenue dans une fenêtre allant jusqu'à quatorze ou quinze caractères vers la droite, l'information sur la signification ne peut être extraite que dans une fenêtre beaucoup plus étroite (trois à six caractères vers la droite).

SPINOZA : Je suppose que l'information fovéale est particulièrement importante pour le processus de lecture.

LE PSYCHOLOGUE : Bien sûr ! Si on présente tout le texte normalement à l'exception de sa partie centrale, en masquant les trois caractères à gauche du point de fixation ainsi que les trois caractères à sa droite, autrement dit lorsque la lecture ne peut se faire qu'en utilisant l'information parafovéale, la vitesse de lecture chute brutalement de trois cent trente mots par minute à seulement douze mots.

SPINOZA : En fait, quelle partie des mots fixe-t-on ?

JAVAL : Étant donné l'asymétrie du champ utile, on fixe probablement chaque mot près de son milieu, légèrement à gauche, non ?

LE PSYCHOLOGUE : C'est exact, et la tendance à l'asymétrie augmente avec la longueur du mot. Ainsi, on reconnaît mieux un mot de onze lettres lorsqu'on fixe la troisième ou la quatrième lettre que lorsqu'on fixe ailleurs[14]. Le fait que les premières lettres sont souvent plus informatives que les autres contribue vraisemblablement à cette asymétrie.

SPINOZA : Examinons tout de même la lecture d'un point de vue un peu plus dynamique. Je comprends qu'il soit important d'estimer ce qu'on peut extraire du texte à partir d'une seule fixation, mais, puisque nous lisons en réalisant une série de fixations, il est tout aussi important, sinon plus, de savoir comment nous intégrons ces différentes informations.

LE PSYCHOLOGUE : Vous posez une très bonne question. En fait, l'information extraite dans les fixations successives n'est pas simplement additionnée. La vision parafovéale d'un mot prépare le traitement qui sera réalisé sur ce mot lors de la fixation suivante. Pour étudier ce problème, les scientifiques utilisent la technique dite de la « frontière »[15]. Au moment de la saccade le mot présenté en vision parafovéale subit un changement. Reprenez la phrase que j'ai citée en exemple précédemment : « Dans la lecture courante, les mots sont fixés... », etc. Supposons qu'au moment où le lecteur fixe « courante », il y avait « deux » dans le texte à la place de « mots ». Au moment où la saccade traverse la frontière qui ferait que « deux » ne serait plus en vision parafovéale mais tomberait en vision fovéale, on remplace « deux » par « mots ». Si le comportement du lecteur n'est pas affecté par le changement, cela signifie qu'il n'a rien pu extraire de « deux » pendant que « deux » se trouvait en vision parafovéale. En revanche, si la durée de la fixation suivante est affectée, cela signifie que la vision parafovéale apporte normalement une information qui permet de raccourcir le traitement suivant. Vous voyez les utilisations qu'on peut faire de cette technique... On peut notamment réaliser des changements partiels au moment de la saccade, de manière à mettre en évidence le type d'information qu'on extrait d'un mot en vision parafovéale. Ainsi, on a constaté que si on remplace, lors de la saccade, « mots » par « MOTS » ou vice-versa, voire « mOtS » par « MoTs », on n'observe aucune différence dans le comportement du lecteur par rapport à la situation (nous l'appelons contrôle) où il n'y a aucun changement dans le mot[16].

JAVAL : Je comprends... Ce résultat est sensationnel ! Il montre que ce qui est utilisé de la vision parafovéale et intégré au traitement fovéal suivant n'est pas une représentation purement physique du mot mais une représentation plus abstraite sur l'identité du mot ou des lettres qui le constituent.

LE PSYCHOLOGUE : Ce n'est pas le seul résultat sensationnel. Supposez que le mot présenté en vision parafovéale était « moka ». Son remplacement par « mots » affecte moins la lecture que si, avant « mots », on avait eu quelque chose de tout à fait différent en vision parafovéale, par exemple « cave ». Cela montre que l'identité des premières lettres peut être analysée en vision parafovéale. En revanche, il suffit que la première lettre ne soit plus la même (par exemple, dans le cas où « pots » est changé en « mots ») pour que tout l'avantage de la vision parafovéale soit perdu[17]. Par ailleurs, même si l'information extraite en vision parafovéale est suffisamment abstraite pour permettre de spécifier l'identité du mot, elle ne l'est pas assez pour représenter ses propriétés sémantiques. Ainsi, la vision parafovéale de *danse* ne permet aucun raccourcissement de la fixation de *chant*, malgré l'existence d'une relation sémantique entre les deux mots, par rapport au cas où l'on aurait présenté en vision parafovéale *table*, qui lui n'a aucune relation sémantique avec *chant*[18]. Ce type d'observations suggère qu'aucun traitement sémantique n'a lieu pour les mots en dehors de la région étroite de la fovéa. Le traitement sémantique systématique d'un texte, menant à sa compréhension, exige que tous les mots ou presque soient fixés un à un. Aucun entraînement à la lecture rapide ne peut surmonter cette contrainte. On a fait lire des textes à des étudiants de cours de lecture rapide et on a enregistré leurs mouvements oculaires. À moins que les mots critiques n'aient été fixés, ces sujets se sont révélés incapables de répondre aux questions de compréhension qui impliquaient l'identification de ces mots[19]. Aucun entraînement ne nous rend capables de comprendre un mot que nous n'avons pas lu.

JAVAL : Mais est-ce que le contexte qui précède chaque mot, et qui a par conséquent déjà été traité, ne peut pas être utilisé pour réduire le temps de traitement de ce mot, donc sa fixation ?

LE PSYCHOLOGUE : Bien sûr que oui. Et pas seulement le contexte de la phrase. La fréquence d'usage du mot dans la langue a aussi une influence. Mais cette influence n'est pas grande, la différence entre le temps de fixation des mots fréquents et le temps de fixation des mots rares n'est que d'environ 30 msec.

SPINOZA : Et comment les saccades sont-elles déterminées, qu'est-ce qui influence la distance qu'elles vont parcourir ?

LE PSYCHOLOGUE : Il faut savoir tout d'abord qu'elles sont des mouvements balistiques. Une fois initiées, rien ne les arrête, il n'y a pas moyen de les corriger. Mais la longueur du mouvement est influencée par plusieurs facteurs. L'un d'eux est la longueur du mot suivant. L'œil fait un plus grand saut lorsque ce mot est long que lorsqu'il est court[20]. Donc, le système qui contrôle l'activité oculaire semble réaliser un calcul qui tient compte des limites du mot, très probablement en se basant sur les espaces vides entre les mots. Les variables liées à la langue peuvent aussi jouer un rôle[21]. En effet, les mots que l'on peut aisément prédire sur la base du contexte phrastique préalable sont fixés moins souvent que les mots moins prédictibles. Il arrive en effet, assez souvent, qu'on ait besoin de fixer plus d'une fois un même mot. Quant aux régressions, elles sont plus probables quand le mot fixé est incompatible avec l'analyse préalable de la phrase et entraîne donc une réévaluation de celle-ci. Enfin, la durée des fixations montre, sans doute plus clairement que ne le fait la longueur des saccades, les aspects plus typiquement linguistiques du traitement. Elle est affectée par des variables morphologiques (s'agit-il d'un verbe ou d'un substantif ?) et lexicales (par exemple, par le nombre de significations du mot). Elle est affectée aussi par la difficulté du traitement syntaxique et sémantique[22]. La durée de la fixation d'un pronom augmente avec la distance dans la phrase entre ce pronom et le nom correspondant lu au préalable[23]. Les fixations sont plus longues à la fin des phrases qu'à l'intérieur, ce qui probablement reflète en partie la charge due au traitement additionnel nécessaire à l'intégration des composantes de la phrase[24].

SPINOZA : C'est merveilleux tout ce qu'on fait en lisant ! La richesse des déterminations de notre comportement oculaire est étonnante, alors que nous n'avons qu'une conscience très faible de ces mouvements.

LE PSYCHOLOGUE : Même si le contrôle des mouvements dans la lecture est largement inconscient et automatisé, il s'agit d'un contrôle cognitif, réalisé par un système qui a appris à tenir compte d'un certain nombre de propriétés de la langue, y compris de la forme orthographique et de la forme physique des mots.

Spinoza, Javal et le psychologue ont quitté le Café des Marranes de la Raison avec un profond sentiment d'admiration pour la complexité (et l'harmonie, la cohérence, pensait aussi Spinoza) du système cognitif qui se manifestait dans de tels comportements. L'activité oculo-motrice qui a lieu pendant la lecture révèle une activité mentale très importante à laquelle nous ne pouvons pas avoir accès par l'introspection. En lisant un texte, nous utilisons, sans le savoir, un mécanisme de commande des mouvements oculaires qui est très bien adapté aux propriétés physiques et linguistiques du texte. Cependant, les limitations de la prise d'information pendant la lecture sont énormes car notre acuité n'est suffisante que pour une partie très étroite du champ visuel. Nous traitons donc chaque mot. En définitive, lire n'est pas survoler.

Alors qu'ils sortaient, le psychologue reconnaît un homme qui s'apprêtait à entrer. « Ah, mon cher Sigmund, c'est vous ? »

Le système en pièces

> À moins que chaque lettre ne soit vue normalement par deux voies, l'une permettant de la percevoir comme un objet visuel ordinaire, et l'autre comme un symbole de parole.
>
> S. Freud,
> *Sur l'aphasie : une étude critique (1891).*

Cette phrase que vous venez de lire, Freud l'a écrite dans sa première vie, celle de jeune aphasiologiste, dans un essai théorique ambitieux sur les troubles du langage. Il doutait en fait que la lecture implique les deux voies dont il est question dans la phrase citée en exergue. Il avait tort en un sens. Mais il avait raison lorsqu'il écrivait, dans le même essai, que « *la lecture* [...] *est une fonction complexe qui peut être affectée par une grande variété de lésions*[25] ». Les pages qui suivent devraient le démontrer[26].

La capacité de lecture s'exerce, au départ, sur un stimulus physique. La toute première information extraite au cours de la fixation porte sur les propriétés purement physiques de ce stimulus. La présence de lignes, droites, courbes, verticales, horizontales, obliques, longues ou courtes, doit être enregistrée. Ce travail d'analyse visuelle n'est pas spécifique du mot écrit. Il s'exerce de la même manière sur d'autres stimuli visuels. Il n'appartient pas encore en propre à la capacité de lecture, mais cette dernière le présuppose. Par conséquent, une lésion affectant l'analyse visuelle affecte inévitablement l'exercice de la capacité de lecture. Au moins deux types de dyslexie acquise (c'est-à-dire survenant chez un lecteur habile, par opposition à la dyslexie de développement, qui se manifeste pendant l'apprentissage de la lecture) sont probablement liés à des atteintes du système d'analyse visuelle. Il s'agit de la *dyslexie visuelle* où les erreurs de lecture du patient montrent une similitude visuelle avec les mots écrits présentés, et de la *dyslexie de négligence* où le patient se trompe systématiquement sur certaines parties (souvent la partie initiale) des mots écrits ou les ignore.

L'analyse purement visuelle des lettres serait insuffisante pour conduire à l'identification des mots qui les contiennent. Une même lettre peut prendre beaucoup d'apparences physiques différentes, en fonction notamment du choix entre majuscule et minuscule, du choix de la fonte, et (pour ce qui est des lettres écrites à la main) de la grande variété des calligraphies individuelles. Ce n'est pas le sous-système d'analyse visuelle générale qui peut extraire l'identité d'une lettre de toutes ses formes physiques possibles. Pour cela, il faut un sous-système qui possède la connaissance de l'identité abstraite des lettres (A, A, A, A, a, a, a, a, appartiennent toutes à la même catégorie linguistique). Le premier cas de dyslexie acquise décrit dans l'histoire est, à ma connaissance, celui d'un homme blessé pendant une bataille, qui semble avoir conservé la capacité d'analyse visuelle précoce mais perdu la connaissance des lettres. D'après le Sieur Chanet, qui écrivait en 1649, cet homme était capable de copier des lettres, mais « il n'oublia pas seulement son nom [...] mais encore toutes sortes de paroles, iusques à ne connaistre plus aucune lettre de l'Alphabet »[27].

Les lettres dans les mots sont traitées simultanément, en parallèle. Le traitement en parallèle des lettres peut être sélectivement affecté par une lésion cérébrale. Ainsi, dans la *lecture lettre-par-lettre*, le patient ne parvient à lire correctement le mot entier qu'après avoir épelé chacune de ses lettres[28]. Ce déficit perturbe l'utilisation des représentations abstraites des lettres dans l'activation d'unités orthographiques plus larges (syllabes, par exemple).

Dans une autre forme de dyslexie, dite *dyslexie attentionnelle*[29], l'identification en parallèle des lettres est préservée, mais le codage des positions respectives des lettres peut subir des interférences. La lecture de mots isolés est très souvent correcte, mais la lecture des mêmes mots présentés ensemble conduit à beaucoup plus d'erreurs en raison de « migrations » de lettres d'un mot à un autre, par exemple la paire de mots SEAU VERT peut mener à la réponse SERT (il est intéressant de constater que les lettres migrantes conservent généralement la position qu'elles avaient dans le mot d'origine). Par ailleurs, lorsqu'on demande à ces patients d'identifier la lettre occupant une certaine position dans un mot, ces patients ont tendance à indiquer une autre lettre du même mot. La difficulté de ces patients pourrait être de maintenir une « fenêtre attentionnelle » stable. Dès qu'il y a trop d'information à traiter (plus d'un mot à lire, ou bien une lettre à identifier alors que la lettre se trouve dans un mot), le lecteur ne parvient plus à focaliser son attention efficacement.

En plus de coder correctement la position des lettres dans le mot (autrement CAL et LAC pourraient être confondus), le lecteur tient compte des règles qui gouvernent la séquence des lettres. Toute combinaison de lettres n'est pas acceptable par les lecteurs d'une langue particulière. Ainsi, un lecteur francophone ne croirait jamais qu'une séquence de lettres comme « xpulr » puisse constituer un mot. En revanche, tout en ne reconnaissant pas « apule » comme mot, il admettrait que cette séquence de lettres, qu'il peut d'ailleurs facilement prononcer, pourrait constituer un mot (de là, l'expression « pseudo-mot » pour désigner ces non-mots) ; en d'autres termes, « apule » obéit aux règles phonotactiques de formation des mots.

L'idée que l'architecture du système de lecture comporte un sous-système de représentations orthographiques, c'est-à-dire des suites de lettres acceptables dans la langue, a été appuyée par des données obtenues au moyen d'une technique qui permet de visualiser le degré d'activité métabolique des aires du cerveau impliquées dans une activité mentale (tomographie par émission de positrons, ou TEP)[30]. En effet, alors qu'une aire relativement postérieure (plus exactement, occipito-temporale) de l'hémisphère droit est activée aussi bien par des mots que par des pseudo-mots et par des suites « illégales » de consonnes, une autre aire, dans l'hémisphère gauche, est activée aussi bien par des mots que par des pseudo-mots, mais non par des suites de consonnes. Un tel sous-système ne comprend donc pas que les formes orthographiques des mots. Sa fonction est apparemment d'effectuer l'encodage orthographique de l'information écrite, c'est-à-dire en tant que séquence acceptable du point de vue des conventions d'écriture de la langue, indépendamment du fait que la séquence constitue un mot ou pas. Par ailleurs, le fait que ce sous-système de représentation orthographique dépend de l'hémisphère gauche suggère qu'il s'est développé en connexion étroite avec les représentations phonologiques des segments de parole correspondants.

La notion de représentation mentale de la forme orthographique des mots n'est pas récente, mais les grands neurologues de la fin du siècle passé qui se sont penchés sur les troubles de la lecture ne se sont pas montrés unanimes à ce sujet. Les Français Charcot, en 1883, et Dèjerine, en 1891, ont fait appel à cette notion pour rendre compte du comportement de lecture de patients qu'ils ont étudiés, mais Wernicke, un peu plus tard, a traité ces cas comme constituant des exceptions et a affirmé qu'il existe des « images de mémoire » uniquement pour les lettres, et pas pour des mots entiers. Wernicke refusait la notion d'un lexique mental de nature orthographique parce que, pour lui, la lecture avait lieu en convertissant des séquences de lettres en sons.

La compréhension des dyslexies acquises a connu un développement extraordinaire depuis une vingtaine d'années. Un tournant véritablement révolutionnaire a été opéré par l'utilisation des modèles théoriques de la psycholinguistique cognitive et des méthodes de la psychologie expérimentale dans l'examen des patients dyslexiques. En retour, les résultats obtenus avec ces patients ont conduit à un affinement des modèles théoriques. John Marshall et Freda Newcombe resteront dans l'histoire de la neuropsychologie pour la mise en évidence de la *dyslexie profonde* et de la *dyslexie de surface*, deux pathologies assez rares mais hautement informatives sur les différents mécanismes utilisés dans la lecture des mots.

La caractéristique la plus apparente de la dyslexie profonde[31] est l'occurrence d'erreurs sémantiques. Le patient peut lire « vendredi » pour « dimanche », alors que la similitude à la fois orthographique et phonologique entre les deux mots est pratiquement inexistante (voir la description du cas de Samuel dans l'Introduction). Le patient peut tout aussi bien émettre une paraphrase ou une idée associée, par exemple « aller à l'école » pour « apprendre ». Un patient que mes collègues et moi-même avons examiné disait, essayant de lire le mot « MARI » : « Lui, le monsieur, l'homme de la madame, le mec, quoi... » Une autre caractéristique majeure de la dyslexie profonde est la lecture extrêmement pauvre de pseudo-mots. L'incapacité à lire des pseudomots atteste un trouble sévère de la procédure de conversion grapho-phonologique. Ces patients ne montrent ni une meilleure lecture des mots réguliers par rapport aux mots irréguliers ni une tendance à faire des régularisations. Cet ensemble de phénomènes, y compris le fait qu'ils ne semblent pas se rendre compte de la disparité phonologique très importante entre certaines de leurs réponses et le mot qu'ils sont censés lire, indique que la voie phonologique est inutilisable chez les dyslexiques profonds.

L'explication exacte des erreurs sémantiques commises par ces patients est toujours sujet de débat. C'est l'idée d'un trouble additionnel dans le système sémantique ou dans l'accès à celui-ci qui a justifié la caractérisation de cette forme de dyslexie comme « profonde ». Je ne traiterai pas de cette question ici. Il faut remarquer, par ailleurs, que certains patients qui présentent une atteinte sévère de la procédure de conversion grapho-phonologique ne font pas d'erreurs sémantiques du tout. On les appelle des *dyslexiques phonologiques*. Cette pathologie hautement sélective a été initialement décrite par Marie-France Beauvois et Jacqueline Dérouesné en 1979[32].

Le fait que les dyslexiques phonologiques ne parviennent pas à lire correctement tous les mots qu'ils sont supposés connaître suggère que la voie phonologique peut être indispensable à une lecture pleinement efficace. D'autre part, malgré la sévérité de l'atteinte de la voie phonologique, ces patients ainsi que les dyslexiques profonds parviennent à lire un grand nombre de mots, ce qui implique qu'on peut lire des mots autrement qu'en assemblant les prononciations des lettres ou des groupes de lettres. La forme orthographique des mots peut être reconnue sans qu'il y ait médiation phonologique dans ce processus. L'ensemble des représentations mentales de la forme orthographique des mots est ce que nous appelons le lexique orthographique.

La dyslexie de surface[33], elle, semble refléter une atteinte du lexique orthographique. Les erreurs commises pendant la lecture de mots par ces patients ont été interprétées initialement comme résultant aussi, en partie, d'une mauvaise application des règles de correspondance graphème-phonème. C'est là la raison pour laquelle le qualificatif « de surface » a été proposé. Cependant, les caractéristiques théoriquement importantes de la dyslexie de surface sont le fait que ces patients lisent des mots et des pseudo-mots à peu près au même niveau de performance, que beaucoup d'erreurs dans la lecture de mots ne forment pas elles-mêmes des mots, que les mots réguliers sont lus beaucoup mieux que les mots irréguliers, et que la lecture de mots irréguliers donne souvent lieu à des régularisations. Ce type de comportement en lecture peut être expliqué par l'utilisation dominante, voire exclusive, de la voie phonologique, et par l'incapacité de reconnaître les mots sur la seule base de leurs propriétés orthographiques.

L'étude des patients dyslexiques, autrement dit de systèmes individuels dont certaines « pièces » sont abîmées ou déconnectées d'autres « pièces », permet, comme nous l'avons vu, de spécifier quelques-unes des pièces les plus importantes du système normal de lecture. La figure 2.3 schématise les constituants du système qui ont été considérés dans la présente description.

Le mot écrit subit une analyse visuelle non spécifique, c'est-à-dire comme n'importe quel autre objet visuel. Ensuite, les lettres qui le constituent sont catégorisées. Le résultat de cette opération alimente aussi bien un sous-système d'extraction des

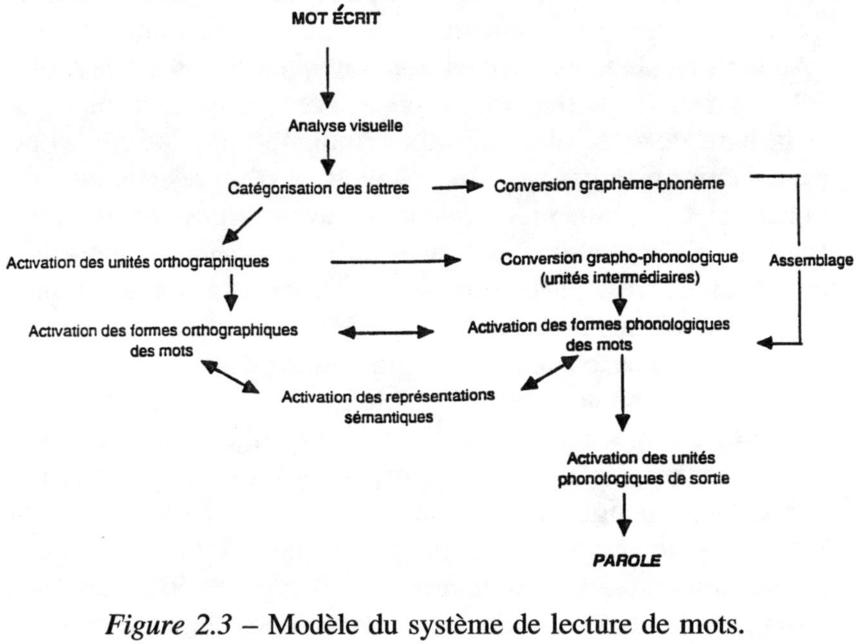

Figure 2.3 – Modèle du système de lecture de mots.

unités orthographiques qu'un sous-système de conversion graphème-phonème. À partir d'ici, deux voies sont opérationnelles.

Dans la voie que j'appelle « orthographique » (à gauche, dans la figure), le sous-système dit des unités orthographiques concerne des unités plus larges que la lettre. On pourrait considérer le graphème comme la première de ces unités. Le digraphe CH, par exemple, est un graphème, parce qu'il est lu comme un seul phonème, soit /ʃ/, comme dans « chameau », soit /k/, comme dans « orchestre ». L'inclusion de ce sous-système des unités orthographiques n'est pas suggérée par les données de la pathologie décrites ci-dessus, mais bien par les résultats de la tomographie par émission de positrons et par un nombre important d'études expérimentales du lecteur normal, que nous verrons dans la section suivante. Le fait que, lors d'enregistrements par TEP, il y ait une aire cérébrale qui réagit à des séquences de lettres qui sont orthographiquement « légales », que ces séquences soient ou ne soient pas des mots, mais qui ne répond pas à des séquences « illégales », impose de considérer l'existence d'une structure entre les représentations des lettres et les représentations des mots. Les unités orthographiques servent à l'activation des formes orthographiques des mots, et celles-ci conduisent à leur tour à l'activation des représentations sémantiques et des représentations phonologiques correspondantes.

Au premier stade de la voie phonologique (voir la partie droite de la figure), les lettres sont groupées en graphèmes (non pas sur la base de la familiarité orthographique, mais de règles de prononciation), et ceux-ci sont convertis en représentations de phonèmes. Les phonèmes servent, à travers un processus d'assemblage, à l'activation des formes phonologiques des mots qui, elles, conduisent à l'activation des représentations sémantiques et orthographiques correspondantes. Mais, puisque nous avons admis l'existence d'unités orthographiques plus larges que la lettre et le graphème, il est plausible que les représentations de ces unités activent aussi, directement, les unités phonologiques supra-phonémiques correspondantes (appelées unités intermédiaires, dans la figure). Comme on peut le voir en bas de la figure, la lecture à voix haute (ou prononciation) du mot suppose une activation de ses constituants phonologiques (ou unités phonologiques de sortie) à partir de sa forme phonologique globale.

Enfin, on peut remarquer que j'ai relié par des doubles flèches les trois types de représentation des mots, orthographique, phonologique et sémantique, afin d'exprimer le fait que ces représentations sont en interaction mutuelle.

De manière approximative, on peut dire que chez le dyslexique de surface l'activation des formes orthographiques des mots est perturbée, tandis que chez le dyslexique profond ou phonologique la lésion affecte la conversion graphème-phonème. Il y a « double dissociation », en ce sens que chez un patient c'est une voie qui est endommagée, tandis que chez un autre patient c'est l'autre voie qui ne peut pas fonctionner efficacement. Chez le lecteur normal, naturellement, les deux voies sont disponibles.

Par souci de simplicité, on n'a pas évoqué jusqu'ici la distinction entre un lexique orthographique d'entrée (intervenant dans la reconnaissance des mots écrits) et un lexique orthographique de sortie (intervenant dans l'écriture de mots), pas plus que la distinction entre un lexique phonologique d'entrée (intervenant dans la reconnaissance des mots parlés) et un lexique phonologique de sortie (intervenant dans la lecture à voix haute ainsi que dans la production orale de mots). Le lecteur qui a soupçonné l'existence de la dysgraphie de surface, qui implique que le lexique orthographique de sortie est perturbé (ces patients peuvent écrire, par exemple, « ramo » pour « rameau ») et de la dysgraphie phonologique, qui suppose la mise hors circuit du processus de conversion phonème-graphème – l'inverse du processus de conversion graphème-phonème utilisé en lecture – (ces patients sont incapables d'écrire des pseudo-mots), ce lecteur-là a vu juste.

Le système de lecture fait lui-même partie d'un système plus général consacré à l'ensemble des fonctions linguistiques. Souvent, une atteinte d'une partie peut être surmontée par le recours à des stratégies qui font intervenir d'autres parties. Qu'il suffise, à titre d'illustration, d'évoquer ici le cas d'une jeune femme, âgée de vingt-six ans, qui a subi un accident vasculaire cérébral quelques jours après avoir accouché de son troisième enfant, cas qui a été décrit par Bramwell en 1897[34]. Après quelques semaines de récupération, elle était capable de lire et d'écrire, et elle parlait correctement ; mais elle était totalement incapable de comprendre ce qu'on lui disait, bien qu'elle ne soit pas devenue sourde (elle disait elle-même : « N'est-ce pas étrange que je puisse entendre le tic-tac de l'horloge et ne pas vous entendre quand vous parlez ? »). Heureusement pour elle, cette femme a trouvé le moyen de comprendre ses interlocuteurs. Ayant écouté une phrase, elle pouvait la répéter, ensuite elle l'écrivait, et puis elle se relisait, ce qui lui permettait de comprendre. Regardez la figure 2.4, vous pourrez y suivre le long voyage mental (avec des arrêts dans des « auberges » comportementales) que cette personne était forcée de faire. L'itinéraire est indiqué par les flèches en gras. Le parcours fléché en trait plus léger peut être considéré comme étant optionnel ou comme apportant une aide non indispensable.

Étant donné l'apparente absence de difficulté à écrire des mots irréguliers, c'est-à-dire ceux qui ne respectent pas les règles de correspondance phonème-graphème, on peut penser que cette patiente ne suivait pas la route la plus à gauche (menant du système d'analyse acoustico-phonétique au niveau

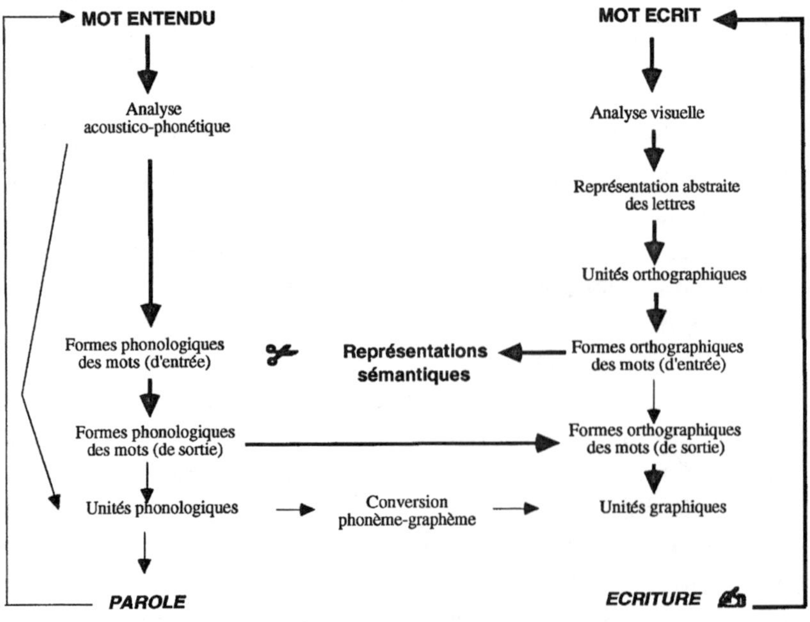

Figure 2.4 – Processus utilisés par la patiente de Bramwell pour comprendre ce qu'on lui disait.

de représentation des constituants phonologiques pour la production de la parole, et prolongée par l'utilisation de la conversion phonème-graphème), mais plutôt la voie plus efficace (sans être un raccourci) qui va du système d'analyse acoustico-phonétique au lexique phonologique d'entrée (dans la figure, le terme « formes des mots » est utilisé comme synonyme de « lexique »), de celui-ci au lexique phonologique de sortie, et de celui-ci au lexique orthographique de sortie. Notons que, quelle que soit la route effectivement suivie jusqu'ici, la répétition à voix haute de la phrase ne semble pas strictement nécessaire. Cependant, la répétition peut aider la patiente, notamment en lui permettant de s'assurer (d'après la réaction de l'interlocuteur) que la phrase entendue est bien celle-là, et en lui procurant une occasion supplémentaire d'analyse acoustico-phonétique.

Poursuivons notre voyage mental. L'activation du lexique orthographique de sortie conduit à celle des constituants orthographiques pour l'écriture (appelons-les « unités graphiques ») et, par des processus d'exécution, à l'acte d'écriture. La patiente de Bramwell peut lire les mots écrits. Elle peut utiliser notamment sa voie orthographique et, à travers le lexique orthographique d'entrée, activer le système sémantique. Enfin, elle comprend...

J'avais passé quelques pages à décrire des perturbations de la capacité de lecture. Voilà, à titre de revanche, un cas où des capacités d'écriture et de lecture normales peuvent aider à surmonter un handicap dans une autre composante du système global, en l'occurrence la compréhension du langage parlé.

La lecture des grands racontée aux petits

Les mots se proposent aux hommes comme des choses à déchiffrer.

M. Foucault,
Les Mots et les choses.

Au Pays Imaginaire, celui où l'on ne grandit jamais, il y a aussi des bibliothèques. C'est là que Wendy, les soirs où elle est à court d'imagination, va puiser de quoi abreuver la curiosité inépuisable de tout le groupe. Peter (Pan, de son nom de famille) et Jean, les seuls qui, à part Wendy, sachent lire, l'aident parfois. Un livre a fait sensation pendant quelques semaines. S'il a fallu autant de temps pour arriver à sa fin, ce n'était pas par manque d'intérêt, mais à cause des journées éreintantes passées à malmener Crochet et monsieur Mouche. Ce livre s'appelait *La Lecture des grands racontée aux petits*, d'un auteur inconnu. En voici les principaux extraits, accompagnés de quelques péripéties.

LES LETTRES ET LES MOTS

« Comme nous, les grands lisent des mots qui sont des groupes de lettres. Leurs mots sont aussi formés à partir des vingt-six lettres de notre alphabet, mais ils arrivent à lire beaucoup plus de mots que nous. Il semble qu'ils en connaissent facilement plus de cinquante mille. En plus, ils les lisent à une vitesse hallucinante. Vite vu, vite lu !

« Ils passent tellement vite sur les mots qu'on peut se poser la question : que font-ils des lettres ? Les voient-ils ? C'est tellement fantastique que certains ont cru que les grands ne voient pas les lettres, qu'ils lisent les mots directement, sans passer par les lettres[35]. On a pensé que les grands lisent les mots en se fondant sur leurs formes globales, leurs contours différents. Ainsi, les mots de quatre lettres comme " lard " [*un des garçons perdus a fait " miam "*], " foie " [*pouahh*], " pain ", " œuf ", " chou ", " café " [*les cils de cette excitée de Clochette ont frémi*], " thon " et " soja ", ont tous des formes globales différentes les unes des autres. Dans “ lard ”, il y a des segments ascendants au début et à la fin, dans “ foie ” seulement au début, dans “ pain ” le segment initial est descendant, etc. Mais, si seule la forme globale était prise en considération, comment pourraient-ils distinguer “ lard ” de “ lait ”, qui tous les deux ont des segments ascendants au début et à la fin ?

« En réalité, la forme globale joue un rôle minime dans la reconnaissance des mots écrits par les grands. LORSQU’ON LeUr DONnE dES TeXtES A lIrE aVeC uNe AlTeRnAnCe DE MaJUSCUlES Et MiNUSCUlES, IlS n’EN SONt PAS tElLEMMENT pERtURbÉS. Ils s’y adaptent très vite. Il faut en conclure que la forme globale des mots n’a que peu d’importance. Même la forme physique concrète de chaque lettre est rapidement convertie en une représentation abstraite de sa catégorie. On a fait des expériences dans lesquelles les grands devaient lire des textes de ce type, et on a constaté qu’ils manifestaient une grande habileté à faire abstraction de la forme physique des lettres, après un entraînement relativement court[36]. Si la lecture des mots ne passait pas par la catégorisation perceptive des lettres, on voit mal comment ces sujets auraient pu apprendre à reconnaître aussi vite des mots dont l’apparence physique était tout à fait inhabituelle. »

– C’est quoi, la catégorisation perceptive ? demande Michel.

– Si je comprends bien, répond Wendy, c’est ce qui nous permet de voir un A aux longues jambes frêles [A] et un A dont la ceinture contient à peine un ventre repu [A] comme étant la même lettre ; ce qui nous permet aussi de voir le Capitaine Crochet comme étant le même homme, qu’il soit arrogant ou en colère, qu’il fasse les yeux doux pour convaincre Clochette de lui livrer Peter, ou qu’il soit effrayé et pitoyable à l’écoute du terrible tic-tac qui annonce l’approche du crocodile.

– Et mon ombre ? demande Peter, qui essayait de la tenir bien accrochée à ses pieds, est-ce qu’on peut me confondre avec elle ?

Clochette s’agite ; elle ne dit rien, car elle ne parle pas, mais ayant étudié la philosophie, elle pense : « Ton ombre fait partie des ombres, et toi tu fais partie des garçons qui volent, comme moi des filles qui volent. La catégorie des ombres et celle des êtres qui volent ne sont pas des catégories perceptives mais conceptuelles. »

Wendy, sans savoir quoi répondre à Peter, opte pour continuer la lecture :

« Les lettres d'un mot sont catégorisées en parallèle. Monique Radeau, chercheur à l'université de Bruxelles, et ses collaborateurs l'ont montré en faisant classer des mots tels que " spaghetti " et " voyageuse " comme étant masculins ou féminins. Si vous consultez le dictionnaire, vous constaterez que, dès que vous arrivez à la quatrième lettre (le " g ") en partant du début du mot, la séquence initiale " spag " n'est compatible qu'avec le mot " spaghetti ". Autrement dit, théoriquement, vous n'auriez pas besoin de lire le reste du mot pour savoir qu'il s'agit de " spaghetti ". Mais pour " voyageuse ", vous devriez aller jusqu'à la huitième lettre (le " s ") pour lire " voyageuse " plutôt que " voyageur ". Est-ce que le lecteur identifie les lettres des mots de manière séquentielle, en commençant par la première ? Eh bien, non ! On a trouvé que le temps pris par le lecteur pour trouver le genre d'un substantif présenté par écrit ne dépend pas de la position précoce ou tardive de la lettre à partir de laquelle le mot pourrait être reconnu[37]. Pourtant, si l'on fait l'expérience en présentant les mêmes mots oralement, on constate que l'auditeur trouve beaucoup plus rapidement le genre du substantif lorsque la position occupée par le " petit son " critique n'est précoce que lorsqu'elle est tardive (dans l'exemple, le [p] et le [ʒ], respectivement)[38]. L'auditeur peut tirer profit du fait que la parole se déroule dans le temps. En revanche, le lecteur tire profit de la présentation simultanée des lettres d'un mot en les catégorisant en parallèle.

« Que se passe-t-il exactement au cours de ce traitement en parallèle ? Les représentations abstraites des lettres activent des unités orthographiques plus larges que la lettre, et celles-ci activent des représentations orthographiques de mots. Tous ces ensembles de représentations sont en fait de grandes ruches de lutins-lucioles. »

Clochette s'approche de Wendy, manifestant un vif intérêt.

« Prenons, par exemple, le lexique orthographique. Si on pouvait entrer dans le cerveau d'un grand pendant qu'il est en train de lire, on verrait la ruche scintiller, brasiller d'une lumière toujours changeante. Une multitude de lutins le constituent, des lutins aux mille petits bras, qui se donnent les mains entre eux. Chacun brille un peu, moyennement, beaucoup, à la folie, ou pas du tout. À un moment donné, certains luisent beaucoup, d'autres peu, et à d'autres moments ceux qui avant luisaient beaucoup ne luisent plus, et vice versa. Ainsi, à chaque forme orthographique correspond un patron de lumières.

« De cette manière, avec un nombre fixe de lutins-lucioles, on pourrait dire aussi de cellules, les lecteurs peuvent représenter dix mots, mille mots, mais aussi cent mille, et même s'il le fallait un million de mots. Il n'y a pas de limites à l'accroissement du vocabulaire. Imaginez que chaque mot soit une cellule, et que chaque fois qu'ils apprennent un mot une cellule doive se former dans leur cerveau, ou tout au moins devenir disponible pour ce mot nouveau. Quelle pagaille et quel manque de prévoyance ! Non ! Il est bien plus commode que toutes les cellules y soient déjà. Elles sont déjà dans notre cerveau à nous, petits. Il y a un nouveau mot ? Pas de panique, il suffit que la ruche luise d'une manière nouvelle, différente de toutes les autres fois. C'est cela un ensemble de représentations, et c'est cela un lexique orthographique. »

Clochette s'interroge : « Pourraient-elles, ces ruches-machin, luire autant qu'elle-même ? Il vaudrait tout de même mieux qu'il n'y en ait pas sur l'île... »

« Entre toutes ces ruches il y a des relations complexes. La ruche des lettres envoie de l'énergie à la ruche des unités orthographiques plus larges pour la faire luire d'une certaine manière, mais est-ce que cette dernière envoie aussi de l'énergie à la première ? Juste retour des choses, pour la remercier ou la taquiner, ce n'est pas poli de faire l'indifférent... De même, est-ce que le lexique orthographique renvoie des petits scintillements aux niveaux inférieurs ? Cette question est très importante. Est-ce que les niveaux infralexicaux de traitement sont autonomes par rapport au lexique, ou est-ce que le système est interactif ?

« On s'est posé cette question à propos de la catégorisation des lettres. Puisque celle-ci est un peu plus ardue lorsqu'il y a alternance entre majuscules et minuscules, est-ce que l'effet d'alternance interagit avec des variables lexicales, c'est-à-dire est-ce qu'il diffère, par exemple, suivant que les mots sont utilisés fréquemment ou rarement dans la langue ? Eh bien, l'effet d'alternance n'interagit pas avec la fréquence d'usage des mots[39]. Les lutins des lettres semblent donc être autonomes par rapport aux lutins des mots.

« Cependant, les lutins des lettres ne seraient pas autonomes par rapport aux lutins des unités orthographiques plus larges. L'effet d'alternance interagit avec la mesure dans laquelle la séquence de lettres respecte les associations habituelles entre les lettres : par exemple, plus une séquence est bien constituée, plus la présentation alternée interfère sur l'habileté à décider que cette séquence ne forme pas un mot[40]. La connaissance des patrons orthographiques de la langue influence donc la catégorisation des lettres. Par ailleurs, on peut penser que, plus la séquence de lettres est cohérente avec ces patrons, plus il y a de chances que le traitement des lettres conduise, avant même d'être terminé, à l'activation d'unités orthographiques plus larges.

« À propos des arguments que les grands ont utilisés pour juger les relations entre les lettres et les mots dans la lecture, on peut se permettre de les taquiner un peu. Quoiqu'ils pensent le contraire, les grands ne sont pas moins crédules que les petits. Un jour, l'un d'eux avance une idée séduisante, il enrobe l'idée d'arguments persuasifs, la machine de la contamination intellectuelle se met en route, et des années après, malgré l'effondrement d'autres châteaux imaginaires construits avec le même type de pièces, celui-ci se trouve toujours debout. C'est bien ce qui s'est passé avec l'interprétation qu'ils ont donnée de l'effet de supériorité des mots[41]. On identifie mieux une lettre (la " lettre-cible ") si elle est présentée dans un mot que si elle est présentée seule. »

– Je ne manque jamais mes cibles, où qu'elles soient, garantit Peter péremptoirement en croquant une pomme avec délectation.

« L'interprétation avancée était que les lutins des mots, qui reçoivent un premier train d'énergie des lutins des lettres, renvoient de l'activation vers les lutins des lettres, de telle manière que le patron d'activation au niveau des lutins des lettres, qui avant cela était insuffisant pour permettre l'identification complète de la lettre cible, est depuis lors beaucoup plus discriminatif[42]. Cette interprétation suppose donc que le système est entièrement interactif.

« Que suppose-t-elle en plus, cette interprétation, qui de raisonnable la rend non plausible ? Elle suppose que le sujet peut prendre sa décision sur l'identité de la lettre en inspectant directement la ruche des lutins des lettres. Or rien n'est plus improbable. Les premiers stades de la perception sont généralement inaccessibles à la conscience, celle-ci est incapable d'aller fouiner dans toute cette " machinerie " compliquée. »

Peter, savourant une autre pomme, fait une moue dubitative, rien ne lui est interdit.

« Ce n'est donc probablement pas l'information exprimée par la ruche des lettres qui est la source immédiate de la réponse du sujet, mais un autre type de représentation auquel le sujet peut avoir un accès conscient. L'information provenant des lutins des lettres est envoyée à une autre structure, qui reçoit aussi de l'information provenant des lutins des mots, et où l'ensemble des informations peut interagir, s'influencer mutuellement. Cette autre structure fournit les matériels pour les décisions conscientes du sujet. En résumé, l'information exprimée par les lutins des lettres subit bien des influences lexicales ; cependant, il ne s'agit plus d'un patron d'activation de la ruche des lettres, mais d'un nouveau type de représentation (pas un fac-similé, mais une sorte de descriptif). La ruche des lettres est et reste autonome par rapport à la ruche des mots.

« L'interprétation traditionnelle de l'effet de supériorité des mots n'a pas assez tenu compte du fait que cet effet est sous la dépendance de facteurs attentionnels. Les grands identifient mieux une lettre dans un mot s'ils font attention au mot que s'ils font attention à la lettre cible[43]. Autrement dit, ils identifient mieux une lettre s'ils exploitent intentionnellement des informations contextuelles. Le fait même que l'effet de supériorité des mots a une composante attentionnelle laisse penser que cet effet perceptif est tardif, puisque généralement les processus perceptifs les plus précoces sont pré-attentionnels, automatiques et obligatoires. Lorsqu'on lit en faisant attention au mot, c'est au détriment de l'attention à la lettre, et les informations provenant du traitement perceptif précoce de la lettre sont sous-estimées par le mécanisme d'évaluation qui fournit les données pour les décisions conscientes du sujet. Par contre, lorsque les grands lisent pour corriger des épreuves, leur attention est volontairement détournée des aspects significatifs ; il faut contrecarrer l'influence que la connaissance lexicale pourrait avoir sur la perception de la lettre pour que la lettre puisse être déclarée déviante dans le contexte d'un mot. Dans cette tâche, pour pouvoir comparer efficacement l'information sur la lettre et sur le mot, il faut que la lettre et le mot soient d'abord évalués indépendamment l'un de l'autre. »

Au moment où Michel, Jean et les garçons perdus, ébahis, la mâchoire inférieure pendante, laissaient résonner dans leur tête ces paroles remarquables, on entendit une clameur assourdie par la distance, venant de l'autre côté de l'île. Les rescapés du naufrage du Truculent, un bateau affrété par des psychologues cognitivistes pour un congrès-croisière, commençaient à préparer leur festin : un peu de « picanha » (viande succulente) et quelques dizaines de piranhas.

ENTRE LES LETTRES ET LES MOTS

« Nous avons déjà indiqué qu'entre les lettres et les mots il existe des unités orthographiques dont les grands se servent pour identifier les mots. Nous ne savons pas encore exactement quels sont tous les types d'unités qui interviennent dans ce processus. Il y a le graphème, qui parfois se limite à une lettre, parfois s'étend à plus d'une lettre. Il y a aussi certainement l'attaque et la rime, et la syllabe. C'est de cela que nous allons traiter. »

– À l'attaque ? Quoi ? Qui ? sursaute Michel, qui commence à sentir un petit nuage de sable fin engourdir ses yeux.

« L'attaque et la rime sont des composantes de la syllabe. Commençons donc par voir ce qu'est une syllabe. Si ceci n'était pas un texte mais plutôt une conférence, en ce moment l'orateur ferait une pause, se racle la gorge, rentrerait les épaules et, un peu confus, recommencerait à parler un peu trop bas. Les grands eux-mêmes savent ce qu'est une syllabe, mais ils ne savent pas la définir. Nous avons déjà dit que les grands utilisent les mêmes lettres que nous, donc aussi des consonnes et des voyelles. Il n'y a jamais de mots qui soient constitués seulement de consonnes, et peu nombreux sont les mots constitués uniquement de voyelles. Les lettres-voyelles correspondent à ces beaux petits sons vocalisés, réguliers, stables, que nous pouvons émettre en profitant bien de notre souffle et en ouvrant relativement bien la bouche. Ce sont les noyaux de la parole, généralement entourés de sons moins mélodieux – les consonnes – produits par des configurations bizarres que nous faisons prendre à la bouche. Les grands appellent d'ailleurs les voyelles des noyaux, sans avoir réfléchi qu'ils démentent la nature, puisque la partie juteuse, pulpeuse, charnue d'un fruit n'est pas son noyau. »

Jean, qui commençait, malgré son jeune âge, à s'intéresser à la physique, proteste vivement au sujet de cette comparaison : « Mais qu'est-ce que vous connaissez de la nature ? Le noyau des particules est en grande partie responsable de la masse, non ? »

« La syllabe a donc un noyau, un pôle d'attraction, c'est sa voyelle, parfois une combinaison de voyelles. Des consonnes entourent ce noyau, et la difficulté peut surgir du fait que ces consonnes peuvent être deux, trois, et que parfois on se demande à quelle syllabe appartient telle ou telle consonne. L'attaque et la rime sont déterminées aussi par rapport au noyau. Ce qui précède le noyau s'appelle l'attaque, le noyau plus ce qui le suit constituent la rime. Plus exactement, la rime est l'unité phonologique, et de plus en plus on utilise le terme " corps de la syllabe " pour se référer à l'unité orthographique correspondante. Pour éviter de vous encombrer la mémoire, nous parlerons de rime dans les deux cas. »

Les enfants empêchent Wendy de continuer, le désir leur étant venu de s'escrimer sur des rimes, et puis, un peu fatigués de cette recherche mentale, de terminer la soirée en chantant. Ce penchant poétique et musical a fait concurrence à *La lecture des grands racontée aux petits* pendant trois autres soirées, mais après ils ont demandé à la jeune fille de reprendre la lecture.

« Prenons le mot GRAND. Il est constitué de l'attaque GR et de la rime AND. Si on présente ce mot en introduisant à l'intérieur un élément perturbateur (//), de telle sorte que le stimulus est soit GR//AND, soit GRA//ND, on constate que la reconnaissance du mot est plus rapide dans le premier cas[44]. En effet, dans GR//AND, chacune des composantes principales de la syllabe (l'attaque GR et la rime AND) est présentée intacte, tandis que dans GRA//ND la rime est coupée artificiellement (A//ND), rendant probablement son identification plus malaisée. La présence d'un élément étranger à la frontière entre l'attaque et la rime n'est pas vraiment perturbatrice, parce que de toute façon le lecteur fait une analyse du stimulus en ses deux constituants ; ce qui est perturbateur, c'est l'éclatement d'une unité perceptive.

« Nous avons envisagé l'attaque et la rime. Qu'en est-il de leur combinaison, c'est-à-dire de la syllabe ? L'importance de la syllabe dans l'identification des mots écrits est amplement démontrée. L'une de ces démonstrations est la suivante : on présente un mot par groupes de lettres, d'abord un groupe, puis un autre, puis éventuellement un troisième, de gauche à droite, en respectant la position spatiale relative de ces groupes. On constate que le lecteur identifie mieux le mot lorsque le groupement des lettres est syllabique que lorsqu'il ne l'est pas. Par exemple, on reconnaît mieux CHIMPANZÉ, lorsqu'on présente d'abord CHIM, puis PAN, puis ZÉ [*Comment ? Je suis dans un chimpanzé ? demande Peter, moqueur*], que lorsqu'on présente CHI, puis MPA, puis NZÉ. Cet avantage du groupement syllabique sur le groupement non syllabique est observé aussi bien pour les pseudo-mots que pour les mots[45]. Cela veut dire que le processus de segmentation syllabique n'est pas conditionné par les connaissances lexicales, mais exclusivement par la connaissance qu'a le lecteur des syllabes possibles dans la langue et des frontières probables entre les syllabes. »

« Une autre démonstration est fondée sur un phénomène appelé " conjonction illusoire ". Voyons ce que cela signifie à l'aide d'une analogie simple. Prenons une paire célèbre, Peter Pan et le capitaine Crochet. »

– Quoi ? Ils parlent de nous ? demande Peter interloqué et excité.

« L'habit moulant de Peter Pan est vert et la longue veste du capitaine Crochet est rouge. Imaginons qu'ils s'empoignent dans un combat fatal, et que la vitesse de leurs mouvements est telle que tout se mélange à notre vue. Un ignorant pourrait avoir la fausse impression que le collant de Peter Pan est rouge et la veste de Crochet est verte. Le fait qu'on puisse recombiner erronément deux propriétés implique qu'on a, à un certain moment, représenté chacune d'elles séparément de l'autre. »

– Foutaises ! On ne m'aurait jamais confondu avec Crochet, dit Peter en plantant son poignard dans la pomme qu'il venait de prendre.

« Revenons donc aux syllabes, et considérons par exemple le mot VODKA. »

– Ah, ah ! s'esclaffe Peter, je comprends maintenant, cela doit être monsieur Mouche, qui de tant avoir bu me prenait pour Crochet.

– Mais non, rétorque Jean, tu oublies que monsieur Mouche ne boit que du rhum.

« Le mot VODKA contient deux syllabes, VOD et KA. Les lettres sont présentées dans des couleurs différentes, et la question posée au sujet est d'indiquer la couleur d'une lettre cible, ici la couleur du D. Pour obtenir des conjonctions illusoires, on présente le mot pendant un temps très court et on le fait précéder et suivre d'un patron visuel masquant, par exemple d'un gribouillis. Il faut savoir, par ailleurs, que les conjonctions illusoires ont plus de chances de se produire à l'intérieur d'une unité perceptive qu'entre deux unités perceptives. Si le mot VODKA est analysé, pendant sa reconnaissance, en deux syllabes, VOD et KA, alors il y a plus de chances que le sujet indique erronément que le D avait la couleur du V ou du O que celle du K ou du A. Et c'est bien ce qui arrive. En outre, cet effet syllabique est observé aussi bien avec des pseudo-mots qu'avec des mots[46].

« La représentation syllabique qui intervient dans le traitement des mots écrits peut avoir un caractère hautement abstrait, comme le montre une expérience réalisée avec des mots hébreux. L'hébreu a la propriété d'être écrit par les grands, quand ils écrivent à d'autres grands, en omettant les voyelles. Une même séquence de consonnes peut par conséquent correspondre à plusieurs mots, auquel cas seul le contexte détermine la lecture appropriée du mot. Dans l'expérience[47], les sujets voyaient une phrase qui contenait le mot ambigu, phrase qu'ils devaient lire à haute voix. Ensuite, on présentait à nouveau le mot ambigu et les sujets devaient indiquer la couleur d'une lettre-cible. Les séquences de lettres étaient telles que, suivant le contexte, elles conduisaient à des mots différents, avec des voyelles différentes et des patrons syllabiques différents. Par exemple, la séquence MFKDIM pouvait avoir une frontière syllabique soit avant, soit après le K. On a observé que les conjonctions illusoires entre le K et la couleur des lettres voisines étaient fonction de la syllabification induite par le contexte. Elles étaient toujours plus fréquentes à l'intérieur des syllabes, que seul le contexte pouvait déterminer, qu'entre ces syllabes. La représentation syllabique doit être de nature abstraite, puisque l'analyse syllabique et l'effet syllabique observés dans cette expérience étaient fonction de voyelles qui n'étaient pas présentes physiquement dans le stimulus et qui avaient été induites par le contexte. »

Un psychologue égaré au cours de sa promenade digestive, tant il a dévoré de piranhas, a entendu ces mots et s'est éloigné du groupe d'enfants, en monologuant : – La représentation syllabique peut être déterminée à un niveau prélexical, puisqu'elle intervient dans le traitement de pseudo-mots, mais le résultat obtenu avec les mots hébreux montre que la représentation syllabique peut aussi être dérivée de connaissances lexicales. Le lexique orthographique peut donc influencer à son tour le niveau des unités orthographiques plus larges que la lettre, en tout cas certaines de ces unités.

Pendant ce temps, Peter essayait de convaincre Wendy de ses talents de scientifique amateur : – Cette histoire de confusion d'identité et de couleur de la lettre, on aurait pu l'appliquer aux graphèmes. Prends deux mots, SAUNA et TYRAN, que m'inspire cette scène de monsieur Mouche chauffant les pieds de Crochet. Dans SAUNA, NA correspond à deux graphèmes, mais dans TYRAN les mêmes lettres, bien que dans l'ordre inverse, constituent un seul graphème. Il devrait donc y avoir plus de conjonctions illusoires entre la couleur et l'identité de ces deux lettres dans TYRAN que dans SAUNA, tu ne penses pas ?

Clochette s'en va, en balançant les hanches encore plus que d'habitude : « Ces trucs-là vont le rendre fou... »

« Les représentations orthographiques dont les grands se servent quand ils écrivent ont aussi une structure complexe. Les patients dysgraphiques font des erreurs qui révèlent cette structure. Par exemple, ils peuvent omettre une consonne dans un groupe de consonnes (“ Cochette ” pour “ Clochette ”), ou une voyelle dans un groupe de voyelles (“ Moche ” pour “ Mouche ”), mais n'omettent pratiquement jamais une consonne entre voyelles (“ Peer ” pour “ Peter ”) ou une voyelle entre consonnes (“ Crocht ” pour “ Crochet ”). De même, les substitutions de lettres sont en général des substitutions de consonne par une autre consonne et de voyelle par une autre voyelle. Plus rarement, le trouble peut affecter de manière sélective les voyelles[48]. Le patient peut écrire les consonnes, ce qui ne contrarie pas mais, au contraire, renforce l'idée que les consonnes et les voyelles sont des unités graphémiques jouant des rôles différents dans l'organisation de la syllabe.

« En italien, langue dans laquelle il y a des consonnes géminées (par exemple, “ mato ” et “ matto ” ont des significations différentes), les patients dysgraphiques ne font pas d'erreurs d'orthographe qui sépareraient les deux consonnes géminées (“ solerla ” au lieu de “ sorella ”), alors qu'ils peuvent séparer les deux consonnes d'un autre type de groupe consonantique (par exemple, ils peuvent écrire “ sdatio ” au lieu de “ stadio ”). Les erreurs qu'ils font en écrivant des mots ayant des consonnes géminées (par exemple, “ sorrela ” à la place de “ sorella ”) indiquent que l'information sur la propriété de gémination est indépendante de l'identité des consonnes géminées[49].

« En résumé, les représentations des mots écrits, aussi bien celles utilisées dans la reconnaissance que celles utilisées dans la production, ne sont pas des suites linéaires de lettres, mais comportent une structure interne organisée suivant différents principes. »

AUTANT CHERCHER UNE AIGUILLE DANS UNE BOTTE DE FOIN,
... ET POURTANT ILS LA TROUVENT EN MOINS D'UNE DEMI-SECONDE !

« Identifier un mot, c'est le choisir dans l'ensemble des mots connus. Or les grands en connaissent plus de cinquante mille. Comment font-ils ? La présentation d'un mot active, à des degrés divers, les représentations mentales non seulement de ce mot mais de tous les autres mots qui partagent quelque information que ce soit avec lui. Identifier un mot, c'est donc le discriminer de ses " voisins ", c'est-à-dire des mots qui lui sont proches orthographiquement.

« À partir de cette idée, on peut supposer que le voisinage orthographique d'un mot influence son temps d'identification. Plus un mot a de voisins, plus il serait difficile de le sélectionner parmi ses compétiteurs. Les résultats des expériences réalisées jusqu'à présent ne sont pas entièrement concluants, bien que certains soient conformes à la prédiction[50]. L'une des difficultés dans cette recherche concerne la manière de déterminer le voisinage. Par exemple, la différence au niveau d'une seule lettre peut être considérée en termes de remplacement (CALME et PALME), ou d'inclusion (BAVE et BRAVE), et chacune peut encore offrir des degrés de difficulté divers suivant que la différence se situe au début (BAR et CAR ; AIR et PAIR), au milieu (CAR et COR ; CODE et CORDE) ou à la fin (BAR et BAL ; POULE et POULET). »

– Moi, j'ai un meilleur exemple, interrompt Jean : Crochet et Brochet.

Les enfants ont repris en chœur : – Brochet est pourri, brochet est pourri...

« Deux expérimentalistes qui travaillent à Paris, Juan Segui et Jonathan Grainger, ont montré que la fréquence des voisins peut aussi être pertinente[51]. Prenons des mots (tous de même fréquence d'usage) comme BREF, qui ne possède pas de voisins orthographiques si l'on considère les remplacements d'une seule lettre, JUPE, qui possède des voisins mais sans qu'aucun d'eux n'ait une fréquence d'usage supérieure à la sienne, NERF, qui a un seul voisin plus fréquent (neuf), et FOIN, qui possède plusieurs voisins plus fréquents (coin, loin, fois, etc.). Ces psychologues ont utilisé une technique de démasquage progressif du mot, probablement inspirée d'une activité dont les grands raffolent et qui s'appelle le *strip-tease*. Qu'est-ce exactement ? Les stimuli sont présentés par cycles successifs de même durée totale, chaque cycle étant composé d'un masque visuel et du stimulus proprement dit. À chaque nouveau cycle, la durée du stimulus cible augmente et celle du masque diminue, jusqu'à ce que le sujet signale avoir identifié le mot en appuyant sur un bouton le plus rapidement possible. Les résultats montrent que le nombre de cycles nécessaires pour l'identification est plus grand pour les stimuli qui ont au moins un voisin plus fréquent, autrement dit il est plus grand pour NERF et FOIN que pour JUPE et BREF.

« Quelles relations entretiennent ces processus discriminatifs, qui sont des processus lexicaux, avec les processus prélexicaux ? Ils sont probablement conditionnés par les processus plus précoces de traitement des lettres et des autres structures orthographiques infralexicales. On sait, par exemple, que les lettres initiales contribuent davantage à l'identification des mots que les lettres finales, ce qui peut expliquer pourquoi l'effet de fréquence des voisins apparaît pour CHOPE-CHOSE (le deuxième mot étant beaucoup plus fréquent que le premier), mais pas pour ASTRE-AUTRE (alors qu'ici aussi l'un est beaucoup plus fréquent que l'autre). Le S de ASTRE (peu fréquent) a, en supposant que tout est équivalent par ailleurs, plus de chances d'être identifié correctement que le P de CHOPE, car sa deuxième position le met un peu à l'abri des influences lexicales, alors que la quatrième position du P est de relative faiblesse par rapport aux influences provenant de CHOSE. En effet, il suffit de faire en sorte que le sujet fixe la quatrième position et non pas la deuxième, augmentant ainsi la discriminabilité du P, pour que l'effet de fréquence des voisins subi par CHOPE diminue[52]. Le processus de discrimination entre candidats lexicaux se trouve donc sous la dépendance de facteurs prélexicaux.

« D'autres résultats permettent de se rendre compte de l'influence des structures orthographiques infralexicales, en particulier de la représentation de la syllabe, sur le processus discriminatif. Dans une tâche où il faut décider si une séquence de lettres constitue un mot ou pas (tâche de décision lexicale), on a observé un effet de la fréquence des syllabes constitutives des mots présentés, au sens où la latence des réponses était plus courte pour les mots dont les syllabes étaient peu fréquentes[53]. Comment peut-on expliquer ce phénomène ? Les syllabes peu fréquentes participent d'un nombre plus petit de mots que les syllabes plus fréquentes. Étant donné que l'activation des syllabes peu fréquentes conduit à l'activation d'un ensemble plus petit de représentations de mots, on comprend que la faible fréquence des syllabes facilite le processus de discrimination. Par ailleurs, l'effet de fréquence des syllabes ne montrait aucune interaction avec l'effet de fréquence d'usage des mots. Cela montre que, même si la fréquence des syllabes a un effet au niveau de la discrimination entre les mots, l'activation de la représentation syllabique n'est ni facilitée ni défavorisée par le fait que les mots dont elles participent sont eux-mêmes fréquents ou pas ; autrement dit, elle est prélexicale.

« En résumé, les processus qui permettent aux grands d'identifier la forme orthographique des mots sont certainement très complexes. On est bien loin de l'idée d'une appréhension globale, en un coup d'œil, même si le mot est identifié en un temps extrêmement court. Ils exercent tellement souvent leur capacité d'identification des mots écrits qu'ils ont l'impression d'atteindre directement le sens des mots. Et pourtant, à cet égard, les mots ne sont pas comme les choses. Si l'on demande à des grands de nommer des images d'objets, par exemple de dire " singe " quand on leur présente l'image d'un singe, on constate qu'ils ne le font pas aussi vite que pour lire à voix haute le mot " singe ". Inversement, si on leur demande de dire, à propos des mêmes stimuli, si ceux-ci se réfèrent à un être vivant ou à un objet non vivant, ils sont plus rapides pour l'image que pour le mot[54]. Ces résultats opposés reflètent le fait que le traitement des noms des choses et celui des choses elles-mêmes ne suivent pas le même parcours. Le processus d'identification des mots écrits mène à l'activation des formes phonologiques correspondantes sans devoir passer d'abord par le système sémantique. On peut le dire avant même de savoir ce que c'est. En revanche, le système sémantique est un relais obligé de notre recherche des noms des choses que nous voyons. On sait ce que c'est avant de pouvoir le dire. »

LES RÉSONANCES MYSTÉRIEUSES

« L'idée que, chez les grands, la capacité de lecture implique la connaissance des formes orthographiques des mots, et que ces formes peuvent être reconnues sans passer par la phonologie, aurait pu, à la limite, être dispensée de toute vérification expérimentale. Comment pourrait-on expliquer autrement la capacité à identifier des mots écrits homophones (c'est-à-dire qui se prononcent de la même manière), tels que SAINT, SAIN, SEIN, CEINT, ou SCEAU, SEAU, SAUT, SOT, présentés en dehors de tout contexte ? Les résultats expérimentaux confirment la nécessité d'une voie orthographique non phonologique. À la suite de nombreux travaux[55], on a constaté notamment que, lorsqu'il s'agit de mots d'usage fréquent, les grands n'identifient pas les mots irréguliers plus lentement que les mots réguliers, ce qui suggère qu'ils reconnaissent généralement les mots fréquents par une voie non phonologique.

« D'autre part, la nécessité d'une voie phonologique semble tout aussi indiscutable. Comment, autrement que par assemblage phonologique, pourrait-on lire " corfagron licramoux navrol panantribaloupe "? »

– J'ai l'impression d'entendre notre sorcier, s'exclame Lily la Tigresse.

– Oh, mais c'est sûrement la voix préférée des grands sorciers, commente Jean.

« Pour les mots d'un usage peu fréquent, on observe un effet de régularité, la latence de prononciation des mots irréguliers étant plus longue que celle des mots réguliers. La voie orthographique perdrait sa course de vitesse avec la voie phonologique lorsque les mots sont peu fréquents, notamment parce que le processus discriminatif à l'intérieur du lexique orthographique s'en trouve ralenti.

« La lecture phonologique n'est pas une lecture " lettre après lettre ", par épellation. Tout comme la voie orthographique, la voie phonologique repose sur la catégorisation en parallèle des lettres. Mais dans la voie phonologique, les lettres, après avoir été catégorisées, sont converties, partiellement en parallèle au moins, dans des unités phonologiques, par un processus hautement automatisé.

« Quelles sont les unités activées dans la voie phonologique ? Et d'ailleurs, qu'appelle-t-on des unités phonologiques ? Nous avons décrit la syllabe en tant qu'unité orthographique d'une manière qui fait référence à son fondement phonologique. La syllabe est un segment de parole, elle peut être prononcée isolément. C'est beaucoup moins évident pour le phonème. »

– Les faunes aiment ? se demandent interloquées les sirènes en s'échangeant de furtifs regards. Ils aiment sans doute, mais ils ne s'expriment pourtant pas par des lettres, fussent-elles d'amour.

« Au début de " car " et de " bar ", il y a un son qui n'est pas vraiment un son, nous l'entendons sans que nous puissions lui faire correspondre un segment acoustique. Il nous apparaît comme une mystérieuse résonance, présente et imposante, mais sans corps et immatérielle.

« Chez les grands, la procédure de conversion graphème-phonème, à force d'être exercée, a probablement tué cette résonance. Le phonème n'est pas " entendu ", il est représenté de manière inconsciente et automatique, tout autant que le graphème. En lisant un mot dans les conditions habituelles, la seule résonance qu'on peut atteindre est sa prononciation globale, et personne ne saurait déterminer, à l'écoute de son écho, si cette prononciation a été obtenue par voie orthographique ou par voie phonologique.

« On a trouvé chez les grands des indications d'une activation de propriétés phonologiques pendant des étapes relativement précoces de l'identification des mots écrits. Dans une série de travaux[56], la tâche demandée au sujet était d'identifier un mot cible précédé temporellement d'un autre stimulus (l'amorce) et suivi d'un masque. Supposons que la cible est " pain ". L'amorce présentait avec elle soit un lien graphémique (POIN), soit un lien à la fois graphémique et phonémique (PEIN), soit aucun lien (FUJE). Le lien graphémique résulte du fait que toutes les lettres sont identiques sauf une, et le lien phonémique est l'identité de prononciation (PEIN et POIN ne diffèrent de PAIN que par une lettre, mais PEIN se prononce comme PAIN). On a observé une meilleure performance d'identification de la cible dans la condition graphémique que dans la condition neutre, autrement dit le lien graphémique permettait de réduire l'effet de masquage provoqué par l'amorce neutre. L'aspect intéressant des résultats est le fait que cette réduction de l'effet de masquage était encore plus substantielle dans la condition de lien graphémique et phonémique. Cela n'est possible que si une représentation phonologique, en plus de la représentation orthographique, a été constituée.

« Il reste encore à situer ces représentations dans l'architecture du système de reconnaissance. S'agit-il de représentations prélexicales ou de représentations lexicales ? Une expérience similaire a été réalisée en chinois, utilisant des caractères logographiques, qui représentent des mots ou des morphèmes (des petites unités de signification) et non pas des propriétés phonologiques. L'effet graphémique a été obtenu, mais l'effet phonémique additionnel était absent[57]. Naturellement, les lecteurs chinois se représentent la prononciation des mots qu'ils lisent. L'absence d'effet phonémique chez eux implique par conséquent que l'observation d'un effet phonémique pour les stimuli écrits alphabétiquement résulte de l'activation de représentations phonologiques prélexicales, c'est-à-dire constituées avant l'identification lexicale et servant celle-ci. Par ailleurs, le fait que dans les expériences avec des sujets de langue anglaise l'effet phonémique était obtenu indépendamment de la fréquence d'usage des mots plaide aussi en faveur de la nature prélexicale des représentations phonologiques impliquées.

« Une étude française toute récente va dans le même sens[58]. La cible, par exemple LONG, était précédée soit d'un pseudo-homophone, c'est-à-dire d'un pseudo-mot qui se prononce comme la cible (" lont "), soit d'un pseudo-mot orthographiquement voisin (" lonc "), soit d'un pseudo-mot sans lien phonologique ou orthographique avec elle (" tabe "). L'amorce était masquée, ce qui faisait qu'elle ne pouvait pas être identifiée consciemment. L'influence éventuelle de la représentation orthographique ou phonologique dérivée de l'amorce ne pouvait donc pas être intentionnelle ou stratégique. Lorsque l'intervalle entre le début de la présentation de l'amorce et le début de la présentation de la cible était très court (64 msec), les pseudo-homophones ont donné lieu à un effet de facilitation. Cet effet peut être considéré comme phonologique, car pour le même intervalle les pseudo-mots orthographiquement similaires n'ont conduit à aucun effet. Par ailleurs, l'effet phonologique n'était pas influencé par la fréquence des mots cibles. Le fait d'utiliser comme cibles cette fois des pseudo-mots qui soit étaient, soit n'étaient pas des pseudo-homophones (c'est-à-dire se prononçant comme des mots), n'a pas non plus affecté l'effet phonologique. La représentation phonologique à l'origine de ces effets de facilitation est donc une représentation prélexicale, antérieure et autonome par rapport aux connaissances lexicales. »

C'est en tournant la page après avoir lu aux enfants cette dernière phrase savante d'une voix bien posée que Wendy s'est rendu compte que toutes les pages suivantes étaient blanches. Il n'y avait pas de fin, ou en tout cas si ce qu'elle venait de lire était une fin, elle était surprenante.

LA FARANDOLE DES MOTS

Le lendemain, Peter, Wendy, Jean, Michel et les garçons perdus eurent des visiteurs : Mary, Bert, Jane et Michael. À la demande de Bert, ils firent tous une randonnée aérienne. Crochet, Mouche et quelques psychologues essayèrent de les éviter, se cachant derrière les araucarias, les palmiers et les hibiscus à grandes feuilles, mais Mary orchestra une danse des arbres qui dévoila ces personnages à tour de rôle. Les garçons perdus s'appliquèrent à montrer leur connaissance des mots magiques :

« Supercali... », commença l'un. Un autre prit plus d'élan : « Supercalifragili... ». Michael et Jane durent étouffer leurs accès de rire contre la paume de la main, tout en chantant « ...mo-par-fai-te-men-ta-troce ».

Wendy confia à Mary la déception provoquée par la pseudo-fin inespérée et irritante du livre sur la lecture. Mary lui expliqua comment il fallait faire pour trouver les mots de la fin. Après le pique-nique sur l'herbe, elle relit les dernières phrases du texte en faisant monter progressivement la voix au moment des tout derniers mots. Ayant tourné d'un mouvement harmonieux la dernière page écrite, d'autres mots vinrent s'inscrire soudainement sur les pages blanches. Mary remit le livre à Wendy qui, la voix vacillante d'émotion, poursuivit la lecture.

« Dans une phrase, les mots tournent comme dans un manège. Au deuxième tour, ils passent dans le même ordre qu'au premier. Parfois, heureusement, le lecteur s'agrippe au mot qu'il chevauche et quitte le manège emporté par son esprit aventurier.

« (1) Peter... (2) Peter Pan... (3) Peter Pan cherchait... (4) Peter Pan cherchait son... Si ensuite on présente le mot “ ombre ”, on constate que le temps d'exposition nécessaire à l'identification de ce mot est bien plus court lorsque le contexte est riche (contexte 4) que lorsqu'il est pauvre (contexte 1)[59]. Il est clair que le contexte influence la reconnaissance des mots. Mais... à quel moment du processus de reconnaissance cette influence a-t-elle lieu ? En effet, la reconnaissance inclut non seulement l'identification perceptive mais aussi une prise de décision sur le mot présenté.

« Les mesures de la durée de fixation d'un mot en fonction de la possibilité d'anticipation de ce mot sur la base du contexte préalable sont susceptibles d'apporter des informations importantes sur le rôle du contexte. Les données recueillies montrent que la durée de la première fixation d'un mot n'est pas influencée par le contexte préalable, mais la durée totale de fixation l'est[60]. Cette différence pourrait refléter le délai lié à la prise en considération du contexte dans le contrôle de l'activité oculaire. Par ailleurs, le contexte parafovéal ultérieur n'aide la reconnaissance que dans la mesure où il comporte une similitude physique avec le mot cible. Aucun effet sémantique de ce type de contexte n'a pu être observé[61].

« Lorsqu'on présente, avant le mot cible, un autre mot qui a un lien sémantique ou associatif avec lui, la reconnaissance du mot cible est facilitée, autrement dit elle est plus rapide[62]. »

– Je crois comprendre, dit Michel, Crochet est la cible du crocodile...

– Qui, lui, est l'amorce, ajoute Jean, dès que vous voyez le crocodile, et connaissant sa gourmandise pour la main si savoureuse du Capitaine, on sait que ce dernier n'est pas bien loin...

« On considère que la présentation de COUTEAU, par exemple, active toutes les représentations de mots qui ont un lien avec COUTEAU. Si ensuite FOURCHETTE est présenté, la représentation mentale de ce mot se trouve dans un état d'activation plus élevé, et par conséquent il exige moins de traitement pour atteindre le seuil de reconnaissance que si on présente PANTALON. Des études réalisées sur cet effet d'amorçage sémantique ont montré qu'il faut distinguer entre des effets liés à un processus automatique d'activation et des effets liés à un processus attentionnel, plus tardif[63].

« L'effet d'amorçage sémantique semble résulter d'interactions entre les représentations des mots. Il est atténué lorsque le mot-amorce est présenté dans le contexte d'une phrase[64]. Par ailleurs, aucun effet sémantique n'est obtenu sur des mots cibles qui sont appropriés au contexte de la phrase mais qui sont difficilement prédictibles (dans " La Castafiore rit de se voir si belle au cinéma ", " cinéma " est cohérent avec le contexte, mais difficilement prédictible). Lorsque les mots cibles sont hautement prédictibles (comme dans " La Castafiore rit de se voir si belle au miroir ", voyons...), l'effet sémantique apparaît dans une tâche qui inclut une composante décisionnelle importante comme la décision lexicale, mais il n'apparaît pas lorsque la tâche est de prononcer ces mots. L'identification perceptive des mots ne semble donc pas être influencée par l'information déjà extraite de la phrase. C'est important que ce soit ainsi, autrement on ne pourrait pas détecter des erreurs dans des textes. »

– Évidemment, dit Peter, « le crocodile a poursuivi encore une fois le capitaine Brochet » n'est pas exactement ce que l'on s'attend à lire dans le quotidien de l'île, et encore moins dans le journal de bord du capitaine, ah, ah...

« Cependant, dans les limites posées par l'identification perceptive, la signification de la phrase peut influencer l'extraction de la signification des mots. Beaucoup de mots – on les appelle des homographes – ont plusieurs significations. Le mot MOUSSE n'a pas la même signification dans TU MANGES TROP DE MOUSSE et dans COMMENT, UN CAPI-

TAINE ET PAS DE MOUSSE À BORD ? Il est possible, bien que ce ne soit pas encore clairement démontré, que la signification la plus appropriée au contexte soit activée plus rapidement que les autres. Les significations non appropriées sont aussi activées[65]. Cependant, elles ne parviennent généralement pas à la conscience du lecteur, bien que cela puisse arriver, notamment lorsque l'auteur du texte cherche à entretenir l'ambiguïté ou à suggérer, au travers d'un même mot, un lien entre deux significations.

« Dans la phrase, il y a non seulement une signification qui se construit au fur et à mesure de sa lecture, mais aussi une structure syntaxique qui s'élabore, se confirme ou éventuellement se corrige. Est-ce que la reconnaissance d'un mot peut être affectée par sa fonction syntaxique dans la phrase ? Il semble que non[66]. On ne reconnaît pas plus vite " lisons " lorsque ce mot suit " nous " que lorsqu'il suit " xxxx ". De manière générale, l'activation d'une structure syntaxique ne semble pas faciliter la reconnaissance des mots qui y sont intégrés.

« Les grands ont développé une capacité gigantesque de lecture. Ils l'utilisent tant et si bien que la lecture elle-même a cessé de se reconnaître dans l'adduction goulue d'information. Puissent les petits les aider à retrouver les sources et les souterrains de la lecture, comme le plaisir d'apercevoir le bateau pirate contre les nuages au clair de lune. »

Wendy venait à peine d'achever la lecture de cette histoire étrange lorsque la tribu des Peaux-Rouges fit son apparition avec Lilly la Tigresse à sa tête. Mary, son parapluie-perroquet sous le bras, et Clochette, qui éclairait le chemin de sa baguette à la poussière d'or, guidèrent le groupe, et tous ceux qui voulurent les accompagner, jusqu'à la grande clairière. C'est ici que les enfants exécutèrent la farandole des mots magiques, leurs pieds dessinant des calligrammes sur l'herbe humide autour d'une prodigieuse pomme-totem (regardez leurs traces à la page suivante).

Les Peaux-Rouges, en état d'exaltation métalinguistique, hurlaient : « Pourquoi dit-il pourqwaw ? » Darling, Mr Burns et un psychologue irrévérent, s'insinuant entre les enfants, se mirent à mélanger des mots et des pseudo-mots sans aucun sens du goût ni goût du sens : « Amstramgram, il y a des missougres serpis jusque dans les criches tomes, et colicoligram. » Mary prit la situation en main et poliment les pria tous de rentrer chez eux.

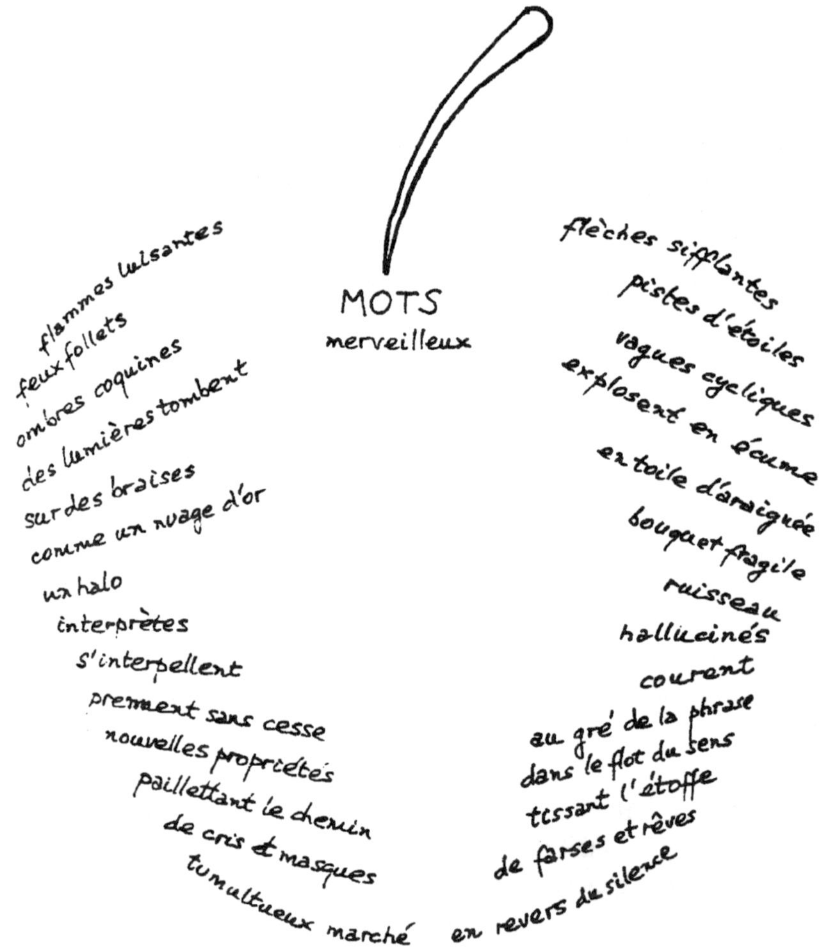

Quelles idées principales faut-il retenir à propos de la lecture habile ?

La reconnaissance des mots écrits constitue la capacité spécifique de la lecture. La première étape du processus de reconnaissance est consacrée à la catégorisation des lettres, qui se fait en parallèle. Des représentations orthographiques et des représentations phonologiques d'unités plus larges que la lettre sont ensuite activées, toujours de manière automatique. Ces unités peuvent être des graphèmes composés de plus d'une lettre, mais aussi des parties de syllabe et des syllabes. Les représentations orthographiques des mots familiers peuvent être activées directement, ce qui fait que, pour beaucoup de mots, la voie dite orthographique, c'est-à-dire sans médiation phonologique, est plus rapide que la voie dite phonologique. Cependant, la voie phonologique est très importante pour la reconnaissance des mots peu familiers et, à plus forte raison, pour l'obtention de la prononciation des mots que le lecteur rencontre pour la première fois. Des interactions entre les représentations orthographiques et phonologiques de parties de mots ont probablement lieu chez le lecteur habile, même si ces deux types de représentations dépendent d'aires cérébrales distinctes.

CHAPITRE 3

Le lecteur débutant

Je dormais souvent le dictionnaire sous l'oreiller. J'étais persuadée que les mots allaient, la nuit, le traverser et venir s'installer dans des cases prêtes pour le rangement. Les mots quitteraient ainsi les pages et viendraient s'imprimer dans ma tête. Je serais savante le jour où, dans le livre, il n'y aurait que des pages blanches.

Tahar Ben Jelloun,
Les Yeux baissés.

Décodage et compréhension

> Un jour, il se fit un déclic dans ma tête. Maman avait ouvert sur la table de la salle à manger la méthode Regimbeau : je contemplais l'image d'une vache et les deux lettres, c, h, qui se prononçaient ch. J'ai compris soudain qu'elles ne possédaient pas un nom à la manière des objets mais qu'elles représentaient un son : j'ai compris ce que c'est qu'un signe. J'eus vite fait d'apprendre à lire.
>
> Simone de Beauvoir,
> *Mémoires d'une jeune fille rangée.*

La psychologie cognitive a accompli des progrès importants dans la connaissance des processus de lecture chez le lecteur habile. Elle a en particulier montré que la lecture habile met en œuvre des processus spécifiques complexes et que son apprentissage passe par la découverte et l'utilisation du principe alphabétique de correspondance entre lettres et phonèmes. Malheureusement, cette idée reste peu appréciée et est même décriée par les partisans de ce qu'on peut appeler la conception romantique de la lecture. Pour eux, il n'existe pas de mécanisme dans la lecture, et aucun enfant ne devrait être poussé à faire du décodage. Au vu de la psychologie scientifique, ces propositions sont non seulement des contre-vérités, elles sont aussi dangereuses.

Les estimations du nombre de mots écrits dont la signification est communiquée à l'enfant en classe varient entre deux cents et cinq cents par an. Ces chiffres sont inférieurs à ceux qui sont relatifs à l'accroissement, pendant l'école primaire, du nombre des mots que l'enfant peut lire. En effet, il a été calculé que l'enfant reconnaît en moyenne, chaque année, au moins mille mots écrits nouveaux[1]. D'où vient la connaissance de la signification de ces mots ? Un tel accroissement n'est possible que parce que l'enfant se sert d'une structure de plus en plus complexe et efficace d'identification des patrons orthographiques, qui lui permet de mettre en relation la forme phonologique et orthographique des mots avec son système sémantique.

Sauf dans des cas exceptionnels, comme celui de Rosine, décrit en introduction, la maîtrise du principe alphabétique est nécessaire afin de parvenir à identifier la grande majorité des mots connus. Elle est indispensable à l'identification des mots nouveaux.

Il n'est pas difficile de nous imaginer dans la situation du lecteur débutant qui ne connaît pas encore le code alphabétique. Essayons de lire la phrase suivante, écrite au moyen d'un alphabet artificiel[2] : *Dpnnfou wpvmfa-wpvt dpnqsfoesf dfuuf qisbtf tj wpvt of efdpefa qbt sbqjefnfou mft tjhoft hsbqijrvft rvj mb dpotujuvfou* ? Cette phrase est un message codé. Il faut donc le décoder. Elle signifie en fait : « Comment voulez-vous comprendre cette phrase si vous ne décodez pas rapidement les signes graphiques qui la constituent ? » Cette séquence de lettres, illisible à première vue, a été obtenue en utilisant une règle très simple, qui consiste à prendre, pour chaque lettre de la version habituelle de la phrase, la suivante dans l'ordre des lettres de notre alphabet (le « Z » étant remplacé par le « A »). Ainsi, j'ai évité de créer des symboles dont on pourrait dire qu'ils ne nous sont pas familiers. La familiarité des signes utilisés ne peut pas être la cause de l'impossibilité dans laquelle vous étiez de comprendre la phrase. Imaginez maintenant ce que serait apprendre à lire sans tenir compte du code alphabétique, c'est-à-dire du fait que les lettres correspondent aux phonèmes de la langue. Combien de temps nous faudrait-il, et combien d'erreurs ne ferait-on pas, avant d'arriver à reconnaître non seulement la petite vingtaine de mots différents contenus dans cette phrase, mais aussi les milliers et milliers de mots que chacun de nous connaît ? Ne me dites pas que l'on ne commence jamais par donner à l'enfant des phrases pareilles, que l'on est sensé, raisonnable, et qu'on ne lui donne que des phrases intéressantes de son point de vue, comme par exemple « j'aime bien les bonbons ». L'apprentissage de la lecture ne s'arrête pas à « papa », « maman », « école », « maison », « bonbons » et d'autres mots de ce genre.

Revenons à notre phrase codée. Armés de votre connaissance de notre alphabet et de votre capacité de lecture, vous pouvez la décoder. En fait, ce message est « chiffré » plutôt que codé, parce qu'à chaque lettre de notre alphabet correspond une autre lettre de cet « alphabet décalé ». Notre alphabet, en revanche, est moins un « chiffre » qu'un code, non seulement parce que, étant donné les conventions de l'orthographe, beaucoup de lettres ne correspondent pas de manière biunivoque à des phonèmes, mais aussi, et surtout, parce que le phonème n'est pas un segment de parole et doit être découvert. La représentation phonémique en tant que code de la parole, et en tant que classe de phones (indépendante par exemple du fait que Marseillais et Parisiens prononcent les « R » différemment) n'est découverte qu'au moment de l'apprentissage de l'alphabet. Apprendre l'alphabet, c'est donc aussi apprendre un code de parole. Il s'ensuit nécessairement que pour apprendre à lire, il est crucial d'apprendre le code alphabétique et de parvenir à automatiser la procédure de conversion grapho-phonologique.

Dans certains milieux qui méconnaissent la littérature expérimentale, l'idée existe suivant laquelle la prononciation des mots écrits est atteinte à partir de leur sens et non des lettres qui les constituent. L'argumentation procède de la manière suivante. « Prenons les lettres MO. Comment puis-je savoir de quelle manière je dois prononcer MO si je n'ai pas d'abord appréhendé le sens du mot dans lequel ces lettres sont incluses. C'est parce que j'ai compris le sens de MOT, MOINS et MOINE, que je lis MO comme /mo/, /mwɛ̃/ et /mwa/, respectivement[3]. » Cependant, cet argument escamote le fait que les graphèmes sont associés à leur prononciation non seulement par des règles simples, univoques ou un à un, mais aussi par des règles complexes qui tiennent compte de l'entourage des graphèmes. Ainsi, O suivi de T en position finale se prononce /o/, OI suivi de N se prononce /wɛ̃/ lorsque le N fait partie de la même syllabe, tandis qu'il se prononce /wa/ lorsque le N initie une nouvelle syllabe. La prononciation de ces mots écrits n'est pas déterminée par leur sens.

Tout lecteur habile aurait attribué aux parties critiques les mêmes prononciations s'il s'agissait de VOT, VOINS, VOINE, ou de CHOT, CHOINS, CHOINE, qui n'ont pas de signification.

En français, il existe, c'est vrai, un petit nombre de mots dont la prononciation est partiellement irrégulière ou bien déterminée par leur fonction dans la phrase (par exemple, « les poules du couvent couvent »). Mais ce ne sont que des exceptions à la règle. Comme dans beaucoup de cas d'exception à la règle, nous verrons qu'ici aussi il est plus facile d'apprendre la règle et les exceptions à la règle, que d'apprendre tous les patrons utilisés sans se fonder sur les règles.

S'appuyant sur l'idée que le but de la lecture est la compréhension des textes écrits, certains croient que la capacité de décodage provient du niveau de compréhension que l'apprenti-lecteur peut atteindre, plutôt que l'inverse. Cette idée est fausse, comme le démontre une étude réalisée aux États-Unis. Elle a consisté à évaluer la rapidité de prononciation de mots écrits présentés isolément et la capacité de compréhension de textes chez les mêmes enfants, en première et en troisième année primaires[4]. Les auteurs de ce travail ont constaté que la latence de prononciation des mots obtenue en première année permettait assez bien de prédire le niveau de compréhension des phrases en troisième année, tandis que les mesures de compréhension en première année ne permettaient pas de prédire la rapidité de la prononciation deux ans plus tard. Cette asymétrie dans la force d'association entre les deux performances, mesurée de manière prospective, suggère que la rapidité avec laquelle on peut identifier un mot facilite le processus de compréhension de la phrase, l'inverse n'étant pas vrai. Cette idée peut se comprendre aisément. Plus l'identification de chaque mot est rapide, plus il reste de mémoire de travail à consacrer aux opérations d'analyse syntaxique, d'intégration sémantique des constituants de la phrase et d'intégration des phrases dans l'organisation textuelle. Imaginez, à l'opposé, la situation du pauvre lecteur débutant qui met cinq, dix secondes, pour identifier chaque mot. Essoufflé après cet effort épuisant, que voulez-vous qu'il fasse de plus ?

Ainsi se trouve déjà esquissée l'idée que nous verrons maintes fois se confirmer dans des travaux que je décrirai plus loin : l'impulsion à la lecture est donnée par l'activité de décodage.

La capacité de décodage est une sorte de propulseur, dont la seule fonction est de mettre sur orbite les processus du lecteur habile pour s'évanouir ensuite dans les oubliettes de l'enfance.

La lecture est-elle une devinette ?

Les gens qui défendent la conception romantique de la lecture n'aiment évidemment pas qu'on leur présente, comme argument justifiant la nécessité du décodage, le type de phrase-énigme dont je viens de donner un exemple. Ils préfèrent placer le lecteur habile devant une autre situation, tout aussi difficile, qui leur semble mieux correspondre à ce que doit faire l'apprenti-lecteur. J'ai un jour assisté à une séance d'information aux parents dans une école où l'on pratique la méthode globale d'enseignement de la lecture. L'institutrice m'a donné une photocopie de prescriptions médicales savamment choisies pour leur calligraphie impénétrable. Nous savons tous, sauf peut-être les médecins eux-mêmes, comment ceux-ci peuvent écrire... Ces photocopies étaient censées simuler la situation dans laquelle se trouve le jeune enfant qui initie l'apprentissage de la lecture. Par analogie, nous devions en conclure que le problème du lecteur débutant consiste à deviner les mots écrits et que la seule manière d'y arriver est de prendre en considération le contexte.

En fait, dans cette démonstration, on oubliait que le contexte, lui aussi, est constitué de mots écrits. Par conséquent le problème de l'identification des mots écrits reste posé. Nous, lecteurs habiles, sommes capables d'identifier n'importe quel mot, dans son contexte ou hors contexte, et même des mots inconnus. Le matériel écrit que l'on donne à l'enfant pour qu'il apprenne à lire n'est pas un infâme gribouillis, il est clair et net. Si nous lui apprenons le code alphabétique, il n'a pas à deviner les mots ; il peut les identifier comme nous.

Que penser de l'utilisation du contexte dans l'identification des mots chez le lecteur débutant ? La conception romantique de la lecture s'inspire d'idées qui ont été introduites aux États-Unis par des chercheurs tels que K. Goodman et F. Smith, dans les années soixante et soixante-dix, et qui aujourd'hui sont totalement réfutées. Pour Smith[5], les unités d'analyse en lecture ne peuvent pas être les lettres. S'il en était ainsi, la lecture resterait trop lente. De plus, croit-il, puisqu'on ne peut faire attention qu'à un type d'information à la fois, lire doit consister à extraire directement des idées contenues dans le texte. Pour cela, le lecteur utiliserait inconsciemment sa connaissance de la redondance linguistique. L'incohérence de cette argumentation saute aux yeux : s'il faut admettre que l'extraction des idées du texte repose sur des processus inconscients, pourquoi ne pas considérer la possibilité que l'analyse des lettres et des autres unités contenues dans les mots soit l'un de ces processus ? Pourquoi rejeter *a priori* l'idée que cette analyse puisse être très rapide ? Par ailleurs, si l'analyse en question est automatique et inconsciente, elle ne peut pas distraire le lecteur de son élaboration consciente du message du texte. La théorie de Smith implique que la meilleure manière d'apprendre à lire est de se mettre à lire immédiatement des textes significatifs et que l'accroissement de la capacité de lecture dépend uniquement de l'exercice de la lecture.

Pour Goodman[6], la lecture est une « devinette psycholinguistique ». Afin d'atteindre la compréhension du message écrit, le lecteur ferait des jugements hypothétiques, des paris, qui devraient ensuite être vérifiés et corrigés si nécessaire. En ce qui concerne le lecteur habile, les données dont on dispose sur les mouvements oculaires dans la lecture et celles qui montrent que la rapidité de l'accès à la représentation orthographique et phonologique des mots est relativement insensible à la connaissance que le lecteur peut dériver de la phrase qu'il est en train de lire, remettent en cause cette conception.

Chez le lecteur débutant, Goodman a observé 60 % à 80 % d'erreurs en moins dans la lecture de mots lorsque ceux-ci étaient lus dans le contexte de phrases que lorsqu'ils étaient lus au sein de listes de mots[7]. Ce résultat a naturellement contribué à renforcer l'idée que la lecture est essentiellement une activité d'élaboration d'hypothèses sur le sens des mots, sans identification complète de chaque mot. Cependant, il apparaît aujourd'hui que le résultat de Goodman était probablement dû à des artefacts, autrement dit à des facteurs non contrôlés qui lui enlevaient toute signification intéressante. Le principal artefact était vraisemblablement le fait que, dans l'étude de Goodman, la lecture de mots isolés était testée en premier lieu, et la lecture des mêmes mots présentés en contexte était testée ensuite. Cette caractéristique de l'expérience conduisait à confondre l'effet du contexte avec un effet d'apprentissage lié à l'ordre de passage des deux tests. Reproduire cette étude en contrôlant l'ordre de passage n'a pas montré que le contexte avait un effet, ou bien seulement chez les mauvais lecteurs et parmi les lecteurs les plus jeunes[8].

Il faut remarquer, en outre, que Goodman n'a pas distingué entre bons et mauvais lecteurs. Or beaucoup d'études ultérieures ont montré que, parmi les lecteurs débutants, les bons lecteurs, définis ici comme ceux qui comprennent bien les textes, sont moins sensibles au contexte dans la reconnaissance des mots écrits que les mauvais lecteurs[9]. Le rôle du contexte diminue également avec l'âge : ainsi, un lecteur normal de sixième année primaire est moins influencé par le contexte qu'un lecteur normal de deuxième année. Ces résultats vont tout à fait à l'encontre de la croyance répandue dans un large public. En réalité, ils ne sont dus ni à une capacité moindre des bons lecteurs à prendre le contexte en considération ni à une décision stratégique des mauvais lecteurs d'y recourir davantage. Des travaux incontestables ont montré que l'utilisation plus importante du contexte par les mauvais lecteurs est une conséquence de leur infériorité au niveau du décodage. C'est parce que le décodage est insuffisant ou lent que la connaissance dérivée du contexte intervient pour permettre la reconnaissance du mot. Le contexte joue donc un rôle compensatoire. En effet, Charles Perfetti, aux États-Unis, a découvert que les bons lecteurs sont moins influencés par le contexte lorsque les mots qu'ils doivent lire sont présentés de manière claire que lorsqu'ils sont dégradés visuellement (sans aller aussi loin que dans le cas des prescriptions, mais faites le rapprochement car c'est au fond le même problème)[10]. La dégradation visuelle du stimulus a pour effet de rapprocher l'effet de contexte manifesté par le bon lecteur de celui présenté par le mauvais lecteur. L'effet du contexte n'est donc lié de manière exclusive ni au mot-stimulus ni au niveau de compréhension en lecture. Cet effet dépend du temps d'identification du mot. Si ce temps est court, la connaissance contextuelle n'a pas le temps d'intervenir ; s'il est long, alors cette connaissance peut affecter l'identification du mot. C'est donc le degré de capacité d'identification du mot qui gouverne le processus.

Étant donné que le développement de la capacité de lecture va dans le sens d'un traitement de plus en plus rapide, précis et automatisé des mots, la disparition des effets contextuels avec l'augmentation du niveau de lecture n'est pas surprenante. Par ailleurs, certaines caractéristiques statistiques des contextes habituels en lecture font qu'il ne faut pas atteindre des niveaux de capacité très élevés pour que le rôle du contexte devienne négligeable. En effet, on a pu montrer que seule la reconnaissance d'un nombre considérable de mots dans la phrase peut créer un contexte suffisamment restrictif pour permettre de deviner correctement le mot cible. En outre, la plupart des mots dans une phrase, tout en étant compatibles avec le contexte, ne sont absolument pas prédictibles grâce à ce contexte. Enfin, les mots les plus informatifs et les plus difficiles à identifier tendent justement à être les moins prédictibles[11]. Le rôle du contexte dans l'identification des mots ne devient donc vraiment important que quand ceux-ci se présentent sous une forme brouillée, dégradée.

Cependant, et sans remettre en question l'interprétation des effets contextuels, la réalité est plus complexe pour le lecteur débutant que je ne l'ai décrite. Les données de Perfetti ont été obtenues dans une situation où le contexte lui-même était facilement identifiable. Dans des conditions où le contexte est plus difficile à identifier, des différences peuvent apparaître entre le bon et le mauvais lecteur dans l'identification des mots-contexte, de telle sorte que si le mauvais lecteur ne parvient pas à reconnaître correctement le contexte il ne peut évidemment pas l'utiliser pour identifier un mot particulier. La relation entre effet de contexte et niveau de lecture peut s'inverser[12]. Cependant, ce résultat ne contrarie pas, et au contraire appuie l'idée que le contexte est utilisé, quand il peut l'être, pour compenser d'éventuelles difficultés dans l'identification des mots. L'absence d'effet de contexte peut donc avoir trois sources : soit une capacité d'identification des mots assez élevée ; soit une capacité d'identification des mots trop faible pour permettre la reconnaissance du contexte ; soit encore une connaissance insuffisante de la signification des mots qui font partie de la phrase.

Tout cela concerne l'utilisation du contexte dans l'identification des mots connus. Lorsqu'il s'agit de mots inconnus du lecteur, leur forme phonologique peut être rapidement obtenue si la capacité de décodage est élevée, mais la signification ne peut évidemment pas être atteinte directement. Les seules manières d'obtenir la signification de ces mots consistent à la demander à quelqu'un d'autre, ou bien à l'inférer à partir du contexte. Ainsi, pour être juste à l'égard du contexte, je me dois de souligner ici sa grande importance, non pour identifier les mots, mais pour apprendre leur signification.

Le lexique orthographique augmente de manière considérable au cours de l'école primaire. Cette assertion est tout aussi valable pour l'augmentation de la connaissance de la signification des mots. Une étude portant sur des enfants de cinquième année primaire a montré que, en moyenne, ils rencontrent, à l'école et hors de l'école, chaque année, plus d'un million de mots écrits, dont seize à vingt-quatre mille sont des mots inconnus[13]. Les différences individuelles sont naturellement énormes, certains ne lisant pratiquement rien hors de l'école, et d'autres rencontrant jusqu'à six millions de mots, connus et inconnus. La même équipe a essayé d'estimer la probabilité qu'a l'enfant d'acquérir la signification d'un mot écrit inconnu rencontré dans un texte, à la suite d'une seule rencontre. Si l'on teste l'enfant immédiatement après la lecture et si l'on se contente d'une connaissance vague de la signification du mot, la probabilité est de 20 %. Elle descend à 10 % pour une connaissance plus précise. Si l'on teste l'enfant plus tard à l'aide d'un test de choix multiple, la probabilité de reconnaître la signification du mot est de 5 %. En d'autres termes, en tenant compte du nombre moyen de mots inconnus rencontrés chaque année, en supposant que chaque mot inconnu n'est rencontré qu'une fois, et en prenant 5 % comme probabilité d'apprentissage, on peut estimer à environ mille mots le nombre de mots nouveaux acquis par an, en moyenne, au travers de la lecture[14].

De manière plus analytique, on peut penser que l'utilisation du contexte dans l'apprentissage de mots nouveaux a une double influence, négative et positive. L'influence négative peut avoir lieu à un niveau conscient, stratégique. Atteignant la signification d'un mot inconnu grâce au contexte, le lecteur peut être découragé de l'analyser intentionnellement, plus à fond, au niveau de ses propriétés orthographiques. Or la constitution de représentations orthographiques est très utile à une identification rapide, lors de rencontres ultérieures. D'autre part, l'association à un niveau inconscient entre l'activation des représentations sémantique, orthographique et phonologique correspondant à un mot écrit, lors de chaque rencontre avec ce mot, peut permettre de constituer des connexions entre ces représentations qui rendront plus faciles et plus probables des reconnaissances ultérieures du même mot.

Je pense avoir prouvé suffisamment l'importance des processus d'identification des mots, en particulier du décodage, pour l'apprentissage de la lecture. Cela conduit à envisager une question majeure : comment entraîner l'enfant dans cette voie ? Dans les pages qui suivent, j'analyse ce qui me semble constituer les deux conditions principales de l'apprentissage de la lecture : permettre à l'enfant, tout d'abord, de comprendre ce qu'est la lecture, ce que représentent les textes et les livres par rapport au langage parlé, et ensuite, de manière plus pointue, lui permettre de découvrir le principe alphabétique. La première découverte peut se faire très tôt. À cet égard les parents jouent, ou devraient jouer, un rôle de toute première importance.

Lisons-lui des histoires...

> Lire.
> À voix haute.
> Gratuitement.
> Ses histoires préférées.
>
> Et même si nous n'avons rien raconté du tout, même si nous nous sommes contentés de lire à voix haute, nous étions son romancier à lui, le conteur unique, par qui, tous les soirs, il glissait dans les pyjamas du rêve avant de fondre sous les draps de la nuit. Mieux, nous étions le Livre.
>
> Daniel Pennac,
> *Comme un roman.*

Qu'il est beau, le livre de Pennac ! Sans référence aucune à la psychologie scientifique, il nous persuade du plaisir et de l'importance de la lecture à haute voix.

Avant d'apprendre réellement à lire, l'enfant doit se faire une idée de ce qu'est la lecture. Comment peut-il aborder la lecture s'il n'a pas compris quelle sorte d'objet est un livre et que le texte transcrit le langage ? « *En somme*, écrit Pennac, *nous lui avons tout appris du livre en ces temps où il ne savait pas lire.* [...] *Au point, souvenez-vous, au point qu'*il avait hâte d'apprendre à lire [en italique dans le texte]. » On ne peut avoir le désir de lire si l'on ne sait ce que c'est. L'écoute de la lecture, à voix haute, par les parents crée le désir de lire par soi-même, aussi irrésistible que le désir de marcher tout seul. La meilleure démonstration en est le fait que, très souvent, l'enfant à qui on lit le soir avant qu'il ne s'endorme, demande à rester seul, encore un petit peu, le livre entre les genoux écartés, le regardant, refaisant ce que son papa ou sa maman viennent de faire, essayant de retrouver l'écho magique des paroles lues.

Le premier pas vers la lecture est l'écoute des livres. L'écoute de la lecture par autrui a une triple fonction, cognitive, linguistique et affective. Au niveau cognitif général, elle ouvre une fenêtre sur des connaissances que la conversation autour des autres activités quotidiennes ne parvient pas à communiquer. Elle permet d'établir des associations éclairantes entre l'expérience des autres et la sienne propre. Plus important encore, peut-être, elle apprend, par la structure même de l'histoire racontée, par les questions et les commentaires qu'elle suggère, par les résumés qu'elle entraîne, à mieux interpréter les faits et les actes, à mieux organiser et retenir l'information, à mieux élaborer des scénarios et des schémas mentaux [15].

Au niveau linguistique, l'écoute des livres permet de clarifier un ensemble très varié de relations entre le langage écrit et le langage parlé : le sens de la lecture, les frontières entre les mots, la relation entre la longueur des mots parlés et des mots écrits, la récurrence des lettres et des sons (voir « L'oiseau des îles est pris au zoom... », de l'*Exercice en forme de Z*, sans pour autant conseiller la lecture de tout Serge Gainsbourg aux enfants de maternelle...), les correspondances lettre-son, les marques de ponctuation, etc. Cette écoute pousse l'enfant à accroître et à structurer son répertoire de mots et à développer des structures de phrases et de textes, car beaucoup de mots, certaines structures syntaxiques (relatives, passives, inversion du sujet et du verbe...) et certaines règles de cohésion discursive apparaissent moins fréquemment dans le langage oral que dans l'écrit. L'enfant s'habitue à paraphraser, à dire autrement, à comprendre et à utiliser des figures de style. Ces capacités lui seront particulièrement utiles après les deux premières années d'apprentissage de la lecture, pendant lesquelles les textes à lire sont encore relativement simples. En effet, les connaissances linguistiques acquises au cours de l'écoute d'histoires lui procurent un atout considérable pour faire face à une lecture progressivement plus sophistiquée.

Au niveau affectif aussi, l'enfant découvre l'univers de la lecture par la voix, pleine d'intonation et de signification, de ceux en qui il a le plus confiance et à qui il s'identifie. Pour donner le goût des mots, le goût de la connaissance, c'est la grande porte !

Cette relation intensément affective fait fructifier d'autant plus vigoureusement les apports cognitifs et linguistiques. Très souvent, et pas nécessairement de manière délibérée, le comportement des parents favorise ces apports. Ils commentent et expliquent les parties plus difficiles du texte, s'assurent que les enfants connaissent les mots utilisés et ils font preuve de beaucoup de patience pour répéter *ad infinitum* les histoires favorites de l'enfant. La répétition finit par permettre à l'enfant de connaître l'histoire mot à mot et lui donne ainsi l'occasion de mieux porter son attention sur les aspects formels du texte et sur les relations entre les signes et la parole.

La lecture à voix haute des livres d'histoires ne devrait cependant pas être une prérogative des parents. Elle devrait faire partie des activités de l'école maternelle. La lecture pour le groupe suscite des interactions et des formes de partage intellectuel entre pairs que ne peut fournir la relation parent-enfant. Elle a le grand avantage démocratique de contribuer à ne pas laisser définitivement à la traîne les enfants dont les parents ne lisent pas pour eux ou ne lisent pas du tout. On sait, en effet, par de nombreuses études, que la réussite de l'apprentissage de la lecture est corrélée positivement avec la stimulation intellectuelle et « littéraire » fournie par la famille. En immergeant l'enfant dans ce bain, attention cependant au danger qui consisterait à n'en regarder que le résultat cognitif. En lisant pour l'enfant, ne devenons pas son instructeur, et ce, que nous soyons parent ou instituteur. Rien de mieux que d'avoir comme mire son plaisir... et le nôtre ! En ce sens, Pennac a raison d'affirmer que *« le verbe lire ne supporte pas l'impératif »*.

L'idée que la lecture d'histoires aux enfants contribue au succès dans l'apprentissage de la lecture est confirmée par plusieurs études. Dans l'une d'elles, menée par Dina Feitelson et ses collègues en Israël sur des enfants de première année[16], au cours des vingt dernières minutes de chaque journée les instituteurs lisaient des histoires ou bien continuaient l'instruction de la lecture et de l'écriture. Six mois plus tard, les enfants à qui on faisait régulièrement la lecture se trompaient moins souvent dans la lecture de textes à haute voix, comprenaient mieux les textes lus silencieusement et utilisaient un langage plus sophistiqué pour raconter des histoires à partir de séries de dessins que les enfants qui avaient suivi les activités habituelles. D'autres études, en Angleterre et aux États-Unis, révélèrent que le fait de donner des livres d'histoires aux parents de classes sociales défavorisées pour qu'ils les lisent à leurs enfants a un effet positif sur l'apprentissage de la lecture[17]. Dans certaines de ces études, menées par Jana Mason et son équipe[18], des enfants de différents milieux (rural, urbain, et de villages de pêcheurs) recevaient ces livres alors qu'ils étaient encore à l'école maternelle. Leurs performances de lecture de textes, de lecture à haute voix de mots et d'écriture sous dictée un an plus tard, en première année d'école primaire, étaient supérieures à celles des enfants du groupe contrôle, dont les parents avaient reçu des livres pour faire des dessins.

Fais-moi la lecture, s'il te plaît... Avant de clore ce passage, je ne résiste pas à la tentation d'évoquer le fait que les textes, chez les anciens Grecs et Romains, et encore au Moyen Âge, étaient écrits pour être lus à haute voix et écoutés. Superbe moyen de révéler la lecture à l'enfant, lire à haute voix et écouter lire peut être aussi un plaisir d'adulte. Je connais une librairie où, un soir par semaine, on se réunit pour écouter de la prose ou de la poésie. Mais combien le font ? *« Plus le droit de se mettre les mots en bouche avant de se les fourrer dans la tête ? Plus d'oreille ? Plus de musique ? Plus de salive ? Plus de goût, les mots ? »* (Daniel Pennac). Que faut-il changer, dans l'habitat, la gestion du temps, la relation avec les médias, pour que l'homme d'aujourd'hui retrouve ce plaisir ?

Parlons-lui du phonème, mais comment ?

> The discovery of a strong relationship between children's phonological awareness and their progress in learning to read is one of the great successes of modern psychology.
>
> [La découverte d'une forte relation entre la conscience phonologique des enfants et leur progrès dans l'apprentissage de la lecture est l'un des grands succès de la psychologie moderne.]
>
> Bryant et Goswami (1987).

Des dizaines de travaux ont montré invariablement que la performance aux différentes épreuves construites par les chercheurs pour mettre en évidence la conscience phonémique est hautement corrélée avec le niveau de lecture dans les premières années d'école primaire[19]. Lorsque, par des techniques statistiques appropriées, on essaye de déterminer quels facteurs contribuent le plus à rendre compte de la variabilité individuelle dans les performances de lecture, on constate que les mesures d'habileté phonémique se trouvent aux avant-postes, et souvent à la première place, surtout en première année primaire[20].

Une simple association entre deux variables, aussi puissante soit-elle, ne constitue pas une indication de relation causale et encore moins de relation causale dans un sens particulier. Je n'épiloguerai pas longtemps sur le fait que, même si l'augmentation de mon âge et celle des prix des biens de consommation sont hautement corrélées, je n'ai pas de raison de développer un sentiment paranoïaque vis-à-vis de la société (et vous non plus, vous n'avez donc pas de raison de m'en vouloir...). Par conséquent, il est essentiel, en ce qui concerne la relation entre la conscience phonémique et l'apprentissage de la lecture, d'enquêter directement sur l'existence d'une relation causale. Deux types de méthodes sont généralement utilisés. Le premier consiste à regarder si l'une des compétences peut être présente en l'absence de l'autre ; si c'est le cas, la première ne peut être seulement une conséquence de la seconde. L'autre type de méthode consiste à entraîner des personnes sur l'une des compétences, et à observer si cet entraînement produit des effets positifs sur l'autre ; si c'est le cas, on peut conclure que la première compétence a une influence causale sur la seconde.

Le lecteur de ce livre est au courant, depuis l'Introduction, du fait que les adultes illettrés n'ont pas conscience des phonèmes. Il semble donc que la conscience phonémique ne précède pas l'apprentissage de la lecture[21]. Les études réalisées sur les enfants mènent à la même conclusion. Naturellement, beaucoup d'enfants donnent des indications de conscience phonémique avant d'entrer à l'école primaire. Cependant, il est clair que l'on peut entrer à l'école primaire en sachant déjà lire, ou en tout cas en ayant acquis le principe alphabétique. Aux États-Unis, par exemple, il semble que 2 à 3 % des enfants de quatre ans peuvent identifier des mots isolés, et connaissent presque toutes les lettres de l'alphabet. Beaucoup de programmes américains d'école maternelle incluent une préparation à la lecture des enfants de cinq ans, avec explicitation du code alphabétique. Vers le milieu de l'année, beaucoup de ces enfants comprennent le principe alphabétique, et certains commencent à lire[22]. Dans une étude portant sur des enfants de milieu urbain industrialisé, dont les parents ont des revenus faibles ou moyens, on constata que 47 % des enfants venant d'entrer en première année primaire ont déjà complété un programme partiellement phonique de préparation à la lecture, c'est-à-dire un programme comportant une information sur les correspondances entre les lettres et leurs « sons »[23]. N'oublions pas que certaines émissions de télévision pour les enfants leur procurent aussi ce type de préparation à la lecture.

Par ailleurs, beaucoup de parents instruisent leurs enfants sur le code alphabétique en leur donnant les correspondants phonémiques d'au moins quelques lettres. Cette information est à l'origine d'un comportement ludique, appelé « orthographe inventée », observé chez les enfants de familles qui généralement possèdent beaucoup de livres et valorisent la lecture[24]. Exposés à l'alphabet, ces enfants prennent goût à essayer d'écrire des mots et, pour le faire, ils interrogent eux-mêmes leurs parents sur les correspondants phonémiques des lettres. Il n'est pas étonnant que des enfants qui connaissent un peu le code alphabétique montrent une certaine conscience des phonèmes, même s'ils sont encore incapables de lire des mots. En d'autres termes, plutôt que d'affirmer que la conscience phonémique ne précède jamais la capacité de lecture, il est plus exact de dire que la conscience phonémique ne précède jamais l'acquisition d'une connaissance, fût-elle partielle, du code alphabétique. En effet, dans aucune étude, on ne trouve d'enfants prélecteurs qui, n'ayant aucune connaissance des correspondances entre lettres et « sons », réussissent des tests phonémiques sans entraînement intensif.

On peut en dire autant de la relation inverse. Les enfants qui peuvent lire des mots nouveaux, en particulier des pseudo-mots, réussissent aux tests phonémiques. Rappelez-vous le cas de Rosine : elle lit bien les mots familiers, mais elle est incapable de lire des pseudo-mots et tout aussi incapable d'effectuer des manipulations phonémiques. La conscience phonémique n'est donc pas obligatoire pour toute forme de lecture de mots, mais elle est indispensable à l'utilisation de la procédure de conversion grapho-phonologique dans la lecture.

En un mot, la conscience phonémique et la connaissance du code alphabétique émergent ensemble. Aucune n'est la « cause » de l'autre. Pourtant, nous allons voir qu'elles s'influencent et se renforcent mutuellement. Ensemble, elles contribuent au succès de l'apprentissage de la lecture et de l'écriture[25].

Une série de travaux a comparé les effets de divers programmes d'entraînement (chacun donné à un groupe différent d'enfants) sur l'évolution de la performance en lecture et en écriture[26]. Une constante de ces études est le fait que les programmes qui exercent à la fois l'habileté d'analyse phonémique intentionnelle et la connaissance des correspondances entre les lettres et les « sons » permettent des progrès significativement plus importants en lecture et en écriture que les programmes qui n'exercent que l'une de ces deux compétences. L'entraînement portant uniquement sur l'analyse phonémique ou bien sur les correspondances ne conduit pas, d'ailleurs, à des progrès se démarquant significativement de ceux enregistrés par des groupes contrôles, qui, pendant la même période de temps, sont entraînés à l'utilisation de concepts ou au calcul. Il semble donc que pour obtenir des effets tangibles au niveau de la lecture et de l'écriture, l'entraînement aux correspondances est peu efficace si l'on ne fait pas apparaître explicitement l'un des termes – le phonème – de ces correspondances ; et il semble que l'entraînement à l'analyse de la parole en phonèmes est peu efficace si l'on ne rend pas explicite leur relation avec les signes écrits. Il faut que l'enfant reçoive une information explicite à la fois sur les correspondances et sur la présence de phonèmes dans la parole.

Dans ce contexte, une étude récente menée par des chercheurs de l'université de York en Angleterre sur des enfants de sept ans qui étaient des lecteurs médiocres mérite toute notre attention[27]. Ces enfants reçurent un programme d'entraînement comprenant quarante séances de trente minutes s'étendant sur vingt semaines. Quatre groupes d'enfants furent constitués. Les enfants d'un groupe (appelé contrôle) poursuivaient simplement l'apprentissage habituel de la lecture dans leur classe. Les autres étaient assignés à un programme additionnel particulier. Ainsi, les enfants du groupe « phonologie » recevaient un entraînement phonologique (portant sur la rime, la syllabe et le phonème). Ceux du groupe « phonologie+lecture » recevaient cet entraînement, bien que moins intense, et suivaient en outre un entraînement qui incluait des activités de mise en application des correspondances et, de manière plus générale, d'utilisation de stratégies phonologiques dans la lecture et l'écriture. Enfin, les enfants du groupe « lecture » pratiquaient la lecture et l'écriture pendant toute la durée du programme additionnel, mais sans aucune référence à la phonologie. Les résultats ont montré que seul le groupe « phonologie+lecture » avait plus progressé en lecture de pseudo-mots, de mots isolés, de mots en contexte et en compréhension de textes que le groupe contrôle.

J'ai choisi de décrire succinctement cette étude plutôt que d'autres, tout aussi bien menées, pour deux raisons. La première est qu'elle montre, peut-être encore mieux que les autres, que l'entraînement exclusivement phonologique est insuffisant. Dans cette étude, c'est le groupe « phonologique » qui a le plus progressé dans des tests d'analyse phonologique, y compris de manipulation des phonèmes. Par conséquent, l'entraînement phonologique est efficace à ce niveau, et pourtant, ce progrès ne se généralise pas à la lecture. La seconde raison est que le groupe « phonologie + lecture » a progressé davantage en lecture que le groupe « lecture », alors qu'il passait moins de temps dans des activités de lecture que ce dernier. Ce résultat va donc à l'encontre de l'idée suivant laquelle la meilleure manière d'employer le temps d'apprentissage d'une capacité est de le consacrer entièrement et directement à cette capacité. Lorsqu'il s'agit d'apprendre à lire, n'utilisons pas tout le temps disponible à la lecture, utilisons-le aussi en partie pour mettre en évidence des compétences qui constituent le fondement de la lecture, et pour montrer le lien entre ces compétences et la lecture.

Cette dernière idée a été exploitée par un chercheur de l'université de Berkeley dans un travail qui compare les effets de deux types de programme d'entraînement phonémique[28]. Un programme, dit procédural, consistait à entraîner les enfants à analyser et à synthétiser des phonèmes dans des expressions de parole ; l'autre, dit procédural + conceptuel, attirait de plus l'attention de l'enfant sur le fait que l'analyse et la synthèse phonémiques sont utilisées dans la lecture et l'écriture, sur les avantages que procure l'utilisation de ces habiletés et sur la manière dont elles doivent être utilisées. En d'autres termes, ce dernier programme situait les habiletés d'analyse et de synthèse phonémique dans le contexte de la lecture et explicitait le lien qu'elles ont avec la lecture. Les enfants qui ont suivi ces programmes étaient à l'école maternelle ou en première année primaire. Les deux programmes ont eu des effets positifs similaires sur le niveau de lecture en maternelle, mais en première année primaire le programme procédural + conceptuel s'est révélé plus efficace que l'autre. Ainsi, l'explicitation du lien entre l'habileté phonémique et la lecture a un effet positif additionnel, à condition que les enfants se trouvent déjà en situation d'apprentissage de la lecture. Puisque l'habileté phonémique a pour fonction de servir dans le cadre d'activités de lecture et d'écriture, il convient non seulement d'instruire l'enfant explicitement sur la structure phonémique de la parole, mais aussi de l'instruire explicitement sur les liens entre l'habileté phonémique et la lecture, dans le contexte de la lecture.

D'après les travaux que nous avons passés en revue jusqu'à présent, il semble clair que l'explicitation du phonème et des correspondances graphème-phonème joue un rôle très important dans l'apprentissage de la lecture, vraisemblablement dans l'acquisition de la procédure de décodage phonologique. Cependant, peut-on considérer que l'acquisition de cette procédure exige une instruction explicite des phonèmes et des correspondances ? Ne peut-on pas imaginer que, confronté aux régularités du matériel alphabétique, l'enfant lui-même finit par découvrir le phonème ainsi que les correspondances ? Remarquons que la méthode qui consiste à apprendre aux enfants à lire des mots sans que jamais on ne leur explicite le code alphabétique (appelons-la méthode globale) donne une réponse affirmative à cette question. Bien que je n'aborde pas ici le problème des méthodes, qui est réservé au chapitre 5, voyons ce que les astuces de l'expérimentation de laboratoire nous apprennent au sujet de la nécessité d'explicitation du code.

Un psychologue australien, Brian Byrne, s'est particulièrement illustré dans ce travail. Il a d'abord démontré sur des étudiants universitaires la faiblesse de notre capacité à scruter les dessous intimes du langage. Il a essayé de leur faire apprendre à lire une écriture qui correspond non à des phonèmes mais à des traits phonétiques (sonorité et lieu d'articulation des consonnes)[29]. À la figure 3.1 (1), on peut voir des symboles similaires à ceux utilisés dans la phase d'entraînement. Les sujets apprenaient ces associations signe-consonne, et ensuite on leur demandait lequel des deux signes présentés en (2) représente la consonne « v ». Échec total ! Les sujets furent incapables de découvrir que chaque élément d'un signe correspond à une valeur de trait phonétique, que ❂ et ▼ correspondent à deux lieux d'articulation différents, et que ✚ et ✧ correspondent aux deux degrés de sonorité des consonnes de leur langue. S'ils avaient découvert cette règle, sachant que le v est une consonne sonore, comme le b et le z, ils auraient pu facilement associer le v au signe de gauche en (2). Ils ont échoué parce qu'ils n'avaient pas conscience des traits phonétiques. Évidemment, quand, avant de soumettre d'autres sujets à l'expérience, Byrne leur a fait un exposé portant sur les notions de lieu d'articulation et de sonorité, ils ont pu découvrir l'association entre chaque

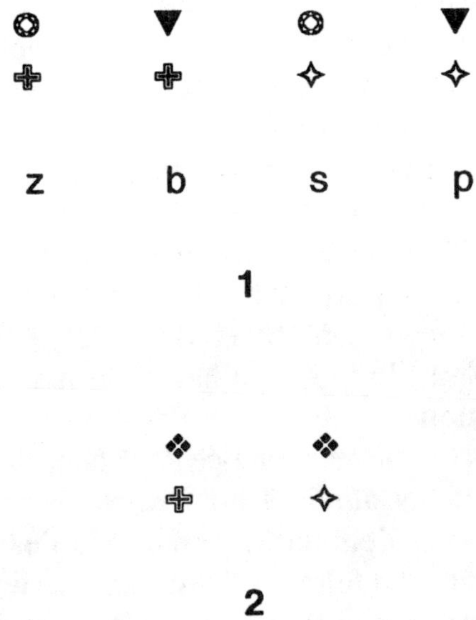

Figure 3.1 – Types de stimuli utilisés dans une expérience de généralisation d'apprentissage sur la base d'une représentation graphique de traits phonétiques.

élément et une valeur de trait, et utiliser cette connaissance dans le test de transfert.

Brian Byrne a visité notre laboratoire plusieurs fois, nous nous sommes rencontrés dans plusieurs congrès, et il est venu d'Australie pour participer à un colloque organisé en hommage à l'inspirateur des travaux du groupe de Bruxelles sur la lecture, Paul Bertelson[30]. À cette occasion, il est resté quelques jours chez moi et s'est lié d'amitié avec notre persan marbré. C'est ainsi qu'un soir, Brian et Monsieur le Chat, couché sur ses genoux, nous ont raconté ce que j'ai envie d'appeler une belle histoire expérimentale et une belle histoire d'amour des enfants. Si nous n'avons pas eu exactement cette conversation, nous aurions pu l'avoir.

« Vous vous rappelez cette situation que j'ai utilisée pour vérifier dans quelles conditions les lettrés alphabétisés peuvent découvrir un système d'écriture qui représente des traits phonétiques ? Eh bien, j'ai fait quelque chose de semblable avec des enfants de cinq ans qui, j'en étais sûr, ne connaissaient pas les lettres ; mais cette fois-ci en utilisant un code phonémique [31]. Cela se passe comme ceci : je présente à l'enfant les mots écrits FAT et BAT, je lui dis comment ils se prononcent, et je m'assure qu'il a bien appris la relation entre la prononciation et le mot écrit. Ensuite, je lui montre le mot écrit FUN, et je lui demande s'il s'agit de “ fun ” ou de “ bun ”. Il n'avait pas encore vu les lettres UN, mais il avait vu le B et le F. Si, du fait que BAT se lit [bat] et FAT se lit [fat], il a pu déduire que B et F correspondent, respectivement, à [b] et [f], alors il devrait pouvoir choisir “ fun ”. Non, il répond au hasard, il n'a pas découvert le principe alphabétique.

« Vous savez comme moi que ce seul constat est insuffisant. Beaucoup de facteurs auraient pu être responsables de l'incapacité manifestée par l'enfant ! Il fallait que j'essaie tout ce qui était en mon pouvoir de faire, toujours sans expliciter le principe alphabétique, pour amener l'enfant à découvrir ce principe par lui-même.

« Les mots écrits étaient-ils trop peu distincts pour un enfant de cinq ans ? J'utilise alors des formes colorées, un triangle rouge ou un cercle bleu, comme consonne initiale, suivi d'un carré jaune. Puis je présente l'un d'eux suivi d'une étoile verte, et je pose ma question : Lequel est FUN ? Mêmes résultats. L'enfant a-t-il trop de difficultés à faire des déductions dans une tâche de ce type ou à transférer la règle qu'il aurait découverte ? Pour tenir compte de cette possibilité, j'utilise des groupes de mots. Je vous en donne un exemple en français : “ chaise propre ” et “ table propre ”. Chaque élément d'un signe correspond à un mot particulier. Je lui présente deux autres signes, je lui demande : Lequel représente chaise sale ? Maintenant, un certain nombre d'enfants réussissent. Donc, ce type de déduction est à la portée d'enfants de cinq ans, pour autant qu'elles portent sur des entités qu'ils peuvent manipuler parce qu'ils y ont un accès conscient. Ils peuvent faire des déductions sur la représentation des mots. Les phonèmes que j'avais choisis posent-ils des difficultés particulières ? J'en utilise d'autres, mais sans plus de succès. Les enfants qui ne connaissent pas les lettres sont clairement incapables d'extraire des mots écrits une règle de représentation phonémique.

« Je me pose alors la question de savoir si l'enfant ne peut pas avoir plus de succès avec la représentation de la rime. Je lui montre des signes, à deux éléments, qui représentent les mots " hug " et " hot ". Le premier élément correspond à l'attaque (la consonne initiale), et le second à la rime. Ensuite, je présente à l'enfant un autre signe qui comprend l'élément correspondant à " ug " et je lui demande : Est-ce qu'il est " mug " ou " mog " ? Échec ! Les enfants sont incapables de découvrir une correspondance basée sur la rime.

« Évidemment, dans les salles de classe, on ne présente pas à l'enfant un seul exemple de correspondance. Il est courant, par exemple, de lui faire apprendre des familles de mots commençant tous par la même consonne. Par analogie, je fais de nouvelles expériences où je présente deux items pour illustrer chaque élément, dans une expérience la consonne initiale, dans une autre la rime. Cela ne va pas mieux. Il est clair que la procédure qui consiste à attendre que l'enfant découvre le phonème, ou la rime, en lui présentant des familles de mots avec le phonème initial ou la rime en commun, sans à aucun moment attirer son attention sur cet élément commun, ne marche pas.

– *Terrific* ! Tout cela a des conséquences énormes au niveau pédagogique. Il faudra faire connaître ton travail à tous ceux qui s'occupent de l'enseignement de la lecture.

– Bon, vous vous rappelez que dans l'expérience où chaque mot correspondait à l'élément d'un signe, beaucoup d'enfants ont pu découvrir cette relation. Je me suis dit : pourquoi ne pas commencer par faire faire à l'enfant quelque chose qui est à sa portée ? Dans ces conditions, il sera peut-être capable de réussir ensuite la découverte de la correspondance phonémique... Encore une fois raté ! Tous les enfants qui avaient réussi au niveau du mot ont échoué lorsqu'on est passé au phonème. Ces résultats sont tout à fait cohérents avec ceux que Jesus [il s'agit de Jesus Alegria] et toi, José, avez obtenu avec des enfants qui apprennent à lire suivant la méthode globale[32].

– S'il te plaît, Brian, n'en parle pas encore. Je compte en parler dans le chapitre 5.

– *Sorry*, José. Je voudrais vous dire encore une chose à tous deux. Même si cette incapacité de l'enfant prélettré à découvrir le phonème sans instruction explicite confirme notre théorie, j'étais un peu désappointé. Il est toujours plus agréable de constater que les enfants réussissent. J'ai donc essayé de mettre en évidence les chemins qui mènent l'enfant à la compréhension du principe alphabétique. Pour cela, je lui fournissais une information de plus en plus complète sur les phonèmes et sur les correspondances entre les lettres et les phonèmes, afin de déterminer à partir de quel type d'information il peut atteindre la compréhension du principe.

« Je commence par apprendre aux enfants à faire une segmentation de mots monosyllabiques en attaque et rime : " m...at, m...ow ", etc., utilisant une procédure de correction des réponses erronées de l'enfant, comme Alain Content faisait dans votre laboratoire[33]. Puis je prends les enfants qui ont réussi cette forme de segmentation, et je les soumets au type d'expérience de transfert que j'ai décrite auparavant. Je les entraîne à lire SAT et MAT, je leur présente SOW, et je leur demande : " Ce mot écrit représente-t-il ' sow ' ou ' mow ' ? " Aucun enfant ne réussit ce test. »

« Dans l'expérience suivante je commence enfin à obtenir des résultats positifs[34]. J'entraîne d'abord les enfants à effectuer des tâches phonémiques (soustraire le phonème initial, reconnaître son identité), et ensuite à établir des associations entre des lettres et des phonèmes, de telle sorte qu'ils puissent dire quel symbole représente /m/ et quel symbole représente /s/. Tous les enfants réussissent l'apprentissage des correspondances, mais seulement la moitié (six sur douze) réussissent les tâches phonémiques. Je les soumets ensuite au test de transfert. Les enfants qui avaient échoué aux tâches phonémiques échouent également au test de transfert. Donc, puisqu'ils avaient appris les correspondances lettre-phonème, on peut conclure que cet apprentissage n'est pas suffisant pour entraîner la compréhension du principe alphabétique et son utilisation dans la reconnaissance de nouveaux mots. Que font les autres six enfants, ceux qui avaient réussi les deux types d'entraînement ? Cinq parmi ces six enfants réussissent le test de transfert. Ouf..., nous y voilà ! Qu'est-ce que cela signifie ? Que l'entraînement à l'analyse phonémique et l'apprentissage d'associations lettre-phonème jouent un rôle complémentaire : ce sont les œufs et le sucre sans quoi il n'y a pas de gâteau (en tout cas pas de bon gâteau !). Ce sont les branches du principe alphabétique. Quand ces deux compétences sont acquises, la compréhension du principe alphabétique est aussi acquise. Après, pour discriminer entre les mots écrits, les enfants doivent seulement se rendre compte qu'ils peuvent y arriver en utilisant ce principe. Et pour décoder des mots nouveaux, d'autres habiletés doivent aussi intervenir, comme l'habileté de synthèse phonémique, mais dès que les éléments à synthétiser sont disponibles la synthèse elle-même ne constitue pas un écueil majeur. »

Je suis tellement excité par tout ce que Brian vient de nous raconter que je ne peux pas m'empêcher d'intervenir.

« J'ai envie de reposer la question : l'enfant a-t-il découvert quelque chose ? Il me semble que oui. Il est entraîné dans des épreuves phonémiques sur /s/ et /m/, il apprend à lire SAT et MAT, on lui présente FIN et BIN, on lui enseigne les " sons " correspondants à F et à B, et on constate qu'il peut transférer cette connaissance sur la discrimination entre les prononciations de " fun " et de " bun ". Autrement dit, dans ces conditions, il n'a pas eu besoin d'un entraînement phonémique sur /f/ et /b/. L'apprentissage phonémique réalisé sur /s/ et /m/ a pu s'appliquer à de nouveaux phonèmes. Ayant appris l'existence de quelques phonèmes, l'enfant est devenu capable d'analyser la parole pour en trouver d'autres et de se servir de cette découverte pour utiliser le principe alphabétique. La connaissance du principe alphabétique peut être mise en évidence pour les phonèmes pour lesquels il n'y a pas eu d'entraînement. Cela signifie qu'il ne faut pas avoir maîtrisé tout l'alphabet pour posséder le principe alphabétique. Des enfants qui ne connaissent que quelques correspondances entre lettres et phonèmes connaissent probablement autant le principe alphabétique que ceux qui connaissent tout l'alphabet. La seule différence entre eux est que les premiers ne sauront pas décoder autant de mots nouveaux que les seconds. Le principe alphabétique ne doit pas être appris à chaque nouvelle lettre. L'enfant a donc bien découvert quelque chose. À partir de quelques éléments et relations, il a extrait une règle d'analyse et de correspondance, règle qui à aucun moment n'a été explicitée de manière générale. L'enfant a bien découvert un principe abstrait.

– Tout à fait ! reprend Brian dans un élan qui fait sursauter Monsieur le Chat. D'ailleurs, quand j'entraîne l'enfant sur un phonème particulier en position initiale de mot, il peut appliquer cette connaissance lorsque la discrimination entre les mots écrits porte sur la position finale, et réciproquement. L'efficacité de l'entraînement phonémique n'est pas conditionnée par la position du phonème dans le mot. D'autre part, la nature des exemples fournis à l'enfant est importante. Les scores au test de transfert sont plus élevés pour des consonnes qui peuvent se prononcer isolément, comme /s/, /m/ et /ʃ/, que pour des consonnes occlusives, comme /t/, /d/, /k/ et /g/, qui sont imprononçables sans contexte vocalique[35]. Les routes qui mènent au principe alphabétique sont truffées d'obstacles. L'enfant qui semble posséder le principe lorsqu'il est testé sur des consonnes isolables ne le possède peut-être pas encore tout à fait. Ces consonnes constituent sans doute des marches utiles, à la bonne mesure de ses pas, mais il faut que, de toute manière, il atteigne le sommet. »

La lecture des petits racontée par les grands

Recevoir un Congrès international de psychologie est un privilège auquel même les grandes métropoles ne peuvent aspirer qu'une fois tous les cent ans. Ainsi, lorsque ma ville d'adoption en a été le siège en juillet 1992, et que quelques spécialistes de l'apprentissage de la lecture se sont retrouvés parmi quatre mille participants, je me suis dit que ce serait l'occasion rêvée pour déjeuner avec Rebecca Treiman[36], Linnea Ehri[37], Philip Seymour[38], Peter Bryant[39], Heinz Wimmer[40] et Brian Byrne. Le repas, qui eut lieu dans un bon restaurant, fut excellent. Le chef s'était appliqué, sans doute parce que mon fils Sérgio, qui travaillait là, lui avait dit que, pour nous, les odeurs et les saveurs sont des parties très importantes du psychisme.

Les activités du Congrès se déroulaient sans interruption, et certains parmi nous devaient absolument y retourner. Le récit qui suit est presque aussi imaginaire que les pousse-café que nous n'avons pas sirotés, mais il est fidèle aux idées de chaque auteur. À l'exception de Brian, vous ne connaissez sans doute pas encore ces scientifiques. Heinz est un Autrichien pétillant d'humour. Becky et Linnea sont deux Américaines adorables et très « british » (en Amérique, il y a deux sortes de tempérament, le tempérament « cricket » et le tempérament « base-ball » ; elles sont du premier). Philip et Peter sont de vrais Britanniques, de souche autant que d'esprit. Pourtant, ils sont fort différents : l'un est réservé, un peu timide ; l'autre est jovial, défripé peut-être par ses séjours au pays du Carnaval. Aucune de ces grandes personnes n'a refusé de grandir, mais elles gardent quelque chose de l'enfance, une sorte de grâce et de fragilité, préservées sans doute à travers leurs échanges permanents avec les enfants. Une chose est certaine : nous leur devons beaucoup de ce que nous connaissons actuellement sur l'apprentissage de la lecture.

Une autre figure importante de la littérature dans ce domaine était malheureusement absente : Uta Frith, chercheur à l'université de Londres, également spécialiste de l'autisme. Elle a présenté en 1985 une théorie cognitive de l'apprentissage de la lecture qui a exercé une grande influence sur les recherches ultérieures[41]. Uta proposa que l'apprentissage de la lecture passe par trois phases, chacune caractérisée par une stratégie particulière. L'enfant utiliserait tout d'abord, disons dès l'âge de trois ans, une stratégie *logographique*, consistant à reconnaître les mots à travers leurs traits physiques les plus saillants. Ainsi, il reconnaît la présentation habituelle de la marque « Coca-Cola », mais est incapable de reconnaître les mêmes mots si on les écrit d'une manière inhabituelle. Par contre, si on présente « Cora-Cota » en conservant la forme, la couleur, etc., l'enfant ne remarque pas la différence. Plus tard, l'enfant commencerait à utiliser une stratégie *alphabétique*, basée sur l'analyse des mots en lettres, l'association des lettres à des « sons » et la synthèse de ces « sons ». Le traitement serait strictement séquentiel, du début vers la fin du mot. Enfin, l'utilisation de plus en plus efficace de la stratégie alphabétique ferait apparaître une troisième stratégie, appelée *orthographique*, qui permet la reconnaissance instantanée des parties significatives du mot (les morphèmes), en prenant en considération l'ordre des lettres (contrairement à la stratégie logographique) mais pas leurs sons (contrairement à la stratégie alphabétique).

PHILIP : Je partage avec Uta l'idée que le processus alphabétique favorise la constitution de représentations orthographiques, mais il me semble qu'il n'est pas le seul, le processus logographique y contribue également.

MOI : Je dois dire que je n'ai jamais compris comment la reconnaissance de type logographique, reconnaissance globale, basée sur des traits visuels, physiques, peut contribuer au développement d'un lexique orthographique, qui consiste en des représentations d'une autre nature, beaucoup plus abstraites, puisqu'elles permettent la reconnaissance d'un mot quelle que soit son apparence (écriture imprimée, cursive, en majuscules, en minuscules, etc.). Mais je suis forcé d'admettre qu'il est possible de parvenir à la constitution du lexique orthographique sans passer par les processus de type alphabétique. Autrement, je devrais nier l'existence de Rosine, ce que Ruth [Campbell] et Brian [Butterworth] ne me pardonneraient pas.

LINNEA : L'association entre la forme visuelle globale d'un mot et la signification de ce mot est arbitraire. Par conséquent, la forme visuelle ne peut avoir qu'une faible utilité dans l'apprentissage de la lecture. On a montré, par exemple, que l'enfant prélettré qui vient d'apprendre à lire sur une base logographique trois ou quatre mots d'une liste de dix n'est plus capable de les lire quinze minutes plus tard. Il n'est pas rare non plus que l'enfant, à ce stade, inclue des chiffres parmi des lettres quand il essaie d'écrire des mots. Les lettres ne constituent pas encore pour lui une catégorie particulière.

MOI : La lecture de type logographique n'est pas encore vraiment de la lecture.

PHILIP : Un autre point sur lequel je ne suis pas d'accord avec Uta est que, pour moi, les processus de type logographique et alphabétique ne se succèdent pas nécessairement. Ils peuvent émerger en parallèle. En fait, leur ordre d'apparition dépend surtout de la méthode d'instruction. Si l'enfant se voit expliquer très tôt le code alphabétique, chez lui ou en maternelle, il n'y a pas antériorité du processus logographique par rapport au processus alphabétique.

MOI : Vous avez probablement raison.

LINNEA : De toute manière, ce qui est important est de ne pas perdre de vue la différence fondamentale entre les deux types de processus. Permettez-moi de vous rappeler une de mes études[42]. J'ai fait apprendre deux listes de « mots », écrits de manière arbitraire, à des enfants d'école maternelle. L'une des listes comportait des items qui, par l'utilisation combinée de majuscules et de minuscules et de différentes fontes, se distinguaient bien visuellement les uns des autres (par exemple uHE pour « masque »). Dans l'autre liste, les items étaient des simplifications phonétiques (par exemple MSQ pour le même mot). J'ai étudié un groupe d'enfants qui ne connaissaient que quelques lettres. Ils ont appris plus facilement à lire les items basés sur des distinctions visuelles que les items qui étaient des simplifications phonétiques. J'ai aussi étudié deux autres groupes, que j'appelle les novices et les vétérans. Ils connaissaient tous la plupart des lettres de l'alphabet, mais les vétérans étaient capables de lire beaucoup plus de mots que les novices. Eh bien, ces deux groupes non seulement étaient globalement meilleurs que les prélettrés mais, en outre, ils ont appris à lire beaucoup plus facilement les simplifications phonétiques. Donc, dès que les enfants connaissent un nombre considérable de lettres, ils utilisent une stratégie alphabétique.

MOI : Autrement dit, pour la grande majorité des enfants, la stratégie logographique est abandonnée rapidement en faveur de la stratégie alphabétique. Elle ne continue à être utilisée que par les enfants qui éprouvent des difficultés pour acquérir la stratégie alphabétique. C'est différent en ce qui concerne les processus alphabétique et orthographique. On peut considérer que, de manière générale, le processus alphabétique, pris dans le sens d'un décodage séquentiel, est dominant au début de l'apprentissage. Ensuite, progressivement, il perd de l'importance en faveur du processus orthographique. Cependant, l'enfant est capable de reconnaître un certain nombre de mots sur une base orthographique déjà en première année de l'école primaire. Uta elle-même, dans une étude en collaboration avec Maggie Snowling[43], a montré que la connaissance des formes orthographiques des mots est présente au moins dès l'âge de six ans. Vous vous souvenez, elles donnèrent à lire aux enfants des phrases comme « Mothur gaiv Tom a wredd bocks » [en français, on pourrait avoir, par exemple, « Mament a donnez une bouate à Piairt... »]. Elles ont constaté que, même si ces phrases peuvent être reconnues par décodage phonologique, leur lecture est nettement ralentie par rapport à la lecture des mêmes phrases écrites correctement du point de vue orthographique. Les enfants plus âgés, de quatrième année primaire, n'acceptent pratiquement jamais comme correctes des phrases où un mot assez courant a été mal écrit, même si l'erreur d'orthographe n'affecte pas la prononciation [par exemple, « j'ème lire »].

LINNEA : La question sur laquelle Uta a été peu explicite est celle des relations entre le processus alphabétique et le processus orthographique. Pour moi, il ne s'agit pas de deux processus indépendants. Il est peu vraisemblable que l'apprenti-lecteur constitue des représentations orthographiques sans tenir compte des relations systématiques entre des groupes de lettres et leur prononciation. Vous savez, on a toujours trouvé des corrélations fort élevées entre la lecture de mots réguliers et la lecture de mots irréguliers, et entre celle-ci et la lecture de pseudo-mots[44].

BRIAN : Les mots irréguliers sont en général des mots réguliers à l'exception de la prononciation d'une ou deux lettres. En d'autres termes, leur prononciation n'est pas complètement arbitraire. Le lecteur débutant peut donc les lire en utilisant sa connaissance des correspondances et en réduisant ainsi les cibles potentielles. Il peut d'ailleurs retenir l'existence d'une exception à un endroit particulier, ce qui lui permet d'apporter à la prononciation assemblée la correction nécessaire. Dans notre laboratoire, nous avons trouvé que ce sont les bons décodeurs qui enregistrent, entre les deuxième et troisième années de l'école primaire, les progrès les plus importants, non seulement en compréhension de textes et en lecture de mots réguliers, mais aussi en lecture de mots irréguliers[45]. Ce résultat a été confirmé par d'autres équipes. Ainsi, par exemple, à l'université de Houston, on a testé deux groupes d'enfants de première année primaire, dont l'un recevait beaucoup plus d'entraînement aux correspondances lettre-« son » que l'autre. Les tests ont eu lieu à trois moments différents de l'année. Les résultats ont montré une accélération plus importante de la capacité de lire des mots chez les enfants qui recevaient plus d'instruction sur les correspondances, et cela se vérifiait aussi bien pour les mots irréguliers que pour les réguliers. Remarquez que des résultats similaires ont été obtenus en écriture[46].

MOI : Ces corrélations élevées et la dépendance de la lecture des mots réguliers et irréguliers par rapport à la capacité de décodage n'impliquent pas qu'un seul processus est mis à l'œuvre. Elles suggèrent seulement que le processus orthographique tient sa filiation, en grande partie, du processus de décodage séquentiel. Je pense que le processus alphabétique donne l'impulsion principale, mais je ne le conçois pas comme nécessairement antérieur au processus orthographique. L'enfant qui apprend à reconnaître son nom quelle que soit la façon dont on l'écrit n'a sans doute pas encore une connaissance suffisante du code alphabétique pour pouvoir lire n'importe quel mot régulier. Ce qui me semble important n'est pas d'établir une antériorité absolue mais de spécifier la direction des influences principales. Un résultat de Linette Bradley montre bien cette relation de causalité entre le décodage phonologique séquentiel et la capacité orthographique. Elle a trouvé que l'habileté d'analyse phonologique intentionnelle (que l'on peut supposer être sous-jacente au décodage phonologique) évaluée à l'âge de six ans permet de prédire le niveau de la connaissance orthographique (mesuré au travers d'un test de mémorisation de mots irréguliers) à l'âge de sept ans, alors que le niveau de connaissance orthographique à six ans ne permet pas de prédire le niveau d'analyse phonologique intentionnelle à l'âge de sept ans[47]. Cette relation asymétrique suggère que le développement d'un lexique orthographique est influencé par le décodage phonologique. D'autre part, la lecture orthographique doit impliquer des capacités autres que celles qui interviennent dans le décodage. Anne Cunningham et Keith Stanovich[48] ont montré, en testant des enfants de première année primaire, que les mesures de traitement orthographique contribuent à expliquer une partie des variations dans la capacité de reconnaissance des mots même après que l'on a tenu compte de la contribution des mesures d'analyse phonémique de la parole à ces mêmes variations.

Pour rendre cette formulation technique plus accessible au lecteur qui n'a jamais entendu parler des méthodes de régression, je me permets d'insérer ici un aparté. Développons le même type de raisonnement sur des relations que tout le monde connaît. Le poids des enfants est, comme nous le savons, très variable. Ces variations s'expliquent en grande partie par le facteur âge, car, en général, les enfants plus âgés sont plus lourds que les plus jeunes. Mais l'âge affecte aussi la taille, car, en général, les enfants plus âgés sont aussi plus grands. On se pose alors la question de savoir si la taille intervient dans les variations de poids indépendamment de la contribution de l'âge à ces variations. La réponse pourrait être négative, car les plus grands pourraient être aussi plus minces et des grands minces pourraient avoir le même poids que des petits gros. Maintenant, reprenons les variables qui nous intéressent. Les auteurs de l'étude citée ont découvert qu'une partie de la contribution du traitement orthographique à la reconnaissance des mots (le poids, dans notre exemple) ne peut pas s'expliquer par la co-variation entre le traitement orthographique (la taille) et l'habileté d'analyse de la parole (l'âge). (Par analogie, un grand pèserait plus qu'un petit du même âge.)

Je continue, me tournant particulièrement vers Philip : Ce qui me semble manquer dans votre modèle, comme dans la plupart des modèles actuels de l'apprentissage de la lecture, c'est la distinction entre le processus de décodage phonologique séquentiel, appelé alphabétique par Uta, et un processus de conversion phonologique opérant en parallèle sur l'ensemble du mot et de manière automatique. Ce processus existe chez le lecteur habile [voir chapitre 2], par conséquent il faut bien admettre qu'il se constitue au cours de l'apprentissage, non ? En deux mots, mon modèle de l'apprentissage, le voici [je dessine le schéma de la figure 3.2 sur une feuille de papier].

Becky, les yeux brillants, un sourire naissant au coin des lèvres : Je pense, pour ma part, que la question des relations entre le processus alphabétique et le processus orthographique risque d'être vidée de son contenu si l'on ne tient pas compte

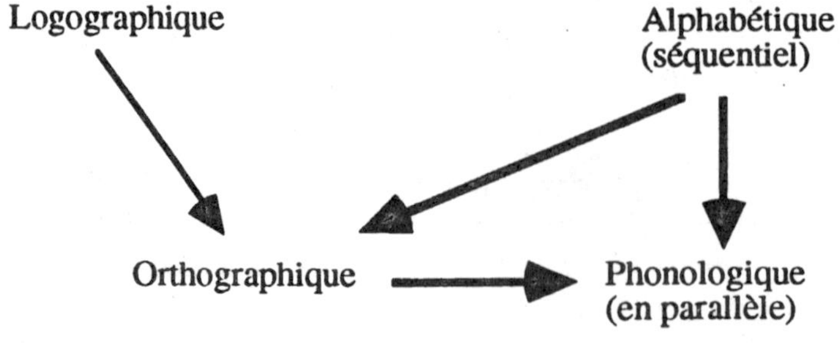

Figure 3.2 – Modèle de l'apprentissage de la lecture.

de la nature des unités qui sont codées par le système de reconnaissance, si l'on ne spécifie pas la structure linguistique des représentations qui assurent l'accès au lexique.

J'approuve d'un signe de la tête et je reprends la parole : C'est une autre question, mais une question inévitable. Allons-y alors... Il est clair que l'utilisation d'unités plus larges que la lettre rend le processus de reconnaissance beaucoup plus rapide, puisqu'elle permet d'éviter une partie des opérations de synthèse des phonèmes. Mais à quel moment du processus d'apprentissage apparaissent-elles, ces unités plus larges ?

BECKY, de nouveau : Vous connaissez ma position. J'ai toujours pensé que la structure intrasyllabique en termes d'attaque et de rime constitue une unité d'accès plus immédiat et plus facile que les phonèmes. L'enfant qui apprend à lire pourrait donc être amené à établir très tôt des correspondances entre l'attaque et la rime d'une part, et les groupes de lettres concernés d'autre part. Un résultat déjà classique montre que lorsqu'on « divise » en deux, par un espace blanc, un mot comme BREST, le lecteur de deuxième année primaire lit BR EST, qui correspond à une découpe entre attaque et rime, plus rapidement que BRE ST, qui est une division arbitraire[49]. Par ailleurs, on sait que la reconnaissance des mots chez l'enfant est plus rapide lorsque le groupe de lettres qui correspond à la rime a une fréquence élevée dans la langue écrite. Je pense que l'utilisation de la rime dans la lecture, chez l'enfant comme chez l'adulte, est liée au fait que la rime est un constituant phonologique naturel, mais j'admets que d'autres facteurs puissent aussi jouer un rôle. Notamment, si je code le mot PROUST sous la forme PR+OUST, il n'y a pas d'ambiguïté dans l'attribution de la prononciation à la voyelle O ; ce n'est pas le cas, cependant, si je le code sous la forme PRO+UST, car le O dans PRO... peut recevoir la valeur /ɔ/, /õ/, /u/, ou /o/, en fonction de ce qui suit.

PETER : Je partage tout à fait ce point de vue. Vous savez que ma collègue Usha Goswami a trouvé des indications claires d'apprentissage de la forme écrite des mots à travers l'exploitation d'analogies basées sur la rime, chez l'enfant prélettré[50].

MOI : Peter, *please* ! Ne discutons pas de cette question. Tous ceux qui lisent nos travaux s'imaginent que nous devons nous détester, tellement la polémique entre le groupe d'Oxford et le groupe de Bruxelles peut paraître âpre. Et, pourtant, lorsque nous nous rencontrons, nous avons tendance à nous accorder. Nous avons goûté ensemble un *asado* préparé par Jesus et une *feijoada* préparée par Terezinha (aussi délicieux l'un que l'autre), nous avons arpenté ensemble des kilomètres de sable le long de la digue près de Kortgene, tu m'as fait visiter les *colleges* d'Oxford, je t'ai fait admirer les maisons Art Nouveau de l'avenue Palmerston, nous savons que nous ne réussissons à nous affronter en science avec toute notre verve que par article interposé. Ne discutons ni de rime ni d'allitération.

PETER, son rire rond roulant en cascade : Tu as raison. Écoutons plutôt les autres...

BECKY : Je répète, je crois que l'attaque et la rime interviennent dans la reconnaissance des mots écrits, tout comme elles interviennent dans le codage des mots parlés. Mais les données que j'ai obtenues moi-même récemment me font penser que l'utilisation d'analogies basées sur la rime est d'une utilité très limitée au début de l'apprentissage de la lecture[51]. Si on apprend à lire à des enfants débutants une liste de dix mots consonne-voyelle-consonne (CVC), le nombre d'essais nécessaires pour apprendre à lire ensuite un mot qui partage quelque chose avec les autres est plus grand si la partie commune est soit la voyelle et la consonne initiale, soit la voyelle, que si c'est la voyelle et la consonne finale, donc la rime. En d'autres termes, ce résultat semble appuyer l'intérêt d'un apprentissage attirant l'attention sur la rime. Cependant, cet avantage est transitoire. Il semble que la représentation de la rime est très affectée par l'oubli, car un nouveau test effectué le lendemain n'a plus révélé d'avantage de la rime sur les autres parties. Au contraire, la performance était même moins bonne pour la rime que pour les autres unités. En outre, lorsqu'on a testé la généralisation de l'apprentissage à la lecture de pseudo-mots, on a constaté que la condition d'analogie qui mène au plus grand effet de transfert n'est pas la rime mais la voyelle. Par ailleurs, les réponses des enfants lorsqu'ils essayaient de lire les pseudo-mots indiquaient qu'ils avaient tendance à les segmenter en phonèmes. Dans l'apprentissage de la lecture, les lecteurs débutants semblent donc utiliser surtout l'information sur les correspondances graphème-phonème. L'analogie fondée sur la voyelle est plus utile que les autres parce qu'elle attire l'attention de l'enfant sur les relations entre les graphèmes et les phonèmes. Essayer de faire apprendre de larges unités telles que la rime n'est pas suffisant, ce n'est même pas la meilleure technique au début de l'apprentissage.

LINNEA : Je suis plus ou moins d'accord avec ce que dit Becky. Dans l'une de mes études[52], j'ai divisé un groupe d'enfants de l'école maternelle et de la première année primaire en « décodeurs » et « non-décodeurs », suivant qu'ils étaient capables ou non de lire des pseudo-mots CVC. Les non-décodeurs se sont révélés incapables d'utiliser l'analogie de rime. À ce stade, ils n'ont pas de connaissance alphabétique suffisante pour pouvoir fusionner une attaque nouvelle avec une rime connue. La phase d'utilisation efficace de la rime peut être très courte. En effet, les meilleurs décodeurs n'ont pas non plus tiré profit de l'analogie de rime entre les mots connus et les mots nouveaux. Leur compétence élevée de décodage semble rendre inutile l'utilisation d'analogies.

HEINZ : Je ne suis pas sûr de pouvoir approuver votre dernière suggestion, Linnea. Comme vous le savez, j'ai montré que les enfants autrichiens, qui apprennent à lire une orthographe beaucoup plus régulière que celle que doivent affronter vos petits Américains, utilisent très efficacement les correspondances dès la première année primaire[53]. Ils sont d'ailleurs bien meilleurs que les enfants anglophones pour lire des pseudo-mots. Les anglophones de quatrième année font, en moyenne, toujours plus d'erreurs que les germanophones de deuxième année. Les lecteurs débutants anglais et autrichiens utilisent des stratégies différentes : les Anglais (pas tous, mais environ 60 % d'entre eux) utilisent essentiellement une reconnaissance de type soit logographique, soit orthographique, et les Autrichiens une reconnaissance de type alphabétique. Les caractéristiques de l'orthographe anglaise et allemande, et les méthodes d'instruction utilisées dans les deux pays, sont certainement à l'origine de ces différences. Dans une autre étude sur des enfants autrichiens[54], j'ai constaté que l'habileté métaphonologique sur la rime, mesurée avant l'entrée à l'école, n'est pas corrélée avec la performance de lecture en première année primaire. Mais la corrélation apparaît quand on prend la performance de lecture en troisième année. J'en conclus que l'enfant autrichien qui a maîtrisé complètement l'utilisation du principe alphabétique évolue vers la constitution d'unités orthographiques plus larges, dont la rime, et le degré d'habileté de l'évaluation intentionnelle de la rime deviennent lors un reflet de cette évolution.

PHILIP : Je suis d'accord avec vous, Heinz, mais j'irai même plus loin. En fait, il n'est pas vrai, contrairement à ce que certains croient [rapide regard latéral sur Peter], que l'enfant développe une représentation consciente de la rime en tant qu'unité avant d'acquérir des représentations conscientes de phonèmes. Évidemment, je ne parle pas d'une utilisation inconsciente de la rime, qui peut atteindre des niveaux très élevés d'habileté même en l'absence de représentation isolée, comme dans le cas des poètes illettrés [il regarde dans ma direction]. Mes sujets sont britanniques, ils apprennent cette orthographe anglaise qui a l'air si tordue. Quand je demande à des petits de première année de segmenter une petite expression du type CCVCC en deux morceaux, ils ne montrent aucune tendance à le faire en attaque (CC) et rime (VCC). Pourtant, ils sont déjà capables de segmenter cette expression en phonèmes[55]. Le phonème est atteint d'abord, en association avec la nécessité d'utiliser les correspondances graphème-phonème dans la lecture et l'écriture. La représentation isolée de la rime apparaît plus tard, peut-être en rapport avec la constitution d'unités orthographiques correspondant à la rime.

LINNEA : Je voudrais ajouter que l'observation du comportement de lecture de l'apprenti-lecteur montre que, en tout cas au tout début de l'apprentissage, il est incapable d'effectuer un décodage strictement séquentiel. L'enfant produit des réponses de lecture dans lesquelles les phonèmes initiaux, mais aussi les phonèmes terminaux de la cible tendent à être préservés. Il semble donc que l'enfant commence par définir un cadre graphémique qui progressivement va s'enrichir, de l'extérieur vers l'intérieur, jusqu'à ce qu'il puisse représenter la forme orthographique du mot dans tous ses détails. Cela n'est certainement pas cohérent avec l'idée d'un développement orthographique qui partirait d'une représentation en termes d'attaque et rime. Mais ce sont des observations sur des enfants anglophones, je ne sais pas dans quelle mesure on peut les appliquer à des langues où la structure phonologique et orthographique des mots est très différente.

MOI : Concernant les unités de la reconnaissance des mots écrits chez le lecteur débutant, vous avez surtout parlé de la distinction entre l'attaque et la rime. J'ai fait un pacte avec Peter pour que nous nous taisions là-dessus, mais ce pacte ne m'oblige pas à me taire au sujet des autres unités. Je voudrais par conséquent ajouter seulement quelques mots à ce que vous venez de dire. Il est clair que le lecteur débutant devient de plus en plus sensible à la structure des mots. L'une des caractéristiques dont il se rend compte en premier lieu est le fait que les mots comportent des consonnes et des voyelles, suivant une alternance relativement grossière. Les lecteurs de deuxième année primaire prennent plus de temps à considérer comme non-mot une séquence de lettres telle que « kugafp » qu'une séquence telle que « dtscfk »[56]. Plus tard, le lecteur débutant acquiert une sensibilité plus spécifique à la structure syllabique des mots. C'est à partir de la quatrième année primaire que l'on voit les enfants devenir beaucoup plus habiles dans la lecture de mots plurisyllabiques (hélicoptère, surgélateur, etc.) et devenir capables de lire des pseudo-mots plurisyllabiques (« prolativité », « indourritation »...)[57]. À partir du moment où la sensibilité aux syllabes est atteinte, il reste probablement peu de chemin à faire pour la consolidation de représentations complètes des formes orthographiques des mots. Ainsi, c'est aussi à partir de la quatrième année primaire que l'on observe une augmentation nette de la capacité de lire des mots entourés de lettres non pertinentes, comme dans la séquence « hnmoparcdfuz » [J'espère que vous avez trouvé le mot « parc »].

Nous nous sommes séparés avec des sentiments divers. Nous avions à la fois la conviction d'être sur la bonne voie dans la formulation des questions importantes pour la compréhension de l'apprentissage de la lecture et dans le choix des concepts théoriques, et l'impression déprimante de ne saisir le processus d'apprentissage que dans des lignes très (trop) générales.

En gros, que savons-nous ? Nous savons que le lecteur habile identifie les mots à la fois sur la base de représentations orthographiques et de représentations phonologiques, à divers niveaux de structure à partir de la lettre et du phonème, respectivement. Pour aboutir à la constitution de ces processus orthographique et phonologique, l'apprenti-lecteur se fonde essentiellement sur le principe alphabétique.

L'apprentissage de la langue écrite suit un cours très différent de celui du développement phonologique dans l'acquisition de la langue parlée. Alors que l'acquisition des mots parlés part de représentations globales vers l'émergence des phonèmes, l'apprentissage de la langue écrite se constitue à partir des plus petites unités représentées par l'écriture alphabétique. Il n'y aurait cependant pas de stades clairement marqués dans l'apprentissage de la lecture, car, au-delà de la soudaine découverte par l'enfant du principe alphabétique, les différents types de processus semblent se chevaucher. Le lecteur débutant connaît la forme orthographique complète de certains mots avant même de connaître toutes les lettres de l'alphabet. Il commence très tôt à grouper des lettres (« ch » vaut un seul phonème) et à analyser la séquence graphémique en syllabes (car « ain » se prononce [ɛ̃] dans « pain », mais [ɛ] dans « laine »). La constitution des structures orthographiques et des structures phonologiques correspondantes, plus larges que la lettre et le phonème, serait un processus essentiellement inconscient. Si le phonème doit être représenté de manière consciente pour que l'enfant puisse apprendre un corpus élémentaire de correspondances graphème-phonème, il n'en irait pas de même pour de nombreuses règles grapho-phonologiques et exceptions à ces règles que l'enfant doit apprendre afin de lire correctement. Aux règles simples de correspondance graphème-phonème s'ajoute peu à peu la connaissance, en grande partie implicite, des règles phonologiques contextuelles et positionnelles (en français la lettre « d », par exemple, se prononce [d] en position initiale, mais elle ne se prononce pas en position finale : « dard », « lard », etc.). Notons, par ailleurs, que la connaissance de ces règles se développe probablement en interaction avec des connaissances morphologiques (le « d » muet de « lard » se prononce dans le mot dérivé « lardon »).

Comment la connaissance consciente des phonèmes et celle des correspondances graphème-phonème simples contribuent-elles à l'établissement du lexique orthographique ? Nous ne le savons pas exactement. Depuis le repas convivial qui a servi de scénario à cette présentation de l'apprentissage de la lecture, j'ai lu un travail qui m'a laissé méditatif. Cette étude, décrite par Thompson et Fletcher-Flinn[58], comporte une situation d'apprentissage en laboratoire. Elle est fondée sur l'hypothèse que le lecteur débutant peut extraire implicitement des relations entre les composantes phonologiques et les composantes orthographiques des mots écrits et utiliser ces relations pour lire de nouveaux mots. En anglais, la lettre « b », par exemple, est très fréquente en position initiale de mot mais rare en position finale, alors que la lettre « t » apparaît au moins autant en position finale qu'initiale. Les auteurs ont trouvé que, dans la lecture de pseudo-mots CV ou VC, des enfants de première année primaire omettaient plus souvent le « b » final que le « t » final, alors que leur performance est tout aussi bonne pour le « b » que pour le « t » en position initiale. L'apprenti-lecteur serait donc sensible à la fréquence positionnelle des lettres dans les mots auxquels il est exposé. Ces enfants furent ensuite répartis en deux groupes. Dans le groupe expérimental, les sujets étaient entraînés à lire des phrases qui incluaient des mots se terminant par un « b », tandis que dans le groupe contrôle ils avaient le même entraînement mais les mots se terminant par un « b » étaient effacés et c'était l'expérimentateur qui les fournissait oralement. Les auteurs ont constaté que, après cet entraînement, les enfants du groupe expérimental, mais pas ceux du groupe contrôle, prononçaient le « b » final dans des pseudo-mots plus souvent qu'ils ne l'avaient fait avant l'entraînement. La structure orthographique des mots semble par conséquent être analysée de manière implicite. Cette analyse fournirait une connaissance des relations grapho-phonologiques qui serait distincte de la connaissance des correspondances graphème-phonème obtenue par une instruction explicite.

Je me suis, dès lors, posé la question suivante : puisqu'un apprentissage implicite de relations grapho-phonologiques semble être possible, faut-il vraiment passer par un apprentissage explicite du code ? En tout cas, j'étais, et je reste, persuadé des grands avantages que cet apprentissage explicite procure. Ma conviction est fermement soutenue par les observations montrant que l'apprenti-lecteur qui est capable de faire du décodage intentionnel devient aussi plus vite capable de reconnaître un grand nombre de mots, en particulier de trouver la prononciation des mots écrits non familiers, que celui qui n'a pas une connaissance explicite du code. Mais, sur le plan théorique, l'idée qu'une forme implicite de décodage phonologique pourrait être atteinte sans passer par le décodage intentionnel de type alphabétique m'inquiétait. Y aurait-il contradiction entre les découvertes de Brian Byrne, que j'ai décrites ci-dessus, et celles de Thompson et Fletcher-Flinn ? La comparaison des deux types d'études fait apparaître une différence importante : les études de Byrne montrant l'incapacité d'utiliser des relations graphème-phonème systématiques dans la lecture en l'absence d'un apprentissage explicite étaient faites sur des enfants d'école maternelle qui n'avaient aucune connaissance ni des phonèmes ni des correspondances, tandis que celles des derniers auteurs portaient sur des enfants de première année primaire en cours d'apprentissage de la lecture. Même si la méthode utilisée en classe ne comportait pas d'explicitation du code, ces enfants connaissaient déjà les correspondants phonémiques d'un certain nombre de lettres. Il semble donc que l'interprétation la plus raisonnable de l'ensemble des données est que la connaissance explicite des phonèmes et des correspondances graphème-phonème, pour rudimentaire qu'elle soit, ouvre la voie à l'établissement d'une connaissance implicite d'autres types de relations plus complexes (contextuelles, positionnelles). Cette contrainte sur le développement d'une structure implicite de relations graphophonologiques ne diminue en rien l'importance du développement de cette structure pour l'acquisition d'un processus de médiation phonologique hautement automatisé.

Apprendre à lire, apprendre à écrire

Le vieux qui lisait des romans d'amour, que Luis Sepúlveda nous a fait connaître, pouvait lire mais ne pouvait pas écrire. Cette dissociation était relativement fréquente au Moyen Âge. Nous avons vu que, pour apprendre à lire une écriture alphabétique, il faut en principe constituer des représentations conscientes de phonèmes. Cependant, l'activité de lecture elle-même ne comporte pas d'analyse phonémique. Elle comporte l'activation des représentations de phonèmes par les graphèmes correspondants et leur fusion. Il en va autrement de l'écriture. Pour écrire un mot pour lequel on ne dispose pas de représentation orthographique, il faut pouvoir l'analyser en phonèmes. Donc, l'écriture semble plus exigeante que la lecture.

Elle l'est aussi pour une autre raison. Lire un mot, c'est le reconnaître et la reconnaissance est possible sur la base d'indices partiels. L'écrire, c'est l'évoquer, le rappeler, et le rappel exige de disposer de l'ensemble de l'information. Combien de fois ne reconnaissons-nous pas un nom de personne, un titre de livre ou de film que nous ne parvenions plus à nous rappeler...

Néanmoins, chez le lecteur débutant comme chez le lecteur avancé, la capacité de lecture et la capacité d'écriture sont en général hautement corrélées. Les meilleurs lecteurs ont tendance à être aussi les meilleurs scripteurs.

Une pédagogue célèbre, Maria Montessori, conseillait de faire écrire d'abord et de faire lire ensuite. Il ne faut certainement pas imposer un ordre dans l'apprentissage de ces capacités, mais le conseil de Montessori doit être compris comme une invitation à accorder une grande attention à l'écriture dans les premières activités de l'enfant en rapport avec la langue écrite. On a constaté que chez les enfants qui peuvent lire avant même d'entrer à l'école, l'écriture a été souvent la première activité clairement établie[59]. Les enfants qui développent une orthographe spontanée, suite à l'apprentissage de quelques correspondances phonème-graphème, se trouvent généralement dans ce cas. Ils écrivent de manière phonétique, sans transcrire tous les phonèmes d'un mot, et sont souvent, au début en tout cas, incapables de se relire.

Les exercices précoces d'écriture des lettres contribuent à la familiarisation avec celles-ci et à leur reconnaissance. Plus tard, l'écriture des digraphes fréquents stimule l'établissement d'unités orthographiques utiles à la lecture. La copie des mots qu'on vient d'apprendre permet de concentrer l'attention sur la séquence des lettres, et par conséquent favorise la constitution de représentations orthographiques complètes, et pas seulement d'images logographiques.

Le trait le plus novateur de la théorie de l'apprentissage d'Uta

Frith est sa prise en considération des relations entre l'apprentissage de la lecture et celui de l'écriture. Les exigences différentes de l'écriture et de la lecture introduisent un élément dynamique dans le processus d'apprentissage.

Tout comme dans la lecture logographique, l'ordre des lettres n'est pas pris en considération dans l'écriture logographique. Ainsi, le fils d'une psychologue allemande, Scheerer-Neumann, pouvait transcrire /opa/ (grand-père) par OPA, mais aussi par APO et OAP[60]. Le respect de l'ordre des lettres est essentiel pour une écriture suffisamment discriminative, et ainsi les premières formes d'écriture alphabétique (celles qu'on observe dans l'orthographe spontanée, évoquée ci-dessus) en tiennent compte : à ce stade, le fils de Scheerer-Neumann écrit TT pour « Tante », LP pour « Lampe » et KF pour « Kaffee ». Son nom, qu'il écrivait correctement (HANNO) suivant l'image logographique avec laquelle il s'était tant familiarisé, devint HNO.

L'utilisation du principe alphabétique dans l'écriture va être, d'après Uta Frith, transférée à la lecture, où elle aura beaucoup plus de succès que ne pouvait avoir la stratégie logographique. La reconnaissance des mots comme des images, typique de la lecture logographique, constitue une charge trop lourde pour la mémoire visuelle. Elle conduit à des erreurs grossières, comme la substitution d'un mot par un autre avec lequel la cible entretient des relations visuelles ou même sémantiques. La lecture alphabétique, même si au départ elle se fonde sur des indices partiels, permet au contraire un accroissement important du nombre de mots reconnaissables.

Cependant, le mode alphabétique de transcodage de l'information écrite est lent. La séquentialité du transcodage contraste avec la simultanéité du traitement logographique. Le processus alphabétique est donc approprié pour l'écriture, mais peu naturel pour la lecture. Sa lenteur appelle son propre dépassement. Ce sera le processus orthographique qui permettra ce dépassement. La lecture redevient rapide, simultanée, mais cette fois-ci elle est aussi sûre et précise. La lecture alphabétique est abandonnée pour tous les mots qu'on peut reconnaître par la voie orthographique. D'ailleurs, on aurait du mal à lire encore ces mots par décodage séquentiel. Par exemple, ce n'est qu'après avoir lu ces deux vers de Louise de Vilmorin, dans *L'Alphabet des aveux*

(« Étonnamment monotone et lasse / est ton âme en mon automne, hélas ! »), que l'on remarque qu'ils sont entièrement homophones. Et combien de temps faudrait-il pour parvenir à lire le début de la *Lettre à sa cousine Laure*, de Charles Fourier : « Geai ressue mât chair l'or, lin vite à sion queue tu mats à dresser pourras l'air dix nez... » [« J'ai reçu ma chère Laure l'invitation que tu m'as adressée pour aller dîner... »] ?[61] Le processus orthographique se développe essentiellement dans le cadre de la lecture. Ce sera donc la lecture qui va influencer à son tour l'écriture en lui apportant un instrument qui permet l'écriture de tous les mots.

La description que fait Uta Frith de cette évolution est attirante. Elle est, cependant, un peu trop influencée par la perspective développementale, qui fait surgir chaque capacité d'une autre. Les forces et les faiblesses relatives des différents processus sont celles que Frith décrit, mais sa théorie ne tient pas assez compte du fait que l'apprentissage de la lecture n'est pas le produit spontané d'une évolution de type biologique. L'apprentissage de la lecture est un produit culturel, fondé certes sur des capacités naturelles, mais contraint par ce que la famille et les institutions d'éducation offrent à l'enfant. Les cas d'orthographe spontanée, qui en général apparaissent dans les familles hautement « lettrées », pour des raisons qui n'ont rien à voir avec l'évolution naturelle, ne doivent pas nous faire perdre de vue que ces enfants reçoivent de leurs parents l'information sur les correspondances. Ainsi, beaucoup d'enfants acquièrent le principe alphabétique à l'école, où souvent l'activité privilégiée au départ est la lecture. Par conséquent, pour beaucoup d'enfants, la description de Frith n'est pas correcte, puisque chez eux l'écriture alphabétique ne précède pas la lecture alphabétique.

En revanche, il est vraisemblable que la lecture orthographique précède l'écriture orthographique. La constitution de représentations orthographiques n'est pas le produit direct d'une instruction explicitement orientée dans ce but. Comme nous l'avons déjà vu, c'est le résultat d'un ajustement non intentionnel des capacités cognitives de l'individu à la reconnaissance d'un type particulier d'objet, le mot écrit. C'est une forme d'apprentissage implicite[62]. Cet apprentissage est déclenché dans le cadre de la lecture mais, ultérieurement, il est renforcé par l'activité d'écriture.

Revenons à l'utilisation du principe alphabétique en écriture. J'ai dit que l'écriture implique une activité mentale d'analyse des mots en phonèmes. Cette analyse pose parfois problème, même aux enfants qui ont compris le principe alphabétique. Autrement dit, entre la compréhension et la maîtrise du principe alphabétique il y a une certaine distance, comme le montrent les phénomènes suivants. Plusieurs auteurs, dont Maggie Bruck, Rebecca Treiman et Linnea Ehri, ont mis en évidence le fait que dans l'écriture des groupes consonantiques initiaux du type « br- », « pl- », etc., les débutants font beaucoup d'omissions de la deuxième lettre[63]. Ces omissions semblent être liées à une difficulté à analyser exhaustivement en phonèmes les expressions qui contiennent des groupes consonantiques. Une autre observation, que l'on peut aussi rattacher à une difficulté d'analyse, est l'omission fréquente des voyelles qui peuvent être assimilées au nom de la consonne suivante[64]. « Ferme » peut être écrit « frme » (l'observation originale étant le mot anglais « farm » que l'enfant peut écrire « frm »). L'enfant semble utiliser sa connaissance du fait que la lettre « r » se lit /ɛr/ (/ar/ en anglais). L'analyse phonémique que fait l'enfant de « ferme » le conduit à séparer /f/, /ɛr/, etc. Comme il trouve /ɛr/ dans le nom de la lettre « r », il écrit cette lettre immédiatement après le « f ». Cette erreur implique l'existence d'une difficulté d'analyse phonémique. Il est intéressant de remarquer que ce type d'erreur a lieu plus fréquemment pour « r » et « l » que pour « m », « n », « s » et « f ». L'analyse phonémique du nom d'une consonne liquide peut être plus difficile à faire parce que le degré de co-articulation de la consonne avec la voyelle précédente est plus important dans le cas d'une liquide que dans celui d'une nasale ou d'une fricative.

L'écriture pose, en français, des difficultés plus considérables que la lecture, étant donné qu'un même phonème peut s'écrire de diverses manières. Cette variabilité est essentiellement déterminée par des facteurs morphologiques et syntaxiques. Ainsi, des formes écrites différentes correspondant à une même prononciation peuvent signaler le temps ou le nombre du sujet d'une forme verbale (« aimer » et « aimé » ; « aime » et

« aiment »). Certains phonèmes s'écrivent suivant soit une règle simple (/b/ s'écrit toujours « b »), soit une règle contextuelle (/ʒ/ s'écrit toujours « j » avant « a », « ou » et « u »). D'autres, cependant, s'écrivent de manières qui ne peuvent pas être déduites d'une règle de conversion grapho-phonologique. Une simulation sur ordinateur[65] portant sur cinquante règles grapho-phonologiques a montré que l'utilisation exclusive de ces règles ne permet d'écrire correctement que la moitié environ des mots français.

Une étude récente de mes collègues Jesus Alegria et Philippe Mousty[66] montre que les enfants francophones en deuxième année de primaire ne prennent presque jamais en compte les règles contextuelles, alors qu'ils n'ont aucune difficulté pour écrire les phonèmes qui entrent dans des règles simples. Cette mauvaise performance est probablement liée à l'instruction donnée à l'école, qui évite d'enseigner des règles contextuelles dans les deux premières années. La performance s'améliore de façon très nette en troisième année. Parmi les orthographes imprédictibles, celles qui sont peu fréquentes (par exemple, la lettre « c » pour /s/, ou la lettre « z » pour /z/) ne sont pratiquement jamais respectées par l'enfant de deuxième année. Par contre, les variantes plus fréquentes (« s » ou « ss » pour /s/, et « s » pour /z/) sont généralement suivies, probablement parce qu'elles sont enseignées à l'école comme si elles étaient systématiques.

Il est aussi intéressant de remarquer que, d'après cette étude, les enfants mauvais lecteurs restent de loin inférieurs en orthographe à des lecteurs normaux plus jeunes, qui leur sont appariés en âge de lecture. Ce résultat montre clairement qu'en français, l'écriture est bien plus difficile que la lecture.

Dans le chapitre suivant, nous examinerons les raisons d'échec et de trouble dans l'apprentissage de la lecture et de l'écriture. Sans anticiper sur cette analyse, notons que, en français, la majorité des jeunes lecteurs en échec sont probablement de type phonologique. Ils ne parviennent pas à développer suffisamment le processus alphabétique de lecture. Ils ont dès lors tendance à adopter une lecture de type logographique. Leurs difficultés en orthographe sont évidemment encore plus considérables. Cependant, comme la lecture est moins exigeante que l'écriture, un certain nombre d'enfants dont l'habileté phonologique n'est pas excellente réussissent à être des lecteurs normaux, mais échouent en écriture. Comme l'écriture logographique est totalement inefficace, ils restent fixés à une écriture alphabétique qui est peu efficace car les règles de conversion à elles seules ne permettent pas d'écrire correctement un grand nombre de mots. Ils écrivent de manière phonétique, recevant par conséquent la désignation de dysgraphiques de surface. On voit ainsi apparaître, en lecture, une majorité de « dyslexiques phonologiques » (qui sont aussi dysgraphiques), et, en écriture, une majorité de « dysgraphiques de surface » (dont beaucoup ne sont pas dyslexiques).

CHAPITRE 4

Le lecteur en échec

> La question du taux d'occurrence de la dyslexie dans la population générale a autant de sens et de non-sens que la question du taux d'occurrence de l'obésité. La réponse dépendra entièrement de l'endroit où l'on fait passer la frontière.
>
> [To ask how prevalent dyslexia is in the general population will be as meaningful, and as meaningless, as asking how prevalent obesity is. The answer will depend entirely upon where the line is drawn.]
>
> A. Ellis (1985).

Parler du jeune lecteur en échec, c'est, dans l'esprit de beaucoup, parler du dyslexique. Qu'est-ce que la dyslexie ? Est-ce une maladie ? Naît-on avec elle, ou doit-on en attribuer la faute à l'environnement ? Existe-t-il une différence entre dyslexiques et mauvais lecteurs ? Y a-t-il différents types de dyslexiques ? Que peut-on faire pour ces enfants ?

Peu de problèmes liés à l'enfance ont fait l'objet d'autant d'idées fausses. Comme nous le verrons, aucune base scientifique sérieuse ne permet de penser que la dyslexie résulte d'une mauvaise latéralisation du cerveau ou de la manualité, ou que les dyslexiques sont ceux qui font des inversions de lettres.

On pourrait appeler dyslexie tout trouble affectant la capacité de lire (et, par extension, d'écrire). Mais cette définition est trop large. On ne dirait pas de l'aveugle qu'il est dyslexique. Les difficultés dues à des facteurs physiques ou sensoriels, à des privations socioculturelles, au manque d'occasion d'apprentissage, ou à des blocages affectifs, n'ont rien de spécifique non plus. Pendant longtemps, dans les milieux scientifiques comme dans les milieux cliniques et éducatifs, on a considéré comme dyslexiques les enfants qui, bien qu'ils disposent d'une intelligence normale, voire supérieure, et de toutes les conditions environnementales nécessaires, présentent des difficultés sévères dans la lecture. Cette définition a été fixée en 1968 par la Fédération mondiale de neurologie, qui y a ajouté l'idée d'une origine constitutionnelle. Elle a contribué à consacrer l'image du dyslexique comme un génie né avec un stigmate mental hautement spécifique. Plus que l'enfant qui ne lit pas bien parce qu'il est peu intelligent, il a donc droit à la sollicitude de la société, à un enseignement spécial, à une rééducation individualisée. Doit-on ainsi, comme le pensent les milieux médicaux et éducatifs, distinguer deux types de handicapés de la lecture, les dyslexiques intelligents et les mauvais lecteurs « bêtes » ?

La deuxième bosse du dromadaire

Beaucoup de performances se distribuent d'une manière qui rappelle la bosse unique du dromadaire. Lorsqu'il s'agit d'une belle bosse, bien symétrique de part et d'autre du point le plus haut, on l'appelle une distribution normale. L'intelligence serait ainsi distribuée dans la population. Le problème est que personne ne sait ce qu'est l'intelligence. La psychologie scientifique contemporaine n'a que faire de ce concept, même si chacun de nous, dans sa vie relationnelle, a le sentiment que certaines personnes sont plus intelligentes que d'autres. Pourtant, depuis presque un siècle, on mesure l'intelligence avec des instruments de classement et de sélection qu'on appelle tests d'intelligence. Les tests les plus utilisés comprennent des épreuves verbales et des épreuves de performance (non verbales). Les unes et les autres s'adressent de manière un peu intuitive, sans validation réellement scientifique, à un ensemble de capacités mentales que l'on ne peut pas spécifier exactement, mais qui semblent être en rapport avec ce qu'un individu doit connaître et être capable de faire pour répondre adéquatement aux exigences de notre société. L'application de ces tests permet de calculer un QI (quotient d'intelligence) total, ainsi qu'un QI verbal et un QI de performance, suivant le sous-ensemble d'épreuves. Le QI moyen est égal à 100.

Dans beaucoup d'épreuves en rapport avec des capacités mentales, y compris les épreuves dites d'intelligence, la distribution des scores individuels a une allure « normale » : elle ressemble à une bosse de dromadaire. Cependant, d'après une étude qui a eu une grande influence[1], dans le cas de la lecture, lorsqu'on met des mesures de cette capacité en relation avec le QI, le dromadaire rêve de devenir chameau. Imaginez ce dromadaire-chameau la queue (les plus mauvais scores en lecture par rapport au QI) à gauche, et la tête (les meilleurs) à droite. On constate qu'une petite bosse fait irruption près de la queue du dromadaire. Cette petite bosse comprendrait donc les dyslexiques, c'est-à-dire les mauvais lecteurs inattendus, ceux qui ne devraient pas se trouver dans cette partie de la distribution s'ils étaient capables de lire au niveau prédit par leur QI.

Cependant, on s'est aperçu assez rapidement que le problème n'est pas aussi simple. D'autres études n'ont pas montré de bosse supplémentaire[2], de telle sorte que la deuxième bosse du dromadaire ne serait qu'un mirage ou, plus exactement, le résultat d'un artefact expérimental. Prenez un test où on pose beaucoup de questions très difficiles. Vous verrez apparaître une bosse près de la queue : la difficulté de ces questions explique que davantage de sujets présentent de mauvaises performances. Prenez un test où, au contraire, beaucoup de questions sont très faciles. Maintenant, la bosse surgit près du cou ! On ne peut pas penser qu'il existe une catégorie de lecteurs spécifique – les dyslexiques – en se fondant sur de tels phénomènes. Elle ne reflète pas une différence de nature mais une différence quantitative...

L'attribution du label « dyslexique » à de mauvais lecteurs dépend inévitablement, dans une optique psychométrique, de décisions arbitraires. Faut-il considérer comme dyslexiques les lecteurs qui présentent en lecture un retard de vingt-quatre mois ou plus par rapport au niveau prédit par leur QI ? Si l'on veut augmenter le nombre de dyslexiques, il suffit de mettre la barre à dix-huit mois, mais on en a moins si on la place à trente mois. En outre, ce critère doit-il être constant quel que soit l'âge chronologique de l'enfant ? Qu'est-ce qui nous permet de penser qu'un retard de vingt-quatre mois à huit ans est comparable à un retard de vingt-quatre mois à quatorze ans ?

Si le problème du critère peut être résolu, définir comme dyslexique le lecteur qui montre une déviation importante entre son score de lecture et son score d'intelligence conduit à des paradoxes. Faut-il considérer comme dyslexique l'enfant dont le score de lecture est celui d'un lecteur moyen de son âge simplement parce que son QI est de 140 ? En considérant qu'il n'y a rien de plus normal que l'enfant peu intelligent soit mauvais lecteur, on fait de l'intelligence une condition nécessaire (bien que non suffisante) de la capacité de lecture. Est-ce vraiment le cas ? Si oui, il devrait être impossible de trouver de bons lecteurs dont le QI est faible. Or beaucoup d'enfants peu intelligents peuvent apprendre à lire ; ils lisent même aussi bien que les enfants dont le QI est élevé[3]. Par conséquent, les enfants dont le QI est faible et qui échouent en lecture ne doivent pas cet échec à leur QI. Ils présentent une déficience dont la nature n'est peut-être pas différente de celle des enfants dyslexiques.

N'est-il pas dangereux d'oublier ainsi le mauvais lecteur simplement parce que son score de lecture n'est pas inférieur à son QI ? La conception traditionnelle de la dyslexie pénalise les enfants qui vivent dans des milieux culturels pauvres. Leur QI étant plus faible, ils sont plus facilement écartés d'une rééducation systématique[4]. Le QI, tant comme facteur dans la détermination de retards dans la capacité de lecture que comme critère de classement des enfants dans le système scolaire, est l'instrument d'une politique d'exclusion.

En établissant une distinction arbitraire entre les mauvais lecteurs et les dyslexiques, on place le mauvais lecteur dans une situation défavorable par rapport aux possibilités d'aide qu'il mérite tout autant que l'enfant diagnostiqué dyslexique. En outre, on risque de rendre plus difficile la compréhension de la nature des déficits.

Plusieurs études ont démontré que les mesures d'intelligence ne permettent d'expliquer qu'une très faible partie de la capacité de lecture en première année primaire[5]. Les compétences qui sont le plus hautement corrélées avec la lecture débutante sont l'habileté d'analyse phonémique et la rapidité du décodage dans la lecture de pseudo-mots. La corrélation entre les mesures d'intelligence et les mesures de la capacité de lecture augmente dans les années suivantes, sans jamais atteindre des valeurs très élevées. Cette augmentation peut s'expliquer non par une influence unidirectionnelle de l'intelligence sur la lecture mais, en grande partie, par la relation causale inverse. En lisant mieux et en lisant plus, on développe ses bases de connaissances, ses procédures de traitement de l'information, et on devient plus à même de réussir les tests dits d'intelligence. En gros, on peut dire qu'apprendre à lire n'a rien à voir avec l'intelligence. C'est l'exercice de la lecture, dépendant lui-même du niveau d'habileté atteint, qui rend « intelligent » au sens des tests d'intelligence. C'est pourquoi les adultes illettrés ont tous un QI très faible.

De manière générale, la performance de lecture de mots et de pseudo-mots est relativement indépendante du QI. Les enfants qui ont un QI de 80 obtiennent d'aussi bons (ou d'aussi mauvais) scores de lecture de mots et de pseudo-mots que les enfants qui ont un QI de 110[6]. Lorsqu'on compare les enfants dits dyslexiques et les mauvais lecteurs de même niveau général de lecture, on constate que, au-delà de la différence de QI, qui sert de critère pour la séparation de ces groupes, il n'y a aucune différence sélective au niveau de la lecture. Ainsi, ils s'équivalent dans la lecture de mots réguliers et irréguliers, dans la lecture de pseudo-mots et dans l'écriture. Il n'y a pas, non plus, de différence dans les habiletés phonologiques (analyse phonémique, jugement de rimes, mémoire phonologique, dénomination d'images), qui sont des compétences généralement corrélées positivement avec la capacité de lecture. Il n'y a donc aucune raison de séparer ces groupes.

La compréhension du langage écrit est la résultante de deux capacités, la capacité de reconnaissance des mots écrits et la capacité de compréhension du langage parlé (voir la figure 4.1). Par conséquent, les différences individuelles (y compris les déficiences) dans la compréhension du langage écrit peuvent être dues à l'une ou l'autre de ces capacités, ou aux deux.

Nous avons vu, au chapitre 2, que la reconnaissance des mots écrits est la composante spécifique de la compréhension du langage écrit. Elle n'est pas suffisante, puisque les enfants hyper-

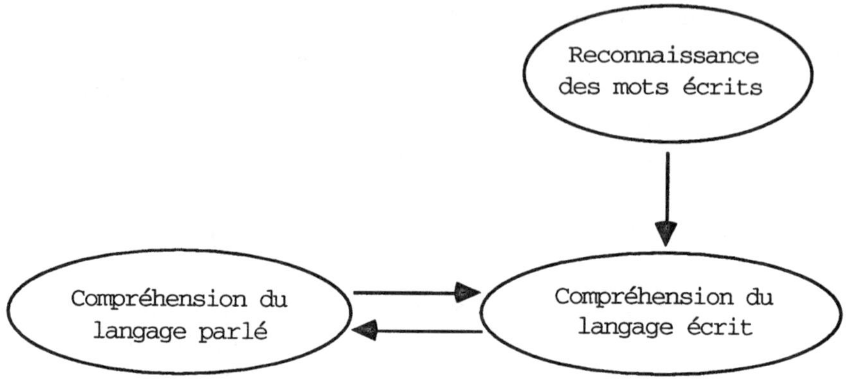

Figure 4.1 – Composantes de la compréhension du langage écrit.

lexiques, qui reconnaissent bien les mots, présentent de grandes déficiences dans la compréhension des textes[7]. Cependant, leurs déficiences ne se limitent pas à la lecture. Ces enfants comprennent tout aussi mal le langage parlé. Ils ont un QI extrêmement faible, souvent de l'ordre de 50, ce qui confirme la nécessité de dissocier le QI et la lecture. De manière plus générale, il faut se demander si toute déficience dans la compréhension du langage écrit qui ne s'accompagne pas d'une infériorité dans la reconnaissance des mots écrits peut être attribuée à une anomalie dans la compréhension du langage parlé. C'est ce qui semble se passer. Une étude récente menée à l'université de York[8] portait sur des enfants qui avaient des difficultés importantes de compréhension en lecture, tandis que leur capacité de reconnaissance des mots écrits était comparable à celle des lecteurs normaux de leur âge. On a constaté qu'ils avaient des difficultés tout à fait similaires dans la compréhension d'histoires présentées oralement.

Il ne semble pas y avoir d'exceptions à cette règle : lorsque la compréhension du langage écrit est mauvaise, au moins l'une de ses sources, soit la reconnaissance des mots écrits, soit la compréhension du langage oral, doit être déficiente. En revanche, lorsqu'elle est bonne, les deux capacités qui la rendent possible sont bonnes aussi.

Il existe actuellement beaucoup de données empiriques qui laissent penser que la reconnaissance des mots écrits et la compréhension du langage oral contribuent de manière partiellement indépendante aux différences individuelles dans la compréhension du langage écrit[9].

La contribution de la reconnaissance des mots écrits est plus importante au début de l'apprentissage que plus tard. Cependant, les indications d'une augmentation de l'importance des capacités générales de compréhension doivent être nuancées dans une perspective de développement. En effet, s'il y a augmentation de la contribution des capacités générales de compréhension, c'est parce que celles-ci ont été alimentées par la lecture elle-même. Donc, la reconnaissance des mots écrits crée les conditions d'un processus hautement interactif entre la compréhension dans la modalité auditive et dans la modalité visuelle d'entrée de l'information linguistique. Il ne faut pas non plus oublier que les processus de reconnaissance des mots écrits au début de l'apprentissage et plus tard ne sont pas de même nature. Comme nous l'avons vu au chapitre précédent, le processus alphabétique séquentiel cède la place pour de plus en plus de mots à un système complexe, mais automatisé et plus efficace, qui comprend un processus orthographique et un processus de conversion phonologique, ces deux-ci pouvant intervenir en parallèle.

Si nous comparons des lecteurs déficients de relativement bon niveau intellectuel à des enfants plus jeunes qui présentent le même niveau de reconnaissance des mots écrits, nous observons évidemment que les lecteurs déficients sont supérieurs à la fois en termes de compréhension du langage parlé et de compréhension du langage écrit. Si nous prenons deux groupes qui ont le même niveau de compréhension du langage écrit, ce qui nous oblige à prendre un groupe contrôle un peu plus âgé que le précédent, alors nous constatons naturellement que les lecteurs déficients sont inférieurs en reconnaissance des mots écrits. Si nous voulons spécifier le niveau de lecture par rapport à une capacité distincte de la capacité de lecture (distincte ne signifie pas indépendante), il semble donc que le meilleur critère de référence soit, comme le propose Keith Stanovich, la capacité de compréhension du langage parlé[10]. Évidemment, les lecteurs déficients qui montrent une déficience du même ordre dans la compréhension du langage parlé ne nous apprennent rien sur la lecture elle-même. Les enfants qui ne comprennent pas bien le langage ne peuvent pas lire avec compréhension. Ce sont ceux qui ont un bon niveau de compréhension du langage parlé qui sont susceptibles de nous révéler ce que la lecture a de spécifique.

Les troubles de la lecture sont-ils de nature visuelle ?

La conception suivant laquelle les troubles de l'apprentissage de la lecture sont dus essentiellement à des déficiences dans des capacités en rapport avec le langage, plus exactement dans les capacités phonologiques, est aujourd'hui la conception largement dominante dans les milieux scientifiques. Cependant, elle n'est pas encore dominante dans les milieux de praticiens, tout comme elle ne l'était pas non plus il y a une vingtaine d'années dans les milieux scientifiques.

Dans les années soixante-dix, les travaux de Frank Vellutino, un chercheur américain, ont porté un coup sévère à la conception « visuelle » des difficultés dans l'apprentissage de la lecture[11]. Il a demandé à des lecteurs déficients et à des lecteurs normaux qui ne lisaient pas l'hébreu de dessiner des caractères hébreux qui leur avaient été présentés brièvement. Les lecteurs déficients n'ont pas moins bien réussi que les lecteurs normaux dans cette tâche de rappel visuel. Les lecteurs déficients n'ont donc pas un trouble visuel intrinsèque ; ils ne se révèlent inférieurs que lorsque les stimuli visuels constituent des codes de langage.

Les études sur les erreurs de lecture montrent, par ailleurs, que les erreurs d'inversion de lettres ne représentent que 20 à 25 % du total des erreurs. Les lecteurs normaux en font dans la même proportion, mais évidemment, en nombre absolu, ils en font moins. Il n'est pas surprenant de prendre « cas » pour « sac » lorsqu'on a encore une connaissance insuffisante des lettres et de leurs valeurs phonémiques, et lorsqu'on appréhende chaque mot comme un patron visuel global. Vellutino a appris à des enfants (des lecteurs normaux ou déficients de deuxième et de sixième année de l'école primaire) à identifier des « mots », écrits à l'aide d'un alphabet artificiel[12]. Cet enseignement suivait une méthode soit globale soit fondée sur un appariement « lettre-son ». Les enfants qui ont appris ces stimuli suivant une méthode globale faisaient plus d'erreurs d'inversion que les autres. Dans le groupe de méthode globale, les lecteurs déficients ne commettaient pas plus d'inversions que les lecteurs normaux. Ce ne sont donc pas les confusions spatiales qui sont source de difficultés de lecture. C'est la méconnaissance des correspondances qui engendre des confusions spatiales.

Cependant, on continue, malgré ces travaux, à proposer des explications « visuelles » des troubles de la lecture. Ainsi, par exemple, on a prétendu que ces troubles, dans plus de la moitié des cas, seraient associés à l'absence de dominance oculaire, qui rendrait incapable de déterminer avec précision où les mots et les lettres se trouvent sur la page. On a appelé ce syndrome « dyslexie oculo-motrice »[13]. Des études ultérieures ont pourtant montré que l'absence de dominance oculaire n'est pas moins fréquente chez les bons lecteurs que chez les mauvais[14]. Les créateurs de ce syndrome imaginaire ont même prétendu, dans une revue médicale des plus importantes, le *Lancet*, que l'on pourrait aider ces dyslexiques en leur cachant un œil[15]. Comme on pouvait s'y attendre, cette suggestion a aussi été démentie[16].

Une autre tentative pour récupérer la conception visuelle des difficultés de la lecture, cette fois-ci sous la forme d'un syndrome de « sensibilité scotopique »[17], a eu une grande audience dans les médias américains et britanniques. L'idée en est revenue à une ophtalmologue américaine, Helen Irlen, qui a fondé un Institut dont les textes proposent une approche soi-disant fondée sur une recherche très étendue. Ce syndrome affecterait la moitié de la population des lecteurs déficients. Il s'agirait d'un dysfonctionnement perceptif qui se manifesterait par des difficultés subjectives en rapport avec l'intensité de la lumière, la couleur, le contraste. Les enfants qui en seraient atteints verraient les pages écrites autrement que les lecteurs normaux. Les mots se déplaceraient sur les pages, disparaîtraient (mais ceci n'a jamais été démontré), et la fatigue et l'inconfort que ces lecteurs éprouveraient les empêcheraient de soutenir leur attention pendant la lecture (en réalité, le terme de sensibilité scotopique est inapproprié, puisque celle-ci est la capacité de percevoir lorsque la lumière est très faible).

Le traitement conseillé par l'Institut Irlen consiste à porter des lunettes spéciales avec des verres colorés[18]. Certaines études n'ont montré aucun effet du port de ces verres sur la lecture. Ainsi, une étude dans laquelle on comparait la recherche visuelle de lettres à travers quatre conditions (port de verres Irlen, de verres non colorés, de verres fumés, et pas de verres du tout) n'a montré aucune différence dans la performance de lecture[19]. En général, les travaux qui ont montré des bénéfices du port de ces verres n'ont pas considéré la possibilité d'effets placebo et ne sont donc pas fiables[20]. La publicité suscite la confiance dans le traitement, ce qui peut favoriser l'autosuggestion et accroître l'attention pendant l'expérience. Par ailleurs, le port des verres, combiné avec une motivation à mieux lire, peut contribuer à réduire l'anxiété des lecteurs déficients. Curieusement, l'analyse des caractéristiques d'absorption de la lumière des verres Irlen n'indique aucune sélectivité particulière au niveau des longueurs d'onde. Du point de vue théorique, il semble en tout cas inapproprié de vouloir réduire par ce moyen des déficits qui, pour la grande majorité des lecteurs déficients, sont liés à des troubles linguistiques.

Si les difficultés de reconnaissance des lecteurs déficients étaient dues à des troubles de la perception visuelle ou de l'oculo-motricité, on s'attendrait à ce qu'ils aient autant de problèmes pour lire des mots que pour lire des pseudo-mots. Or, comme nous le verrons, la grande majorité des lecteurs déficients est particulièrement handicapée dans la lecture des pseudo-mots et, donc, des mots jamais ou rarement rencontrés. Ce handicap ne peut se comprendre qu'en faisant intervenir des facteurs linguistiques.

Certaines particularités des lecteurs déficients dans des tâches de perception visuelle sont probablement davantage une conséquence qu'une cause de leur niveau de lecture. Ainsi, il semble que les lecteurs déficients montrent des effets plus importants de groupement perceptif (une plus grande difficulté à percevoir séparément les éléments d'une figure) que les lecteurs normaux[21]. Cependant, nous avons vu au chapitre 1 des données qui montrent que les adultes illettrés sont pratiquement incapables de détecter dans une figure une partie constituée de segments séparés[22]. L'une des choses qui vont de pair avec l'exercice de la lecture est le développement d'une capacité d'analyse attentionnelle des stimuli complexes.

Existe-t-il divers types de lecteurs déficients ?

Lorsque nous sommes confrontés à des déficiences fonctionnelles, une bonne démarche semble être de commencer par caractériser ces déficiences sur le plan *comportemental* (quelles performances sont mauvaises ?), de chercher ensuite à interpréter ces déficiences en termes de processus sous-jacents, c'est-à-dire au niveau *cognitif*, et enfin de se poser la question de leur *origine* biologique ou culturelle. En réalité, le choix des instruments qui permettent d'évaluer les performances est déjà influencé par des conceptions théoriques sur les processus mis en œuvre.

L'apprentissage de la lecture implique essentiellement l'acquisition de deux modes d'identification des mots écrits : le mode phonologique et le mode orthographique. Les processus utilisés dans les deux cas ne sont évidemment pas les mêmes et ne reposent donc pas sur les mêmes capacités. Selon que l'un ou l'autre de ces types de capacité présente des déficiences, on pourrait voir apparaître des patrons différents de déficit dans le comportement de lecture. L'efficience du décodage peut être estimée par la lecture de pseudo-mots. L'efficience de la procédure orthographique peut, elle, être évaluée par la capacité à juger laquelle de deux séquences de lettres, telles que « sot » et « çau », constitue un mot. En effet, seule la connaissance de la forme orthographique permet de faire un tel choix.

Certains auteurs soutiennent qu'il existe plusieurs types de lecteurs déficients[23]. Les différentes catégorisations avancées s'équivalent essentiellement, malgré des différences de terminologie. Il existerait des « dyslexiques phonologiques », caractérisés par une incapacité de décodage phonologique très sévère se manifestant par une très mauvaise performance dans la lecture de pseudo-mots. Il existerait des « dyslexiques orthographiques », appelés aussi « dyslexiques de surface » (voir « Le système en pièces », dans le chapitre 2), qui présentent une incapacité au niveau du traitement orthographique se révélant par des difficultés dans la lecture des mots irréguliers (par exemple, « porc » ou « thym »), ainsi que dans la reconnaissance des mots homophones (par exemple, « vert » et « verre » peuvent être confondus). Il existerait des « dyslexiques mixtes », présentant des troubles à la fois dans le décodage phonologique et dans la procédure orthographique. Enfin, il existerait des lecteurs simplement retardés. Ce sont ceux dont le patron de lecture ne diffère pas de celui des enfants lecteurs normaux plus jeunes qui lisent au même niveau qu'eux. Suivant les auteurs, les « phonologiques » constitueraient environ 35 % à 60 % des lecteurs déficients, les « surface » de 10 % à 30 %, les mixtes de 15 % à 25 %, et les retardés de 20 % à 30 %.

Il est clair que les lecteurs déficients ne forment pas une population homogène. Cependant, l'hétérogénéité ne tient pas nécessairement à la présence de deux ou de plusieurs catégories aux frontières bien nettes. Elle peut résulter d'une très large dispersion de performances sur deux ou plusieurs variables. Regardez la figure 4.2, qui représente les prédictions que l'on peut dériver de chacun de ces deux modèles théoriques[24]. Ce qui les distingue, c'est la manière dont la population de lecteurs se distribue dans un espace bidimensionnel, où l'axe vertical se réfère à la capacité de décodage phonologique (estimée au travers de la lecture de pseudomots) et l'axe horizontal à la procédure orthographique (estimée au travers de la lecture soit de mots irréguliers, soit de mots homophones). À gauche, on peut voir le modèle catégoriel. Il comprend des sous-ensembles bien caractérisés de mauvais lecteurs (les « phonologiques », les « surface » et les « mixtes »), ainsi que des sous-ensembles de bons lecteurs qui liraient bien sur la base d'une seule procédure. À droite, ces sous-ensembles se diluent dans un nuage de points qui ne présente pas de discontinuité.

La question se résume dès lors à savoir s'il existe, oui ou non, une gradation de lecteurs déficients entre les sous-ensembles. Existe-t-il une variation continue, ou bien des constellations séparées spatialement ? Le ciel de la lecture est-il saupoudré d'étoiles ou divisé en galaxies ?

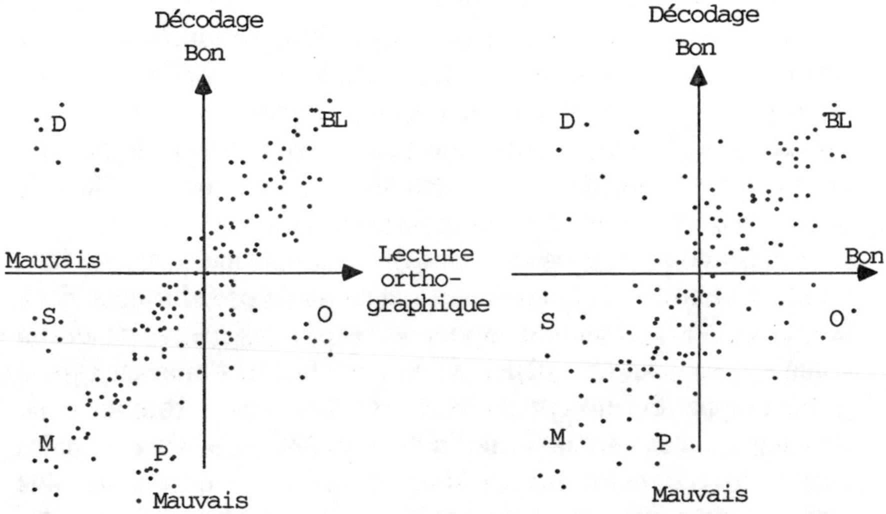

Figure 4.2 – Modèle catégoriel (à gauche) et non-catégoriel (à droite) de la distribution des lecteurs par rapport à leurs capacités de décodage phonologique et d'accès orthographique. BL : bons lecteurs ; D : lecteurs à dominance « décodage » ; O : lecteurs à dominance « orthographique » ; S : lecteurs déficients « surface », c'est-à-dire présentant un déficit orthographique ; P : lecteurs déficients « phonologiques », c'est-à-dire présentant un déficit en décodage ; M : lecteurs déficients « mixtes ».

Les données obtenues sur des échantillons assez larges de lecteurs tendent à appuyer le modèle non catégoriel[25]. Il est évidemment des cas extrêmes, mais il ne semble pas facile de tracer des lignes qui sépareraient des catégories. Il n'y a pas de syndromes dyslexiques, car nous n'avons pas de sous-ensembles précis de lecture déficiente.

Les modèles de la figure 4.2 ont pour but de refléter l'alternative entre une vision catégorielle et une vision non catégorielle de la distribution des patrons de lecture. Ils ne tiennent pas compte de l'évolution de la contribution relative des deux procédures à la reconnaissance des mots, suivant les phases de l'apprentissage. Pour cela, il faudrait tracer des modèles tridimensionnels. Par ailleurs, en représentant les deux capacités sur des axes orthogonaux, on ignore la relation de dépendance qui semble exister entre le développement de la procédure de décodage et le développement de la procédure orthographique (je reviendrai sur cette relation plus loin). Néanmoins, sur le plan pratique, il est très utile de situer chaque lecteur déficient dans un espace procédural bidimensionnel comme celui que nous avons vu. Cela nous donne une idée de son patron de lecture, ce qui est nécessaire si l'on veut trouver une formule de rééducation qui convienne à ses insuffisances.

L'examen des performances montre, je le répète, des déficits très importants dans la lecture et l'écriture de pseudo-mots, chez la majorité des lecteurs déficients. C'est le cas même lorsqu'on compare les lecteurs déficients à des lecteurs normaux plus jeunes, appariés aux premiers en termes de performance de reconnaissance des mots. En d'autres termes, lorsqu'on est mauvais pour reconnaître des mots, très souvent on est encore plus mauvais pour identifier des pseudo-mots. Remarquons que les lecteurs déficients ont un déficit sélectif dans l'identification des pseudo-mots que ne présentent pas des enfants atteints d'autres types de troubles du développement, comme par exemple les autistes. Uta Frith et Margaret Snowling[26] ont comparé trois groupes d'enfants dont le niveau de compréhension en lecture était similaire : des lecteurs déficients (leur QI allait de 100 à 133), des autistes (leur QI allait de 54 à 103) et des lecteurs normaux (plus jeunes que les autres, naturellement). Elles ont constaté que le score de lecture de pseudo-mots était inférieur à celui de lecture des mots dans tous les groupes, mais cette infériorité était beaucoup plus importante chez les dyslexiques (on peut l'estimer à 55 % par rapport au score obtenu pour les mots) que chez les lecteurs normaux et les autistes (16 % et 26 %, respectivement).

Une revue récente de la littérature[27] a montré que parmi seize études, dix, portant sur un total de 428 lecteurs déficients et un nombre comparable de lecteurs normaux appariés en reconnaissance des mots, ont montré une infériorité des lecteurs déficients en identification de pseudo-mots oscillant entre des différences moyennes de 9 % et 43 %. Aucune étude n'a révélé une supériorité des lecteurs déficients en identification de pseudo-mots. Il faut bien remarquer que dans ces études les lecteurs déficients sont comparés à des lecteurs normaux qui lisent des mots au même niveau qu'eux et sont donc plus jeunes. Dans ces conditions, trouver une composante de la reconnaissance des mots qui reste en retard par rapport à la performance de reconnaissance globale des mots équivaut à mettre le doigt sur la cause ou l'une des causes de leurs difficultés de lecture. On peut s'attendre d'ailleurs, puisque le niveau de reconnaissance des mots est le même dans les deux populations, à ce que l'infériorité dans le décodage phonologique soit compensée par une supériorité dans d'autres composantes.

On a effectivement observé quelques signes montrant la supériorité relative des mauvais lecteurs dans la connaissance orthographique par rapport aux lecteurs plus jeunes appariés en termes de reconnaissance des mots. Plusieurs études révèlent que les lecteurs déficients présentent, dans l'écriture, une plus grande sensibilité aux propriétés orthographiques que les sujets contrôle[28]. En lecture, on a constaté le même type de résultat dans une tâche qui consiste à choisir, parmi deux pseudo-mots (imaginons, en français, « vort »-« vorg ») celui qui ressemble le plus à un mot (la connaissance de l'orthographe des mots « voisins » et des fréquences d'occurrence des lettres en fonction de la position permet de choisir « vort » dans cet exemple)[29].

Parmi les lecteurs déficients qui présentent une infériorité dans l'identification des pseudo-mots, beaucoup n'auraient pas acquis la procédure de décodage phonologique séquentiel, graphème par graphème. Sans doute restent-ils au stade que Linnea Ehri a appelé « semi-phonétique » : ils peuvent utiliser quelques indices mais sont incapables de faire un décodage complet de la séquence de lettres[30]. D'autres seraient déjà plus avancés mais n'auraient pas encore acquis la connaissance des règles contextuelles et positionnelles de correspondance. La connaissance de ces règles, comme nous l'avons vu au chapitre précédent, est en grande partie inconsciente et se confond avec la connaissance de structures plus globales de correspondance entre l'orthographe et la phonologie, c'est-à-dire plus larges que la correspondance graphème-phonème.

En revanche, ceux qui ne présentent pas d'infériorité dans l'identification des pseudo-mots mais plutôt une infériorité dans la lecture des mots irréguliers et de mots homophones disposent du décodage phonologique. Cependant, ils ne font pas le lien entre leurs représentations phonologiques et orthographiques des constituants des mots qui leur permette de coder et de retenir les irrégularités comme des exceptions aux règles de correspondance. Chez eux, le processus de constitution de représentations grapho-phonologiques plus globales ne semble pas s'être poursuivi jusqu'à une représentation efficace de la forme orthographique complète des mots.

Reprenons la situation la plus fréquente de déficience de la lecture, celle qui est associée à une infériorité dans la lecture des pseudo-mots. Cette mauvaise lecture des pseudo-mots reflète une capacité de décodage phonologique insuffisante. Il s'agit alors de remonter petit à petit dans la chaîne de causalité et de se demander d'où provient cette insuffisance. Tout indique que la difficulté à prendre conscience de la structure phonémique de la parole en est responsable. On se rappellera notamment que les scores de lecture de pseudo-mots sont hautement corrélés avec les mesures d'habileté d'analyse phonémique intentionnelle. Ces dernières mesures constituent de bons prédicteurs du succès en lecture, y compris de la reconnaissance des mots et, qui plus est, de la compréhension de textes[31]. De manière cohérente avec l'idée que la conscience phonémique est un ingrédient de l'apprentissage du code alphabétique et un déterminant majeur du succès de cet apprentissage, les entraînements phonologiques effectués dans le cadre de la lecture conduisent (comme nous l'avons vu au chapitre 3) à des améliorations importantes de cette capacité.

Deux études ont incorporé à la fois des mesures d'habileté phonémique et de lecture de mots et de pseudo-mots. L'une est due au Suédois Ingvar Lundberg et à ses collègues danois et norvégiens[32]. Le suivi de quatre cents enfants danois au cours des trois premières années d'école primaire a montré que les trente-cinq plus mauvais lecteurs présentaient toujours des déficits en habileté phonémique. D'autre part, l'examen de dix-neuf lecteurs hautement déficients, provenant de la population totale des enfants de quinze ans d'une ville norvégienne, a montré que ces enfants réussissent moins bien des tests de synthèse phonémique, de même qu'ils lisent moins bien et plus lentement les pseudo-mots, en comparaison avec des contrôles appariés pour le niveau global de lecture.

Dans l'étude réalisée par Connie Juel, de l'université du Texas à Austin[33], on a constaté qu'en ce qui concerne l'analyse phonémique les mauvais lecteurs étaient, à la fin de la troisième année primaire, toujours inférieurs en termes de scores absolus aux bons lecteurs de première année. La lecture de pseudo-mots distinguait tout autant les bons des mauvais lecteurs. Ainsi, neuf sur vingt-neuf mauvais lecteurs étaient incapables, à la fin de la première année, de lire un seul pseudo-mot, malgré une instruction de type phonique. À la fin de la quatrième année, les mauvais lecteurs ne lisaient toujours pas autant de pseudo-mots simples et courts (par exemple, « bur ») que les bons lecteurs de début de deuxième année. Ce résultat n'est pas exceptionnel. D'autres auteurs ont trouvé que des enfants de treize et quatorze ans présentant des difficultés sévères de l'apprentissage de la lecture avaient un score de lecture de pseudo-mots comparable à celui d'un groupe de lecteurs normaux de sept à huit ans[34]. En d'autres termes, les premiers ont mis sept ou huit ans à acquérir un degré de compétence que les seconds ont atteint en moins de deux ans.

Il ne faut pas l'oublier, les différences en lecture tendent à se radicaliser au cours du temps. Un accès tardif à la conscience phonémique et au décodage phonologique ne permet pas vraiment de retrouver le temps perdu. Le mauvais lecteur apprend à devenir mauvais lecteur, voire non-lecteur, plus qu'il n'apprend à lire. Il se désintéresse de la lecture, et passe beaucoup moins de temps à lire, à l'école et hors de l'école, que le bon lecteur. La leçon à retenir est la suivante : l'enseignement de l'analyse phonémique et du décodage phonologique ne doit pas attendre que l'enfant éprouve lui-même l'échec.

Le déficit phonologique présente généralement des corrélations très faibles avec les mesures d'intelligence. Les capacités cognitives générales contribuent à la capacité de compréhension de textes, mais elles ont peu d'influence sur la capacité de reconnaissance des mots, et encore moins sur la capacité de décodage. Le décodage apparaît comme une compétence modulaire, c'est-à-dire basée sur des connaissances spécifiques et fonctionnant de manière autonome par rapport aux autres compétences impliquées dans la lecture. Lorsqu'il y a déficit dans la capacité de décodage il s'agit donc d'un déficit sélectif. En outre, dans la mesure où l'habileté d'analyse phonologique intentionnelle de la parole est étroitement liée au processus d'apprentissage des mots écrits, on s'attend à ce que cette habileté phonologique soit indépendante des capacités sémantiques et syntaxiques. Chez les apprentis-lecteurs les performances aux tests phonologiques ne sont pas corrélées avec l'utilisation du contexte (cette dernière capacité a été évaluée en essayant de faire lire au sujet, dans des phrases, des mots qu'il n'avait pas pu lire isolément)[35].

Il n'existe qu'un nombre limité de façons de lire un mot. Le lecteur déficient n'a pas sa manière à lui de lire des mots. Son handicap dans le décodage phonologique séquentiel a des répercussions pratiquement inévitables pour l'accès au mode supérieur (orthographique) de reconnaissance des mots. La corrélation entre la mesure du décodage et la mesure de l'accès orthographique est d'ailleurs généralement plus élevée chez les lecteurs normaux que chez les lecteurs déficients[36], ce qui suggère que le développement de représentations orthographiques précises dépend d'une bonne capacité de décodage. Une telle capacité permet au lecteur de concentrer son attention sur les détails de l'orthographe, sur toutes les lettres du mot. La conception scientifique, dominante à l'heure actuelle, de la lecture déficiente est donc une conception en termes de *déficit phonologique*. Les implications pédagogiques de cette conception seront développées au chapitre suivant. Soulignons cependant dès maintenant que l'instruction phonique, poussant le lecteur à traiter chaque lettre, facilite sans doute l'élaboration de représentations orthographiques précises.

Le fait que le décodage phonologique constitue un levier puissant de la constitution des représentations orthographiques des mots n'exclut pas une contribution spécifique de celles-ci à la reconnaissance des mots. Plusieurs études, portant sur des élèves de troisième année primaire et au-delà, aussi bien des lecteurs normaux que des lecteurs déficients, ont montré que la compétence phonologique rend compte de la plus grande partie de la variabilité inter-individuelle dans la reconnaissance des mots. Cependant, même après l'extraction de cette partie de la variance, la compétence orthographique peut encore expliquer une partie supplémentaire des différences inter-individuelles[37]. En outre, chez les lecteurs présentant des retards sévères, les programmes de rééducation intensive conduisent à des progrès relativement importants dans leur compétence orthographique. Ceux-ci contribuent à améliorer la performance de reconnaissance des mots bien au-delà de ce que pourraient faire espérer les faibles progrès enregistrés dans les capacités phonologiques et en particulier dans celles qui concernent le niveau phonémique de représentation[38].

La connaissance des titres de livres est en général hautement corrélée avec la compétence orthographique, plus en tout cas qu'avec la compétence phonologique. On peut tester cette variable en demandant au sujet de discriminer entre des titres vrais et faux (par exemple, parmi *Le Rouge et le Noir*, *Le Vert et le bleu*, *Les Affreux*, *Les Misérables*, *Le Lundi de la vie*, *Le Médianoche amoureux*, *Pnine*, *La Valse aux œillets*, quels titres sont vrais et quels titres sont faux ?). Cette connaissance reflète l'intensité de l'exercice de la lecture au-delà du cadre scolaire. Alors que la lecture à l'école peut être suffisante pour lancer et nourrir la capacité de décodage phonologique chez le lecteur normal, la lecture extra-scolaire joue un rôle important dans le développement de la compétence orthographique. De plus, reflétant le principe suivant lequel les manques dans les capacités spécifiques sont partiellement compensés par l'apport de connaissances plus générales, la lecture extra-scolaire (telle qu'elle est estimée par la connaissance des titres) contribue à rendre compte des différences de compréhension en lecture entre les lecteurs déficients[39].

Nous avons passé en revue les principales manifestations de la lecture déficiente. Nous avons examiné aussi dans quelle mesure la lecture est liée ou non à des variables comme le QI, la connaissance des titres de livres, etc. Mais pour comprendre pleinement les difficultés éprouvées dans l'apprentissage de la lecture, il faut se référer au développement des processus de lecture. Au chapitre précédent, nous avons examiné la théorie de l'apprentissage de la lecture proposée par Uta Frith, qui distingue entre trois phases, marquées chacune par la prédominance d'une procédure, d'abord logographique, puis alphabétique et enfin orthographique. Comment rend-elle compte des troubles de l'apprentissage de la lecture ?

Frith[40] considère les troubles sévères de l'apprentissage de la lecture comme des arrêts dans un processus de développement, qui font que l'enfant ne progresse pas normalement de la phase logographique à la phase alphabétique, et de celle-ci à la phase orthographique. L'arrêt pouvant se produire à des moments différents, il est vraisemblable que différentes configurations de troubles soient observées. Cette conception implique que des capacités qui apparaissent plus tard dans la séquence de développement ne puissent pas être intactes lorsque des capacités plus précoces sont absentes ou incomplètement établies.

Pour Frith, la dyslexie de développement classique correspond à l'échec de la procédure alphabétique, c'est-à-dire à un arrêt du développement au stade logographique. Cet arrêt serait déterminé par un trouble des capacités phonologiques. À partir de là, la séquence de développement deviendrait anormale. À la faveur d'un entraînement phonique, l'enfant obtiendrait tout de même un certain degré de compétence alphabétique, mais celle-ci ne s'automatiserait pas suffisamment pour être appliquée sans effort. Il y aurait alors développement de stratégies compensatoires, notamment une utilisation accrue de la stratégie logographique, qui permettrait de progresser dans la lecture des mots. Pour d'autres auteurs, cependant, il ne s'agirait plus, ou plus seulement, d'une stratégie logographique, mais plutôt du développement d'un lexique orthographique, moins complet cependant que celui qui se construit à partir de l'utilisation intensive de la procédure alphabétique.

Le deuxième moment d'arrêt possible aurait lieu entre la phase alphabétique et la phase orthographique. Ainsi, tous les enfants habiles à décoder ne deviendraient pas nécessairement de bons lecteurs. Ce ne serait pas seulement dû au fait qu'il leur manquerait de bonnes capacités de compréhension du langage. La reconnaissance rapide et efficace des mots dépend de l'établissement de représentations orthographiques précises ; des difficultés pourraient survenir dans la constitution de ces représentations. Les représentations orthographiques ne sont pas des représentations visuelles, mais des représentations catégorielles, donc abstraites. Malheureusement, nous savons peu de choses quant à la nature exacte des compétences nécessaires à la constitution de ces représentations. Par ailleurs, les auteurs ne s'accordent pas sur la question de savoir ce qui est à l'origine d'un arrêt à l'entrée de la phase orthographique. Est-ce une déficience de la composante orthographique elle-même, ou est-ce une insuffisance du décodage ? Les deux possibilités ne sont pas exclusives.

Quoi qu'il en soit, la plupart des auteurs aujourd'hui ne partagent plus la conception selon laquelle des phases aussi tranchées de développement apparaîtraient. Le processus d'acquisition de la lecture se présente, en toute probabilité, essentiellement en cascade. Au lieu de stades, on pourrait parler d'une hiérarchie de conditions minimales. La première condition minimale est la conjonction d'une conscience phonémique rudimentaire et de la connaissance de quelques correspondances graphème-phonème ; cette conjonction constitue la condition minimale de l'apparition du décodage séquentiel. La conscience phonémique et la connaissance des correspondances continuent à s'approfondir pendant et au-delà du décodage séquentiel. La conjonction de celui-ci et d'une capacité d'élaboration de relations grapho-phonologiques plus larges que la paire graphème-phonème constitue la deuxième condition minimale ; plus précisément cette deuxième conjonction est la condition d'apparition d'un décodage phonologique partiellement en parallèle. Décodages séquentiel et en parallèle coexistent longtemps entre eux, ainsi qu'avec le processus qu'entraînera la troisième condition minimale. Celle-ci est représentée par la conjonction du décodage en parallèle et de la capacité de constitution de représentations orthographiques correspondant au mot ; une telle conjonction met en place le processus orthographique.

La succession des conditions minimales et des processus que ces conditions engendrent est tellement rapide que les différents processus peuvent probablement coexister après quelques semaines d'apprentissage de la lecture. Cette description en termes de conditions minimales a une fonction essentiellement théorique permettant de déterminer des relations de dépendance. Mais l'importance du recouvrement des différents processus dans le temps fait que l'apprentissage prend une apparence de continuité. Comme, par ailleurs, ce qui distingue les enfants présentant des difficultés de lecture des autres est le rythme auquel les processus instaurés par ces conditions minimales se développent, les performances des lecteurs, bons et mauvais, prennent elles aussi une apparence de continuité. L'absence de catégories ou de types de mauvais lecteurs clairement séparés des autres peut se comprendre dans le cadre de cette approche qui reconnaît néanmoins l'existence de déficiences spécifiques. Quel que soit l'âge, aux niveaux les plus rudimentaires de lecture, on voit apparaître ainsi une majorité de « dyslexiques phonologiques », tandis qu'aux niveaux les plus avancés la proportion des « dyslexiques de surface » s'accroît.

Cette conception permet de comprendre le chevauchement de compétences qui pourtant entretiennent des relations de causalité entre elles. Les bons apprentis-lecteurs sont déjà capables de décodage en parallèle alors que leur connaissance des correspondances graphème-phonème est encore incomplète, tandis que les mauvais lecteurs plus âgés peuvent rester incapables de décodage en parallèle alors qu'ils ont fait depuis longtemps le tour de l'alphabet.

La première de nos conditions minimales pour un apprentissage réussi de la lecture fait intervenir la prise de conscience des phonèmes. Si cette prise de conscience des phonèmes échoue, malgré une instruction phonique appropriée, à qui, ou plutôt, à quoi doit-on en imputer la faute ?

La faute au module phonologique

Les lecteurs déficients présentent un déficit considérable dans l'habileté d'analyse phonémique intentionnelle, et ce malgré un entraînement phonique intensif dans l'apprentissage de la lecture. Quelques exemples nous en donneront une meilleure idée.

En France, Pierre Lecocq[41], de l'université de Lille, a trouvé que des lecteurs déficients de sept et huit ans n'obtenaient en moyenne au test de soustraction de phonème (voir l'Introduction) que 55 % et 61 % de réponses correctes, respectivement. Des groupes de lecteurs normaux du même niveau de lecture (donc beaucoup plus jeunes) ont obtenu bien plus : 86 % et 98 %.

En Belgique, testant aussi des enfants francophones, nous avons observé qu'un groupe de jeunes enfants (âgés en moyenne de huit ans), diagnostiqués comme étant dyslexiques par un organisme officiel et fréquentant une école spécialisée en dyslexie, n'a obtenu en moyenne que 14 % de réponses correctes au test de soustraction de la consonne initiale. Des lecteurs normaux de la première année primaire (d'une moyenne d'âge de six ans et demi) ont eux obtenu 71 % de réponses correctes. Des lecteurs normaux de deuxième année primaire, légèrement plus jeunes en moyenne que les « dyslexiques », n'ont pratiquement plus montré de difficulté en segmentation phonémique : leur performance était, en moyenne, de 95 %[42]. L'écart entre les lecteurs hautement déficients et les lecteurs normaux est donc dramatique.

Dans la même étude, nous avons introduit un test de soustraction de la note initiale d'une courte séquence de notes jouées au xylophone. Formellement, le test est comparable au précédent. Cependant, le test de soustraction de note implique une soustraction de son, tandis que le test de soustraction de consonne porte sur une unité phonologique abstraite. Les résultats au test de soustraction de la note initiale ont montré des pourcentages de réponses correctes qui augmentent avec l'âge, mais qui sont à peu près du même niveau chez les lecteurs normaux et chez les lecteurs déficients. La difficulté d'analyse de la parole qui caractérise les « dyslexiques » n'est donc pas une difficulté générale d'analyse auditive, elle est spécifique de la phonologie. Les lecteurs hautement déficients ne sont pas atteints au niveau de toute fonction qui fait intervenir des habiletés de type analytique. Heureusement ! Ainsi, ils ne sont pas nécessairement condamnés à ne pouvoir jamais devenir mathématiciens ou musiciens.

Les déficits de l'analyse phonémique consciente résultent vraisemblablement d'anomalies plus profondes du système phonologique[43]. Ce sont donc ces anomalies plus profondes qu'il importe de mettre en évidence. Comme, de toute manière, les capacités plus profondes ne sont pas directement observables (seules des performances le sont), une bonne stratégie de recherche peut consister à examiner des capacités élémentaires comme la perception de la parole. Le lecteur verra qu'il existe actuellement des indications sérieuses de déficits apparemment subtils, mais potentiellement dévastateurs, de la perception de la parole chez les lecteurs déficients.

Il est utile de comparer ces données avec ce que font, dans les mêmes tâches, des adultes illettrés et des adultes lettrés. Cette confrontation permet de distinguer entre des capacités qui pourraient éventuellement être sous la dépendance du niveau de lecture atteint (dans ce cas, les adultes illettrés devraient être au moins aussi mauvais dans ces tâches que les lecteurs déficients) et des capacités qui, n'étant pas sous la dépendance de la capacité de lecture, en constitueraient plutôt des conditions nécessaires ou favorisantes (dans ce cas, les adultes illettrés fonctionneraient comme les lecteurs normaux).

Une revue exhaustive n'a pas sa place ici. Prenons donc un seul exemple d'anomalie de la perception de la parole observée chez les lecteurs déficients. Certaines études ont porté sur le phénomène de perception catégorielle. On parle de perception catégorielle lorsque le sujet ne perçoit pas toutes les variations physiques à l'intérieur d'un signal, et n'en distingue que lorsqu'elles se situent de part et d'autre d'une frontière de catégorie[44]. En voici un exemple. La transition du deuxième formant (le formant est une région du spectre caractérisée par une intensité élevée, voir « 2005, Odyssée de l'esprit », dans le chapitre 1) permet de distinguer entre /ba/ (la transition est montante), /da/ (elle est presque horizontale) et /ga/ (elle est descendante). Le fait que la transition monte un peu plus ou un peu moins ne conduit pas à une différence de perception. L'auditeur l'entend toujours comme étant /ba/. Pour entendre /da/, il faut que la transition du deuxième formant tombe à l'intérieur de la gamme de variations que le système perceptif attribue à la catégorie /da/. Les différences acoustiques internes à la catégorie, elles, ne sont pas perçues. Au niveau de la perception, il n'y a pas de catégorie intermédiaire entre /ba/ et /da/, il n'y a pas d'hybride qui ressemblerait aux deux comme un enfant peut ressembler à sa mère pour les yeux et à son père pour la bouche.

Les lecteurs déficients, tout en montrant une perception de la parole de type catégoriel, tendent à avoir des frontières de catégorie phonétique moins nettes que les lecteurs normaux[45]. Or les adultes illettrés ne montrent pas de différence par rapport aux lettrés[46]. Il semble donc que la différence entre lecteurs déficients et normaux reflète bien une anomalie du système de perception de la parole des premiers et n'est pas une conséquence de leur plus faible niveau de lecture.

On a observé, de plus, que certains lecteurs déficients présentent un déficit sélectif pour la catégorisation des consonnes, tandis que d'autres sont sélectivement atteints pour la catégorisation des voyelles. Dans le premier groupe, le type particulier de distinction qui pose problème n'est pas le même pour tous[47]. Ces lecteurs déficients souffrent donc d'anomalies à des points particuliers du système de traitement phonétique. Dans cette étude, comme dans d'autres, les lecteurs déficients étaient des adultes. Il semble, par conséquent, que nous ne sommes pas en présence de simples retards de développement, mais d'anomalies stables.

Ces déficits de la perception de la parole sont souvent trop subtils pour être remarqués dans les situations de communication courante, mais comme nous venons de le voir on peut les détecter en laboratoire. Elles peuvent être à l'origine des difficultés qu'éprouve l'enfant lecteur déficient à élaborer des représentations conscientes de phonèmes. L'idée que les troubles de la lecture et de l'analyse phonémique peuvent avoir leur origine dans des troubles phonologiques plus primitifs, y compris au niveau de la perception de la parole, a des implications pratiques importantes. On peut se demander s'il est possible d'aider le lecteur déficient à surmonter ses déficits de perception, et, si cette question reçoit une réponse positive, on voudrait savoir si l'amélioration de la perception de la parole peut contribuer à une amélioration de son habileté d'analyse phonémique consciente. Ces questions ont suscité quelques études expérimentales.

Une première étude a montré qu'il est possible, par un entraînement, d'améliorer la discrimination phonétique des enfants lecteurs déficients[48]. L'entraînement portait d'abord sur des sons sans transitions (des voyelles) et passait ensuite à des sons avec transitions (des syllabes consonne-voyelle). Dans ce cas, on utilisait des consonnes liquides (r-l) avant de présenter des occlusives. En d'autres termes, on augmentait progressivement la difficulté de la discrimination. La performance de discrimination a été meilleure après qu'avant l'entraînement.

Dans une étude ultérieure[49], l'effet éventuel de l'entraînement phonétique sur l'habileté d'analyse phonémique a été examiné. L'analyse phonémique était évaluée à l'aide d'un test du type « dis bac sans le son /b/ ». Les lecteurs déficients qui ont été entraînés à la discrimination phonétique ont augmenté considérablement leurs scores d'analyse phonémique entre le pré-test (avant l'entraînement sur la discrimination phonétique) et le post-test (après cet entraînement). La possibilité que l'amélioration soit due seulement à la répétition du test peut être écartée, puisque des sujets contrôles (des lecteurs déficients n'ayant pas reçu d'entraînement phonétique) n'ont pas réalisé une telle amélioration.

Ces résultats sont encourageants. Par un entraînement approprié, il semble possible d'améliorer d'abord la capacité de discrimination phonétique du lecteur déficient, et ensuite son habileté d'analyse phonémique consciente. Il reste à démontrer que l'amélioration de cette dernière habileté est suffisamment substantielle et profonde pour avoir des effets sur le décodage phonologique dans la lecture.

Nous avons vu au chapitre 1 qu'au cours du développement phonologique normal de l'enfant prélettré il semble y avoir un remplacement progressif de représentations relativement globales, caractérisées par une prédominance des indices co-articulatoires, par des représentations plus segmentales. Une hypothèse intéressante à envisager dans ce contexte est que les représentations phonologiques des lecteurs déficients sont moins segmentales qu'elles ne devraient l'être pour l'âge de l'enfant, rendant ainsi plus difficile la prise de conscience des phonèmes[50].

Jusqu'à présent, nous n'avons considéré que les anomalies de la perception de la parole des lecteurs déficients. L'étude fine d'anomalies similaires au niveau de la production de la parole est beaucoup moins avancée. Néanmoins, s'il se confirmait, par exemple, que la parole produite par les lecteurs déficients a des caractéristiques moins segmentales que celle produite par les lecteurs normaux, on pourrait comprendre le fait que les lecteurs déficients éprouvent une grande difficulté à mettre en correspondance des phonèmes présentés oralement avec des dessins du conduit vocal représentant l'articulation de ces phonèmes. On a pu montrer que cette habileté est déjà partiellement présente chez l'enfant de cinq ans, et que les adultes illettrés obtiennent de bonnes performances dans ce type de tâche[51]. La capacité d'attention aux indices articulatoires des phonèmes peut être importante pour parvenir à se représenter consciemment ces unités. Notre poète illettré décrit au chapitre 1, au moment où il commençait à pouvoir isoler correctement les deux phonèmes d'une syllabe CV, articulait silencieusement la consonne avant de la dire à voix haute, et il commenta ce comportement en disant : *« Je la dis avec ma bouche pour voir si je trouve la manière.*[52] ». Plusieurs programmes d'entraînement phonique de la lecture comprennent d'ailleurs des exercices de focalisation de l'attention de l'enfant sur sa propre articulation, et il semble que les résultats de ces programmes soient positifs[53]. Les lecteurs déficients ne semblent pas profiter, dans la même mesure que les lecteurs normaux, de la piste articulatoire d'accès au phonème. Les raisons de cette incapacité se trouvent probablement au niveau de leurs propres productions de parole.

La perception et la production de la langue parlée sont servies par un module de traitement phonologique[54]. Je l'appelle module, parce que ses opérations, très rapides et automatiques, ne sont ni influençables par d'autres types de connaissance ni accessibles par la conscience[55]. Des anomalies au niveau de ce module affectent nécessairement toute une série d'activités mentales qui reposent sur son travail. Ainsi, ces anomalies rendent difficiles à la fois la prise de conscience phonémique et l'apprentissage du décodage phonologique dans la lecture. Cependant, d'autres activités peuvent aussi être affectées, entre autres, le maintien en mémoire immédiate d'une trace de l'information verbalisable[56], et l'organisation temporelle des actes de parole[57].

On a trouvé fréquemment ces types de troubles chez les lecteurs déficients. Par exemple, on a constaté que beaucoup de ces lecteurs ont des difficultés plus importantes que les lecteurs normaux à synchroniser leur rythme de parole avec les battements d'un métronome ou à répéter des séquences de syllabes en respectant leur ordre[58]. Ce n'est pas parce que ces compétences sont nécessaires à la reconnaissance des mots ; c'est parce qu'elles sont des manifestations collatérales de l'anomalie sous-jacente au trouble de la reconnaissance des mots écrits.

L'étude approfondie de chaque enfant qui semble présenter un trouble spécifique de la lecture doit, dans cette perspective, mener à la mise en évidence d'autres troubles, que ce soient ceux dérivés d'une atteinte du module phonologique ou ceux associés à la capacité cognitive qui est à la base de l'élaboration de représentations abstraites, catégorielles, des patrons visuels des mots.

Facteurs biologiques et environnementaux des déficiences de lecture

Un enfant peut devenir lecteur déficient pour de multiples raisons : parce qu'il ne connaît pas la langue dans laquelle il apprend à lire, parce que l'enseignement dans son école est médiocre, parce qu'il ne va pas à l'école à cause d'une longue maladie, parce que la lecture n'est pas une valeur importante dans son milieu, parce qu'il souffre de vision ou d'audition déficiente, ou encore parce que ses capacités d'attention et de concentration sont insuffisantes.

Les effets de la déficience auditive sur la compétence en lecture méritent un commentaire particulier, parce qu'ils démontrent, à eux seuls, l'importance des composantes phonologiques dans la lecture. J'ai rencontré récemment un brillant ophtalmologue, qui s'est intéressé occasionnellement aux problèmes de la lecture. Il ignorait que les déficients auditifs présentent des retards très sévères dans l'apprentissage de la lecture. J'ai attiré son attention sur un paradoxe apparent. La lecture courante utilise les yeux, pas les oreilles. Pourtant, les aveugles congénitaux peuvent apprendre à lire tactilement l'écriture alphabétique et atteignent un niveau de capacité de lecture extraordinaire, limité seulement par les contraintes du mode particulier de prise de l'information sensorielle. Ce sont, au contraire, les sourds qui présentent de grandes difficultés dans l'apprentissage de la lecture et de l'écriture. Pourquoi ? Parce que l'insuffisance d'expérience auditive de la parole perturbe, voire inhibe, le développement des codes phonologiques indispensables à la compréhension et à la production du langage aussi bien parlé qu'écrit. Plusieurs travaux montrent que les enfants sourds qui progressent le plus en lecture et en orthographe sont justement ceux qui ont une parole plus intelligible, qui ont une plus grande habileté de lecture labiale, et qui reçoivent une éducation visant à développer une plus grande discriminabilité des contrastes phonétiques[59].

La plupart des lecteurs déficients présentent un déficit phonologique. Il est possible que l'exploitation des capacités phonologiques dans le cadre de la lecture soit particulièrement vulnérable à tous les facteurs d'échec évoqués au début de cette section. Il est possible aussi que le déficit phonologique ait une origine génétique. Il n'existe certainement pas de gènes de la lecture normale ou de la lecture déficiente. Cependant, les capacités phonologiques ont leur fonction première dans le cadre du langage parlé, pour lequel la pression de la sélection naturelle a sans doute joué un rôle. La régulation génétique et phénotypique des capacités phonologiques peut donc être à l'origine d'une part importante des variations individuelles en lecture.

Une première approche de la question génétique consiste à essayer de déterminer s'il y a des familles de lecteurs déficients. La réponse est affirmative : beaucoup de lecteurs déficients ont des parents lecteurs déficients.

Dans une étude sur quarante enfants lecteurs déficients et sur leurs parents, on a constaté qu'au moins un des deux parents dans chaque famille présente un déficit du décodage phonologique. En outre, l'analyse des patrons de déficit (phonologique ou orthographique) révèle un haut degré de concordance familiale en ce qui concerne le déficit phonologique, mais elle ne montre pas de concordance en ce qui concerne le déficit orthographique[60].

Une autre étude a permis de suivre, à partir de l'âge de deux ans, des enfants dits à risque parce qu'ils ont des parents lecteurs déficients. On a observé que 65 % de ces enfants deviennent effectivement des lecteurs déficients à la fin de la deuxième année primaire, alors que dans un échantillon contrôle (dont les parents ne sont pas lecteurs déficients), seulement 2 % lisent aussi mal[61]. Le suivi des enfants lecteurs déficients de parents lecteurs déficients a révélé quelques faits très intéressants. À l'âge de cinq ans, avant l'instruction formelle de la lecture, ils connaissent moins de lettres et font moins d'appariements entre les objets et leurs noms écrits sur la base des correspondances entre les phonèmes et les graphèmes initiaux que les enfants qui sont devenus des lecteurs normaux. Osons le dire : ils sont lecteurs déficients... avant la lettre. Plus tôt encore, à l'âge de trente mois, ils montrent déjà des déficits aussi bien phonologiques que syntaxiques, bien que l'ampleur de leur vocabulaire soit normale. Avant l'entrée à l'école primaire, les futurs lecteurs déficients lisent moins tout seuls que les futurs lecteurs normaux de parents lecteurs déficients. Ils se font aussi raconter moins de livres par leur père (mais pas par leur mère), indépendamment du fait que le père (ou la mère) soit le parent lecteur déficient ou non. Il y a donc des caractéristiques intrinsèques à l'enfant qui influencent son intérêt pour les livres, et le degré d'intérêt manifesté par l'enfant peut affecter le comportement du parent à son égard. En d'autres termes, le génotype de l'enfant influence la réaction de l'environnement et le type de « niche » que l'enfant se construit, de telle sorte qu'un phénotype comportemental en rapport avec ce que sera plus tard la lecture apparaît dès l'âge de deux ans et demi.

Cependant, avoir un père ou une mère lecteur déficient n'hypothèque pas nécessairement toute chance d'apprentissage normal de la lecture. Les enfants qui, nés de parents lecteurs déficients, deviennent des lecteurs normaux, ont un développement syntaxique, phonologique et lexical comparable à celui des lecteurs normaux de familles qui ne comportent pas de lecteurs déficients.

Une enquête sur les variables qui pourraient être associées à la lecture déficiente a été réalisée sur des familles qui présentaient des lecteurs dits dyslexiques dans trois générations successives[62]. Les membres « non dyslexiques » des mêmes familles ont servi de contrôle. Les résultats de cette enquête démentent certaines croyances populaires sans fondement scientifique qui avaient été véhiculées par la clinique traditionnelle de la « dyslexie ». Ainsi, le rapport entre les sexes n'était pas différent de 1, contredisant l'idée que le nombre plus élevé de lecteurs déficients du sexe masculin résulte d'une détermination génétique (nous verrons plus loin d'autres données allant dans le même sens). Comparés aux contrôles, les lecteurs déficients ne présentaient pas plus d'atteintes périnatales, de plaintes de type neurologique, de problèmes visuels ou oculomoteurs, de confusions entre la gauche et la droite (encore une croyance très répandue), d'allergies ou de troubles auto-immunitaires. Enfin, il n'y avait pas plus de gauchers chez les lecteurs déficients que dans le groupe contrôle. Cela ne fait que confirmer d'autres observations d'absence de relation entre la lecture déficiente et le fait d'être gaucher (cette affirmation peut être étendue à la latéralité croisée)[63].

Afin d'établir de manière plus convaincante que par l'étude des corrélations familiales l'origine génétique du déficit phonologique des lecteurs déficients, plusieurs chercheurs ont utilisé la méthode dite des jumeaux[64]. Cette méthode consiste à comparer les similitudes dans le niveau et les patrons de lecture entre des jumeaux monozygotes (les « vrais » jumeaux, qui partagent les mêmes gènes) et des jumeaux dizygotes (les « faux » jumeaux, qui partagent en moyenne 50 % de leurs gènes comme n'importe quels frères et sœurs). Lorsqu'il s'agit de jumeaux qui partagent le même environnement (élevés par les parents, allant à la même école, etc.), toute différence dans le sens d'une plus grande similitude entre les monozygotes pourrait être interprétée comme ayant une origine génétique.

On a ainsi pu constater que la différence de performance entre le « plus mauvais » et le « meilleur » dans une paire de jumeaux est plus faible, en moyenne, pour les monozygotes que pour les dizygotes, lorsqu'on mesure la capacité de reconnaissance des mots écrits. Dans une étude menée par Richard Olson et son équipe, de l'université de Colorado, la différence est légèrement inférieure à une année de lecture pour les monozygotes, alors qu'elle est de presque deux années pour les dizygotes[65]. La reconnaissance des mots écrits semble donc avoir, en tout cas partiellement, une origine génétique.

On peut se demander si cette différence entre monozygotes et dizygotes s'observe pour les deux procédures de reconnaissance des mots écrits. Pour répondre à cette question, Olson et son équipe ont utilisé deux types de test, l'un de lecture de pseudomots, censé nous informer sur la procédure phonologique, et l'autre consistant à dire laquelle de deux séquences de lettres homophones (par exemple, SOD et SOT) constitue un mot. Ce dernier nous renseigne sur la connaissance des patrons orthographiques.

Les analyses réalisées ont montré des différences importantes et statistiquement significatives entre les monozygotes et les dizygotes en ce qui concerne la procédure phonologique, mais des différences beaucoup plus faibles et non significatives en ce qui concerne la procédure orthographique. Ces différences ont été utilisées pour calculer la « corrélation génétique » entre la reconnaissance des mots et l'une ou l'autre de ses composantes. Les résultats des premières études ont montré que la corrélation génétique avec la procédure phonologique était significative, tandis que la corrélation génétique avec la procédure orthographique ne l'était pas. La différence entre les deux corrélations n'était pourtant pas significative[66]. Plus récemment, suite à l'accroissement de l'échantillon, qui a atteint en 1993 le nombre de 459 paires de jumeaux comprenant au moins un jumeau présentant des difficultés de lecture, Olson et son équipe ont refait ces analyses et ont constaté que les deux corrélations génétiques étaient significatives et très similaires quantitativement[67].

La procédure phonologique s'appuie donc sur des capacités qui ont une origine génétique, et dans la mesure où la procédure phonologique contribue de manière importante à l'établissement de la procédure orthographique il n'est pas étonnant que celle-ci présente aussi une détermination génétique. Cependant, dire que ces procédures ont une origine génétique peut constituer un raccourci dangereux. Ce sont les capacités phonologiques sous-jacentes qui ont une telle origine. La composante génétique de ces capacités se répercute sur les compétences qui dérivent d'elles. Ainsi, les habiletés de segmentation phonémique et de « fluidité » phonémique (celle-ci étant mesurée par le nombre de mots commençant par un certain phonème que le sujet peut trouver en une minute) révèlent de très grandes différences entre monozygotes et dizygotes, lorsqu'on considère les lecteurs qui présentent un déficit de la procédure phonologique[68]. L'habileté phonémique hérite donc, elle aussi, de la détermination génétique du module phonologique.

Puisque les lecteurs déficients ont essentiellement un déficit du décodage phonologique, puisque le décodage phonologique se construit sur des capacités phonologiques, et puisque ces capacités phonologiques sont déterminées génétiquement, on est amené à se poser la question de savoir quels gènes influencent, à travers de telles variables intermédiaires, l'occurrence de déficiences de lecture.

Les gènes sont alignés le long de chromosomes. Par conséquent, comme les chromosomes, ils se présentent par paires. Les deux gènes d'une paire peuvent transporter des codes différents, appelés allèles. Les gènes voisins sur un même chromosome ont tendance à être transmis ensemble, mais au moment de la méiose, il peut y avoir une séparation des allèles, et la probabilité de recombinaison des allèles est fonction de la distance entre les locus des gènes. En comparant la transmission familiale du trait « lecture déficiente » avec celle d'allèles marqueurs connus, on essaie d'établir la localisation du gène responsable de l'anomalie[69]. La recherche de cette localisation, ainsi que de l'identité moléculaire du gène en question, ne réponde pas seulement à un intérêt intellectuel ; la reconnaissance de la présence d'un gène responsable du déficit de lecture chez un enfant à haut risque permettrait d'envisager une intervention précoce.

Il faut avouer que la recherche génétique des capacités associées aux troubles de la lecture n'est pas encore très avancée[70]. De toute manière, il semble qu'il y ait une hétérogénéité génétique, puisque l'examen des familles met en évidence des gènes différents. Les associations génétiques déjà révélées par ce type de travail ne se rencontrent que dans un petit nombre de familles ou dans des cariotypes trop rares (comme celui des garçons 47,XXY)[71]. De toute manière, il est important de remarquer encore une fois qu'il n'y a pas de gène de la dyslexie. Ce qu'il y a certainement est une transmission génétique de potentialités qui, modulées par l'expérience linguistique, conduisent à des capacités phonologiques, lesquelles, à leur tour, jouent un rôle majeur dans l'apprentissage de la lecture.

En général, les statistiques de lecture déficiente font apparaître une différence entre les sexes. Les garçons seraient trois à quatre fois plus nombreux à présenter ce trouble que les filles. J'ai déjà évoqué le fait que cette différence a été considérée par certains comme une conséquence d'une différence génétique. Cependant, les recherches génétiques n'ont pas permis de confirmer cette idée[72]. Il est possible que le taux plus élevé d'occurrence de la lecture déficiente parmi les garçons soit lié à la manière dont les stimulations linguistiques précoces des filles et des garçons interagissent avec leurs dispositions génétiques.

À l'heure actuelle, on ne sait rien de la biochimie de la lecture déficiente. En revanche, les données neuro-anatomiques dont on dispose sont très intéressantes ; on les doit en grande partie à Alberto Galaburda[73]. La Banque Orton du cerveau, à Boston, a déjà fourni une dizaine de cerveaux de personnes adultes qui avaient été diagnostiquées comme dyslexiques pendant leur enfance. Leur cerveau a fait l'objet d'un examen post-mortem. Dans tous les cas examinés (huit), le *planum temporale*, une région médio-postérieure impliquée dans l'association et la compréhension des informations auditives, était équivalent dans les deux hémisphères, alors qu'il est plus large à gauche qu'à droite chez plus de deux tiers des individus. La symétrie semble être associée à un *planum temporale* droit plus large que d'habitude. Cependant, le lien avec les troubles de la lecture est loin d'être parfait, puisque la symétrie existe chez beaucoup d'individus qui ne présentent pas de difficultés de lecture.

Par ailleurs, sept des huit cerveaux de « dyslexiques » présentaient des anomalies au niveau cellulaire. Ces anomalies, qui tendent à affecter la région périsylvienne impliquée dans le langage et la lecture, peuvent avoir leur origine pendant la vie intra-utérine au moment de la migration des neurones vers les couches corticales plus superficielles. Elles prennent notamment la forme de nids ectopiques (conglomérats de cellules non liées aux couches sous-jacentes ou qui y sont reliées par un pont cellulaire) et sont plus fréquentes à gauche qu'à droite[74]. Malheureusement, le diagnostic de « dyslexie » des personnes dont le cerveau a été examiné n'était accompagné d'aucune étude des patrons de lecture, ce qui empêche de chercher des associations plus subtiles entre les troubles anatomiques et les déficiences de la capacité de lecture.

Ces observations ont fait dire récemment à un neurologue américain, professeur de psychologie de l'éducation, que la prédiction « pessimiste » des années soixante suivant laquelle on ne trouverait aucune anomalie dans les cerveaux des lecteurs déficients est actuellement démentie[75]. Il est un peu inquiétant de constater que la mise en évidence d'anomalies anatomiques peut être considérée comme étant une bonne chose.

En tout cas, certaines des hypothèses anatomiques n'ont pas été confirmées. Ainsi, le corps calleux, un grand faisceau de fibres reliant les deux hémisphères et intervenant dans le transfert inter-hémisphérique de l'information, ne présente aucune anomalie anatomique chez les lecteurs déficients, quel que soit le type de procédure de reconnaissance des mots le plus affecté. C'est le Norvégien Jan Larsen qui l'a montré en utilisant la technique de visualisation du cerveau par résonance magnétique[76].

Il existe aussi des données neurophysiologiques et d'imagerie cérébrale (ces dernières sont obtenues par l'intermédiaire de la tomographie par émission de positrons) qui permettent de comparer l'activité du cerveau des lecteurs déficients et des lecteurs normaux. Ces données commencent à nous montrer quelles régions sont plus spécifiquement activées chez les uns et les autres, dans différentes tâches de lecture. Des patrons particuliers d'activation ont pu être mis en évidence chez les lecteurs déficients[77]. Puisque l'activité cognitive est déviante, il serait étonnant que cette déviance ne se manifeste pas au niveau de l'activité cérébrale. L'intérêt de ces études est certain. Cependant, il faut se garder de voir dans la déviance de l'activité cérébrale la cause de la déviance dans l'activité cognitive. C'est plutôt le contraire qui se passe. C'est parce que certaines procédures cognitives se développent de manière insuffisante ou anormale, entraînant éventuellement l'utilisation par compensation d'autres procédures, que l'activité cérébrale montre un patron inhabituel. D'ailleurs, les apprentissages cognitifs ont des effets non seulement sur l'activité du cerveau, mais aussi sur la matière cérébrale elle-même. Le cerveau d'un illettré est différent du cerveau d'un lettré, puisque l'apprentissage (y compris celui de la lecture) et l'exercice intensif de la nouvelle habileté affectent les connexions synaptiques entre neurones et l'embranchement dendritique. Au niveau anatomique, les influences génétiques sur l'apprentissage doivent passer par d'autres paramètres, tels que le nombre des neurones, la migration neuronale et les connexions axonales.

Parmi les « explications » neuropsychologiques traditionnelles de la lecture déficiente figure l'idée que les lecteurs déficients souffrent d'une latéralisation hémisphérique incomplète, voire d'une dominance de l'hémisphère droit. Cette hypothèse semble aujourd'hui pouvoir être écartée. Au test d'écoute dichotique (c'est-à-dire avec présentation simultanée aux deux oreilles de stimuli différents), les lecteurs déficients montrent le même effet de supériorité de l'oreille droite dans l'identification de matériel verbal que les lecteurs normaux[78].

Une autre hypothèse consiste à mettre en rapport la lecture déficiente avec un dysfonctionnement attentionnel inter-hémisphérique (remarquons que l'absence de différences anatomiques au niveau du corps calleux entre lecteurs déficients et lecteurs normaux n'implique pas l'inexistence d'anomalies fonctionnelles). L'utilisation de la situation d'écoute dichotique suggère, par exemple, que les lecteurs déficients peuvent avoir des difficultés aussi bien à faire attention à l'oreille gauche qu'à réorienter l'attention vers l'oreille droite après avoir essayé d'identifier, à la demande de l'expérimentateur, les stimuli présentés à l'oreille gauche[79]. Le traitement du langage implique un effort attentionnel, en particulier dans les conditions de l'écoute dichotique, et par ailleurs l'activation d'un hémisphère provoque une orientation involontaire de l'attention vers le côté opposé de l'espace. Puisque l'hémisphère gauche est très actif pendant les tâches linguistiques, une difficulté accrue de ce traitement peut entraîner un manque de flexibilité dans le contrôle attentionnel. Encore une fois, c'est la dynamique des traitements cognitifs qui semble déterminer les relations inter-hémisphériques et pas le contraire. Des différences au niveau des relations inter-hémisphériques entre les lecteurs déficients et les lecteurs normaux ne feraient que refléter les différences dans la dynamique des traitements cognitifs.

Le fait qu'il y a des contraintes à la fois génétiques et neuro-anatomiques sur le processus d'apprentissage de la lecture n'implique pas que les facteurs liés à l'environnement et à l'expérience soient moins importants. Les interactions entre les deux types de facteurs sont tellement puissantes dès la naissance qu'essayer de quantifier la part des uns et des autres est totalement dépourvu de signification. Il est utile cependant de mettre en évidence la manière dont chaque type de facteur peut influencer l'apprentissage à différents moments du processus.

Si l'on considère l'ensemble des lecteurs déficients, il est clair qu'ils se recrutent davantage dans les classes socialement défavorisées que dans les classes favorisées. Cette constatation est trop grossière pour servir autre chose que la propagande politique, aussi louable soit-elle. Il faut, plutôt, essayer de déterminer comment la variable « origine socioculturelle » affecte les différentes composantes de la capacité de lecture. Le groupe d'Oxford a publié des résultats intéressants à ce sujet[80]. Il ressort de leur étude que les différences sociales affectent séparément la composante « reconnaissance des mots écrits » et la composante « compréhension du langage ». En effet, la contribution des différences sociales aux différences individuelles dans la reconnaissance des mots écrits s'explique entièrement par des différences au niveau de la conscience phonémique. Mais cette contribution des différences sociales aux différences dans la reconnaissance des mots ne constitue qu'une partie de la contribution des différences sociales aux différences individuelles dans la compréhension de textes. La contribution résiduelle provient, selon toute vraisemblance, des différences sociales dans la compréhension du langage.

Étant donné l'importance de la conscience phonémique dans l'apprentissage de la reconnaissance des mots et le caractère relativement tardif de l'émergence de la conscience phonémique, on voudrait savoir quand et jusqu'à quel point la conscience phonémique est affectée par les différences sociales. D'après la même étude, les enfants socialement favorisés ne semblent pas avoir des connaissances métaphonologiques plus poussées que les autres avant l'instruction de la lecture. Les différences sociales s'installent progressivement dès ce moment. Quel rôle l'instruction joue-t-elle ? Elle peut jouer plusieurs rôles non exclusifs. Un rôle possible est de dévoiler, au fur et à mesure que la conscience phonémique apparaît, des différences sociales dans des capacités qui sont sous-jacentes à cette prise de conscience. Une autre possibilité, qui met davantage l'école en question, est la qualité différente de l'instruction suivant qu'elle s'adresse à des enfants socialement favorisés ou défavorisés.

Quel que soit le facteur discriminant agissant dans l'installation de différences de compétence métaphonologique entre les milieux sociaux, il existe des possibilités d'intervention. Il appartient à l'école, dès avant l'instruction formelle de la lecture, de stimuler chez tous les enfants les capacités qui interviennent dans la prise de conscience des phonèmes et dans l'apprentissage du code alphabétique.

L'exercice de la lecture a un effet sur la capacité de lecture et par conséquent il constitue un facteur puissant de différences individuelles. Ceux qui lisent peu risquent d'être considérés comme des lecteurs médiocres. C'est en lisant et en lisant encore que le lecteur automatise ses mécanismes de conversion grapho-phonologique et qu'il consolide sa connaissance de la structure orthographique des mots. Plusieurs études ont montré l'importance de l'exercice de la lecture pour l'amélioration de la capacité de lecture. Même lorsqu'on tient compte des variables d'intelligence, de mémoire et de capacité de traitement phonologique, le nombre d'heures passées à lire contribue de manière significative aux différences individuelles dans la connaissance des patrons orthographiques des mots et par conséquent dans la reconnaissance des mots écrits[81].

Les bons lecteurs lisent non seulement mieux, mais aussi beaucoup plus que les lecteurs médiocres. Déjà en première année de primaire, le nombre de mots lus pendant une semaine peut être cent fois plus grand dans un groupe de bons lecteurs que dans un groupe de mauvais lecteurs[82]. L'exercice de la lecture, et par conséquent l'exposition à l'écrit, sont donc très variables : en fin d'école primaire, alors que le lecteur peu motivé ne lit pas plus de cent mille mots par an, le lecteur vorace peut lire cinquante millions de mots[83]. L'exercice intensif de la lecture crée donc un nombre extraordinaire d'opportunités pour apprendre de nouveaux mots, jusque-là inconnus. Ceux qui lisent mieux lisent plus, augmentent plus vite leur vocabulaire, et par conséquent lisent encore mieux et encore plus, suivant un effet de boule de neige qui contribue à creuser l'écart entre les bons et les mauvais lecteurs.

Les meilleurs lecteurs sont renforcés positivement par l'entourage, se sentent plus confiants et appréciés, et cela les pousse davantage à exercer une activité où ils sont efficaces et gratifiés.

Ils ont tendance à choisir des partenaires de jeu qui eux aussi lisent beaucoup et à demander des livres comme cadeau, créant ainsi un environnement hautement propice à l'amélioration constante de leur capacité de lecture.

Plusieurs études montrent qu'un enfant, quel que soit son niveau intellectuel, fait plus de progrès s'il fréquente une école fréquentée en majorité par des enfants ayant de bonnes performances cognitives qu'un enfant qui se retrouve dans un milieu « cognitivement » plus faible[84]. L'enfant qui a des capacités importantes tend d'ailleurs à se retrouver dans une école avec ses pairs. Les grands esprits se rencontrent, mais non parce que leurs gènes respectifs se reconnaissent. Ils se rencontrent parce que les familles de niveau social et culturel élevé, dont les enfants abordent l'école avec un développement cognitif favorisé par les échanges dans leur milieu, tendent à habiter les mêmes quartiers et à choisir des écoles qui peuvent servir leurs aspirations sociales.

J'ai déjà évoqué l'importance de l'habileté à analyser intentionnellement la parole en phonèmes pour l'apprentissage de la lecture. Dans une étude très large[85] qui portait sur plus de cinq cents enfants provenant de classes et d'écoles différentes, on a évalué cette capacité pour chaque enfant en fin d'école maternelle. On a attribué à chaque enfant, en plus des scores d'habileté phonémique, le score moyen de sa classe et le score moyen de son école. On a constaté (en utilisant certaines procédures statistiques) que non seulement l'habileté phonémique de chaque enfant était associée positivement à sa capacité de lecture, mais aussi que, en tenant compte du score de chaque enfant et de toute une série de variables relatives à son milieu familial, le score moyen de l'école et le score moyen de la classe contribuaient chacun dans une certaine mesure à la performance de lecture de l'enfant. Quels sont les mécanismes de cette accélération de l'apprentissage de la lecture ? Les interactions entre les enfants seraient-elles d'autant plus favorables que les enfants sont compétents ? Ou est-ce le professeur qui stimule davantage les enfants les plus efficaces ? Quelles que soient les réponses à ces questions, il ressort clairement de cette étude que le milieu scolaire contribue de manière non négligeable à ce processus par lequel les « riches » s'enrichissent.

En termes de politique de l'éducation, l'implication de ces données est claire. Il ne peut pas y avoir de vraie démocratisation de la lecture s'il n'y a pas une redistribution dans la fréquentation des écoles qui permette de contrecarrer, et non pas de favoriser davantage, l'inégalité culturelle des enfants au moment où ils entrent à l'école. La démocratie n'implique pas que tous les enfants sortent de l'école au même niveau. Elle implique tout simplement que tous les enfants aient les mêmes chances, autrement dit qu'on ne prenne pas pour une égalité de chances le simple fait que chaque enfant soit dans des classes ayant la même dénomination. Il faut que l'on tienne compte de la grande diversité qu'il y a entre les écoles.

Les effets différentiels de l'exercice de la lecture s'étendent au-delà de la capacité de lecture proprement dite. Ils concernent l'ensemble des capacités linguistiques. C'est ce que montre l'étude longitudinale de cinquante-quatre enfants américains, tous de faible niveau socioculturel, qui a été menée par Connie Juel[86]. Ces enfants ont été suivis de la première à la quatrième année de l'école primaire. Deux groupes d'enfants, des bons et des mauvais lecteurs, ont été constitués en première année en fonction de leurs résultats à un test de compréhension en lecture. Les bons lecteurs étaient aussi les meilleurs dans un test d'habileté d'analyse phonémique intentionnelle. Malgré ces différences en lecture et en analyse phonémique intentionnelle, les deux groupes ne se distinguaient pas en termes de compréhension d'histoires présentées oralement ni en termes de production orale d'histoires. Les choses ont fort évolué par la suite. En ce qui concerne les compétences relatives au langage parlé, une différence entre les deux groupes a commencé à apparaître en deuxième année et s'est creusée d'année en année. Ces résultats suggèrent qu'une différence dans la capacité de lecture peut susciter l'apparition de différences dans les capacités linguistiques plus générales, différences qui n'existaient pas au début de l'apprentissage de la lecture.

Un lecteur déficient n'est pas condamné à l'enfermement perpétuel dans sa déficience. Cependant, le réalisme impose de réserver le pronostic (ce qui est davantage une raison d'intensifier l'effort d'aide et de rééducation que de l'atténuer). Les déficiences dans les capacités phonologiques sont très tenaces. Plusieurs études de lecteurs déficients depuis l'enfance, testés à l'âge adulte, le montrent[87]. Beaucoup ont réussi des études supérieures, ce qui indique qu'ils disposent des capacités cognitives nécessaires pour faire face aux exigences du système éducatif. Pourtant, leur capacité de lecture reste déficiente. Elle est marquée essentiellement par une lecture très pauvre des pseudomots, signe d'un déficit du décodage phonologique séquentiel, et par un effet de régularité dans la lecture des mots fréquents, signe d'un développement insuffisant du lexique orthographique. Linnea Ehri[88] décrit le cas d'un jeune homme de vingt-deux ans qui a réussi des études supérieures mais qui pourtant lit et écrit comme un enfant de deuxième année primaire. Il écrit « CHREAT », puis « CHEAN » pour « CHICKEN », et « BORT » pour « BOAT » avant de parvenir à écrire correctement ce dernier mot. Il est conscient de quelques groupes de lettres très fréquents en anglais, tels que « EA », mais son énorme expérience de l'écrit ne lui a pas permis de dépasser son incapacité d'établir les correspondances entre les lettres et les sons et d'appréhender les régularités orthographiques de sa langue.

Ces adultes, lecteurs déficients depuis le début de l'apprentissage, utilisent largement le contexte pour pallier une reconnaissance des mots trop lente. Si le temps de lecture est libre, leur déficience peut passer inaperçue, mais si on le limite considérablement ils deviennent incapables de comprendre le texte. Leur habileté de manipulation phonémique est très pauvre, même lorsqu'on les compare à des enfants qui ont le même niveau de lecture qu'eux. Une étude a montré que les meilleurs lecteurs déficients adultes, qui lisaient à un niveau supérieur à la septième année d'instruction formelle, ont obtenu des scores de manipulation phonémique inférieurs à celui des enfants de troisième année primaire[89]. Cette habileté évolue peu avec l'âge, et ce déficit reste la pierre d'achoppement qui freine tout progrès en lecture et en écriture. Nous ne sommes pas devant un retard qui se résorbe peu à peu avec l'âge, mais bien devant une vraie anomalie.

Halte au pessimisme ! Échec, mais pas nécessairement échec et mat. Il y a tout de même des lecteurs déficients qui finissent par compenser leurs déficits. Une étude menée à l'université de

Denver, au Colorado, sur cinquante et un adultes qui pendant l'enfance ont été diagnostiqués comme lecteurs hautement déficients (« dyslexiques », suivant la terminologie des auteurs), treize (soit environ 25 %) ont pu atteindre un niveau de lecture dans les limites de la normalité[90]. Les auteurs de cette étude ont essayé de répondre à plusieurs questions. Ces lecteurs déficients « récupérés » sont-ils différents des « non récupérés » et des lecteurs normaux ? Quels types de déficits peut-on encore observer chez eux ? Et, surtout, pourquoi certains lecteurs déficients rattrapent-ils les lecteurs normaux, et d'autres pas ?

L'étude a montré que les lecteurs déficients récupérés conservent une caractéristique des non récupérés : bien qu'ils lisent plus rapidement que ces derniers, ils continuent à lire plus lentement que les lecteurs normaux. La lenteur relative de leur lecture est probablement due à une connaissance insuffisante des règles complexes de correspondance graphème-phonème (c'est-à-dire des règles qui dépendent du contexte graphémique). En effet, bien que supérieurs aux lecteurs déficients non récupérés dans l'écriture de mots qui obéit à ces règles, ils restent inférieurs dans cette habileté aux lecteurs normaux de même niveau de QI et qui ont eu le même type d'expérience éducative. Lorsque ces variables ainsi que les différences de statut socio-économique des sujets sont contrôlées, les différences entre les trois groupes de lecteurs se maintiennent. En d'autres termes, le niveau socio-économique, éducatif et intellectuel n'est pas responsable de la récupération. La relation de causalité joue sans doute dans le sens opposé : c'est la récupération qui permet d'atteindre un niveau socio-économique, éducatif et cognitif plus élevé. Cette étude de l'université de Denver confirme, à propos de la récupération, l'absence d'un rôle causal de ces variables dans l'apprentissage de la lecture, mais elle ne nous renseigne pas sur ce qui permet la récupération. On peut imaginer que la récupération en lecture a bénéficié de progrès importants dans les capacités phonologiques, mais nous ignorons ce qui a permis ces progrès.

Parmi les facteurs non biologiques qui expliqueraient le déficit de la capacité de lecture, il faut considérer les caractéristiques du système orthographique lui-même. Certains auteurs ont prétendu que la lecture déficiente est beaucoup moins fréquente dans les langues qui, comme l'italien ou l'allemand, ont une orthographe transparente, superficielle, en ce sens que la prononciation et l'écriture des mots peuvent être entièrement spécifiées à partir de relations simples entre les graphèmes et les phonèmes (tel phonème correspond à tel graphème et *vice versa*, quel que soit le contexte) ou d'un corpus limité de règles, que dans les langues qui, comme l'anglais, ont une orthographe opaque ou profonde, c'est-à-dire comportant beaucoup d'exceptions aux règles. Une étude comparant l'italien et l'anglais fait apparaître, respectivement, 3,6 % et 7,3 % de lecteurs déficients[91].

Plus intéressante, à la fois du point de vue théorique et pratique, est la recherche de différences qualitatives entre les lecteurs déficients qui apprennent une orthographe transparente ou bien une orthographe opaque. C'est ce que font Heinz Wimmer et Usha Goswami. Ils ont montré que le lecteur déficient (aussi bien d'ailleurs que le lecteur normal débutant) qui apprend l'allemand commet beaucoup moins d'erreurs dans la lecture des pseudo-mots que le lecteur déficient (ou le lecteur normal débutant) qui apprend l'anglais. Cependant, en allemand, le lecteur déficient fait preuve d'une grande lenteur dans la lecture de ces mêmes pseudo-mots. De même, bien qu'il réponde correctement dans les tests d'analyse phonémique, montrant ainsi que la conscience des phonèmes est présente, ses réponses sont anormalement lentes[92]. Il semble donc que, bien que la transparence de l'orthographe facilite l'apprentissage des correspondances graphème-phonème, l'automatisation du décodage reste un problème.

Quel que soit le degré de transparence de l'orthographe, on observe des lecteurs déficients dans toutes les langues. La présence de nombreuses règles contextuelles, ainsi que de nombreuses exceptions, peut exacerber la difficulté de l'apprentissage, mais elle n'en est pas la cause prioritaire.

Les lecteurs déficients ne constituent pas, non plus, un privilège des systèmes alphabétiques. Les comparaisons sont difficiles entre différents systèmes d'écriture, cette différence se combinant à des différences de systèmes éducatifs. Une étude comparant des enfants de cinquième année primaire de Taipei

(Taiwan), Sendai (Japon) et Minneapolis (États-Unis), a montré que le pourcentage d'enfants mauvais lecteurs (du niveau de la deuxième année ou moins) est de 7,5 %, 5,4 % et 6,3 %, respectivement[93]. En d'autres termes, on peut échouer dans l'apprentissage de la lecture même lorsque le système d'écriture n'exige pas une analyse de la langue au niveau du phonème. Chaque système d'écriture a ses difficultés propres et, dans chaque communauté, des pressions de sélection font qu'un certain nombre de lecteurs ne correspondent pas aux standards fixés par la communauté elle-même.

CHAPITRE 5

L'enseignement de la lecture

Le grand débat

La méthode d'instruction de la lecture qui fut sans doute utilisée le plus longtemps au cours de l'histoire de la civilisation occidentale est la *méthode alphabétique.* L'enfant commençait par apprendre l'abécédaire, c'est-à-dire les noms des lettres dans l'ordre. (Chez les Grecs, il semble qu'on apprenait à réciter les lettres aussi bien de la première à la dernière que de la dernière à la première. Pour les enfants riches, chacune des vingt-quatre lettres était représentée par un esclave !) Puis on apprenait à l'enfant à associer chaque nom de lettre à un symbole. Ensuite, on lui apprenait à combiner des consonnes et des voyelles et à réciter des syllabes sans signification (« ba, be, bi, bo, bu », etc.). Ce n'est qu'après des mois, sinon des années, de ces exercices, que l'enfant était enfin confronté à la lecture[1]. Ce type de méthode est aujourd'hui abandonné.

Le grand débat des méthodes tourne depuis plus d'un siècle autour d'une opposition entre deux conceptions : d'une part, on insiste sur l'apprentissage du code *(« code emphasis »)* et, d'autre part, sur le langage global *(« whole language »).* La première est la méthode phonique et la seconde la méthode globale.

La *méthode phonique* est née d'un constat : l'enfant éprouve des difficultés à passer de l'association entre les noms des lettres à la fusion des « sons » des lettres pour obtenir la prononciation des mots. Il semble que les éducateurs allemands aient été les premiers au début du XVIe siècle à proposer des méthodes fondées sur l'apprentissage des correspondances entre les lettres et leurs « sons »[2]. À cette époque, la lecture fonctionnelle intervenait très tôt dans l'apprentissage, bien avant que toutes les correspondances ne soient enseignées. L'ordre dans lequel les correspondances étaient introduites dépendait de critères fonctionnels et non pas de l'ordre des lettres dans l'alphabet. Les enfants apprenaient à former des mots en combinant et en enlevant des lettres. Dans le monde francophone, la méthode phonique a été prônée au XVIIIe siècle par les jansénistes et l'école de Port-Royal. Plus tard, elle a été associée dans l'esprit de beaucoup à des exercices interminables de prononciation des sons des lettres et son rôle fonctionnel a été négligé.

La *méthode globale* est née probablement au XVIIe siècle. Dans *Visible World*, écrit à la fois en anglais et en latin, Comenius proposait de commencer par associer directement les mots et leurs significations. L'analyse interne des mots n'interviendrait que plus tard, pour permettre la lecture des nouveaux mots. Aux États-Unis, la méthode globale est influente depuis le milieu du XIXe siècle. À la fin du XIXe et au début de notre siècle, la méthode globale apparaissait liée aux idées progressistes et à la préoccupation d'une instruction centrée sur l'enfant. Un argument « psychologique » utilisé était que, les choses étant reconnues comme un tout, la méthode phonique serait peu naturelle. Plus tard, cet argument allait s'enrichir de références à la théorie de la Gestalt, bien que les psychologues de cette école ne se soient pas occupés de la lecture. Du reste, comme le psycholinguiste Roger Brown l'a remarqué, l'idée de base de la Gestalt, suivant laquelle l'apprentissage résulte de l'appréhension des relations systématiques et des principes sous-jacents, s'accorderait mieux avec la méthode phonique qu'avec la méthode globale[3].

En France et en Belgique, la méthode globale a gagné en importance au début de ce siècle, notamment sous l'influence de Decroly. Le maître lit un texte qu'il fait répéter aux enfants et qui constitue la base pour l'identification progressive des mots le composant. Une variante de cette méthode a été introduite plus tard par Freinet *(« méthode naturelle »)*, qui a remplacé le texte écrit par le maître par des textes produits par les enfants eux-mêmes et dictés par ceux-ci au maître.

En 1955, pourtant, Rudolf Flesch publie aux États-Unis *Why John can't read – and what you can do about it*, lequel devient rapidement un *best-seller*[4]. Son succès est davantage dû à la sévérité des déficiences et des retards dans l'apprentissage de la lecture, qui inquiète beaucoup de parents et d'éducateurs, qu'aux qualités intrinsèques de l'ouvrage. Partant de l'idée que les lettres correspondent à des sons, il soutient sur le même ton grandiloquent que ses opposants que la méthode phonique est le seul système « naturel » d'apprentissage. Plus grave, il se lance dans l'argumentation politique en affirmant que la méthode globale est antidémocratique, qu'elle traite les enfants comme s'ils étaient des chiens que l'on peut conditionner, et fait même allusion à une conspiration communiste !

Comme le dit Marylin Adams[5], le problème de savoir comment on enseigne le mieux la lecture est la question la plus politisée dans le domaine de l'éducation. Kenneth Goodman, ancien président de l'International Association of Reading et théoricien prestigieux de la méthode globale, affirme : *« Pouvons-nous dépolitiser le débat ? Non. L'éducation, y compris l'éducation de la lecture, est politique*[6]. » Ne nous y trompons pas cependant ! On ne peut dire d'une méthode qu'elle fait partie du programme d'un camp politique, ni même qu'elle est intrinsèquement de gauche ou de droite. C'est une autre question que celle de savoir quelle méthode convient le mieux au succès de l'apprentissage de la lecture chez des enfants qui au départ se trouvent en position socio-culturelle désavantagée.

Ce n'est pas l'ouvrage de Flesch qui a eu le plus d'influence sur la résurgence de la méthode phonique aux États-Unis, c'est un autre livre, en fait un rapport, écrit par Jeanne Chall dans le cadre d'une étude officielle. *Learning to read : The great debate*, publié en 1967, se fondait sur l'examen de vingt-deux programmes d'enseignement[7]. Chall avait visité plus de trois cents classes dans les milieux sociaux les plus divers des États-Unis, de l'Angleterre et de l'Écosse. La qualité de cette recherche n'a jamais été mise en doute. Il faut dire qu'au départ, Chall n'avait pas d'*a priori* favorable à la méthode phonique, et pourtant son étude l'a menée à la conclusion que les programmes d'enseignement de la lecture débutante qui comportent une instruction phonique précoce et systématique produisent de meilleurs résultats que ceux qui ne comprennent pas ce type d'enseignement.

Les travaux de recherche sur la lecture et son apprentissage qui ont été menés ces vingt dernières années dans les laboratoires et dans les écoles, en particulier ceux qui utilisent une méthodologie rigoureuse, sont pratiquement unanimes : les programmes d'enseignement qui comprennent l'instruction directe, explicite du code alphabétique sont les meilleurs[8]. Toutefois, ce jugement n'a qu'une valeur statistique et ne nous dispense pas d'une analyse fine des diverses variables en jeu.

La conviction des scientifiques n'est pas partagée par la majorité des éducateurs et des formateurs d'enseignants, ni par les responsables gouvernementaux de beaucoup d'États. Dans les facultés d'éducation notamment, la conception dominante favorise la méthode globale. Cette conception est aussi particulièrement prisée par les sociétés privées qui font de la lecture et des déficiences de lecture une affaire commerciale. La lecture de *Reading today*, le bimensuel de l'*International Reading Association*, est particulièrement édifiante. Pour le printemps et l'été 1993, étaient annoncés :

– un séminaire dynamique *« Whole Language » (« Phenomenal ! Will revolutionize teaching practices »)* avec Marie Carbo (quatre-vingt-dix-neuf dollars par personne) ;

– les séminaires *« Literature Connection » (« A creative adventure into the joy of whole learning. The best investment of your time and money »)*, deux cent soixante-neuf dollars tout compris, donnant droit à un petit cadeau de trente dollars ;

– les séminaires *« Whole language in the classroom » (« Participate in a unique and powerful learning experience »)* ;

– les conférences *« Pathways to Literacy »*, de Bill Martin Junior (deux cent soixante-neuf dollars pour cinq jours, donnant droit à un certificat ; si on suit un cours supplémentaire on paie cent trente dollars en plus mais on reçoit le *best-seller Pathways to Literacy* qui est estimé à quarante-cinq dollars) ;

– les séminaires *« Whole Language Umbrella » (« Expanding our Horizons »)* ;

– les séminaires *« Whole Language Strategies »* de Nellie Edge : utilisation du rythme, apprentissage joyeux à l'école maternelle *« whole language »*, principes pratiques sur le cerveau qui rendront votre enseignement plus puissant, etc. (quatre-vingt-dix-huit dollars chacun, les rafraîchissements étant compris).

Enfin, une annonce qui relève davantage d'une instruction de type phonique, sous couvert d'un terme à la mode (« apprentissage multisensoriel ») : le *« Sing, Spell, Read and Write »*, le programme de développement multisensoriel du langage, qui transforme les étudiants – même les retardataires – en « gagnants » *(« winners »).*

En Europe, nous ne connaissons pas encore ce phénomène. Nous ne le connaîtrons sans doute pas, si nous parvenons à établir une communication efficace entre chercheurs, formateurs, enseignants, responsables politiques... et parents.

Pourquoi les idées de la méthode globale sont-elles plus attirantes pour le grand public ? Pourquoi beaucoup d'enseignants sont-ils hostiles à la méthode phonique ? De grands principes simples tels que « lire, c'est comprendre » ou « il faut replacer l'apprentissage de la lecture dans sa fonction » sont plus accessibles et plus séduisants que les analyses linguistiques sur la relation entre la parole et l'écrit – lesquelles font intervenir une entité étrange, le phonème – et que l'insistance sur des points techniques. Par ailleurs, la conception de la méthode globale fait miroiter la perspective d'un plus grand progrès – le progrès du système entier du langage et de la cognition, de tout l'individu – que ne semble le procurer la conception apparemment plus étroite de la méthode phonique. Celle-ci ne concernerait, à première vue, que la lecture.

L'attrait qu'exerce la méthode globale est aussi lié en partie au fait qu'elle repose sur des idées justes que les partisans de la méthode phonique – vu leur désir de faire croire à l'importance de l'apprentissage du code – négligent. Il est évident que l'enfant apprend plus facilement à lire s'il bénéficie d'un environnement hautement lettré, si ses parents aiment lire, lui lisent à voix haute des histoires et lui inspirent le désir de lire.

Une chose est l'idéologie de la lecture, une autre la réalité des pratiques éducatives. Il est rare actuellement que la méthode utilisée en classe soit purement globale ou purement phonique. L'expression « insistance sur le code », popularisée par Chall, indique que l'apprentissage du code alphabétique est conçu dans le cadre de la lecture de mots. Quant à la méthode globale, ses utilisateurs font souvent une référence explicite aux correspondances et acceptent le décodage dès la fin de la première année d'instruction de la lecture.

Malheureusement, les idéologues de la méthode globale et de la lecture naturelle essaient de discréditer la recherche scientifique expérimentale. Leur position farouchement antiphonique a beaucoup de force dans les milieux de fonctionnaires chargés de la politique et de l'organisation de l'éducation primaire, ainsi que dans les centres de formation d'enseignants. Les nouveaux enseignants entament leur carrière professionnelle sans aucune connaissance des capacités de base, des raisons de leur importance et de la manière dont elles peuvent être enseignées[9]. De plus, il ne faut pas oublier que l'instruction de la lecture est, aussi, un produit commercial. Il n'y a pas que les nombreux séminaires évoqués plus haut. Il y a surtout les livres scolaires. Le nombre des consommateurs étant très élevé, les bénéfices pour les auteurs et les maisons d'édition sont importants. Dans ces conditions, se forment des conjonctions d'intérêts qu'il est difficile de bouleverser et qui favorisent l'inertie dans les principes et les méthodes d'instruction. Difficile à concilier avec une recherche qui par nature ne s'arrête jamais et qui ne cherche qu'à se dépasser... La censure sur la recherche est une réalité.

La supériorité de la méthode phonique

Les partisans de la méthode globale ont raison de dire, comme le fait Goodman dans un autre *best-seller*, *A Parent-Teacher Guide*, paru en 1986[10], que les lecteurs cherchent la signification et non pas les sons ou les mots. En général, cette conception ne pèche pas par ce qu'elle dit, mais par ce qu'elle oublie de dire. Elle oublie ce qui est le plus important pour une méthode, en l'occurrence comment l'enfant pourrait atteindre la signification sans passer par les mots. La méthode globale encourage l'utilisation du contexte et le fait de deviner. Cela peut conduire à des erreurs de lecture (lire, par exemple, « yogourt » à la place du mot « Danone » inscrit sur un pot) qui, d'après Goodman, doivent être admises par les éducateurs parce qu'elles ne s'éloignent pas de la signification, mais seraient des *« indications charmantes de croissance dans le sens du contrôle des processus de langage »*. C'est, en fait, un panégyrique de la subjectivité (ce que croit le lecteur) contre l'objectivité (ce que le texte dit réellement)[11].

Les études évaluant les effets des méthodes montrent généralement que les enfants qui apprennent à lire suivant un programme de méthode phonique ont, dès le départ, un avantage dans la reconnaissance des mots[12]. Vers la fin de la deuxième ou de la troisième année d'études, ils devancent ceux qui apprennent à lire suivant la méthode globale en vitesse et en compréhension dans la lecture silencieuse, en vocabulaire et en orthographe. Cette supériorité de la méthode phonique pourrait être encore plus marquée lorsqu'il s'agit d'enfants de classes sociales défavorisées.

Au chapitre 3, j'ai déjà évoqué le travail de Barbara Foorman et de son équipe[13] comparant les performances de lecture et d'écriture d'enfants de première année primaire suivant qu'ils recevaient beaucoup ou peu d'instruction sur les relations entre les lettres et leurs « sons ». Il ne s'agit pas d'une opposition extrême entre méthode phonique et globale, mais la variable qui distingue les deux groupes permet de considérer que l'un est « plus phonique » que l'autre. Les résultats, que l'on peut voir à la figure 5.1, parlent d'eux-mêmes.

Les avantages de l'instruction qui, en première année primaire, fait une place importante à l'enseignement explicite du code alphabétique, et donc les mérites de la méthode phonique par rapport à la méthode globale, se manifestent clairement dans la lecture comme dans l'écriture, tant pour les mots réguliers qu'irréguliers.

Ces avantages concernent aussi les enfants qui risquent de présenter des déficits, comme le montre une étude récente menée en Caroline du Nord. On a sélectionné, alors qu'ils étaient encore à l'école maternelle, des enfants qui pourraient présenter un risque de déficience de lecture[14]. Ils ont été orientés vers des classes de méthode phonique ou vers des classes de méthode

	Lecture de mots		Écriture de mots	
	Instruction lettre-« son »			
	Peu	Beaucoup	Peu	Beaucoup
Mots réguliers				
Octobre	30	30	16	14
Février	48	71	36	50
Mai	60	84	45	65
Mots irréguliers				
Octobre	17	20	02	02
Février	31	47	09	11
Mai	35	55	16	26

Figure 5.1 – Pourcentage de mots, soit réguliers, soit irréguliers, correctement lus ou écrits dans chacun des trois tests (octobre, février, mai), par les enfants qui reçoivent soit beaucoup, soit peu d'instruction sur les relations lettre-« son » (adapté de Foorman et al., *13*).

globale (qui comportait en réalité l'enseignement d'éléments phoniques dès le début de la deuxième année). En fin de deuxième année, les enfants de méthode phonique semblaient avoir progressé plus que les autres de manière générale, mais la différence entre les groupes n'était significative que pour la lecture de pseudo-mots et l'écriture de mots réguliers. La supériorité de la méthode phonique était moins apparente en termes de scores moyens qu'en termes du nombre d'enfants présentant une déficience en lecture. Ainsi, huit des enfants ayant suivi la méthode globale (un tiers de l'échantillon) contre un seul formé à la méthode phonique avaient un an de retard en lecture de mots. La méthode phonique apparaît donc comme la plus susceptible de récupérer les enfants à risque. Par ailleurs, le fait que la méthode globale utilisée comprenait des éléments phoniques a probablement contribué à réduire les différences.

La méthode globale est particulièrement problématique pour les enfants qui souffrent d'un handicap socioculturel. Cette idée est illustrée par une étude que notre groupe a menée en Belgique francophone sur une cinquantaine d'enfants de première année primaire provenant de trois écoles, de milieu bas, moyen et élevé, respectivement, qui utilisent la méthode globale, et sur une quarantaine d'enfants d'origine sociale moyenne fréquentant une école qui pratiquait la méthode phonique[15]. Même si l'on ne tient compte que des enfants de milieu élevé parmi ceux qui apprenaient à lire suivant la méthode globale, on remarque que plus de la moitié de ces enfants lisaient, en fin de première année, moins de mots nouveaux (c'est-à-dire non étudiés en classe) que le plus mauvais des lecteurs de classe phonique. En outre, le meilleur des enfants soumis à la méthode globale était dépassé en lecture de mots nouveaux par presque un tiers des enfants soumis à la méthode phonique. Le résultat le plus préoccupant est le fait que, parmi les enfants d'origine sociale pauvre, aucun n'a été capable de lire plus de trois ou quatre mots nouveaux, et la plupart ne pouvaient en lire aucun. La méthode globale semble donc constituer un danger pour les enfants d'origine sociale pauvre. Pour ces enfants, les chances d'avoir des parents ou d'autres personnes proches qui lisent eux-mêmes couramment et qui pourraient leur enseigner le code alphabétique sont beaucoup plus faibles que pour les enfants issus de familles de milieux plus favorisés.

La méthode phonique a naturellement un effet très puissant sur le développement de l'habileté d'analyse phonémique intentionnelle qui, comme nous l'avons vu, joue un rôle essentiel dans l'acquisition du décodage phonologique. Dans une autre étude comparant des enfants de première année qui apprenaient à lire soit suivant une méthode globale, soit suivant une méthode phonique, Jesus Alegria et moi-même avons constaté l'apport spécifique de la méthode phonique à l'habileté phonémique[16]. Ainsi, les deux groupes étaient pratiquement tout aussi bons l'un que l'autre pour inverser les syllabes d'une expression (« dira » devenant « radis »), mais la performance moyenne d'inversion de phonèmes (contrepèteries du style « os » → « so ») était beaucoup plus élevée chez les enfants soumis à la méthode phonique (58 % de réponses correctes) que chez ceux soumis à la méthode globale (15 %).

Dans l'apprentissage d'une habileté, il y a des moments critiques où une certaine acquisition doit être réalisée pour que l'apprentissage se déroule efficacement. On ne fait pas commencer l'apprentissage du piano en demandant à l'élève d'interpréter directement des œuvres. La relation entre les touches et les notes doit être enseignée explicitement au début de l'apprentissage. Le manque de certaines connaissances critiques entrave le processus d'apprentissage, au piano comme en lecture. Contrairement à la méthode globale, la méthode phonique est basée sur l'idée que dans le processus d'apprentissage il y a des passages obligés.

Les conséquences apparemment paradoxales d'une méthode qui veut aller droit au but sans se soucier des compétences intermédiaires sont bien manifestes dans une étude qui a examiné les relations entre diverses capacités de l'enfant et son niveau de compréhension en lecture, dans dix classes enseignant la méthode globale et dix classes enseignant la méthode phonique, en première année primaire[17]. Alors que dans les classes de méthode phonique on a observé des corrélations positives entre la compréhension en lecture et diverses mesures des capacités linguistiques de l'enfant (développement syntaxique, longueur moyenne des expressions, etc.), dans les classes de méthode globale ces corrélations étaient négatives. À première vue, ces résultats sont déroutants. En effet, il semble paradoxal que l'enfant linguistiquement mieux développé ait justement tendance à moins bien comprendre des textes. Pourtant, c'est une chose qu'on peut aisément expliquer dans le cadre d'une théorie qui reconnaît l'importance de l'apprentissage initial du code alphabétique. L'insistance exclusive ou presque sur les capacités linguistiques générales de l'enfant, à un moment où l'apprentissage du code est crucial, peut freiner le développement de la reconnaissance des mots, et par conséquent aussi la compréhension de textes. Le recours au contexte et le fait de deviner, probablement dominants chez les enfants qui ne connaissent pas le code mais ont de bonnes capacités linguistiques, conduisent à des erreurs de reconnaissance qui diminuent les chances d'une bonne compréhension des textes.

Au-delà des expériences qui comparent les méthodes phonique et globale, il est important de savoir ce que produit la méthode phonique dans l'absolu. Benita Blachman a redéfini selon une perspective phonique le programme d'apprentissage de la lecture de deux écoles primaires de niveau socio-économique relativement bas de l'État de Connecticut[18]. Elle a procédé à une formation intensive des enseignants, éducateurs et rééducateurs, et les a mobilisés pour l'exécution du programme. Avant l'intervention de Blachman, les scores moyens des enfants de quatrième année étaient inférieurs par rapport à la norme nationale de sept mois et un an, dans l'une et l'autre école. Or, quand les premières cohortes d'élèves du nouveau programme sont arrivées en quatrième année, ceux-ci se trouvaient, non pas en dessous, mais au-dessus de la norme nationale, de sept et six mois, respectivement. L'une de ces écoles était passée du rang 17,5 sur les vingt-quatre écoles de la région au rang cinq, et les écoles qui la devançaient étaient toutes d'un milieu socio-économique plus élevé. Naturellement, une partie de ce succès n'est pas due à la méthode phonique en soi, mais au sens de l'éducation et à l'enthousiasme de Blachman et des équipes scolaires. On trouve d'ailleurs tout autant d'éducateurs remarquables parmi les adeptes de la méthode globale. Ce n'est pas le dévouement, l'intelligence et la sensibilité des uns et des autres que je discute ici, mais les qualités des méthodes qu'ils appliquent.

Méthode phonique oui, mais comment ?

Le problème n'est pas de savoir s'il faut enseigner le code alphabétique, mais de savoir comment il faut l'enseigner.

Dans les années quarante, le linguiste Bloomfield a proposé de travailler sur de petits ensembles de mots (« Dad had a map. Pat had a bat. Nan had a fat cat. A fat cat ran at a bad rat »), de manière à maximiser les chances que l'enfant, par lui-même, découvre le principe alphabétique[19]. Cette procédure, que l'on pourrait appeler « phonique implicite », ne doit pas être suivie, puisque, comme nous l'avons vu au chapitre 1, l'enfant ne découvre pas le principe alphabétique sans une instruction explicite de l'analyse phonémique et des correspondances graphème-phonème.

La méthode phonique, bien utilisée, ne fait pas moins confiance aux capacités de l'enfant que la méthode globale. La première tâche de l'enfant est de comprendre le principe alphabétique. Sans cette compréhension, il n'y a pas (sauf dans des cas exceptionnels) de progrès en lecture. La compréhension du principe alphabétique permet à l'apprenti-lecteur d'apprendre un ensemble de règles simples de correspondance et de les utiliser, moyennant l'habileté de fusion phonémique, dans la lecture de mots courts. Cependant, l'enfant est confronté aussi à une série de situations où l'association d'un phonème à une lettre sans tenir compte des lettres adjacentes ne garantit pas la prononciation correcte du mot. Un nombre relativement important de règles contextuelles détermine la prononciation de beaucoup de mots. Certaines de ces règles peuvent être explicitées, mais cette explicitation n'est pas une caractéristique intrinsèque de la méthode phonique. En fait, il est probablement moins efficace et plus rébarbatif d'apprendre à l'enfant un grand nombre de règles contextuelles que de l'amener, par l'exercice de la lecture, à constituer des unités plus larges que la lettre dans lesquelles l'ambiguïté de prononciation est résolue.

Le problème du degré d'explicitation des règles contextuelles qu'il convient d'adopter n'est qu'une des nombreuses questions qui se posent à la mise en œuvre d'une méthode phonique adaptée aux capacités d'apprentissage de l'enfant. Faut-il enseigner les noms des lettres ou leurs « sons » uniquement ? Dans quel ordre devons-nous introduire les correspondances graphème-phonème ? Faut-il entraîner l'enfant à fusionner des consonnes et des voyelles ? Doit-on faire apprendre les correspondances en dehors de la lecture de mots, ou faut-il combiner les deux activités ? Ou encore faut-il faire apprendre quelques mots avant d'enseigner des correspondances ? Doit-on attendre que l'enfant soit capable de reconnaître un nombre appréciable de mots avant de lui présenter des phrases ? À quel moment, par rapport à la lecture, faut-il initier les activités d'écriture ?

Les réponses à ces questions ne sont pas simples, surtout parce que, pour la plupart d'entre elles, il n'y a pas assez de données empiriques suffisamment rigoureuses, et parce qu'il exite des arguments tous aussi raisonnables qui vont dans un sens ou dans un autre[20]. Souvent, ce qui est utile à une phase du processus d'apprentissage l'est moins, ou peut même être nuisible, à une autre phase.

Il semble pourtant qu'il soit plus efficace de commencer l'apprentissage des correspondances par des lettres dont les « sons » peuvent être prononcés isolément, par exemple, « f », « s » et « m ». Les voyelles, elles aussi, peuvent être prononcées isolément, et par ailleurs elles sont parmi les lettres les plus fréquentes. La voyelle étant indispensable pour qu'il y ait une syllabe, il semble qu'on doive les introduire dès le début, même si toutes les lettres vocaliques du français se prononcent différemment suivant le contexte (par exemple, « a » et « au » ; « e » et « eu » ; « i » et « in » ; « o » et « ou » ; « u » et « un » ; cette dépendance de la prononciation des voyelles par rapport au contexte n'a certes lieu que si on ignore l'accent, « é » et « è » se prononçant toujours de la même manière).

Beaucoup d'enfants connaissent les noms de certaines lettres avant de connaître leurs « sons ». La connaissance des noms risque de créer des difficultés pour la compréhension du fait que la lettre ne correspond pas à une syllabe mais à une composante de la syllabe, imprononçable isolément dans beaucoup de cas. En particulier, les lettres consonantiques par lesquelles on devrait commencer l'apprentissage, par exemple, « f », « s », « m », ont justement des noms qui ne commencent pas par le « son » qu'elles représentent. D'après le psychologue soviétique Elkonin[21], les enfants qui connaissent les noms des lettres avant d'apprendre à lire ont tendance, au début de l'apprentissage, à mettre ensemble les noms des lettres au lieu d'essayer de fusionner leurs « sons ». Pour lui, cela constitue la pire des habitudes de l'apprenti-lecteur. D'autre part, cependant, la connaissance du nom crée une constance à la lettre, nécessaire lorsque, plus tard, l'enfant doit comprendre qu'une lettre peut recevoir différentes prononciations en fonction des lettres voisines.

Que penser des exercices de copie ? La copie des lettres, tout au début de l'apprentissage, n'est pas une activité mécanique manquant d'intérêt, comme le prétendent beaucoup. La répétition contribue au contrôle moteur et permet à l'enfant de consolider des représentations mentales des traits des lettres, nécessaires à leur identification. L'association des lettres à des dessins suggestifs y contribue également. De même, dans un autre registre, l'association de gestes et de dessins à la production des sons élémentaires de la parole permet d'attirer l'attention sur ces sons et leur individualité (*mmmm...* pour l'enthousiasme du gourmet de glace à la fraise, *vvvv...* pour le bruit d'un *jet*, *ssss...* pour le sifflement du serpent ou l'échappement d'air d'un pneu percé, *rrrr...* pour le rugissement terrifiant d'un lion, etc.).

La connaissance de l'identité abstraite des lettres est une condition nécessaire de l'acquisition du décodage phonologique et des patrons orthographiques. Par conséquent, l'apprentissage de la reconnaissance des lettres doit commencer très tôt, sans doute avant le début de l'instruction à l'école. La responsabilité des parents et des maîtres et maîtresses de l'école maternelle y est engagée. Les activités d'écriture spontanée, à partir des quelques paires lettre-« son » connues, doivent être favorisées, car elles contribuent à la compréhension des relations entre la forme écrite et la forme parlée des mots. Elles sont en fait, de la part de l'enfant prélecteur, des activités de recherche phonique. Une certaine tolérance est nécessaire à l'égard des inexactitudes de ces productions écrites spontanées. La situation n'est pas comparable à celle que j'ai critiquée ci-dessus concernant les devinements qui accompagnent l'apprentissage réalisé suivant la méthode globale. Les erreurs d'orthographe sont loin d'être aussi graves que les erreurs d'attribution de nom, non seulement parce que l'inexactitude de l'orthographe n'a jamais empêché de « bien » écrire (on cite souvent à ce sujet Stevenson, Hemingway et Agatha Christie) et parce qu'elle devient un moindre mal avec les logiciels de correction informatisée, mais aussi parce que ces erreurs tendent à disparaître chez la plupart des enfants à partir du moment où leur expérience de la lecture augmente.

Quels rapports faut-il installer entre décodage et signification ? Les correspondances peuvent et doivent être apprises dans le contexte des mots. Non seulement l'intérêt de l'enfant peut être capté plus facilement, mais en outre les exercices phoniques sur des mots contribuent à la focalisation de l'attention de l'enfant sur chaque lettre de chacun de ces mots et, par là, à l'élaboration de la représentation mentale de leurs patrons orthographiques. La copie et l'écriture sous dictée de mots que l'on vient d'apprendre renforcent la représentation de leurs patrons orthographiques.

Il est essentiel que les textes que l'on donne à lire au tout début à l'apprenti-lecteur ne contiennent que des mots dont l'orthographe est régulière et, autant que possible, dépend de règles simples. Les écarts trop importants entre les leçons phoniques et les correspondances rencontrées dans les textes risquent de perturber l'enfant et de ne pas lui permettre de bénéficier de l'instruction. Enseignement phonique et lecture de mots et de phrases doivent interagir de manière positive.

Les exercices sur des digraphes et des trigraphes tels que « ou » et « ch » sont nécessaires pour corriger l'idée d'une relation simple entre lettre et phonème. À la découverte du fait qu'un phonème peut être représenté par un groupe de lettres peut succéder la constitution de représentations orthographiques d'unités plus larges que le phonème (rime et syllabe). Les exercices de fusion de phonèmes, nécessaires dès le départ pour installer la procédure de décodage, peuvent contribuer à la constitution de ces représentations orthographiques intermédiaires, pour autant que les exercices de fusion se fassent en rapport avec du matériel écrit.

Voyons comment ces quelques suggestions relativement éparses peuvent se concrétiser. Les idées que je présente ci-dessous proviennent du livre *Facts and Fads in Beginning Reading : A Cross-Language-Perspective*, publié en 1988 par Dina Feitelson, qui a été professeur à l'université de Haïfa jusqu'à son récent décès[22]. Dans ce livre, qui rend un service inestimable à la cause de la lecture, elle décrit la méthode dite viennoise d'apprentissage de la lecture[23], un exemple frappant de la possibilité de faire apprendre le code alphabétique dans un contexte de lecture qui soit à la fois significatif et lié à la vie de l'enfant.

Dans cette méthode, les lettres sont introduites une à une et identifiées par leurs « sons ». À aucun moment, cependant, il n'y a de lettre ou de syllabe sans signification. Tout le matériel est significatif. Ainsi, les premières pages du manuel de 1964 portent sur l'apprentissage des lettres A et M. À côté du dessin d'une jeune femme est écrit MAMA (« maman »), et dans d'autres dessins on voit maman dans une série d'activités. Par exemple, pour maman en train de cuisiner, on fait suivre MAMA du mot AM (« à »). Cette même séquence de mots peut, en faisant varier les dessins, représenter beaucoup de phrases différentes, de l'initiative de l'enseignant ou de l'enfant lui-même. Nous sommes très loin des « A fat cat ran at a bad rat ». Les situations sont proches de la vie de l'enfant, qui peut déjà être actif et productif en ayant appris seulement les correspondants phonémiques de deux lettres.

La troisième lettre présentée est la voyelle I, prononcée toujours /i/, ce qui permet de créer MIMI (un nom de fille), IM (« à l'intérieur ») et MAMI (une autre manière de se référer à maman). Maintenant, avec seulement trois lettres différentes, et toujours à l'aide de dessins, on peut créer un nombre énorme de phrases : Mimi est au lit, à la fenêtre, maman est à la cuisine ou au magasin, etc. La distinction MAMI-MAMA permet, en outre, de faire attention aux graphèmes pour transmettre une différence subtile de traitement en rapport avec le même objet. L'attention à l'ordre des lettres est tout aussi indispensable à l'identification correcte des mots.

Dans cette méthode, l'apprentissage des correspondances ne précède ni ne suit l'apprentissage des mots écrits et de leur signification. Tous les niveaux de représentation sont activés en même temps, alors que l'enfant ne connaît d'abord qu'une consonne et une voyelle, puis une consonne et deux voyelles, ensuite (par l'introduction du T) deux consonnes et deux voyelles, et ainsi de suite. Au début, seules les majuscules sont utilisées, ce qui permet de réduire la charge en mémoire. L'enfant peut se concentrer sur le processus de fusion des phonèmes qui conduit à la reconnaissance des mots. Les noms des lettres ne sont fournis à l'enfant qu'en deuxième année. Comme l'a dit un auteur du début du siècle, avec ce type de méthode, on n'instruit au début l'enfant que sur *« les pouvoirs des lettres »*.

Dans une version plus récente (datant de 1978) de cette méthode, le personnage central est MIMI, une poupée en papier, aux bras et jambes mobiles, que l'enfant reçoit avec le manuel et qui devient sa copine de toute une série de jeux avant le début de l'instruction. De nombreuses petites histoires sont centrées sur les actions de MIMI et celles d'autres personnages.

Dina Feitelson fait remarquer que ce type de méthode est utilisé aussi dans d'autres langues, telles que le finnois, le russe, le malais, l'hébreu et l'arabe. Dans une des premières pages d'un manuel arabe, on voit Bad'r en train de rosser sa sœur Rabab (une situation connue de beaucoup de sœurs dans tous les pays), et on décrit cette image à l'aide de seulement trois consonnes et une voyelle. On pourrait penser que ce type de méthode n'est praticable que pour les langues qui possèdent une orthographe transparente. Ce n'est pas exact. On pourrait facilement imaginer une adaptation au français, qui commencerait par M, I et A, permettant ainsi d'écrire MIMI, MAMI, AMI et MA.

Cette méthode se caractérise par le fait que l'enfant procède par synthèse : les correspondances sont enseignées directement et utilisées pour construire des mots. Plusieurs études suggèrent que les méthodes « directes-synthétiques » sont plus efficaces que les méthodes « indirectes-analytiques » qui commencent par présenter des mots en vue d'une analyse de plus en plus fine jusqu'au niveau lettre-« son ». Une exigence des méthodes « directes-synthétiques » est que l'habileté de fusion phonémique intervienne chaque fois qu'une nouvelle correspondance est apprise. Rien ne s'oppose à ce que cette compétence cruciale de la lecture soit entraînée et automatisée dès le début. Elle est essentielle non seulement pour le décodage phonologique, mais aussi pour la constitution d'unités orthographiques d'un niveau supérieur à la lettre. Feitelson distingue à ce propos entre la *« fusion à la fin »* (/k/ /a/ /s/ /t/ /ɔ/ /r/ : castor) et la *« fusion successive »* (/k/ /a/ /ka/ /s/ /kas/ /t/ /kast/ /ɔ/ /kastɔ/ /r/ /kastɔr/ : castor), et suggère que l'enfant qui a eu suffisamment l'occasion d'apprendre les résultats des fusions en même temps que les lettres individuelles peut adopter une procédure de décodage beaucoup moins contraignante pour la mémoire et beaucoup plus rapide (par exemple, /kas/ /tɔr/ /kastɔr/ : castor).

La méthode phonique est la voie royale du décodage phonologique, et dans cette mesure, mieux que toute autre méthode, elle crée les conditions d'une lecture autonome. Cela n'implique pas cependant qu'il faille laisser le lecteur débutant à lui-même. Un suivi individuel est nécessaire pour vérifier les progrès de l'enfant et détecter ses difficultés. Se fondant sur son expérience, Feitelson suggère que les enseignants remplacent le système de lecture par l'enfant en groupe par un système où l'enseignant écoute l'enfant lire en tête-à-tête. Même lorsqu'il s'agit de classes très nombreuses (de trente-cinq à quarante élèves), chaque enfant pourrait être entendu au moins deux fois par semaine. Une étude récente menée aux États-Unis sur cinq programmes de suivi individuel semble en confirmer l'efficacité[24]. Par ailleurs, l'effet positif en est plus grand lorsque le suivi est assuré par des enseignants qualifiés que lorsqu'il est fait par des paraprofessionnels. Il semble de plus que le suivi individuel soit beaucoup plus efficace que la réduction des effectifs des classes (une mesure expérimentale introduite dans certaines écoles du Tennessee, à New York City, Toronto et Indiana), alors que le coût des deux alternatives est comparable.

L'utilisation des principes de l'instruction phonique dans le cadre d'une méthode comme la méthode viennoise n'est évidemment pas une garantie de succès. Elle n'annule pas les déficits phonologiques des enfants qui en ont, pas plus qu'elle n'annule les mécanismes habituels de la sélection à l'école. Une étude longitudinale, de la deuxième à la huitième année d'école, portant sur quatre cent cinquante-huit enfants viennois a mis en évidence des problèmes persistants de décodage phonologique [25]. Les enfants qui ont ces difficultés dès le début sont de faibles lecteurs ; ils ne lisent pas en dehors de l'école, ils ne profitent pas des temps libres à l'école pour lire. Qui plus est, ils profitent moins que les lecteurs avancés du temps de lecture à l'école, puisqu'ils lisent plus lentement. Tout cela constitue des facteurs de différenciation. Les distances se creusent de plus en plus. C'est la sélection culturelle. Il est intéressant de constater que, au niveau des performances, la différence la plus apparente entre ces enfants concerne l'habileté d'analyse phonémique. Seule une politique éducative, plus exactement rééducative et même préventive, qui aille au-delà du seul choix d'une méthode phonique pour toute la classe, peut contrecarrer cette sélection culturelle.

La préparation à la lecture

Beaucoup de parents se demandent à partir de quel âge un enfant est en mesure d'apprendre à lire. Pour les enfants qui ont un développement cognitif et linguistique normal, la réponse est vraisemblablement qu'ils peuvent apprendre à lire bien avant l'entrée à l'école primaire. Bruce Pennington et son équipe (de l'université de Colorado) ont étudié un lecteur précoce, qui à douze mois était capable d'identifier les lettres et de lire quelques mots[26]. À trois ans, il lisait des livres d'histoires aussi bien que les enfants de deuxième ou de troisième année primaire. Il était capable de lire des pseudo-mots et lisait aussi facilement les mots irréguliers que les réguliers. Il semblait donc disposer déjà des deux procédures de reconnaissance des mots écrits. À part le caractère précoce inhabituel de sa lecture, rien ne semble « anormal » chez lui.

Ce cas n'est certes pas représentatif de la grande majorité des enfants, mais on peut penser que, du point de vue strictement cognitif, la plupart des enfants peuvent apprendre à lire dès l'âge d'environ quatre ans, voire dès trois ans. Les capacités cognitives ne doivent cependant pas constituer le seul critère. Il n'y a aucun intérêt, du point de vue de l'efficacité de la lecture, qu'un enfant apprenne à lire avant l'âge de cinq ou de sept ans, âges auxquels les enfants britanniques et scandinaves, respectivement, commencent cet apprentissage. À moins de vouloir mettre les enfants au travail dès la petite enfance (ce qui est assez impensable, étant donné nos valeurs morales, en tout cas je l'espère), il n'y a aucun avantage social à apprendre la lecture plus tôt que d'habitude. Il serait triste que des parents provoquent un apprentissage précoce seulement pour calmer leur anxiété, ou pour satisfaire une fierté... mal placée. Il ne me semble donc pas justifié de changer la loi sur l'âge du début de l'enseignement de la lecture. Cela étant, si un petit enfant de moins de cinq ans désire (lui-même, pas son entourage) apprendre à lire, il ne faut pas non plus l'en empêcher.

Faut-il préparer l'enfant à la lecture, à la maison ou à l'école maternelle ? La question doit être dédoublée. En effet, on peut distinguer entre une préparation relativement générale et une préparation plus spécifique.

Les enfants de milieu socioculturel moyen ou élevé trouvent généralement dans leur expérience quotidienne la meilleure préparation générale possible. Ils entendent un langage riche et baignent dans un environnement littéraire. La motivation à la lecture est souvent suscitée par les parents. Dans l'introduction, nous avons fait connaissance avec le petit Jacques. C'est le type même de l'enfant culturellement nanti, apte à la lecture. Le problème concerne donc bien davantage les enfants de milieux défavorisés. L'école maternelle peut-elle faire quelque chose pour eux ? Il en va de sa responsabilité de contribuer à réduire l'écart de préparation générale aux apprentissages scolaires, et en particulier à la lecture, qui sépare les enfants « riches » des enfants « pauvres ».

Il est important de parler aux enfants, de les faire parler, de les placer dans des situations de recherche de connaissances, de traitement d'information, de résolution de problèmes, d'évaluation critique d'actions et de jugements, et surtout de leur lire, lire, lire. J'ai déjà eu l'occasion d'évoquer l'importance de la lecture faite par l'adulte pour les enfants. J'en donne ici une illustration supplémentaire, qui concerne une situation particulière, celle des enfants qui doivent apprendre à lire dans une langue (ou un dialecte) qui n'est pas celle qu'ils utilisent à la maison ni en général dans leur vie hors de l'école. Dina Feitelson et son équipe ont publié, en 1993, une étude sur des enfants arabes vivant en Israël[27]. Leur dialecte maternel et usuel est l'aamiyya, mais ils doivent apprendre à lire en fusHa, l'arabe « littéral », la langue du Coran et de la culture arabe classique. L'apprentissage du fusHa n'est pas important seulement pour des raisons sacrées et culturelles ; cette langue sert aussi de lien unificateur entre des peuples qui parlent des langues vernaculaires différentes. Le problème pour l'enfant arabe vient du fait que l'aamiyya et le fusHa sont très différents (tant du point de vue de la phonologie et du vocabulaire que de la syntaxe) et qu'ils connaissent peu la langue officielle. Les difficultés éprouvées par les enfants dans les écoles arabes sont considérées comme relevant en partie de cette situation.

Le travail mené à l'université de Haïfa avait, dans un premier temps, révélé que seulement 2 % des familles arabes d'Israël lisent des livres à leurs enfants en âge de fréquenter l'école maternelle. Dans six familles sur dix, les parents leur racontent des histoires qu'ils se souviennent avoir entendu pendant leur propre enfance. Une étude plus récente a consisté à faire lire tous les jours, par les enseignants arabes, des histoires en fusHa à deux cent cinquante-huit enfants de dernière année de l'école maternelle. Les tests réalisés avant et après ont montré que ces enfants ont progressé beaucoup plus en compréhension du langage parlé et en production orale d'histoires en fusHa que des enfants d'un autre groupe, qui avaient poursuivi le programme officiel de type linguistique général. Il est donc possible de commencer avec succès l'immersion dans la langue officielle, avant le début de l'apprentissage de la lecture dans cette langue. Les effets sur l'apprentissage de la lecture n'ont pas été testés, mais il est probable qu'ils soient aussi très positifs. L'acquisition de la deuxième langue, parlée et plus tard aussi écrite, se fait sans que la première soit abandonnée.

Cette situation est paradigmatique de tous les cas où des différences de dialecte risqueraient de handicaper l'enfant dans son apprentissage de la lecture. La préparation à la langue utilisée à l'école doit être envisagée dans ces cas, ainsi que de manière générale pour tous les enfants, au travers de la lecture orale par l'enseignant. D'autre part, il faut former l'enseignant de manière qu'il ou elle soit sensible à la situation de l'enfant qui parle une autre langue ou un autre dialecte.

En Israël, où la communauté arabe a des aspirations nationales, l'enseignement en langue arabe répond tout autant à ces aspirations qu'au souhait israélien de non-intégration des Arabes. La question diglossique se pose aussi dans d'autres États, mais dans certains cas sans qu'il y ait convergence d'intérêts. Aux États-Unis et en Allemagne, par exemple, le projet d'orienter les enfants de langue espagnole et turque vers un enseignement primaire en langue maternelle peut correspondre à une politique de non-intégration des immigrés, donc d'exclusion sociale, qui ne sert pas les intérêts de ceux-ci.

L'étude de l'équipe de Haïfa suggère que le fait d'éviter l'apprentissage de la lecture dans une autre langue que celle utilisée à la maison n'a pas de justification cognitive. Une autre étude menée aux États-Unis sur des enfants hispanophones de première année primaire montre que les transferts d'une langue à une autre des compétences phonologiques nécessaires à l'apprentissage de la lecture sont possibles[28]. Ces enfants étaient instruits en espagnol, mais ils commençaient à acquérir la connaissance de l'anglais oral. Leurs performances dans une tâche d'apprentissage de la lecture de pseudo-mots anglais suivis de mots anglais construits en combinant l'attaque et la rime de pseudo-mots différents (en français on aurait eu, par exemple, « bal » construit à partir de « ber » et de « nal ») ont montré des corrélations positives importantes avec leur habileté d'analyse phonémique en espagnol ainsi qu'avec leur capacité de lire en espagnol. En d'autres termes, les enfants qui étaient plus avancés en analyse phonémique et en lecture de mots en espagnol ont appris plus facilement à décoder des mots anglais. Pour autant que l'enfant soit en train de développer sa connaissance orale de la langue non maternelle, il n'y a pas de raison de le placer dans un régime spécial pour étrangers lors de l'apprentissage de la lecture.

Le deuxième type de préparation à la lecture que j'ai évoqué ci-dessus est la préparation à des habiletés spécifiquement liées à la lecture et dont on peut penser qu'elles contribuent à son apprentissage. Parmi ces habiletés, l'analyse phonémique intentionnelle occupe le premier poste en ordre d'importance. Faut-il préparer l'enfant à l'apprentissage de la lecture en essayant de lui apprendre l'analyse phonémique dès l'école maternelle ?

Ma réponse est non, pour des raisons qui ne sont pas d'ordre scientifique mais idéologique. Apprendre l'analyse phonémique est aussi apprendre la lecture, puisque les deux compétences sont inséparables ; c'est donc tout simplement commencer l'instruction de la lecture à l'école maternelle. Je partage les arguments développés par Feitelson contre l'entraînement précoce des « sous-habiletés » de la lecture, c'est-à-dire essentiellement la connaissance des correspondances ainsi que l'analyse et la fusion phonémiques. La focalisation sur ces sous-habiletés ne peut faire qu'approfondir l'écart entre les enfants de milieux culturellement favorisés et défavorisés. Les premiers continuent à être exposés dans leur milieu à des stimulations positives, tandis que les seconds restent dans une situation d'accès limité à ces stimulations. Plus tard, lorsque le décodage aura été enseigné à tous, le manque de ces expériences linguistiques dont souffrent les enfants de milieu culturellement pauvre se fera sentir et risquera de contrarier le développement de la capacité de lecture et son exploitation dans l'acquisition de connaissances. Le temps de l'école maternelle ne doit pas être gaspillé avec ce qui sera de toute manière enseigné au début de l'enseignement primaire.

L'entraînement à l'analyse phonémique est prématuré en

dehors de la situation d'apprentissage de la lecture, mais cela ne doit pas conduire à éliminer de l'école maternelle toute activité de réflexion métalinguistique. Au contraire. L'un des aspects du développement linguistique est la capacité croissante de réfléchir sur le langage. Il est utile qu'à l'école maternelle on sensibilise l'enfant au caractère « bien formé » ou « mal formé » des structures de phrase, à la morphologie, ainsi qu'au fait que le langage parlé a des propriétés expressives et une forme sonore. Nous avons vu que la capacité d'analyser la parole en syllabes est présente habituellement chez l'enfant prélecteur et prélettré de quatre et de cinq ans. Le maître doit être attentif à la présence ou non de cette capacité chez les enfants de sa classe. Une aide précoce ou un programme plus intensif d'entraînement aux habiletés phonologiques au début de l'apprentissage de la lecture, peuvent être utiles pour les enfants à risque.

Contre la médicalisation des troubles de la lecture

Pour ceux qui pensent que la lecture déficiente (la dyslexie) est une maladie, le remède n'est pas la rééducation mais... des médicaments. Soyons corrects, cependant. Beaucoup de neuropédiatres, tout en partageant une approche cohérente avec leur formation médicale, ne voient dans les médicaments qu'un complément de la rééducation.

L'histoire de l'application de drogues nootropiques (étymologiquement, dirigées « vers l'esprit ») au « traitement » de la dyslexie est longue et variée[29]. Il y a eu les mégavitamines, les antihistaminiques (on a cru à l'existence d'une lésion du cervelet et du vestibule), les psychostimulants (en particulier les amphétamines). Il y a eu même des interventions de chiropracteurs (car on a cru à une atteinte de deux os craniens). Il peut être instructif de regarder d'un peu plus près quelques-unes de ces tentatives.

Commençons par les vitamines. Lors d'un congrès de l'Association for Children with Learning Disabilities, à Atlanta en 1981, un conférencier a fait état d'une vaste étude portant sur des enfants lecteurs déficients auxquels les médecins avaient prescrit des doses élevées de vitamines. Un grand nombre d'entre eux auraient fait des progrès à l'école si l'on croit l'analyse des résultats... qui ont été obtenus par enquête téléphonique ! D'après le conférencier, cette « recherche solide et incontestable, ainsi qu'une quantité énorme de données cliniques, montrent que la thérapie par mégavitamines est le traitement de choix des troubles d'apprentissage et de comportement[30] ». Sans commentaires ! Après tout, il faut respecter la liberté d'expression. Beaucoup plus grave est l'utilisation que les médias, probablement poussés par d'autres intérêts, peuvent faire de certains résultats publiés dans les revues médicales. Ainsi, en 1988, la revue *Lancet* a publié une étude apparemment bien menée qui faisait état d'une amélioration du QI non verbal à la suite d'un traitement vitaminique de trente enfants durant huit mois[31]. La presse et la télévision en ont fait grande publicité. D'importantes doses de vitamines pour que nos enfants deviennent plus intelligents ! Cependant, les médias n'ont pas consacré la même attention à un autre article, paru un peu plus tard dans l'année, toujours dans la revue *Lancet* : une étude portant sur cinq fois plus d'enfants n'avait donné aucun résultat positif[32]. Cette campagne publicitaire n'a guère contribué à augmenter l'intelligence ; elle a plutôt servi à augmenter les ventes de vitamines et, par conséquent, à gonfler certains chiffres d'affaires.

Depuis des années, des fondations de nutrition et de recherche diététique aux États-Unis et en Grande-Bretagne consacrent beaucoup d'efforts à la détermination du régime à base de vitamines et de sels minéraux qui conviendrait le mieux à l'enfant présentant des troubles des apprentissages. Que d'argent et de temps pourraient être orientés vers l'éducation et la rééducation ! Les enfants malades, qui ont des troubles métaboliques ou qui ne mangent pas assez peuvent avoir besoin d'un supplément de certains acides gras, sels minéraux ou vitamines. Mais si l'on exclut ces cas qui restent particuliers dans nos pays, on ne peut pas s'empêcher de penser à d'autres parties du monde... À Rio de Janeiro, par exemple, les autorités distribuent un repas aux enfants des *favelas* (bidonvilles) qui fréquentent l'école. Ce traitement, que je n'oserais pas appeler diététique, doit certainement contribuer à améliorer leur état mental, en plus de contribuer à l'accroissement de la fréquentation scolaire.

Les fondements scientifiques du traitement des troubles de la lecture par des antihistaminiques ne sont pas plus solides que ceux qui sous-tendent le traitement vitaminique. Les antihistaminiques ont été conseillés par un auteur qui attribuait aux dyslexiques un trouble cérébello-vestibulaire[33]. Ce trouble se manifesterait par des symptômes du type mal de mer si bien que le texte donnerait l'impression de bouger. Il n'y a cependant aucune confirmation de ce symptôme ni aucun support neurologique quant à son origine[34]. D'après cet auteur, presque 90 % des dyslexiques traités au moyen d'antihistaminiques auraient montré une amélioration. Mais ces résultats provenaient des informations fournies par les parents. De toute manière, les études présentées n'incluaient pas les contrôles nécessaires pour les effets placebo.

En ce qui concerne le traitement par psychostimulants, en particulier par le méthylphenidate, sept parmi huit études n'ont montré aucun effet à long terme[35].

Aujourd'hui, la mode est plutôt au piracetam, un nootropique en vente dans quatre-vingt-cinq pays, essentiellement pour soulager les troubles de la mémoire chez les personnes âgées. En Belgique, par exemple, un médicament à base de piracetam, qui coûte une centaine de francs français pour seulement une dizaine de jours, est remboursé à 40 % depuis 1989 par la Sécurité sociale pour le « traitement » de la dyslexie, à condition que le dyslexique ait recours en même temps à un orthophoniste (logopède)[36].

Le mécanisme exact de l'action du piracetam n'est pas connu. Il aurait une action sur l'ATP qui intervient dans les processus énergétiques du cerveau, favorisant l'oxygénation et la microcirculation. Les résultats de quelques études méthodologiquement sérieuses ne permettent pas de conclure que des groupes de lecteurs déficients traités au piracetam font des progrès plus importants en lecture que des groupes placebo[37]. En tout cas, cette drogue ne semble pas avoir d'effet sur la lecture de mots isolés. Cela n'est pas surprenant étant donné, d'une part, la spécificité de ce trouble fonctionnel, et, d'autre part, l'effet apparemment global de la drogue. Tout au plus (mais cela reste à confirmer) aurait-elle un effet sur la rapidité de la lecture, et peut-être aussi un léger effet sur le niveau de compréhension. En outre, on ne sait pas si ces effets sont durables.

Formes de rééducation des lecteurs en échec

J'ai déjà signalé la prescription de verres colorés par des ophtalmologues comme traitement de la lecture déficiente, et je ne reviendrai pas sur cette loufoquerie. Certains spécialistes du nez, de la gorge et des oreilles s'y connaissent d'ailleurs aussi, le cas le plus illustre étant celui d'Alfred Tomatis, dont l'« oreille électronique » s'est beaucoup vendue (avec appui officiel !) en France, en Belgique, et même au Canada. Cet appareil est destiné à un entraînement « audio-psycho-phonologique » des dyslexiques, qui se fonde sur l'idée que les dyslexiques ont des difficultés d'écoute, surtout au niveau des hautes fréquences. La stimulation auditive s'accompagne d'exercices vocaux. Une étude scientifique sérieuse de cette méthode, entreprise au Canada, n'en a révélé strictement aucun avantage par rapport à une intervention placebo[38].

Il serait harassant, tant pour moi que pour le lecteur, de dresser un inventaire exhaustif des propositions rééducatives émanant de psychologues et d'orthophonistes. Pendant longtemps, les actions sur la latéralité (allant jusqu'au point d'amarrer au corps une main gauche récalcitrante ou de cacher un œil gauche dominant), sur le sens du rythme ou sur la perception visuelle ont correspondu aux croyances de ce milieu. Je ne considérerai ici qu'une méthode rééducative, qui date du début des années soixante-dix et qui me paraît très prometteuse, sans doute parce qu'elle s'est développée dans le contexte de l'approche de la lecture en termes de ses relations avec la parole et la structure phonologique.

Cette méthode insiste sur la prise de conscience des gestes articulatoires et sur la mise en relation de ces gestes avec la perception des sons de la parole et leurs symboles graphiques[39]. On attire l'attention des patients sur ce qu'ils font pour produire les différents « sons » élémentaires, par exemple en leur faisant observer au miroir leurs propres mouvements de lèvres effectués lors de la production d'un [p] ou d'un [b]. Chaque « son » peut ensuite être représenté par un dessin de la bouche ou du conduit vocal, et des blocs colorés peuvent être utilisés pour représenter le nombre, l'ordre et l'identité des « sons » qui constituent un mot donné. Les blocs colorés sont ensuite remplacés par des lettres. Une étude récente (menée par un groupe de recherche de l'État de Floride) portant sur dix enfants qui présentaient de graves déficiences en lecture a révélé qu'après soixante-cinq heures en moyenne de ce type de rééducation, les enfants ont réalisé des progrès très importants non seulement dans les habiletés métaphonologiques (ce qui est normal, étant donné la nature de l'entraînement) mais aussi dans la lecture de pseudomots. En outre, une certaine généralisation de cette capacité de décodage phonologique à la lecture de mots semble avoir eu lieu[40].

Il est clair que l'acquisition de la notion de phonème peut être stimulée par ce type de technique, qui s'appuie sur des fondements théoriques justifiés. Cependant, il serait artificiel d'utiliser une telle méthode à titre de préparation à la lecture. Elle peut être utile en combinaison avec le début de l'instruction phonique de la lecture, chez tout enfant, à condition de ne pas y passer trop de temps, temps qui est précieux pour la lecture elle-même. Ce type de méthode peut surtout être très utile pour aider les lecteurs débutants à risque phonologique, dans des séances individuelles, et pour aider les enfants lecteurs déficients avérés qui font preuve d'une déficience phonologique.

De manière générale, pour tout exercice perceptif ou métaphonologique que l'on combine à l'apprentissage du code alphabétique, il faut veiller au lien intrinsèque que ces exercices ont avec l'activité de lecture ou d'écriture. Ainsi, les tests de comptage de phonèmes ou d'inversion de phonèmes peuvent refléter la capacité du sujet à faire des opérations sur des codes phonémiques, mais ces opérations n'interviennent pas en tant que telles dans la lecture ou l'écriture. Il serait donc peu approprié de concevoir des exercices de ce type dans un but rééducatif. En revanche, la tentative pour produire séparément les phonèmes d'un mot ainsi que la fusion de phonèmes se rapprochent bien plus de ce que doit faire l'enfant au début de l'apprentissage du décodage phonologique séquentiel.

Beaucoup de lecteurs en échec présentent à la fois de bonnes capacités de compréhension du langage parlé et de grandes difficultés dans la reconnaissance des mots, pour la majorité dans le décodage phonologique. Chez eux, le niveau de compréhension en lecture est en quelque sorte un compromis entre ces deux capacités, la faiblesse du décodage étant compensée partiellement par leurs capacités cognitives. On peut espérer qu'une rééducation portant sur le décodage et de manière plus générale sur leurs capacités phonologiques leur soit fort utile. Comme je l'ai signalé au chapitre précédent, la rééducation de ces lecteurs présentant des troubles phonologiques n'est pas facile, mais elle n'est pas impossible. Le rééducateur doit avoir à l'esprit que ses efforts, s'ils sont productifs, sont hautement gratifiants, tant pour le lecteur déficient que pour lui-même. En effet, lorsqu'il n'y a pas de déficit cognitif additionnel, une fois la barrière phonologique franchie, le niveau de lecture peut devenir fort élevé.

D'autres enfants présentent à la fois des déficits importants en décodage et au niveau cognitif général. Leurs déficits de décodage ne peuvent pas être partiellement compensés, et par conséquent leur niveau de compréhension en lecture est plus faible que celui des premiers. Pour leur venir en aide, il faut travailler sur les deux compétences à la fois.

L'ordinateur dans l'apprentissage de la lecture

Il est inutile de discuter sur la place qu'occupent et qu'occuperont de plus en plus les micro-ordinateurs dans notre activité professionnelle, notre maison, et... on s'en doute, dans les écoles. Les micro-ordinateurs sont là pour assister l'élève et l'enseignant, et leur rôle dans l'apprentissage de la lecture en particulier est et sera très important.

Les programmes les plus sophistiqués de lecture et d'écriture assistées par ordinateur utilisent un système de conversion texte-parole de manière à aider le lecteur à développer sa connaissance des mots et sa compréhension des textes[41]. La parole produite par l'ordinateur peut provenir soit d'échantillons stockés de parole naturelle digitalisée, soit de la synthèse sur ordinateur. La parole de l'ordinateur est généralement de haute qualité. Par exemple, en ce qui concerne le programme DECtalk, mis sur le marché par Digital Corporation et qui est le plus utilisé par les chercheurs travaillant sur l'apprentissage de la lecture, les lecteurs déficients aussi bien que les lecteurs normaux obtiennent des taux de reconnaissance de 94,5 % environ, à peine inférieurs aux taux de reconnaissance des mêmes mots en parole naturelle (98,5 %)[42].

L'une des premières études réalisées sur l'utilisation des « ordinateurs parlants » dans l'apprentissage de la lecture a été publiée par Richard Olson et son équipe de l'université de Colorado, en 1986[43]. Des lecteurs déficients lisaient des histoires sur l'écran de leur micro-ordinateur pendant deux séances d'une heure. Dans la première séance, ils ciblaient les mots difficiles et ces mots étaient immédiatement éclairés et prononcés par DECtalk. La deuxième séance se passait comme la première, mais les mots qui avaient été ciblés n'étaient plus prononcés. On a constaté que l'information sur la prononciation fournie lors de la première séance a permis de mieux apprendre les mots ciblés ainsi que d'augmenter le niveau de compréhension des histoires. Les enfants déclaraient, en général, vouloir continuer à lire de cette manière.

Des études d'entraînement à long terme ont aussi été réalisées, en utilisant un dictionnaire informatisé de plus de vingt mille mots[44]. Les enfants qui au cours d'un semestre avaient remplacé une partie de leur programme habituel d'apprentissage par des séances d'une demi-heure par jour sur micro-ordinateur ont fait plus de progrès en lecture de pseudo-mots et de mots que les enfants qui n'ont eu que le programme habituel. Par rapport au groupe contrôle, les progrès du groupe expérimental ont été quatre fois plus importants en lecture de pseudo-mots, et deux fois plus importants en lecture de mots.

Par ailleurs, on a constaté que les progrès individuels les plus importants sont obtenus par les enfants qui reçoivent le plus de supervision et d'encouragement de la part de l'expérimentateur, ce qui suggère que le micro-ordinateur ne remplace pas l'enseignant mais que l'assistance fournie par l'ordinateur en situation de lecture indépendante et les explications du maître se combinent de manière efficace.

Quels sont les avantages du recours aux ordinateurs parlants ? Comme nous venons de le voir, lorsque l'enfant a des difficultés dans la reconnaissance des mots écrits, en particulier dans le décodage, il peut obtenir la prononciation du mot inconnu avec un délai minimal par rapport à sa demande. Il n'a dès lors plus besoin de deviner à partir du contexte. Ainsi, l'activité de lecture sans l'appui direct de l'enseignant ne risque plus, à cause du nombre trop important de mots inconnus, de devenir une source de frustration et de désintérêt pour la lecture. Assisté par son micro-ordinateur parlant, le lecteur débutant peut développer un sentiment d'indépendance, de confiance et de compétence. L'ordinateur a peu de chance d'être perçu comme un juge ou un censeur par l'enfant qui commet des erreurs. Celui-ci peut oser avouer son ignorance. D'autre part, pour pouvoir bénéficier de cette aide, le lecteur doit être conscient de ses carences. Cette prise de conscience peut d'ailleurs se développer au cours du processus interactif établi avec l'ordinateur.

Au niveau cognitif, la co-occurrence de la forme écrite et de la forme parlée des mots peut contribuer à renforcer l'association entre la représentation mentale de l'orthographe et de la phonologie de ces mots. Par ailleurs, le lecteur peut aussi cibler les mots dont il ne connaît pas la signification et obtenir immédiatement une information sur leurs significations possibles et sur leurs dérivés. En d'autres termes, le lecteur est confronté simultanément aux quatre informations les plus importantes (orthographique, phonologique, sémantique et morphologique) relatives à chaque mot pour lequel il a un type particulier de difficulté.

En lecture, une technique possible d'apprentissage consiste à présenter le mot sur l'écran, après quoi le sujet essaie de le lire, éventuellement à voix haute. Celui-ci demande ensuite à l'ordinateur de prononcer le mot en question, et il peut comparer sa propre production avec la prononciation correcte qui lui est fournie.

Plusieurs études ont été réalisées sur le type de segmentation des mots écrits et de leur forme phonologique qui peut contribuer le mieux à leur apprentissage[45]. Ainsi, au moment où le lecteur cible un mot, par exemple « READER », l'ordinateur peut l'éclairer entièrement et produire son nom en une fois, ou bien l'éclairer successivement par parties, de gauche à droite, et « prononcer » ces parties une à une. Les parties peuvent être des « syllabes » qui préservent la structure morphémique (READ – ER), des attaques et des rimes (R – EA – D – ER), ou des graphèmes-phonèmes (R – EA – D – E – R). Les résultats de cette comparaison chez des enfants de première et de deuxième année primaire montrent que la présentation par graphème-phonème conduit à des scores clairement inférieurs à ceux obtenus avec les autres conditions.

Cela est dû essentiellement à deux facteurs. Nous avons déjà vu que chaque tentative de prononciation d'un phonème isolé, lorsqu'il s'agit de consonnes comme les occlusives, ressemble à la prononciation du nom de la lettre, à la différence près que la prononciation du « son » se termine par une voyelle neutre avec peu d'énergie. On dit, par exemple, « be » au lieu de « bé », mais on ne parvient jamais à prononcer le phonème /b/ isolément. Comme la fusion qui intervient dans le décodage est une fusion de phonèmes, de représentations abstraites, et non pas de sons, toute tentative de fusionner des sons se solde par des échecs (be+a+le donne lieu à « be-a-le », alors qu'il faut lire « bal »). La prononciation par l'ordinateur (ou par l'enfant à voix haute) de chaque son élémentaire recrée ainsi une situation que les adeptes de la méthode phonique redoutent. Les tentatives pour prononcer un mot phonème par phonème ne peuvent que perturber l'enfant.

Le second facteur qui a contribué aux mauvais résultats obtenus avec la présentation par graphème-phonème est lié au fait que ce type de présentation implique un processus de décodage appelé « fusion à la fin ». Un tel processus implique de garder en mémoire un grand nombre d'éléments pour seulement ensuite effectuer une série d'opérations de fusion. Intuitivement, cela semble contre-productif, et les résultats obtenus à l'aide des ordinateurs parlants le confirment. La fusion doit être faite à chaque fois qu'elle peut être réalisée, de telle sorte que chaque opération de fusion ne comporte que deux termes.

L'inefficacité de la « fusion à la fin » ne doit pas être interprétée comme mettant en cause toute forme de décodage. Cette discussion montre que, lorsqu'on opte pour la méthode phonique, on est encore loin d'avoir fait le bon choix. Toute application de la méthode phonique n'est pas nécessairement bonne ; certaines peuvent même être très néfastes. L'ordinateur parlant peut être mis au service de meilleures versions de la méthode phonique. Ainsi, la méthode viennoise décrite ci-dessus peut être facilement simulée sur ordinateur. Un tel programme, profitant d'une banque d'images et de la possibilité de manipulation aisée des lettres, pourrait permettre de faire des échanges ou des substitutions de lettres (tout en restant toujours dans un contexte significatif) de telle sorte que le lecteur puisse comparer les effets de ces transformations sur la prononciation globale du mot.

On peut aussi simuler sur ordinateur la fusion progressive : pour le mot BOL, par exemple, l'ordinateur éclairerait B, puis BO, et prononcerait alors [bɔ] ; ensuite, il éclairerait BOL et prononcerait [bɔl]. Des études plus fines permettraient de déterminer si l'apprenti-lecteur passe par ce type de séquence dans son apprentissage, ou s'il procède simultanément aux différentes fusions qui interviennent à l'intérieur d'une même syllabe. Comme on le voit par cet exemple, l'utilisation des ordinateurs parlants dans des expériences comportant ce type de manipulations peut contribuer à résoudre des questions qui sont à la fois théoriques et pratiques.

Les expériences d'entraînement à long terme déjà réalisées montrent que, chez les lecteurs hautement déficients, la division syllabique conduit à de meilleurs résultats dans la lecture de pseudo-mots que la prononciation globale[46]. Chez ces enfants, le décodage phonologique est probablement rendu difficile par l'absence (ou le développement insuffisant) de représentation mentale des frontières syllabiques dans une séquence de lettres, de telle sorte que lorsque l'ordinateur se charge de les marquer ces lecteurs déficients en retirent une aide importante. Des jeux attirants pourraient être spécifiquement construits afin de stimuler la constitution d'unités orthographiques et phonologiques intermédiaires entre la lettre et le mot. Ainsi, il existe déjà depuis plusieurs années un programme (SPEED) de traitement automatique de groupes de lettres dans des mots, qui utilise un jeu de

« course de voitures ». Le lecteur doit indiquer aussi rapidement et précisément que possible si oui ou non un mot plurisyllabique contient, par exemple, l'unité CHA (comme dans CACHALOT). Au fur et à mesure que l'enfant devient plus efficace, le programme présente des unités plus larges.

Il est plus facile de mettre sur pied des programmes qui incorporent une information corrective dans le cas de l'apprentissage de l'écriture que dans celui de l'apprentissage de la lecture. Dans la situation d'écriture, l'ordinateur commence par dicter chaque mot que l'enfant est censé écrire[47]. Une fois que l'enfant a poussé sur les touches de son choix, l'ordinateur inscrit cette réponse sur l'écran et éclaire les lettres qui sont correctes. Étant donné les possibilités de synthèse de la parole, qui permettent de produire les sons correspondant à n'importe quelle combinaison acceptable de voyelles et de consonnes, l'ordinateur peut aussi « dire » à l'enfant comment se prononce ce qu'il vient d'écrire, de telle sorte que l'enfant peut évaluer exactement la nature de ses erreurs. Il peut entendre la différence que provoque, par exemple, un changement de PAIN en BAIN.

Barbara Wise et Richard Olson ont utilisé un programme de ce type, appelé SPELLO, pour étudier les possibilités d'apprentissage des lecteurs déficients[48]. Le sujet dispose de plusieurs commandes. En ciblant sur l'écran un petit rectangle « Repeat », il peut entendre le mot à écrire autant de fois qu'il le souhaite, et en ciblant « So Far » il peut vérifier la prononciation correspondant à son choix. Si le choix de l'enfant ne comporte pas de voyelles, rendant la séquence de lettres imprononçable, l'ordinateur dit : « S'il te plaît, mets un A, E, I, O, U ou Y, de manière que je puisse prononcer ce que tu viens d'écrire. » Lorsque l'enfant écrit correctement le mot demandé, l'ordinateur dit « Félicitations » et lui attribue cent points (quatre-vingt-dix pour une réponse correcte à la seconde tentative, quatre-vingts à la troisième).

L'expérience de Wise et Olson a révélé que les sujets qui travaillent dans ces conditions ont un comportement différent par rapport à ceux qui ne reçoivent pas de parole interactive. Les premiers travaillent plus vite et demandent de l'information plus souvent que les seconds. Les auteurs ont aussi évalué les effets de l'entraînement à l'écriture sur la lecture de pseudo-mots. Le progrès réalisé a été beaucoup plus important dans la situation de parole interactive, ce qui suggère que celle-ci contribue à attirer l'attention des enfants sur les relations systématiques entre graphème et phonème.

La recherche des meilleures utilisations possibles de l'ordinateur dans l'apprentissage de la lecture et de l'écriture est encore dans son enfance, mais elle connaîtra sans doute un grand essor dans les prochaines années. La collaboration entre psychologues, enseignants, rééducateurs et informaticiens est indispensable pour mettre au point des outils appropriés aux capacités d'apprentissage, motivants et d'utilisation facile.

La famille et l'école

L'apprentissage de la lecture est une pièce jouée par trois acteurs. L'acteur principal est sans doute l'apprenant et pourtant il semble que les deux autres, c'est-à-dire la famille et l'école, ne le jugent pas ainsi. Dans une étude de Barbara Tizard, à peine 12 % des parents et 16 % des enseignants interrogés considéraient que l'enfant lui-même était le facteur principal de succès ou d'échec. Les enseignants tendaient à attribuer la plus grande part de la responsabilité aux parents... et vice versa[49].

Les parents et les enseignants ont raison de minimiser le rôle de l'enfant, car dans la situation actuelle ils pèsent, malgré eux, de tout leur poids social et culturel sur le devenir de l'enfant. L'enfant qui arrive au seuil de la lecture officielle n'est plus, comme nous l'avons vu, un innocent, mais il n'est pas encore un affranchi. Il est l'un ou l'autre à des degrés très divers. En fonction de la connaissance qu'il a des lettres, de leur forme, de leur son, de leur rôle, l'enfant prend sa place dans un long cortège et, en règle générale, l'enseignant s'ingénie, sans le vouloir, à lui faire garder cette place. L'enfant qui lit déjà recevra des livres, tandis que celui qui ne dessine pas son nom devra encore se familiariser avec le papier et le crayon. L'enseignant ne se doute pas que ce qu'il croit être une mesure relevant du bon sens prolonge en fait une discrimination antérieure. Le cortège s'étire au fil des années, les tortues voyant les lièvres devant elles chaque fois plus loin.

Et pourtant il y aurait, pour les parents comme pour les enseignants, une autre manière d'influencer le devenir de l'enfant-lecteur. Des parents convenablement informés peuvent mieux préparer l'enfant ; des enseignants convenablement formés peuvent redoubler d'attention aux défavorisés et mettre en pratique des stratégies de rattrapage. Aujourd'hui, parents et enseignants tendent à se rejeter mutuellement la responsabilité. Assumant chacun leur propre responsabilité, ils deviendraient autrement responsables. Cessant d'être les instruments d'un mécanisme de sélection culturelle pour devenir véritablement responsables, ils rendraient du coup au jeune lecteur son rôle d'acteur principal.

Reconnaître ce rôle, c'est à la fois faciliter l'acquisition des processus cognitifs impliqués dans l'art de lire et garantir la liberté d'exercice de cet art. Comme nous l'avons vu, beaucoup d'enfants n'aiment plus lire au-delà de neuf ou dix ans, parce que lire n'est plus une aventure dans l'imaginaire mais seulement un moyen de satisfaire aux exigences de la réussite. La lecture à l'école ou pour l'école se transforme rapidement, dès qu'on atteint l'âge d'être sérieux, en une lecture obligée, en une pure démonstration de connaissance, et les parents se font complices de cette entreprise excessivement pragmatique. Lire, c'est au contraire se nourrir, respirer. C'est aussi s'envoler. Enseigner la lecture, c'est tout à la fois former l'enfant à une technique de vol, lui révéler ce plaisir et lui permettre de l'entretenir. S'ils n'avaient pas aimé voler, les oiseaux auraient laissé pendre leurs ailes et auraient pratiqué la course à pied. Mais, chez les oiseaux comme chez les humains, le plaisir des actes naturels est dans les gènes. En revanche, le plaisir de la lecture est notre création. Ce plaisir est donc de notre responsabilité, tout autant que la lecture elle-même.

CONCLUSION

Une politique pour la lecture

Ah, ah, sacré Charlemagne...

Extrait d'une chanson du XXe siècle.

J'ai bien écouté tout ce qu'il y avait dans ton rapport. Il est certain que nous connaissons actuellement beaucoup de choses sur les débuts de la lecture. Nous devrions mettre à profit ces connaissances pour améliorer les conditions de l'apprentissage.

L'homme grand et fort qui s'exprime ainsi, c'est Charles, Franc d'Austrasie, roi des Francs et des Lombards, celui que Rome proclamera empereur des Romains dans quelques années, plus exactement le jour de Noël de l'an 800. Il a quitté le palais pour préparer un capitulaire sur l'instruction. Il s'appuie à un saule, le corps las d'avoir nagé deux heures durant contre le courant de la basse Meuse. Près de lui, debout mais légèrement courbé, une liasse de feuillets de parchemin sous le bras gauche, se trouve Alcuin, dit Albinus Flaccus, un diacre venant de Northumbrie, terre des Angles, élève de Esbert, lui-même disciple de Bède. Jadis maître de l'école épiscopale de York, il a rencontré Charles à Parme et il est aujourd'hui son conseiller.

CHARLES : Je veux que l'on crée un conseil d'experts dans ton ministère. Mais qu'il ne fasse pas seulement de la figuration ! Et que le budget ne passe pas entièrement en banquets, spectacles et parties de chasse... Mets-y des scientifiques, mais aussi des administrateurs et des responsables de la formation des maîtres, il faut que ces gens-là se parlent. Mais il faut quelque chose de sérieux et d'homogène, pas de chefs de sectes. Je veux voir moi-même, chaque année, leur rapport annuel et leur projet pour l'année suivante. Je fixerai, moi, les grandes orientations, mais je veux qu'ils discutent entre eux pour trouver les meilleures manières d'appliquer mes idées. Je veux du concret, tout ce que j'ai lu des actes du dernier congrès n'était que du blabla, quand ce n'était pas simplement du charabia.

Charles, instinctivement, porte la main à l'épée comme s'il voulait pourfendre la vacuité et la médiocrité, mais le souffle de colère passé, ses traits deviennent plus songeurs.

CHARLES : Partageons cela en cinq sections : la langue, l'école, les parents, les profs et les enfants. Ah oui... et les méthodes. Mets les méthodes entre les profs et les enfants.

Je veux que l'enseignement se fasse dans notre langue. L'Église est bien passée aux barbares, il faut que les clercs passent à la *lingua rustica*. J'en ai parlé au pape, l'année prochaine il faut que le concile de Tours décide enfin que la prédication soit faite dans notre bonne langue.

ALCUIN : En gaulois ou en teuton ?

CHARLES : Hum... C'est bien à contre-goût, mais il est de mon devoir de père de tous d'admettre les deux.

ALCUIN : Et l'anglo-saxon ?

CHARLES (faisant semblant de ne pas l'entendre) : Cela me répugne de voir Aix et Aachen sur le même panneau chaque fois que j'entre dans la capitale. Les Belges, les plus braves de la Gaule, en ont déjà l'habitude, moi pas... Mais c'est un des prix à payer pour la construction de notre Europe.

ALCUIN : Et les autres langues romanes ?

CHARLES : Tu me donnes des migraines... Puisque le latin vulgaire est dépassé, que dans chaque région on parle et on enseigne la langue que l'on veut !

UN HISTORIEN DU XXe SIÈCLE (en voix *off*) : Et dire qu'il aura fallu attendre quatre cents ans de plus pour que le Catalan Raymond Lulle, dans sa *Doctrina pueril*, ait l'audace de proposer la même chose pour l'apprentissage de la lecture et de l'écriture...

CHARLES : Il faut aussi, dès que l'on sait lire et écrire sa langue, commencer l'apprentissage du latin littéraire. Mais mettons tout de même un peu d'ordre dans cette Babel. Qu'ici, dans mon pays natal, on enseigne le gaulois. Et s'il y a des petits

Catalans, Corses, ou Bretons qui viennent, qu'ils apprennent le gaulois à l'école. J'ai bien entendu ce que tu m'as raconté..., alors qu'on commence, dès qu'ils entrent à l'école maternelle, à leur lire des histoires en gaulois.

ALCUIN : Et les petits de nos esclaves basques et sarrasins ?

CHARLES (rougissant) : Alcuin, tu veux me tuer ! Je sais ce que tu caches derrière tes demi-mots. Parlons-en alors ouvertement. Tu sais que j'ai été terrible contre les Saxons...

L'HISTORIEN : Il a massacré les prisonniers saxons à Verden en 785 ; il a même ordonné des déportations massives de populations jusqu'en 795.

CHARLES : Je les ai passés à la moulinette, et pourtant tu es là, toi, mon ministre de l'Instruction.

ALCUIN (la voix vibrante mais contenue) : Je ne suis pas saxon, je suis anglais !

CHARLES : Bon, bon, je le sais, ce que je voulais te dire c'est que le temps passe et qu'il faut écraser ses rancunes et les jeter à la poussière des chemins. Pour délivrer Ben Al-Arabi, les Sarrasins et les Basques, ces perfides, ont détruit une partie de mon armée dans les Pyrénées, quand je revenais de Saragosse avec mon captif. Ils ont égorgé mon chef d'état-major, le sénéchal Eggihard, ils ont empalé le commandant de ma garde personnelle, le comte du palais Anselme, et ils ont trucidé mon neveu Roland, duc de la Marche de Bretagne. Toutes ces belles gens qu'ils ont tuées, j'enrage et j'en pleure encore. Je m'en suis vengé autant que j'ai pu, j'espère que tu n'en doutes pas, ni toi ni personne à l'avenir... Mais je ne suis pas un ogre. Ces fils de Basques et de Sarrasins iront à l'école comme les autres, ils apprendront le gaulois, ils apprendront à lire et à écrire, et peut-être mes successeurs auront-ils un ministre de l'Instruction basque ou sarrasin. Toi aussi, tu n'aurais pas laissé les fils de Vikings sans instruction...

Alcuin tremble de rage et d'amertume, songeant à Lindisfarne, capitale de Northumbrie, que les Vikings venaient de prendre.

Le monde de demain sera bien différent de celui de ma jeunesse. Demain les illettrés seront des incultes. Moi, je ne savais pas lire et pourtant j'étais plus cultivé que n'importe quel tâcheron de scribe. Je savais à peine le latin, mais j'avais beaucoup appris de la vie des saints, de l'histoire et de la Bible, j'avais entendu parler du *De Consolatione Philosophiæ* de Boèce, j'étais un lettré sans l'être, enfin quand le temps me restait après la chasse, la nage, l'amour et la guerre. Je n'étais pas un clerc, j'étais un fils de roi, et j'apprenais autant que je m'amusais avec les jongleurs. Je vibrais avec les récits des vieux guerriers, je rêvais en écoutant les panégyriques des grands personnages, mais aussi, d'une autre manière, en écoutant les aubes et en imaginant la douloureuse séparation des amants après une nuit d'amour.

Reprenons, Alcuin. Passons aux écoles. Je veux des écoles maternelles, partout, de préférence dans les mêmes locaux que les écoles primaires. L'école actuelle est trop fermée, trop rigide, trop par étages ou tiroirs. Je veux une « Autre École ». Ne séparez pas les enfants de trois, de quatre et de cinq ans. Ne séparez pas les riches et les pauvres. Mettez des enfants de tous les milieux dans la même école. Si on les sépare, les plus défavorisés ne pourront plus rattraper les plus avancés, ce sera l'exclusion sociale.

ALCUIN : Et la liberté des parents ? On est en démocratie...

CHARLES : Tu as raison, j'ai parfois tendance à l'oublier... Mais il y a des moyens de pousser les gens à faire les choix que nous voulons qu'ils fassent. Si les subsides de l'État vont aux écoles publiques des quartiers pauvres, la qualité de l'enseignement dans ces écoles pourra s'améliorer et une partie des parents des quartiers riches commencera à inscrire ses enfants dans ces écoles.

Je ne veux pas non plus qu'on fasse des ghettos de lecteurs déficients. Il faut leur donner la stimulation la plus riche possible, donc aussi celle qui provient de leurs pairs meilleurs lecteurs qu'eux. Je comprends que des types spécialisés de rééducation leur soient nécessaires, et qu'on ne puisse pas faire cela dans toutes les écoles. Faites-le alors dans un certain nombre d'écoles normales, plutôt que d'en créer des spéciales.

Je veux qu'on équipe les écoles. Dans une école, il doit y avoir quatre choses : des enseignants, des élèves, des livres et des ordinateurs. Chaque école doit avoir une bibliothèque, des livres pour lire en classe, des livres que l'on prête aux enfants et des livres que l'on prête aux parents. Il faut persuader les parents de prendre des livres à lire à la maison avec les enfants. Les ordinateurs doivent être en nombre suffisant pour que chaque enfant puisse travailler une heure par jour sur un logiciel interactif dès la première année de l'école primaire, et une demi-heure en maternelle. Je ne peux pas m'empêcher de penser, Alcuin, que l'ordinateur nous fait retrouver en quelque sorte une caractéristique bien agréable de notre tradition orale. Sans l'écrit, l'épique et le lyrique ne sont qu'une matière vive en transformation, une réélaboration continuelle. As-tu jamais entendu deux fois le même récit, la même aube, deux fois les mêmes, exactement ? Ce sera la même chose avec l'écriture sur ordinateur. L'écrivain n'aura jamais achevé son œuvre, parce que celle-ci n'est jamais définitive, jamais parfaite. Elle continue à vivre dans ses variantes. Les états successifs du texte ne sont que les moments de l'histoire d'une création *ad infinitum*.

Qu'avais-je dit, Alcuin, qui venait après ?

ALCUIN : Les professeurs...

CHARLES : Ah oui, les profs. Il faut revaloriser leur statut. Je ne suis pas d'accord pour qu'on les paie aussi mal que des laveurs de carreaux. Je ne doute pas de l'habileté de nos laveurs de carreaux, mais je pense que prendre soin des cerveaux de nos petits, c'est tout de même autre chose... Il faut protéger aussi l'exercice de la profession d'enseignant. Tu vois ces séminaires de formation à la lecture donnés par n'importe qui ? C'est de la piraterie. Imagines-tu des formations « pirates » de médecins qui ne soient pas supervisées par les facultés de médecine ? Tu dois mieux contrôler ça, Alcuin. Je te ferai un décret là-dessus pour que tu n'aies pas d'ennuis avec la chambre de commerce. En outre, il faut recycler tous ceux qui sont sortis de leurs écoles de formation depuis une demi-douzaine d'années. Si la recherche sur les méthodes éducatives et d'apprentissage progresse vite, et je veux lui en donner les moyens, je ne peux pas croire qu'un enseignant soit en mesure de faire le mieux de ce qui pourrait être fait s'il n'est pas mis régulièrement au courant des nouvelles idées. Tiens, Alcuin, pourquoi ne pas s'inspirer de la notion d'année sabbatique ? Que tous les sept ans chaque enseignant retourne à l'école de formation d'enseignants pour une mise à jour spéciale, une sorte de cure de rajeunissement.

Tu sais, Alcuin, un enseignant qui n'étudie plus n'est plus un bon enseignant. De même, un étudiant qui n'enseigne déjà pas un peu n'est sans doute pas un étudiant réussi. Ne faut-il pas mettre à l'épreuve de la communication ce que l'on a appris ? Je verrais bien, pour nos jeunes enseignants, une période transitoire de trois ans pendant lesquels ils sont à la fois enseignants dans des écoles et étudiants dans leurs propres écoles. Je ne dis pas enseignants à part entière, mais ils pourraient effectuer certaines tâches qui n'imposent pas une présence constante, du matin au soir, auprès des enfants. Par exemple, ils pourraient contrôler les progrès des enfants, les superviser dans le travail sur ordinateur, lire des histoires aux enfants de maternelle, etc. D'ailleurs, par les temps qui courent, je devrais probablement dire à mon ministre du chômage d'ouvrir des postes de ce type, à temps de travail réduit, pour les écoles.

Oh ! Alcuin, tu t'es trompé, après l'école c'était les parents. Peu importe... Ils sont aussi importants les uns que les autres. Il faut que les enseignants organisent des séances d'information pour les parents. Mieux, il faut que dans les écoles il y ait des groupes de travail réunissant enseignants et parents pour discuter des apprentissages, de la vie de l'école, et pour proposer des mesures expérimentales à la direction de l'école. Certains auront sans doute un temps de loisir qui leur permettra de participer aux activités d'assistance au travail sur ordinateur et aux séances de lecture collective. Il faut surtout que l'école parvienne à entrer en contact soutenu avec les parents de milieu peu cultivé. Qu'elle organise des conférences à leur intention, qu'elle maintienne un centre de consultation et d'aide au niveau individuel.

Alcuin, courage, que ta main ne fléchisse pas. Je sais que tu es maître en notes tironiennes, que les générations futures appelleront sténographie, mais tout de même... Je me demande pourquoi tu n'as pas encore acheté un logiciel de sténo pour ton ordinateur portable...

Passons aux méthodes. Encore une fois, j'ai bien entendu ce que racontent tes psychologues cognitivistes. On va proscrire la méthode globale...

ALCUIN : La démocratie...

CHARLES : Oui, oui... On ne va pas la proscrire, alors... Mais il faut expliquer aux gens..., il faut expliquer aux parents et aux enseignants ce qu'ils peuvent faire pour préparer l'enfant à la lecture, lui donner le goût des lettres, favoriser ses initiatives d'écriture, lui faire sentir le côté expressif de la langue. Il faut faire comprendre aux parents et aux enseignants que l'apprentissage du code est crucial, et que l'on ne s'y attaque pas n'importe comment. Je ne peux pas décréter l'usage obligatoire de la méthode viennoise ? Tant pis. Tout compte fait, la liberté des méthodes contribuera à ce que la méthode qui nous semble la meilleure ne se fossilise pas.

Je pense, Alcuin, que l'avenir de la lecture est dans nos mains et dans la détermination de notre action. Ce conseil d'experts dont je t'ai parlé n'est pas suffisant. Ce n'est que le chapeau de l'organisation, et je crains parfois que sa seule fonction soit de nous couvrir la tête en cas de pluie. La pièce maîtresse doit être un institut de recherche appliquée et d'aide à la lecture. Il incorporera de jeunes chercheurs qui feront le lien entre le laboratoire et l'école, qui interviendront dans la formation des formateurs d'enseignants, qui contribueront, en concertation avec les enseignants eux-mêmes, à la préparation de la structure des programmes, des manuels, des textes, des logiciels, et qui seront chargés de faire des conférences dans les écoles et pour le grand public.

Il y a aussi l'orientation des enfants. Les enseignants de maternelle doivent être formés au dépistage des lecteurs à risque. Il est clair pour moi, maintenant, que ce dépistage doit être basé sur un examen psycholinguistique. Les résultats de cet examen ne doivent mener à aucune mesure discriminatoire. Par contre, il faut mettre sur pied un programme de prévention adaptable à la diversité des cas, à la charge essentiellement des parents et des enseignants, mais pouvant impliquer aussi l'aide plus spécialisée des orthophonistes.

Nous arrêtons maintenant, car je commence à être fatigué de rester ici sans bouger ou à ne faire que de petits pas. Tu me montreras le texte quand il sera écrit en caroline.

ALCUIN : Et la dernière partie du capitulaire, celle qui concerne les enfants ?

CHARLES : Les enfants ? Ah oui, les enfants. Eh bien, les enfants, écris qu'il faut qu'on les laisse jouer !

Sur ces mots, le rideau est tombé et toutes les lumières se sont allumées dans la salle.

C'est à cet instant que je me suis réveillé. Je n'ai jamais pu savoir si le public avait applaudi les acteurs chaleureusement. Faites-le pour eux, s'il vous plaît.

Glossaire

ACCÈS AU LEXIQUE – Processus suivant lequel on reconnaît un mot. Partant du traitement sensoriel du mot présenté, il aboutit à la sélection de la représentation mentale correspondante parmi l'ensemble des représentations des mots (v. *lexique mental*).

ACTIVATION – Processus suivant lequel le niveau d'activité (ou disponibilité) d'une représentation mentale se trouve modifié de manière positive (on parle d'inhibition pour désigner une modification négative). On suppose, par exemple, que la présentation d'un mot écrit active les représentations orthographique, phonologique et sémantique correspondant à ce mot dans le système cognitif du lecteur. Des représentations proches de celles-ci sont probablement aussi activées, en principe dans une moindre mesure (v. *représentation mentale*).

ALLITÉRATION – Répétition du phonème initial dans des mots successifs (v. *phonème*).

ALPHABET – Système d'écriture dans lequel les caractères représentent les plus petites unités phonologiques de la langue (les phonèmes).

AMORÇAGE – Phénomène consistant dans le fait qu'un stimulus (l'amorce) active des représentations mentales correspondant au stimulus-cible. Ainsi, la présentation du mot « niche » avant la présentation du mot « chien » amorce les processus impliqués dans la reconnaissance de ce dernier (v. *représentation mentale*).

ANALYSE ACOUSTICO-PHONÉTIQUE – Processus de traitement des propriétés acoustiques et phonétiques d'un stimulus de parole. Ce processus constitue la première étape de la reconnaissance des mots parlés (v. *reconnaissance*).

ANALYSE PHONÉMIQUE INTENTIONNELLE – Processus d'extraction intentionnelle des phonèmes présents dans une expression parlée ou dans la représentation phonologique évoquée d'un mot. Ce processus d'analyse requiert la capacité à se représenter consciemment les phonèmes de la langue en tant qu'entités séparables (v. *phonème* et *conscience phonologique*).

ASSONANCE – Répétition de la même voyelle accentuée dans deux mots successifs ou, en poésie, à la fin de deux vers successifs. Elle se distingue de la rime par le fait que dans celle-ci tous les phonèmes qui suivent la voyelle accentuée sont aussi répétés (v. *rime* et *voyelle*).

ATTAQUE – Consonne ou groupe consonantique qui précède la voyelle dans une syllable (v. *consonne*, *rime* et *syllabe*).

CATÉGORISATION – Processus qui permet d'inclure dans un même ensemble (*catégorie*) des objets ou des événements sur la base du partage de certaines propriétés. Il faut distinguer la *catégorisation perceptive*, qui permet de reconnaître un objet ou de constater la répétition d'un événement à travers des différences physiques inévitables entre les présentations successives (exemple : nous reconnaissons un visage malgré des différences de point de vue), de la *catégorisation conceptuelle*, qui est une forme d'organisation de la connaissance sémantique (exemple : les chats et les dauphins sont des mammifères, alors que les canaris et les pingouins sont des oiseaux).

CIBLE – Stimulus visé de manière intentionnelle. Dans une expérience de détection, par exemple, on peut demander au sujet de répondre chaque fois qu'il voit écrit un nom d'animal ou un mot qui commence par la lettre « p ».

COGNITION – Ensemble des représentations et des processus qui réalisent la fonction de connaissance. La connaissance peut être vraie ou fausse, puisque l'*activité cognitive* peut conduire parfois à des erreurs (v. *psychologie cognitive*).

CONJONCTION ILLUSOIRE – Erreur perceptive consistant à combiner erronément en un même objet ou événement des valeurs de propriété présentes séparément dans des objets ou des événements différents. Ainsi, en présence d'un cercle rouge et d'un carré bleu, l'observateur peut, dans certaines conditions, percevoir illusoirement un cercle bleu et un carré rouge (v. *unité perceptive*).

CONSCIENCE PHONOLOGIQUE – Toute forme de connaissance consciente, réflexive, explicite, sur les propriétés phonologiques du langage. Ces connaissances sont susceptibles d'être utilisées de manière intentionnelle. La *conscience phonémique* est la forme de conscience phonologique qui porte sur les phonèmes (v. *phonème* et *analyse phonémique intentionnelle*).

CONSONNE – Élément constitutif de la chaîne parlée, produit en créant une obstruction au flux de l'air dans le conduit vocal. Les consonnes se distinguent entre elles par la manière et la place où cette obstruction est créée. Certaines consonnes ne peuvent pas être produites isolément, et par conséquent il est inadéquat de dire, bien que ce soit l'usage courant, que la consonne est un son. La notion de consonne s'oppose à celle de voyelle (v. *voyelle*).

CORRESPONDANCE GRAPHÈME-PHONÈME – Les règles de correspondance graphème-phonème déterminent en grande partie la relation entre les formes écrites et parlées des mots dans le système alphabétique. Certaines règles sont simples, c'est-à-dire qu'elles associent phonème et graphème indépendamment de tout contexte. Ainsi, la lettre « j » se prononce toujours [ʒ] en français. D'autres règles sont complexes, c'est-à-dire qu'elles prennent le contexte en considération. Ainsi, la prononciation de la lettre « g » dépend de la voyelle suivante (v. *graphème* et *phonème*).

DÉCISION LEXICALE – Tâche utilisée très souvent dans l'étude de la reconnaissance des mots et qui consiste à présenter au sujet une séquence de lettres (ou une expression parlée) et à lui demander de répondre, le plus rapidement possible mais sans faire d'erreur, si la séquence présentée constitue ou non un mot (v. *accès au lexique*).

DÉCODAGE – Transformation d'un message encodé en vue de son utilisation (v. *encodage*).

DISCRIMINATION – Capacité de distinguer entre deux stimuli. On peut la mesurer, entre autres manières, en présentant deux stimuli et en demandant au sujet de les classer comme étant identiques ou différents, ou bien en présentant trois stimuli, le troisième devant être classé comme étant identique soit au premier soit au deuxième.

DOUBLE DISSOCIATION – Observation, chez certains patients cérébrolésés, d'une performance essentiellement normale dans une tâche mais fortement perturbée dans une autre, et chez d'autres patients du patron de performance opposé. La double dissociation constitue un argument convaincant en faveur de l'existence de sous-systèmes cognitifs distincts responsables pour la réalisation des tâches en question. Cependant, ces sous-systèmes ne sont pas nécessairement modulaires (v. *module*) dans la mesure où la spécificité n'est qu'une des propriétés des modules cognitifs.

DYSGRAPHIE – Atteinte de la fonction d'écriture. On parle de dysgraphie spécifique lorsque la capacité de lecture est épargnée.

DYSLEXIE ACQUISE – Atteinte de la capacité de lecture à la suite de traumatisme ou de lésion cérébrale.

DYSLEXIE DE DÉVELOPPEMENT – Dans un sens large, trouble ou retard dans l'acquisition de la capacité de lecture. Dans un sens plus étroit, on ne tient compte que des difficultés spécifiques, c'est-à-dire lorsque le développement cognitif général est normal.

ÉCOUTE DICHOTIQUE – Présentation de deux stimulations simultanées, chacune à une oreille différente.

ÉCRITURE PHONOGRAPHIQUE – Système d'écriture où les caractères correspondent à des éléments constitutifs de la chaîne parlée. Les alphabets et les syllabaires sont des systèmes phonographiques.

EFFET – Conséquence systématique et théoriquement intéressante d'une manipulation expérimentale sur le comportement.

ENCODAGE – Dans le sens le plus général, transformation de l'information à un stade de traitement pour servir à un autre stade de traitement (v. *traitement de l'information* et *décodage*). Dans un sens plus restreint, et en particulier en ce qui concerne la parole, codage d'un élément influencé par son contexte. Ainsi, l'encodage des phonèmes dans la chaîne parlée fait référence à l'influence que la co-articulation des phonèmes exerce sur leur expression acoustique (v. *phonème*).

FIXATION OCULAIRE – Pause des yeux sur un point, entre deux *saccades* oculaires. Sa durée est beaucoup plus longue que celle d'une saccade mais reste généralement bien inférieure à une demi-seconde (v. *saccade oculaire*).

FORMANT – Bande de fréquence dans le spectre d'un son de parole qui présente, de manière relativement stable au cours de la production de ce son, une énergie acoustique fort importante. Les trois premiers formants, comptés à partir du bas de l'échelle de fréquence, sont en général suffisants pour reconnaître les différentes voyelles. L'identification des différentes voyelles est réalisée en tenant compte de la distance relative entre les formants (v. *transition de formant* et *sonagramme*).

GRAPHÈME – Unité contrastive minimale dans un système d'écriture. Dans le système alphabétique, le graphème correspond à la lettre. Si l'on tient compte de l'existence de conventions orthographiques différentes dans chaque langue qui utilise un alphabet, on peut formuler une notion plus abstraite de graphème pour les langues alphabétiques, qui consiste à le voir comme la contrepartie du phonème. Ainsi, le digraphe « ch », en français, correspond toujours à un seul phonème, soit [ʃ], soit [k], et peut être considéré comme un graphème dans cette langue (v. *phonème*).

HOMOGRAPHIE – Les mots *homographes* sont des mots qui, ayant des significations différentes, s'écrivent de la même manière mais se prononcent de manière différente (par exemple, ils « président » et le « président »).

HOMOPHONIE – Les mots *homophones* sont des mots qui, ayant des significations différentes, se prononcent de la même manière mais s'écrivent de manière différente (par exemple, « verre » et « vert »).

INTELLIGENCE – On considère habituellement que l'intelligence est la capacité générale d'adaptation à des situations nouvelles par des processus de réflexion, ou qu'elle est la capacité à acquérir et utiliser des connaissances. Ces définitions sont trop globales, en d'autres termes elles embrassent trop de capacités cognitives, ce qui fait que l'intelligence reste un concept peu utile pour l'élaboration et la vérification de théories du système cognitif.

INTERACTION – L'interaction entre deux variables est le fait que l'effet de l'une dépend des niveaux auxquels on se place pour l'autre. Ainsi, les différences de taille en fonction du sexe dépendent de l'âge, autrement dit, elles ne sont pas les mêmes aux différents âges. Des interactions entre plus de deux variables peuvent aussi être éventuellement examinées.

LECTURE LOGOGRAPHIQUE – Processus de lecture conduisant à la reconnaissance des mots écrits sur la base de l'attention visuelle à des traits graphiques saillants (par exemple, la configuration globale du mot, ou la présence de segments montants ou descendants dans certaines positions). Ce processus ne permet généralement que la reconnaissance d'un nombre relativement restreint de mots, et il ne permet pas de lire des mots qui n'ont jamais été rencontrés auparavant sous leur forme écrite.

LECTURE ORTHOGRAPHIQUE – Processus de lecture conduisant à la reconnaissance des mots écrits sur la base d'une *catégorisation* de leurs éléments constitutifs (les lettres ou, plus vraisemblablement, des structures plus larges que la lettre). Ce type de lecture suppose la constitution d'un *lexique mental orthographique*, où des représentations de cette nature se trouveraient enregistrées.

LECTURE PHONOLOGIQUE – Processus de lecture conduisant à la reconnaissance des mots écrits, et à une prononciation correcte des mots inconnus ou des pseudo-mots (v. *pseudo-mot*), sur la base de la conversion des graphèmes, ou de structures infralexicales plus larges que le graphème, en phonèmes ou en unités phonologiques correspondant aux structures supra-graphémiques.

LEXIQUE MENTAL – Ensemble des représentations orthographiques, phonologiques et sémantiques des mots. On peut distinguer entre un *lexique orthographique*, un *lexique phonologique* et un *lexique sémantique*.

MASQUAGE – Réduction de l'audibilité ou de la visibilité d'un stimulus-test en raison de la proximité spatiale et/ou temporelle d'un autre stimulus (le *masque*).

MÉMOIRE PHONOLOGIQUE – Forme de mémoire où l'information est codée en termes phonologiques, même si à l'entrée elle se présentait visuellement.

MÉTAPHONOLOGIE – Étude des connaissances conscientes des propriétés phonologiques du langage et de l'habileté à utiliser ces connaissances (v. *conscience phonologique*).

MÉTHODE ALPHABÉTIQUE – Méthode d'instruction de la lecture qui consiste à apprendre à l'enfant les prononciations possibles, ou les plus fréquentes, des lettres, et à essayer d'obtenir de lui qu'il fusionne de manière séquentielle les prononciations des lettres successives présentes dans les mots.

MÉTHODE GLOBALE – Méthode d'instruction de la lecture qui consiste à exposer des mots écrits à l'enfant et à essayer qu'il apprenne la correspondance entre la forme globale du mot et sa prononciation. Cette méthode n'est quasi jamais suivie dans toute sa pureté.

MÉTHODE PHONIQUE – Méthode d'instruction de la lecture qui consiste, à la fois, à présenter le matériel écrit à l'enfant de telle manière qu'il puisse appréhender les correspondants phonémiques des lettres (v. *phonème*), et à le pousser à utiliser ces correspondants pour assembler la prononciation des mots écrits.

MODULE – Sous-système servant une fonction spécifique, souvent anatomiquement distinct des autres sous-systèmes fonctionnels (v. *double dissociation*), et caractérisé en outre par l'automatisme et la grande rapidité de son fonctionnement, et surtout par son autonomie et impénétrabilité cognitive. Un sous-système *autonome* est celui dont le fonctionnement n'est déterminé que par les connaissances qui lui sont propres (on dit qu'il est *informationnellement cloisonné*), sauf évidemment par rapport aux sous-systèmes qui l'alimentent. Un sous-système *cognitivement impénétrable* est celui auquel on ne peut accéder par les mécanismes centraux de gestion de l'information.

MORA – Unité phonétique de temps en japonais. Elle forme la base du rythme de cette langue, où elle peut correspondre à une voyelle courte, à la nasale /N/, à une séquence consonne-voyelle, à l'allongement vocalique, ou encore à la gémination d'une consonne.

MORPHÈME – La plus petite unité de signification. Ils se combinent pour former les mots. Beaucoup de mots, cependant, sont monomorphémiques (v. *morphologie*).

MORPHOLOGIE – Étude des règles de formation des mots. Elle permet donc de décrire la structure interne des mots et les relations de parenté entre les mots (v. *morphème*).

NOYAU VOCALIQUE – Partie de la syllabe constituée d'une voyelle ou diphtongue (v. *voyelle*) et qui concentre généralement la plus grande portion de son énergie totale.

ORTHOGRAPHE – Dans le système alphabétique, l'orthographe désigne la séquence de lettres formant un mot. Par extension, on peut parler de *structure orthographique* des pseudo-mots, lorsque cette structure est conforme aux séquences de lettres habituellement rencontrées dans les mots de la langue.

ORTHOGRAPHE SPONTANÉE – Activité ludique des enfants qui ne sont pas encore engagés formellement dans l'apprentissage de l'écriture, mais qui, connaissant les correspondants phonémiques d'au moins quelques lettres, utilisent cette connaissance pour « inventer » l'orthographe des mots qu'ils désirent écrire.

PARALEXIE – Erreur de lecture présentant un type particulier de ressemblance avec le mot à lire ; ainsi, la paralexie sémantique et la paralexie phonologique présentent, respectivement, une ressemblance sémantique et phonologique avec la cible.

PATRON D'ACTIVATION – Configuration d'activations plus ou moins importantes des différentes unités d'un ensemble ou d'un réseau correspondant à une fonction représentationnelle spécifique (v. *activation*).

PERCEPTION – L'ensemble des processus par lesquels le système cognitif prend connaissance de la réalité extérieure ou intérieure à l'organisme, en se basant sur les informations recueillies par les organes sensoriels. Le terme *percept* est généralement utilisé pour désigner le résultat conscient de l'activité perceptive. On peut supposer que des *représentations perceptives intermédiaires* sont activées ou élaborées entre l'enregistrement initial de la stimulation et l'établissement du percept.

PERCEPTION CATÉGORIELLE – Forme de perception qui consiste à identifier des objets ou des événements en termes des catégories perceptives auxquelles ils appartiennent, et à ignorer, voire ne pas distinguer, les variations intra-catégorielles. La perception catégorielle s'oppose à la *perception continue*, que l'on observe lorsqu'on discrimine davantage de stimuli que ceux qu'on peut identifier.

PHONE – Dans le sens de segment phonétique, les phones sont les plus petits éléments constitutifs de la chaîne parlée perceptivement discriminables (v. *phonème*).

PHONÈME – Le plus petit élément constitutif de la chaîne parlée permettant des distinctions sémantiques. Par exemple, le mot « bal » peut être décrit comme résultant de la combinaison, dans l'ordre, de /b/, /a/ et /l/, car il peut être distingué, parmi d'autres mots, de « cal », « bol » et « bar », respectivement. Les variantes d'un même phonème qui sont perceptivement discriminables mais fonctionnellement équivalentes à l'intérieur du système phonologique d'une langue sont appelées *allophones*. Elles peuvent apporter une information dialectale ou sur l'origine du locuteur. En outre, des variations allophoniques peuvent résulter de la co-articulation des phonèmes, l'articulation d'un phonème influençant l'expression des phonèmes précédents et suivants.

PHONÉTIQUE – Étude des éléments constitutifs de la parole, notamment des conditions de leur production et de leur perception.

PHONOLOGIE – Étude de la structure abstraite des unités d'expression constitutives de la langue parlée et des règles qui gouvernent la combinaison de ces unités.

PROCESSUS AUTONOMES VS INTERACTIFS – Les processus autonomes sont ceux qui ont lieu sur la base de la connaissance propre au sous-système auquel ils appartiennent et indépendamment de toute connaissance extérieure à ce sous-système (v. *module*). Les processus interactifs sont ceux qui utilisent des connaissances appartenant à des sous-systèmes différents.

PROSODIE – L'ensemble des phénomènes « musicaux » de la parole : variations de rythme, de tempo, de mélodie, d'accent et d'intonation. Ces variations peuvent servir une fonction linguistique (pour distinguer entre types de phrases, pour marquer les frontières syntaxiques, pour distinguer entre des mots dans certaines langues) aussi bien que non linguistique (par exemple, pour exprimer l'état émotionnel du locuteur).

PSEUDO-MOT – Séquence de lettres ou de phonèmes qui, n'ayant pas de signification, ne constitue pas un mot, mais respecte les séquences habituelles de la langue (v. *règles phonotactiques*) et pourrait par conséquent devenir un mot si une signification particulière lui était attribuée.

PSYCHOLINGUISTIQUE COGNITIVE – Branche de la psychologie cognitive qui étudie les représentations et les processus mentaux qui interviennent dans l'acquisition et dans l'utilisation d'une langue naturelle. L'émergence de cette discipline est liée à une hypothèse de travail suivant laquelle la structure du sous-système cognitif impliqué dans la fonction langagière est hautement spécifique par rapport au reste du système cognitif, et son mode de fonctionnement largement indépendant de ce dernier.

PSYCHOLOGIE COGNITIVE – Science qui étudie les systèmes naturels de connaissance, en particulier celui de l'être humain (v. *cognition*).

RECONNAISSANCE – Activité perceptive et cognitive qui mène à l'identification consciente d'objets ou événements connus. On peut aussi utiliser le terme pour désigner le résultat de l'activité. On considère, selon la perspective modulariste de la perception, que la reconnaissance va au-delà de la *perception*. Le *percept* serait le produit de l'action d'un système perceptif modulaire, mais avant que ce produit ne devienne conscient, d'autres connaissances pourraient l'influencer. Ainsi, la connaissance que l'on peut avoir des étoiles ou des lucioles, qui se situe naturellement au-delà de la connaissance stockée dans le système de perception visuelle de tous les individus, fait que l'on reconnaît une lumière non pas en tant que lumière sans aucune signification particulière mais comme étant produite par un astre ou par un animal.

Règles phonotactiques – Règles qui déterminent les séquences de phonèmes qui peuvent former des syllabes et des mots dans une langue donnée (v. *phonème* et *syllabe*).

Régularité orthographique – Caractéristique des expressions écrites dont la séquence de lettres se conforme aux règles de *correspondance graphème-phonème*. En général, l'*irrégularité* dans les mots écrits n'est que partielle, c'est-à-dire qu'elle ne concerne qu'une partie des lettres qui les composent.

Représentation mentale – État particulier du système cognitif qui reflète, à un moment donné dans le temps mais pouvant devenir persistant, un aspect de la réalité extérieure à ce système.

Rime – Partie terminale de la syllabe, qui regroupe le noyau vocalique et la coda, c'est-à-dire la consonne ou le groupe consonantique qui suivrait le noyau (v. *attaque*, *consonne*, *noyau vocalique* et *syllabe*).

Saccade oculaire – Mouvement balistique et très rapide des yeux permettant le déplacement du regard et intervenant entre deux fixations successives (v. *fixation oculaire*). Sa durée est très brève.

Segmentation – Processus d'analyse de la représentation d'une stimulation afin de faire apparaître les propriétés ou les constituants des objets ou des événements qui sont à l'origine de la stimulation (v. *représentation mentale*). Il faut distinguer les segmentations perceptives (qui interviennent au cours de la perception d'un stimulus) des segmentations post-perceptives (qui interviennent après la perception) (v. *perception*).

Sémantique – Partie de la linguistique qui étudie le sens des expressions verbales.

Sonagramme – Représentation graphique des paramètres physiques de la parole : en abscisse, le temps (en millisecondes) ; en ordonnée, la fréquence (en hertz ou cycles par seconde) ; l'intensité est représentée par le noircissement plus ou moins important des plages. Le sonagramme donne donc une répartition de l'intensité sonore en fonction du temps et de la fréquence. Il est obtenu en utilisant un système d'analyse fréquentielle par filtres (v. aussi *formant* et *transition de formant*).

STRATÉGIE – Procédure optionnelle. En psychologie cognitive, contrairement à l'usage populaire de ce terme, une stratégie n'est pas nécessairement consciente.

SYLLABE – Unité de la structure phonologique qui est constituée généralement d'un *noyau vocalique*, le plus souvent précédé et/ou suivi d'une ou plusieurs consonnes (v. *consonne* et *voyelle*).

SYNTAXE – Partie de la grammaire dont les règles spécifient quelles séquences de mots sont acceptables du point de vue fonctionnel.

SYNTHÈSE OU INTÉGRATION D'INFORMATION – Processus par lequel le système perceptif ou cognitif unifie ou fusionne les propriétés ou constituants préalablement segmentés afin d'aboutir à une interprétation unique et cohérente d'un objet ou d'un événement (v. *segmentation*).

TRAITEMENT DE L'INFORMATION – Ensemble de transformations de l'information dans le système mental. Ces transformations peuvent être successives, avoir lieu en parallèle, ou encore en recouvrement temporel partiel (processus en cascade). L'information présente à l'entrée du système est transformée par des opérations mentales (les processus) qui en sélectionnent une partie, la stockent ou la comparent avec d'autres informations, avant de (éventuellement) planifier, programmer et faire exécuter une réponse.

TRANSITION DE FORMANT – Changement rapide dans la composition spectrale du formant, dû généralement à la co-articulation d'une consonne et d'une voyelle dont les fréquences de résonance correspondantes ne coïncident pas. Dans ce cas, la transition est soit montante, soit descendante. La transition apparaît donc comme un compromis entre la production de la consonne et celle de la voyelle. Dans le cas d'une syllabe consonne-voyelle, le point de départ de la transition reflète la fréquence caractéristique de la consonne et le point d'arrivée la fréquence correspondante de la voyelle (v. *formant* et *sonagramme*).

UNITÉ PERCEPTIVE – Propriété ou constituant d'un objet ou d'un événement qui est représenté par le système perceptif ou cognitif en conséquence du processus de *segmentation* de l'information. Ces représentations ont le statut de représentations *intermédiaires*, et en ce qui concerne le système perceptif elles sont rarement conscientes. Cependant, dans certains cas, on peut prendre conscience des propriétés ou des constituants représentés à travers une *analyse post-perceptive.*

VISION FOVÉALE ET PARAFOVÉALE – La vision *fovéale* est la vision qui résulte de la stimulation de la région centrale de la rétine (environ 1 à 2° d'angle). La vision *parafovéale* est la vision qui résulte d'une stimulation au-delà de la région centrale de la rétine.

VOYELLE – Élément constitutif de la chaîne parlée, produit en laissant passer le flux d'air dans le conduit vocal non obstrué. Les différentes voyelles sont obtenues en faisant prendre au conduit vocal différentes formes et tailles (v. *consonne*).

Notes et références

Introduction : Le défi de la lecture

1. UNESCO, *Recommendation Concerning the International Standardization of Educational Statistics*, Paris, UNESCO, 1958. En 1978, l'UNESCO (*Revised Recommendation Concerning the International Standardization of Educational Statistics*, Paris, UNESCO) a défini comme illettré celui qui n'a pas les habiletés nécessaires pour s'engager dans les activités de lecture, écriture et calcul appropriées au fonctionnement et au développement de sa communauté. Cette définition reste très imprécise. Voir aussi L. Gani, « Lire et écrire dans le tiers-monde : des problèmes complexes à l'orée du XXIe siècle », *Les Entretiens Nathan, Lecture, Actes I*, Paris, Nathan, 1991.

2. A. Bentolila, « De l'oral à l'entrée dans l'écrit », *Les Entretiens Nathan, Lecture, Actes I*, Paris, Nathan, 1991.

3. C. Doets, P. Groen, T. Huisman et J. Neuvel, *Functional Illiteracy in the Netherlands*, Amersfoort, Netherlands Study and Development Center for Adult Education, 1991.

4. C. Elbro, S. Møller et E. M. Nielsen, *Danskernes læsefærdigheder. En undersøgelse af 18-67-āriges læsning af dagligdags tekster*, Copenhague, Project Reading and Ministry for Education and Research, 1991.

5. Voir L. C. Stedman et C. F. Kaestle, « Literacy and Reading Performance in the United States, from 1880 to the Present », *Reading Research Quarterly*, 1987, 22, 8-46.

6. L. Harris et associés, *The 1971 National Reading Difficulty Index : A Study of Functional Reading Ability in the United States, for the National Reading Center*, Washington, DC, National Reading Center, 1971.

7. C. J. Gadway et H. A. Wilson, *Functional Literacy : Basic Reading Performance*, Denver, CO, Education Commission of the States, 1976.

8. R. T. Murphy, « Assessment of Adult Reading Competence », dans D. M. Nielsen et H. F. Hjelm (Eds.), *Reading and Career Education*, Newark, DE, International Reading Association, 1975.

9. L. M. Werner, « 13 % of U.S. Adults are Illiterate in English, a Federal Study Finds », *New York Times*, 21 avril 1986.

10. I. S. Kirsch et A. Jungeblut, *Literacy : Profiles of America's Young Adults : Final Report*, Princeton, NJ, National Assessment of Educational Progress, 1986.
11. Murphy, *op. cit.* ; Adult Performance Level Project, *Final report : The Adult Performance Level Study*, Washington, DC, US Office of Education, 1977 ; D. L. Fisher, « Functional Literacy Tests : A Model of Question-Answering and an Analysis of Errors », *Reading Research Quarterly*, 1981, 16, 418-424.
12. Voir L. C. Stedman et C. F. Kaestle, *op. cit.*
13. R. L. Thorndike, *Reading Comprehension Education in Fifteen Countries : An Empirical Study*, New York, Wiley, 1973.
14. H. W. Stevenson, « Making the Grade : School Achievement in Japan, Taiwan, and the United States », *Annual Report of the Center for Advanced Study in the Behavioral Sciences*, Stanford, Stanford University, 1984.
15. Orton Dyslexia Society, « Some Facts About Illiteracy in America », *Perspectives on Dyslexia*, 1986, 13, 1-13.
16. US Congress, House, *Illiteracy and the Scope of the Problems in this Country*, Audition devant le « House Subcommittee on Post Secondary Education and Labor », 21 septembre 1982, Washington, DC, US Government Printing Office.
17. Voir A. Le Breton, *L'Adolescence illettrée*, Paris, Ed. Universitaires, 1989.
18. N. Catach, « Lectures et écritures : pluralité et unité », *Les Entretiens Nathan, Lecture, Actes I*, Paris, Nathan, 1991.
19. US Bureau of the Census, *Ancestry and Language in the United States : November 1979* (Current Population Reports, Series P-23, n° 116), Washington, DC, US Government Printing Office, 1982.
20. L. C. Stedman et C. F. Kaestle, *op. cit.*
21. C. Baudelot et R. Establet, « Le niveau intellectuel des jeunes conscrits ne cesse de s'élever », INSEE, *Économie et statistiques*, février 1988.
22. N. Catach, *op. cit.*
23. R. Farr, L. Fay et H. Negley, *Then and Now : Reading Achievement in Indiana (1944-45 and 1976)*, Bloomington, Indiana University, 1978.
24. Harcourt Brace Jovanovich, Test Department, *Some Comments on the Relationship Between Scores on the 1973 and 1982 Editions of Stanford Achievement Test* (Special Report n° 4A), New York, Harcourt Brace Jovanovich, 1983.
25. N. Catach, *op. cit.*
26. T. G. West, « A Future of Reversals : Dyslexic Talents in a World of Computer Visualization », *Annals of Dyslexia*, 1992, 42, 124-139.
27. G. Sartori, « Leonardo Da Vinci, Omo Sanza Lettere : A Case of Surface Dysgraphia ? », *Cognitive Neuropsychology*, 1987, 4, 1-10.
28. Voir A.-M. Chartier et J. Hébrard, *Discours sur la lecture (1880-1980)*, Paris, BPI, Centre Georges Pompidou, 1989 (p. 381).
29. Ce cas est inspiré de Michael, décrit par J. Stackhouse et B. Wells, « Dyslexia : The Obvious and Hidden Speech and Language Disorder », dans M. Snowling et M. Thomson (Eds.), *Dyslexia, Integrating Theory and Practice*, Londres, Whurr, 1991 ; et par J. Stackouse et M. Snowling, « Barriers

to Literacy Development in Two Cases of Developmental Verbal Dyspraxia », *Cognitive Neuropsychology,* 1992, 9, 273-299.

30. Inspiré de JM, décrit dans M. Snowling, A. Goulandris, M. Bowlby et P. Howell, « Segmentation and Speech Perception in Relation to Reading Skill : A Developmental Analysis », *Journal of Experimental Child Psychology,* 1986, 41, 489-507 ; M. Snowling et C. Hulme, « A Longitudinal Case Study of Developmental Phonological Dyslexia », *Cognitive Neuropsychology,* 1989, 6, 379-401 ; et C. Hulme et M. Snowling, « Deficits in Output Phonology : An Explanation of Reading Failure ? » *Cognitive Neuropsychology*, 1992, 9, 47-72.

31. Inspiré partiellement de David, décrit par M. Snowling et N. Goulandris, « Developmental Reading and Writing Impairment », dans R. Campbell (Ed.), *Mental Lives, Case Studies in Cognition,* Oxford, Blackwell, 1992, et de Allan, décrit par J. R. Hanley, K. Hastie et J. Kay, « Developmental Surface Dyslexia and Dysgraphia : An Orthographic Processing Impairment », *Quarterly Journal of Experimental Psychology,* 1992, 44A, 285-319.

32. Inspiré de RE, décrite par R. Campbell et B. Butterworth, « Phonological Dyslexia and Dysgraphia in a Highly Literate Subject : A Developmental Case with Associated Deficits of Phonemic Awareness and Processing », *Quarterly Journal of Experimental Psychology,* 1985, 37A, 435-475.

33. Inspiré de PS, décrit par M.-P. de Partz, « Re-Education of a Deep Dyslexic Patient : Rationale of the Method and Results », *Cognitive Neuropsychology,* 1986, 3, 149-177.

Chapitre 1 : Le langage et l'alphabet

1. U. Bellugi, S. Marks, A. Bihrle et H. Sabo, « Dissociation Between Language and Cognitive Functions in Williams Syndrome », dans D. Bishop et K. Mogford (Eds.), *Language Development in Exceptional Circumstances*, Edinburgh, Churchill Livingstone, 1988.

2. A. Burgess, *A Mouthful of Air*, Londres, Vintage, 1992.

3. F. de Saussure, *Cours de linguistique générale*, Paris, Payot, 1982 (éd. originale : 1915).

4. J. R. Stroop, « Studies of Interference in Serial Verbal Reactions », *Journal of Experimental Psychology*, 1935, 18, 643-662.

5. M. S. Seidenberg et M. K. Tanenhaus, « Orthographic Effects on Rhyme Monitoring », *Journal of Experimental Psychology : Human Learning and Memory*, 1979, 5, 546-554.

6. J. Derrida, *De la Grammatologie*, Paris, Éd. de Minuit, 1967.

7. F. de Saussure, *op. cit.* Notons que le symbole phonétique [p̌] n'est plus utilisé, il correspond à une bilabiale affriquée.

8. L. C. Ehri et L. S. Wilce, « The Influence of Orthography on Readers' Conceptualization of the Phonemic Structure of Words », *Applied Psycholinguistics*, 1980, 1, 371-385.

9. M. Yaguello, *Alice au pays du langage. Pour comprendre la linguistique*, Paris, Éd. du Seuil, 1981.

10. R. Harris, *The Origin of Writing*, Londres, Duckworth, 1986.

11. I. J. Gelb, *A Study of Writing*, Londres, Routledge & Kegan Paul, 1952.

12. A. E. Ellis, *Reading, Writing and Dyslexia, A Cognitive Analysis*, Londres, LEA, 1993.

13. H. R. Schoolcraft, *Historical and Statistical Information, Respecting the History, Condition, and Prospects of the Indian Tribes of the United States, Part 1*, Philadelphie, 1851.

14. Voir A. Gaur, *A History of Writing*, Londres, The British Library, 1992.

15. La présente description de la langue et de l'écriture chinoises est inspirée en partie de R. Hoosain, *Psycholinguistic Implications for Linguistic Relativity : A Case Study of Chinese*, Hillsdale, NJ, Erlbaum, 1991 ; de J. DeFrancis, *Visible Speech, The Diverse Oneness of Writing Systems*, Honolulu, University of Hawaii Press, 1989 ; et de S.-P. Law et A. Caramazza, « Cognitive Processes in Writing Chinese Characters : Basic Issues and Some Preliminary Data », dans B. de Gelder et J. Morais (Eds.), *Speech and Reading, Comparative Approaches*, Londres, Erlbaum, 1994 (sous presse).

16. Cette exception m'a été signalée personnellement par Leonor Scliar-Cabral (*Introdução à linguística*, Porto Alegre, Globo, 1982).

17. Voir S. E. Martin, « Nonalphabetic Writing Systems : Some Observations », dans J. F. Kavanagh et I. G. Mattingly (Eds.), *Language by Ear and by Eye, The Relationships Between Speech and Reading*, Cambridge, MA, MIT Press, 1972.

18. Le tableau de l'hiragana a été aimablement préparé pour ce livre par Miyoko Nakamura, lors de son séjour au Laboratoire de Psychologie expérimentale de l'ULB. Je lui suis aussi redevable de beaucoup d'informations précieuses sur la langue et l'écriture japonaises. Pour une connaissance plus approfondie de l'écriture japonaise, voir M. Shibatani, *The Languages of Japan*, Cambridge, Cambridge University Press, 1990, ainsi que J. DeFrancis, *op. cit.*

19. G. Hatano, « How do Japanese Children Learn to Read ? : Orthographic and Eco-Cultural Variables », dans B. R. Foorman et A. W. Siegel (Eds.), *Acquisition of Reading Skills*, Hillsdale, NJ, Erlbaum, 1986.

20. Les figures relatives à l'écriture égyptienne, présentes dans cette section, proviennent de N. J. Katan, *Hiéroglyphes, l'Écriture de l'Égypte ancienne*, Paris, Bibliothèque documentaire, L'école des loisirs, 1982.

21. J. Morais, L. Cary, J. Alegria et P. Bertelson, « Does Awareness of Speech as a Sequence of Phones Arise Spontaneously ? », *Cognition*, 1979, 7, 323-331 ; J. Morais, P. Bertelson, L. Cary et J. Alegria, « Literacy Training and Speech Segmentation », *Cognition*, 1986, 24, 45-64.

22. C. Read, Y. Zhang, H. Nie et B. Ding, « The Ability to Manipulate Speech Sounds Depends on Knowing Alphabetic Writing », *Cognition*, 1986, 24, 31-44.

23. Voir G. Pommier, *Naissance et renaissance de l'écriture*, Paris, Presses Universitaires de France, 1993.

24. Voir A. Content, « Le développement de l'habileté d'analyse phonétique de la parole », *L'Année psychologique*, 1985, 85, 73-99.

25. La figure 1.9 ainsi que les figures 1.10 et 1.11 ont été préparées à partir des informations présentées par J.-G. Février, *Histoire de l'écriture*, Paris, Payot, 1948. Voir aussi I. J. Gelb, *op. cit.*, et G. Jean, *L'Écriture, mémoire des hommes*, Paris, Gallimard, 1987.

26. J. Naveh, « The Origin of the Greek Alphabet », dans D. De Kerckhove et C. J. Lumsden (Eds.), *The Alphabet and the Brain : The Lateralization of Writing*, New York, Springer-Verlag, 1988.

27. Voir J. DeFrancis, *op. cit.*

28. R. Lafont, « Relationships Between Speech and Writing Systems in Ancient Alphabets and Syllabaries », dans D. De Kerckhove et C. J. Lumsden (Eds.), *op. cit.*

29. Voir G. Pommier, *op. cit.*, pour un examen historique intéressant. Ce livre part de l'hypothèse que l'histoire des systèmes d'écriture a été fortement influencée par des facteurs d'ordre religieux et psychodynamique.

30. G. Pommier, *op. cit.*

31. P. Gamarra, *On a mangé l'alphabet*, Paris, Bordas, 1978.

32. J. DeFrancis, *op. cit.* Cet auteur s'est fondé en grande partie sur le travail de G. K. Ledyard, *The Korean language reform of 1446 : The origin, background, and early history of the Korean alphabet*, Ann Arbor, Michigan, University Microfilms.

33. M. Kundera, *Les Testaments trahis*, Paris, Gallimard, 1993.

34. D. R. Olson, « How Writing Represents Speech », *Language and Communication*, 1993, 13, 1-17.

35. M. Couturier, *Nabokov, ou la Tyrannie de l'auteur*, Paris, Seuil, 1993.

36. Voir M. Yaguello, *Histoires de lettres, des Lettres et des sons*, Paris, Éd. du Seuil, 1990.

37. R. M. Warren, « Multiple Meanings of " Phoneme " (Articulatory, Acoustic, Perceptual, Graphemic) and their Confusions », dans N. J. Lass (Ed.), *Speech and Language : Advances in Basic Research and Practice, Vol. 9*, New York, Academic Press, 1983. Voir aussi A. J. Marcel, « Prerequisites for a More Applicable Psychology of Reading », dans M. M. Gruneberg, P. E. Morris et R. N. Sykes (Eds.), *Practical Aspects of Memory*, Londres, Academic Press, 1978 ; et A. J. Marcel, « Conscious and Unconscious Perception : an Approach to the Relations Between Phenomenal Experience and Perceptual Processes », *Cognitive Psychology*, 1983, 15, 238-300.

38. Voir I. Y. Liberman, « Segmentation of the Spoken Word and Reading Acquisition », *Haskins Reports on Speech Research*, 1973, SR-33, 157-166 ; P. Rozin et L. R. Gleitman, « The Structure and Acquisition of Reading II : The Reading Process and the Acquisition of the Alphabetic Principle », dans A. S. Reber et D. L. Scarborough (Eds.), *Toward a Psychology of Reading*, Hillsdale, NJ, Erlbaum, 1977.

39. Un exemple de réseau international de recherche sur la segmentation de la parole est celui constitué par des équipes française (J. Mehler), britannique (A. Cutler), japonaise (G. Hatano), canadienne (I. Peretz), espagnole (N. Sebastian) et belge (J. Morais), dont le projet a été appuyé par le « Human Frontiers of Science Program », créé à l'initiative de la réunion des chefs d'État du G7, Venise 1987.

40. Je remercie Valérie Pasdeloup d'avoir préparé ces sonagrammes.

41. A. M. Liberman, F. S. Cooper, D. Shankweiler et M. Studdert-Kennedy, « Perception of the Speech Code », *Psychological Review*, 1967, 24, 431-461.

42. A. M. Liberman et M. Studdert-Kennedy, « Phonetic Perception »,

dans R. Held, H. Leibowitz et H.-L. Teuber, *Handbook of Sensory Physiology, Vol. VIII, Perception*, Heidelberg, Springer-Verlag, 1978.

43. J. Mehler, J.-Y. Dommergues, U. Frauenfelder et J. Segui, « The Syllable's Role in Speech Segmentation », *Journal of Verbal Learning and Verbal Behavior*, 1981, 20, 298-305.

44. A. Cutler, J. Mehler, D. Norris et J. Segui, « The Syllable's Differing Role in the Segmentation of French and English », *Journal of Memory and Language*, 1986, 25, 385-400.

45. J. Morais, R. Kolinsky, M. Cluytens et V. Pasdeloup, « Unidades no reconhecimento da fala em português », *Actas do 1º Encontro de Processamento da Língua Portuguesa*, Fundaçao C. Gulbenkian, Lisboa, 1993 ; R. Kolinsky, J. Morais et M. Cluytens, « Intermediate Representations in Spoken Word Recognition : Evidence from Word Illusions », *Journal of Memory and Language* (sous presse) ; J. Morais et R. Kolinsky, « Perception and Awareness in Phonological Processing : The Case of the Phoneme », *Cognition*, 1994, 50, 287-297.

46. Voir, entre autres, J. Bertoncini et J. Mehler, « Syllables as Units in Infant Speech Perception », *Infant Behavior and Development*, 1981, 4, 247-260.

47. Voir, entre autres, B. de Boysson-Bardies, P. Hallé, L. Sagart et C. Durand, « A Crosslinguistic Investigation of Vowel Formants in Babbling », *Journal of Child Language*, 1989, 16, 1-17.

48. D. K. Oller, « The Emergence of the Sounds of Speech in Infancy », dans G. H. Yeni-Komshian, J. F. Kavanagh et C. A. Ferguson (Eds.), *Child Phonology, Vol. 1 : Production*, New York, Academic Press, 1980.

49. M. Studdert-Kennedy, « The Phoneme as a Perceptuomotor Structure », dans A. Allport, D. MacKay, W. Prinz et E. Scheerer (Eds.), *Language Perception and Production*, Londres, Academic Press, 1987.

50. S. Nittrouer et M. Studdert-Kennedy, « The Role of Coarticulatory Effects in the Perception of Fricatives by Children and Adults », *Haskins Laboratories : Status Report on Speech Research*, 1986, SR-88, 73-93 ; S. Nittrouer, « Age-Related Differences in Perceptual Effects of Formant Transitions Within Syllables and Across Syllable Boundaries », *Journal of Phonetics*, 1992, 20, 351-382.

51. S. Nittrouer, M. Studdert-Kennedy et R. S. McGowan, « The Emergence of the Phonetic Segments : Evidence from the Spectral Structure of Fricative-Vowel Syllables Spoken by Children and Adults », *Haskins Laboratories : Status Report on Speech Research*, 1988, SR-93/94, 1-21.

52. A. Content, *L'Analyse segmentale de la parole chez l'enfant*, thèse de doctorat non publiée, Université Libre de Bruxelles, 1985.

53. E. J. Gibson, *Principles of Perceptual Learning and Development*, New York, Appleton-Century-Crofts, 1967.

54. I. Y. Liberman, *op. cit.*

55. A. M. Liberman, « Reading is Hard Just Because Listening is Easy », dans C. von Euler (Ed.), *Wenner-Gren International Symposium Series : Brain and Reading*, Hampshire, Angleterre, Macmillan, 1991.

56. I. Y. Liberman, « Phonology and Beginning Reading Revisited », dans C. von Euler (Ed.), *Wenner-Gren International Symposium Series : Brain and Reading*, Hampshire, Angleterre, Macmillan, 1991.

57. L. Cary, J. Morais et P. Bertelson, « As habilidades metafonológicas dos poetas analfabetos », dans *Anais do Simpósio Latino-Americano de psicologia de desenvolvimento*, Recife, Editores Universitária da EFPE, 1989. L'utilisation du terme « habiletés métaphonologiques », au pluriel plutôt qu'au singulier, requiert une explication. Les auteurs dans ce domaine s'accordent sur le fait qu'il existe un ensemble hétérogène d'habiletés, dont par exemple l'habileté à détecter la relation de rime, l'habileté à analyser la parole en syllabes, l'habileté à l'analyser en phonèmes, l'habileté à fusionner des phonèmes, etc., ce qui peut être démontré par l'observation de dissociations, c'est-à-dire l'existence de personnes qui font preuve de certaines de ces habiletés mais pas d'autres.

58. R. Kolinsky, L. Cary et J. Morais, « Awareness of Words as Phonological Entities : The Role of Literacy », *Applied Psycholinguistics*, 1987, 8, 223-232.

59. I. Y. Liberman, D. Shankweiler, M. F. Fisher et B. Carter, « Explicit Syllable and Phoneme Segmentation in the Young Child », *Journal of Experimental Child Psychology*, 1974, 18, 201-212.

60. J. Morais, « Phonological Awareness : A Bridge Between Language and Literacy », dans D. J. Sawyer et B. J. Fox (Eds.), *Phonological Awareness in Reading, The Evolution of Current Perspectives*, New York, Springer-Verlag, 1991.

61. Voir, entre autres, J. D. Knafle, « Auditory Perception of Rhyming in Kindergarten Children », *Journal of Speech and Hearing Research*, 1973, 16, 482-487 ; J. Morais et al., 1979, *op. cit.*

62. Voir J. Morais, 1991, *op. cit.*

63. A. B. Lord, *The Singer of Tales*, Cambridge, MA, Harvard University Press, 1960.

64. J. Morais, « Constraints on the Development of Phonemic Awareness », dans S. A. Brady et D. P. Shankweiler (Eds.), *Phonological Processes in Literacy, A Tribute to Isabelle Y. Liberman*, Hillsdale, NJ, Erlbaum, 1991.

65. J. Morais, A. Content, P. Bertelson, L. Cary et R. Kolinsky, « Is there a Critical Period for the Acquisition of Segmental Analysis ? », *Cognitive Neuropsychology*, 1988, 5, 347-352.

66. A. Leroy-Boussion, « Une habileté auditivo-phonétique nécessaire pour apprendre à lire : la fusion syllabique », *Enfance*, 1975, 2, 165-190.

67. D. P. Hayes, « Speaking and Writing : Distinct Patterns of Word Choice », *Journal of Memory and Language*, 1988, 27, 572-585 ; D. P. Hayes et M. Ahrens, « Vocabulary Simplification for Children : A Special Case of " Motherese " ? », *Journal of Child Language*, 1988, 15, 395-410.

68. F. N. Akinnaso, « On the Difference Between Spoken and Written Language », *Language and Speech*, 1982, 25, 97-125 ; D. Biber, « Spoken and Written Textual Dimensions in English : Resolving the Contradictory Findings », *Language*, 1986, 62, 384-414 ; W. Chafe et J. Danielewicz, « Properties of Spoken and Written Language », dans R. Horowitz et S. J. Samuels (Eds.), *Comprehending Oral and Written Language*, San Diego, CA, Academic Press, 1987 ; G. Redeker, « On Differences Between Spoken and Written Language », *Discourse Processes*, 1984, 7, 43-55.

69. J. Morais et al., 1986, *op. cit.*

70. R. Kolinsky, J. Morais, L. Cary et A. Content, « Finding Parts Within

Figures : A Developmental Study », *Perception*, 1987, 16, 399-407. Les stimuli utilisés dans cette étude proviennent de S. E. Palmer, « Hierarchical Structure in Perceptual Representation », *Cognitive Psychology*, 1977, 9, 441-474.

71. U. Eco, *Les Limites de l'interprétation*, Paris, Éd. Grasset et Fasquelle, 1992.

72. M. Lambron, « Il faut savoir lire pour savoir aimer », *Figaro*, 24 avril 1993.

Chapitre 2 : Le lecteur habile

1. L. P. Spencer, « The Reading Process and Types of Reading », dans *Claremont College Reading Conference 11th Yearbook*, Claremont, CA, 1946, cité par E. Dechant, *Understanding and Teaching Reading : An Interactive Model*, Hillsdale, LEA, 1991.

2. Ce fait est mentionné dans R. G. Crowder, *The Psychology of Reading : An Introduction*, Oxford, Oxford University Press, 1982.

3. B. de Vigenère, *Traité des chiffres et secrètes manières d'écrire*, Paris, 1585 ; C. Duret, *Trésor de l'histoire des langues*, Cologne, 1613 ; G. Vico, *Scienza nuova*, Naples, 1744 (cités par C. Hagège, *L'Homme de paroles*, Paris, Fayard, 1985).

4. Cette présentation de Spinoza est fortement influencée par ma lecture de Y. Yovel, *Spinoza et autres hérétiques*, Paris, Seuil, 1991.

5. É. Javal, « Sur la physiologie de la lecture », *Annales d'oculistique*, 1878 et 1879.

6. On peut trouver une description de ces travaux dans E. B. Huey, *The Psychology and Pedagogy of Reading*, Cambridge, MA, MIT Press, 1968 (1re édition : 1908).

7. La plupart des informations présentées ci-dessous sur les mouvements oculaires dans la lecture peuvent être trouvées dans K. Rayner et A. Pollatsek, *The Psychology of Reading*, Englewood Cliffs, NJ, Prentice-Hall, 1989. Pour un exposé plus détaillé que le présent chapitre, voir J. Morais, « Perception et traitement du langage écrit », dans M. Richelle, J. Requin et M. Robert (Éds), *Traité de psychologie expérimentale*, Paris, Presses Universitaires de France, 1994.

8. G. T. Buswell, « Fundamental Reading Habits : A Study of their Development », *Education Monographs (Supplement)*, 1922, 21.

9. K. Rayner et A. Pollatsek, *op. cit.*

10. K. Rayner, A. D. Well et A. Pollatsek, « Asymmetry of the Effective Visual Field in Reading », *Perception and Psychophysics*, 1980, 27, 537-544.

11. A. Pollatsek, S. Bolozky, A. D. Well et K. Rayner, « Asymmetries in the Perceptual Span for Israeli Readers », *Brain and Language*, 1981, 14, 174-180.

12. G. W. McConkie et K. Rayner, « The Span of the Effective Stimulus During a Fixation in Reading », *Perception and Psychophysics*, 1975, 17, 578-586.

13. Adaptation d'une illustration présentée dans D. A. Balota et K. Rayner, « Word Recognition Processes in Foveal and Parafoveal Vision : The Range of Influence of Lexical Variables », dans D. Besner et G. W. Humphreys

(Eds.), *Basic Processes in Reading, Visual Word Recognition*, Hillsdale, NJ, Erlbaum, 1991.

14. J. K. O'Regan, A. Levy-Schœn, J. Pynte et B. Brugaillère, « Convenient Fixation Location Within Isolated Words of Different Length and Structure », *Journal of Experimental Psychology : Human Perception and Performance*, 1984, 10, 250-257 ; J. K. O'Regan et A. M. Jacobs, « The Optimal Viewing Position Effect in Word Recognition : A Challenge to Current Theory », *Journal of Experimental Psychology : Human Perception and Performance*, 1992, 18, 185-197.

15. K. Rayner, « The Perceptual Span and Peripheral Cues in Reading », *Cognitive Psychology*, 1975, 7, 65-81.

16. G. W. McConkie et D. Zola, « Is Visual Information Integrated Across Successive Fixations in Reading ? », *Perception and Psychophysics*, 1979, 25, 221-224.

17. G. W. McConkie et D. Zola, *ibid.*

18. S. D. Lima, « Morphological Analysis in Sentence Reading », *Journal of Memory and Language*, 1987, 26, 84-89.

19. M. A. Just et P. A. Carpenter, *The Psychology of Reading and Language Comprehension*, Newton, MA, Allyn and Bacon, 1987.

20. J. K. O'Regan, *Structural and Contextual Constraints on Eye Movements in Reading*, Dissertation doctorale, Université de Cambridge, GB, 1975 ; J. K. O'Regan, « Eye Guidance in Reading : Evidence for the Linguistic Control Hypothesis », *Perception and Psychophysics*, 1979, 25, 501-509.

21. J. K. O'Regan, *ibid.* ; J. K. O'Regan, « The Control of Saccade Size and Fixation Duration in Reading : The Limits of Linguistic Control », *Perception and Psychophysics*, 1980, 28, 112-117 ; D. A. Balota, A. Pollatsek et K. Rayner, « The Interaction of Contextual Constraints and Parafoveal Visual Information in Reading », *Cognitive Psychology*, 1985, 17, 364-390 ; S. F. Ehrlich et K. Rayner, « Contextual Effects on Word Perception and Eye Movements During Reading », *Journal of Verbal Learning and Verbal Behavior*, 1981, 20, 641-655.

22. V. M. Holmes et J. K. O'Regan, « Eye Fixation Patterns During the Reading of Relative-Clause Sentences », *Journal of Verbal Learning and Verbal Behavior*, 1981, 20, 417-430 ; K. Rayner, « Visual Attention in Reading : Eye Movements Reflect Cognitive Processes », *Memory and Cognition*, 1977, 4, 443-448 ; L. Frazier et K. Rayner, « Making and Correcting Errors During Sentence Comprehension : Eye Movements in the Analysis of Structurally Ambiguous Sentences », *Cognitive Psychology*, 1982, 14, 178-210.

23. K. Ehrlich et K. Rayner, « Pronoun Assignment and Semantic Integration During Reading : Eye Movements and Immediacy of Processing », *Journal of Verbal Learning and Verbal Behavior*, 1983, 22, 75-87 ; M. W. Schustack, S. F. Ehrlich et K. Rayner, « The Complexity of Contextual Facilitation in Reading : Local and Global Influences », *Journal of Memory and Language*, 1987, 26, 322-340.

24. M. A. Just et P. A. Carpenter, *op. cit.*

25. S. Freud, *On Aphasia : A Critical Study*, International Universities Press, 1953 (édition originale : 1891).

26. L'ouvrage de A. W. Ellis et A. W. Young, *Human Cognitive Neuro-*

psychology, Londres, Erlbaum, 1988, contient une excellente analyse des troubles de la lecture provoqués par lésion cérébrale.

27. Voir D. Howard et F. M. Hatfield, *Aphasia Therapy : Historical and Contemporary Issues*, Londres, Erlbaum, 1987.

28. Voir, entre autres, M. Kinsbourne et E. K. Warrington, « A Variety of Reading Disability Associated with Right Hemisphere Lesions », *Journal of Neurology, Neurosurgery and Psychiatry*, 1962, 25, 339-344 ; K. E. Patterson et J. Kay, « Letter-by-Letter Reading : Psychological Descriptions of a Neurological Syndrome », *Quarterly Journal of Experimental Psychology*, 1982, 34A, 411-422.

29. T. Shallice et E. K. Warrington, « The Possible Role of Selective Attention in Acquired Dyslexia », *Neuropsychologia*, 1977, 15, 31-41.

30. P. Compton, P. Grossenbacher, M. I. Posner et D. M. Tucker, « A Cognitive Anatomical Approach to Attention in Lexical Access », *Journal of Cognitive Neuroscience*, 1991, 3, 304-312 ; S. E. Petersen, P. T. Fox, A. Z. Snyder et M. E. Raichle, « Activation of Extrastriate and Frontal Cortical Areas by Visual Words and Word-Like Stimuli », *Science*, 1990, 249, 1041-1044. L'existence d'un système d'encodage orthographique avait déjà été proposée dans E. K. Warrington et T. Shallice, « Word-Form Dyslexia », *Brain*, 1977, 103, 99-102.

31. J. C. Marshall et F. Newcombe, « Syntactic and Semantic Errors in Paralexia », *Neuropsychologia*, 1966, 4, 169-176. Lire aussi M. Coltheart, K. Patterson et J. C. Marshall (Eds.), *Deep Dyslexia*, Londres, Routledge & Kegan Paul, 1980.

32. M. F. Beauvois et J. Dérouesné, « Phonological Alexia : Three Dissociations », *Journal of Neurology, Neurosurgery and Psychiatry*, 1979, 42, 1115-1124.

33. J. C. Marshall et F. Newcombe, « Patterns of Paralexia : A Psycholinguistic Approach », *Journal of Psycholinguistic Research*, 1973, 2, 175-200.

34. B. Bramwell, « Illustrative Cases of Aphasia », *The Lancet, i*, 1897, 1256-1259 (réimprimé dans *Cognitive Neuropsychology*, 1984, 1, 245-258).

35. Ce point de vue a notamment été exprimé dans F. Smith, *Understanding Reading : A Psycholinguistic Analysis of Reading and Learning to Read*, New York, Holt, Rinehart & Winston, 1971.

36. F. Smith, D. Lott et B. Cronnell, « The Effect of Type Size and Case Alternation on Word Identification », *American Journal of Psychology*, 1969, 82, 248-253.

37. M. Radeau, J. Morais, P. Mousty, M. Saerens et P. Bertelson, « A Listener's Investigation of Printed Word Processing », *Journal of Experimental Psychology : Human Perception and Performance*, 1992, 18, 861-871.

38. M. Radeau, P. Mousty et P. Bertelson, « The Effect of the Uniqueness Point in Spoken Word Recognition », *Psychological Research*, 1989, 51, 123-198.

39. C. A. Becker et T. H. Killion, « Interaction of Visual and Cognitive Effects in Word Recognition », *Journal of Experimental Psychology : Human Perception and Performance*, 1977, 3, 389-401 ; R. F. Stanners, J. E. Jastrzembski et A. Westbrook, « Frequency and Visual Quality in a Word-Nonword Classification Task », *Journal of Verbal Learning and Verbal Behavior*,

1975, 14, 259-264 ; D. Besner, « Basic Decoding Components in Reading : Two Dissociable Feature Extraction Processes », *Canadian Journal of Psychology*, 1983, 37, 429-438.

40. S. Kinoshita, « Case Alternation Effect : Two Types of Word Recognition », *Quarterly Journal of Experimental Psychology*, 1987, 39A, 701-720.

41. L'effet de supériorité des mots a été découvert par J. M. Cattell, « The Time it Takes to See and Name Objects », *Mind*, 1885, 11, 63-65 ; il a été confirmé, dans des conditions expérimentales rigoureuses, par G. M. Reicher, « Perceptual Recognition as a Function of Meaningfulness of Stimulus Material », *Journal of Experimental Psychology*, 1969, 81, 275-280.

42. Voir, par exemple, le modèle proposé par J. L. McClelland et D. E. Rumelhart, « An Interactive Activation Model of Context Effects in Letter Perception : Part I. An Account of Basic Findings », *Psychological Review*, 1981, 88, 375-407.

43. J. C. Johnston et J. L. McClelland, « Perception of Letters in Words : Seek Not and Ye Shall Find », *Science*, 1974, 184, 1192-1194.

44. R. Treiman et J. Chafetz, « Are There Onset – and Rime-Like Units in Printed Words ? », dans M. Coltheart (Ed.), *Attention and Performance XII, The Psychology of Reading*, Hillsdale, NJ, Erlbaum, 1987.

45. D. J. K. Mewhort et A. L. Beale, « Mechanisms of Word Identification », *Journal of Experimental Psychology : Human Perception and Performance*, 1977, 3, 629-640.

46. W. Prinzmetal, R. Treiman et S. H. Rho, « How to See a Reading Unit », *Journal of Memory and Language*, 1986, 25, 461-475 ; W. Prinzmetal, H. Hoffman et K. Vest, « Automatic Processes in Word Perception : An Analysis from Illusory Conjunctions », *Journal of Experimental Psychology : Human Perception and Performance*, 1991, 17, 902-923.

47. W. Prinzmetal et B. Keysar, « A Functional Theory of Illusory Conjunctions and Neon Colors », *Journal of Experimental Psychology : General*, 1989, 118, 165-190.

48. R. Cubelli, « A Selective Deficit for Writing Vowels in Acquired Dysgraphia », *Nature*, 1991, 353, 258-260.

49. A. Caramazza et G. Miceli, « The Structure of Graphemic Representations », *Cognition*, 1990, 37, 243-297.

50. M. Coltheart, E. Davelaar, J. T. Jonasson et D. Besner, « Access to the Internal Lexicon », dans S. Dornic (Ed.), *Attention and Performance VI*, New York, Academic Press, 1977 ; H. Gunther et B. Greese, « Lexical Hermits and the Pronunciation of Visually Presented Words », *Forschungsberichte des Instituts für Phonetik und Spachliche Kommunication des Universitat Munchen*, 1985, 21, 25-52 ; J. Grainger, *Neighbourhood Frequency Effects in Word Recognition and Naming* (Annual Progress Rep. n° 23), Eindhoven, Pays-Bas, Institute for Perception Research, 1988 ; S. Andrews, « Frequency and Neighbourhood Size Effects on Lexical Access : Activation or Search ? », *Journal of Experimental Psychology : Learning, Memory, and Cognition*, 1989, 15, 802-814.

51. J. Grainger, K. O'Regan, A. M. Jacobs et J. Segui, « On the Role of Competing Word Units in Visual Word Recognition : The Neigh-

bourhood Frequency Effect », *Perception and Psychophysics*, 1989, 45, 189-195 ; J. Grainger et J. Segui, « Neighbourhood Frequency Effects in Visual Word Recognition. A Comparison of Lexical Decision and Masked Identification Latencies », *Perception and Psychophysics*, 1990, 47, 191-198.

52. J. Grainger, K. O'Regan, A. M. Jacobs et J. Segui, « Neighbourhood Frequency Effects and Letter Visibility in Visual Word Recognition », *Perception and Psychophysics*, 1992, 51, 49-56.

53. M. Carreiras, C. J. Alvarez et M. de Vega, « Syllable Frequency and Visual Word Recognition in Spanish », *Journal of Memory and Language*, 1993, 32, 766-780.

54. M. C. Potter et B. Faulconer, « Time to Understand Pictures and Words », *Nature*, 1975, 253, 437-438.

55. Voir, entre autres, M. S. Seidenberg, G. S. Waters, M. A. Barnes et M. K. Tanenhaus, « When Does Irregular Spelling or Pronunciation Influence Word Recognition ? », *Journal of Verbal Learning and Verbal Behavior*, 1984, 23, 383-404.

56. C. A. Perfetti, L. C. Bell et S. M. Delaney, « Automatic (Prelexical) Phonetic Activation in Silent Word Reading : Evidence from Backward Masking », *Journal of Memory and Language*, 1988, 27, 59-70 ; C. A. Perfetti et L. Bell, « Phonemic Activation During the First 40 ms of Word Identification : Evidence from Backward Masking and Priming », *Journal of Memory and Language*, 1991, 30, 473-485.

57. C. A. Perfetti et S. Zhang, « Phonemic Processes in Reading Chinese Words », *Journal of Experimental Psychology : Learning, Memory, and Cognition*, 1991, 17, 633-643.

58. L. Ferrand et J. Grainger, « Phonology and Orthography in Visual Word Recognition : Evidence from Masked Nonword Priming », *Quarterly Journal of Experimental Psychology*, 1992, 45A, 353-372.

59. E. Tulving et C. Gold, « Stimulus Information and Contextual Information as Determinants of Tachistoscopic Recognition of Words », *Journal of Experimental Psychology*, 1963, 66, 319-327.

60. D. A. Balota, A. Pollatsek et K. Rayner, 1985, *op. cit.* ; J. Pynte, A. Kennedy et W. S. Murray, « Within-Word Inspection Strategies in Continuous Reading : Time Course of Perceptual, Lexical, and Contextual Effects », *Journal of Experimental Psychology : Human Perception and Performance*, 1991, 17, 458-470.

61. K. Rayner, D. A. Balota et A. Pollatsek, « Against Parafoveal Semantic Preprocessing During Eye Fixations in Reading », *Canadian Journal of Psychology*, 1986, 40, 473-483.

62. Voir, par exemple, D. E. Meyer et R. W. Schvaneveldt, « Facilitation in Recognizing Pairs of Words : Evidence of a Dependence Between Retrieval Operations », *Journal of Experimental Psychology*, 1971, 90, 227-234.

63. J. H. Neely, « Semantic Priming and Retrieval from Lexical Memory : Evidence for Facilitatory and Inhibitory Processes », *Memory and Cognition*, 1976, 4, 648-654.

64. K. I. Forster, « Priming and the Effects of Sentence and Lexical Context on Naming Time : Evidence for Autonomous Lexical Processing », *Quarterly Journal of Experimental Psychology*, 1981, 33A, 465-495. Voir

une discussion dans M. Taft, *Reading and the Mental Lexicon*, Hillsdale, NJ, Erlbaum, 1991.

65. Voir, entre autres, D. A. Swinney, « Lexical Access During Sentence Comprehension : (Re)consideration of Context Effects », *Journal of Verbal Learning and Verbal Behavior*, 1979, 18, 645-659 ; P. Tabossi, « Accessing Lexical Ambiguity in Different Types of Sentential Context », *Journal of Memory and Language*, 1988, 27, 324-340 ; G. B. Simpson et C. Burgess, « Activation and Selection Processes in the Recognition of Ambiguous Words », *Journal of Experimental Psychology : Human Perception and Performance*, 1985, 11, 28-39.

66. M. S. Seidenberg, G. S. Waters, M. Sanders et P. Langer, « Pre- and Postlexical Loci of Contextual Effects on Word Recognition », *Memory and Cognition*, 1984, 12, 315-328.

Chapitre 3 : Le lecteur débutant

1. R. C. Anderson et P. Freebody, « Reading Comprehension and the Assessment and Acquisition of Word Knowledge », dans B. Hutson (Ed.), *Advances in Reading/Language Research*, Greenwich, CT, JAI Press, 1983 ; W. E. Nagy, R. C. Anderson et P. A. Herman, « Learning Word Meanings from Context During Normal Reading », *American Educational Research Journal*, 1987, 24, 237-270 ; W. E. Nagy, P. A. Herman et R. C. Anderson, « Learning Words from Context », *Reading Research Quarterly*, 1985, 20, 233-253.

2. Cet argument est inspiré d'une démonstration analogue présentée dans M. J. Adams, *Beginning to Read : Learning and Thinking About Print*, Cambridge, MA, MIT Press, 1990.

3. Voir E. Charmeux, « Faut-il passer par la combinatoire pour comprendre ?... et si oui, n'est-ce pas la même chose que le décodage ? », dans A. Bentolila, B. Chevalier et D. Falcoz-Vigne (Éds), *La Lecture, apprentissage, évaluation, perfectionnement*, Paris, Nathan, 1991.

4. A. M. Lesgold, L. B. Resnick et K. Hammond, « Learning to Read : A Longitudinal Study of Word Skill Development in Two Curricula », dans T. G. Waller et G. E. McKinnon (Eds.), *Reading Research : Advances in Theory and Practice, Vol. 4*, New York, Academic Press, 1985.

5. F. Smith, *Understanding Reading*, New York, Holt, Rinehart & Winston, 1971.

6. K. S. Goodman, « Reading : A Psycholinguistic Guessing Game », *Journal of the Reading Specialist*, 1967, 6, 126-135.

7. K. S. Goodman, « A Linguistic Study of Cues and Miscues in Reading », *Elementary English*, 1965, 42, 639-643.

8. T. Nicholson, « Reading is Not a Guessing Game : The Great Debate Revisited », *Reading Psychology*, 1986, 7, 197-210 ; T. Nicholson et D. Hill, « Good Readers Don't Guess : Taking Another Look at the Issue of Whether Children Read Words Better in Context or in Isolation », *Reading Psychology*, 1985, 6, 181-198 ; T. Nicholson, « Do Children Read Words Better in Context or in Lists ? A Classic Study Revisited », *Journal of Educational Psychology*, 1991, 83, 444-450.

9. Voir, entre autres, K. E. Stanovich, « Toward an Interactive-Compensatory Model of Individual Differences in the Development of Reading

Fluency », *Reading Research Quarterly*, 1980, 16, 32-71 ; K. E. Stanovich, « Matthew Effects in Reading : Some Consequences of Individual Differences in the Acquisition of Literacy », *Reading Research Quarterly*, 1986, 21, 360-407 ; R. F. West et K. E. Stanovich, « Automatic Contextual Facilitation in Readers of Three Ages », *Child Development*, 1978, 49, 717-727 ; R. F. West, K. E. Stanovich, D. J. Feeman et A. E. Cunningham, « The Effect of Sentence Context on Word Recognition in Second and Sixth-Grade Children », *Reading Research Quarterly*, 1983, 19, 6-15.

10. C. A. Perfetti et S. F. Roth, « Some of the Interactive Processes in Reading and their Role in Reading Skill », dans A. M. Lesgold et C. A. Perfetti (Eds.), *Interactive Processes in Reading*, Hillsdale, NJ, Erlbaum, 1981.

11. P. B. Gough, « Context, Form, and Interaction », dans K. Rayner (Ed.), *Eye Movements in Reading : Perceptual and Language Processes*, Orlando, FL, Academic Press, 1983 ; P. B. Gough, J. A. Alford Jr. et P. Holley-Wilcox, « Words and Contexts », dans O. J. L. Tzeng et H. Singer (Eds.), *Perception of Print*, Hillsdale, NJ, Erlbaum, 1981.

12. Voir K. E. Stanovich, 1986, *op. cit.*

13. W. E. Nagy, P. A. Herman et R. C. Anderson, *op. cit.*

14. W. E. Nagy, R. C. Anderson et P. A. Herman, *op. cit.*

15. J. M. Mason, « Reading Stories to Preliterate Children : A Proposed Connection to Reading », dans P. B. Gough, L. C. Ehri et R. Treiman (Eds.), *Reading Acquisition*, Hillsdale, NJ, Erlbaum, 1992.

16. D. Feitelson, B. Kita et Z. Goldstein, « Effects of Reading Series Stories to First Graders on their Comprehension and Use of Language », *Research in the Teaching of English*, 1986, 20, 339-356.

17. J. Hewison et J. Tizard, « Parental Involvement and Reading Attainment », *British Journal of Educational Psychology*, 1980, 50, 209-215 ; J. Tizard, W. Schofield et J. Hewison, « Collaboration Between Teachers and Parent in Assisting Children's Reading », *British Journal of Educational Psychology*, 1982, 52, 1-15.

18. C. McCormick et J. Mason, « Fostering Reading for Head Start Children with Little Books », dans J. Allen et J. Mason (Eds.), *Risk Makers, Risk Takers, Risk Breakers : Reducing the Risks for Young Learners*, Portsmouth, NH, Heinemann, 1989 ; J. Mason, B. Kerr, C. McCormick et S. Sinha, « Shared Book Reading in an Early Start Program for At-Risk Children », dans *Thirty-Ninth Yearbook, National Reading Conference*, Chicago, IL, 1990 ; L. Phillips, S. Norris, J. Mason et B. Kerr, « Effect of Early Literacy Intervention on Kindergarten Achievement », dans *Thirty-Ninth Yearbook, National Reading Conference*, Chicago, IL, 1990.

19. Voir, entre autres, M. J. Adams, *op. cit.* ; K. E. Stanovich, A. E. Cunningham et D. J. Feeman, « Intelligence, Cognitive Skills, and Early Reading Progress », *Reading Research Quarterly*, 1984, 19, 278-303.

20. K. E. Stanovich, A. E. Cunningham et D. J. Feeman, *op. cit.*

21. J. Morais, L. Cary, J. Alegria et P. Bertelson, « Does Awareness of Speech as a Sequence of Phones Arise Pontaneously ? », *Cognition*, 1979, 7, 323-331 ; J. Morais, P. Bertelson, L. Cary et J. Alegria, « Literacy Training and Speech Segmentation », *Cognition*, 1986, 24, 45-64.

22. Voir J. A. Bowey et J. Francis, « Phonological Analysis as a Function

of Age and Exposure to Reading Instruction », *Applied Psycholinguistics*, 1991, 12, 91-121.

23. C. A. Perfetti, I. Beck, L. C. Bell et C. Hughes, « Phonemic Knowledge and Learning to Read are Reciprocal : A Longitudinal Study of First-Grade Children », *Merrill-Palmer Quarterly*, 1987, 33, 283-319.

24. C. Read, *Children's Creative Spelling*, Londres, Routledge & Kegan Paul, 1986.

25. J. Morais, J. Alegria et A. Content, « The Relationships Between Segmental Analysis and Alphabetic Literacy : An Interactive View », *Cahiers de Psychologie Cognitive*, 1987, 7, 415-438.

26. E. W. Ball et B. A. Blachman, « Phoneme Segmentation Training : Effects on Reading Readiness », *Annals of Dyslexia*, 1988, 38, 208-225 ; E. W. Ball et B. A. Blachman, « Does Phoneme Awareness Training in Kindergarten Make a Difference in Early Word Recognition and Developmental Spelling ? », *Reading Research Quarterly*, 1991, 26, 49-96 ; L. Bradley et P. E. Bryant, « Categorizing Sounds and Learning to Read : A Causal Connection », *Nature*, 1983, 301, 419-421 ; J. Helfgott, « Phoneme Segmentation and Blending Skills of Kindergarten Children : Implications for Beginning Reading Acquisition », *Contemporary Educational Psychology*, 1976, 1, 157-169 ; I. Lundberg, J. Frost et O.-P. Petersen, « Effects of an Extensive Program for Stimulating Phonological Awareness in Preschool Children », *Reading Research Quarterly*, 1988, 23, 263-284 ; J. P. Williams, « Teaching Decoding with an Emphasis on Phoneme Analysis and Phoneme Blending », *Journal of Educational Psychology*, 1980, 72, 1-15 ; N. Warrick, H. Rubin et S. Rowe-Walsh, « Phoneme Awareness in Language-Delayed Children : Comparative Studies and Intervention », *Annals of Dyslexia*, 1993, 43, 153-173.

27. P. Hatcher, C. Hulme et A. W. Ellis, « Ameliorating Early Reading Failure by Integrating the Teaching of Reading and Phonological Skills : The Phonological Linkage Hypothesis », *Child Development*, 1994, 65, 41-57.

28. A. E. Cunningham, « Explicit Versus Implicit Instruction in Phonemic Awareness », *Journal of Experimental Child Psychology*, 1990, 50, 429-444.

29. B. Byrne, « On Teaching Articulatory Phonetics Via an Orthography », *Memory and Cognition*, 1984, 12, 181-189.

30. J. Alegria, D. Holender, J. Junça de Morais et M. Radeau (Eds.), *Analytic Approaches to Human Cognition*, Amsterdam, Elsevier, 1992.

31. B. Byrne, « Studies in the Acquisition Procedure for Reading : Rationale, Hypotheses, and Data », dans P. B. Gough, L. C. Ehri et R. Treiman (Eds.), *Reading Acquisition*, Hillsdale, NJ, Erlbaum, 1992.

32. J. Alegria, E. Pignot et J. Morais, « Phonetic Analysis of Speech and Memory Codes in Beginning Readers », *Memory and Cognition*, 1982, 10, 451-456.

33. A. Content, R. Kolinsky, J. Morais et P. Bertelson, « Phonetic Segmentation in Prereaders : Effect of Corrective Information », *Journal of Experimental Child Psychology*, 1986, 42, 49-72.

34. B. Byrne et R. Fielding-Barnsley, « Acquiring the Alphabetic Principle. A Case for Teaching Recognition of Phoneme Identity », *Journal of Educational Psychology*, 1990, 82, 805-812.

35. B. Byrne et R. Fielding-Barnsley, « Evaluation of a Program to Teach

Phonemic Awareness to Young Children », *Journal of Educational Psychology*, 1991, 83, 451-455.

36. Le lecteur peut se familiariser avec les idées de cet auteur en lisant R. Treiman, « The Role of Intrasyllabic Units in Learning to Read and Spell », dans P. B. Gough, L. C. Ehri et R. Treiman (Eds.), *Reading Acquisition*, Hillsdale, NJ, Erlbaum, 1992.

37. Lire L. C. Ehri, « Reconceptualizing the Development of Sight Word Reading and its Relationship to Recoding », dans P. B. Gough, L. C. Ehri et R. Treiman (Eds.), *Reading Acquisition*, Hillsdale, NJ, Erlbaum, 1992.

38. Lire P. H. K. Seymour, *Cognitive Analysis of Dyslexia*, Londres, Routledge & Kegan Paul, 1986 ; P. H. K. Seymour, « Developmental Dyslexia », dans M. W. Eisenck (Ed.), *Cognitive Psychology : An International Review*, Chichester, Wiley, 1990.

39. Lire U. Goswami et P. Bryant, « Rhyme, Analogy, and Children's Reading », dans P. B. Gough, L. C. Ehri et R. Treiman (Eds.), *Reading Acquisition*, Hillsdale, NJ, Erlbaum, 1992.

40. Lire H. Wimmer, K. Landerl, R. Linortner et P. Hummer, « The Relationship of Phonemic Awareness to Reading Acquisition : More Consequence than Precondition but Still Important », *Cognition*, 1991, 40, 219-249.

41. U. Frith, « Beneath the Surface of Developmental Dyslexia », dans K. E. Patterson, J. C. Marshall et M. Coltheart (Eds.), *Surface Dyslexia : Neuropsychological and Cognitive Studies of Phonological Reading*, Hillsdale, NJ, Erlbaum, 1985.

42. L. C. Ehri et L. S. Wilce, « Movement Into Reading : Is the First Stage of Printed Word Learning Visual or Phonetic ? » *Reading Research Quarterly*, 1985, 20, 163-179.

43. M. Snowling et U. Frith, « The Role of Sound, Shape, and Orthographic Cues in Early Reading », *British Journal of Psychology*, 1981, 72, 83-87.

44. Voir, entre autres, R. Treiman et J. Baron, « Individual Differences in Spelling : The Phoenician-Chinese Distinction », *Topics in Learning and Learning Disabilities*, 1983, 3, 33-40.

45. P. Freebody et B. Byrne, « Word-Reading Strategies in Elementary School Children : Relations to Comprehension, Reading Time, and Phonemic Awareness », *Reading Research Quarterly*, 1988, 23, 441-453 ; B. Byrne, P. Freebody et A. Gates, « Longitudinal Data on the Relations of Word-Reading Strategies to Comprehension, Reading Time, and Phonemic Awareness », *Reading Research Quarterly*, 1992, 27, 141-151.

46. B. R. Foorman, D. J. Francis, D. M. Novy et D. Liberman, « How Letter-Sound Instruction Mediates Progress in First-Grade Reading and Spelling », *Journal of Educational Psychology*, 1991, 83, 456-469.

47. L. Bradley, « Making Connections in Learning to Read and to Spell », *Applied Cognitive Psychology*, 1988, 2, 3-18. Il faut remarquer que la relation prédictive entre l'habileté phonologique intentionnelle à six ans et la capacité orthographique à sept ans était observée même lorsque les variations du niveau de cette dernière capacité à six ans étaient prises en compte.

48. A. E. Cunningham et K. E. Stanovich, « Children's Literacy Environments and Early Word Recognition Subskills », *Reading and Writing*, 1993, 5, 193-204.

49. C. M. Santa, « Spelling Patterns and the Development of Flexible Word Recognition Strategies », *Reading Research Quarterly*, 1976-77, 12, 125-144.

50. Voir U. Goswami et P. Bryant, *op. cit.*

51. M. Bruck et R. Treiman, « Learning to Pronounce Words : The Limitations of Analogies », *Reading Research Quarterly*, 1992, 27, 375-388.

52. L. C. Ehri et C. Robbins, « Beginners Need Some Decoding Skill to Read Words by Analogy », *Reading Research Quarterly*, 1992, 27, 13-26.

53. H. Wimmer, K. Landerl, R. Linortner et P. Hummer, *op. cit.*

54. H. Wimmer, « Characteristics of Developmental Dyslexia in a Regular Writing System », *Applied Psycholinguistics*, 1993, 14, 1-33 ; H. Wimmer, « L'acquisition de la lecture dans une orthographe plus régulière que celle de l'anglais : points de divergence », dans J.-P. Jaffré, L. Sprenger-Charolles et M. Fayol (Éds.), *Lecture-écriture : Acquisition,* Les Actes de la Villette, Paris, Nathan, 1993.

55. P. H. K. Seymour et H. M. Evans, « Levels of Phonological Awareness and Learning to Read », *Reading and Writing*, 1994, sous presse.

56. L. Henderson et J. Chard, « The Readers' Implicit Knowledge of Orthographic Structure », dans U. Frith (Ed.), *Cognitive Processes in Spelling*, New York, Academic Press, 1980.

57. M. J. Adams, A. W. F. Huggins, B. Starr, A. Rollins, L. Zuckerman, K. Stevens et R. Nickerson, *A Prototype Test of Decoding Skills*, BBN Report n° 4316, Bethesda, MD, National Institute of Child Health and Human Development, 1980.

58. G. B. Thompson et C. M. Fletcher-Flinn, « A Theory of Knowledge Sources and Procedures for Reading Acquisition », dans G. B. Thompson, W. E. Tunmer et T. Nicholson (Eds.), *Reading Acquisition Processes*, Clevedon, Multilingual Matters, 1993.

59. D. Durkin, *Children who Read Early : Two Longitudinal Studies*, New York, Teachers College Press, 1966.

60. G. Scheerer-Neumann, Communication présentée à Arbeitstagnung : « Tehrein und Probleme des Lesenlernens », Bielefeld, mai 1987, cité dans J. Morton, « An Information-Processing Account of Reading Acquisition », dans A. M. Galaburda (Ed.), *From Neurons to Reading*, Cambridge, MA, MIT Press, 1989.

61. Le lecteur peut s'amuser à lire l'entièreté de cette lettre et d'autres textes « omofones » dans A. Duchesne et T. Leguay, *Petite fabrique de littérature*, Magnard, 1993.

62. Voir, pour une discussion de ces mécanismes, A. Cleeremans, *Mechanisms of Implicit Learning*, Cambridge, MA, MIT Press, 1993.

63. M. Bruck et R. Treiman, « Phonological Awareness and Spelling in Normal Children and Dyslexics : The Case of Initial Consonant Clusters », *Journal of Experimental Child Psychology*, 1990, 50, 156-178 ; R. Treiman, 1992, *op. cit.* ; L. C. Ehri, « How Orthography Alters Spoken Language Competencies in Children Learning to Read and Spell », dans J. Downing et R. Valtin (Eds.), *Language Awareness and Learning to Read*, New York, Springer-Verlag, 1984.

64. Voir R. Treiman, 1992, *ibid.*

65. J. Véronis, « From Sound to Spelling in French : Simulation on a

Computer », *Cahiers de psychologie cognitive (European Bulletin of Cognitive Psychology)*, 1988, 8, 315-334.

66. J. Alegria et P. Mousty, « On the Development of Lexical and Non-Lexical Spelling Procedures of French-Speaking, Normal, and Disabled Children », dans G. D. A. Brown et N. C. Ellis (Eds.), *Handbook of Normal and Disturbed Spelling Development : Theory, Processes and Interventions*, Chichester, Wiley, 1994, sous presse.

Chapitre 4 : Le lecteur en échec

1. M. Rutter, J. Tizard et K. Whitmore, *Education, Health, and Behaviour*, Londres, Longman, 1970 ; W. Yule, « Differential Prognosis of Reading Backwardness and Specific Reading Retardation », *British Journal of Educational Psychology*, 1973, 43, 244-248 ; W. Yule, M. Rutter, M. Berger et J. Thompson, « Over and Under Achievement in Reading : Distribution in the General Population », *British Journal of Educational Psychology*, 1974, 44, 1-12 ; M. Rutter et W. Yule, « The Concept of Scientific Reading Retardation », *Journal of Child Psychology and Psychiatry*, 1975, 16, 181-197.

2. B. Rogers, « The Identification and Prevalence of Specific Reading Retardation », *British Journal of Educational Psychology*, 1983, 53, 369-373 ; D. L. Share, R. McGee, D. McKenzie, S. Williams et P. A. Silva, « Further Evidence Relating to the Distinction Between Specific Reading Retardation and General Reading Backwardness », *British Journal of Developmental Psychology*, 1987, 5, 35-44 ; P. A. Silva, R. McGee et S. Williams, « Some Characteristics of 9-Year-Old Boys with General Reading Backwardness or Specific Reading Retardation », *Journal of Child Psychology and Psychiatry*, 1985, 26, 407-421 ; A. Van der Wissel et F. C. Zegers, « Reading Retardation Revisited », *British Journal of Developmental Psychology*, 1985, 3, 3-9 ; S. E. Shawitz, M. D. Escobar, B. A. Shaywitz, J. M. Fletcher, et R. Makuch, « Evidence that Dyslexia May Represent the Lower Tail of a Normal Distribution of Reading Ability », *The New England Journal of Medicine*, 1992, 326, 145-150. Une très petite bosse a été trouvée par D. A. Robbins, « Yule's " Hump " « Revisited », *British Journal of Educational Psychology*, 1988, 58, 338-344.

3. L. S. Siegel, « Evidence that IQ Scores Are Irrelevant to the Definition and Analysis of Reading Disability », *Canadian Journal of Psychology*, 1988, 42, 201-215.

4. J. M. Fletcher, « The Validity of Distinguishing Children with Language and Learning Disabilities According to Discrepancies with IQ : Introduction to the Special Series », *Journal of Learning Disabilities*, 1992, 25, 546-548.

5. K. E. Stanovich, A. E. Cunningham et D. J. Feeman, « Intelligence, Cognitive Skills, and Early Reading Progress », *Reading Research Quarterly*, 1984, 19, 278-303.

6. L. S. Siegel, « IQ is Irrelevant to the Definition of Learning Disabilities », *Journal of Learning Disabilities*, 1989, 22, 469-479 ; L. S. Siegel, « An Evaluation of the Discrepancy Definition of Dyslexia », *Journal of Learning Disabilities*, 1992, 25, 618-629 ; L. S. Siegel, « Alice in IQ Land or Why IQ is Still Irrelevant to Learning Disabilities », dans R. M. Joshi et

C. K. Leong (Eds.), *Reading Disabilities : Diagnosis and Component Processes*, Dordrecht, Kluwer, 1993.

7. N. E. Silberberg et M. C. Silberberg, « Hyperlexia : Specific Word Recognition Skills in Young Children », *Exceptional Children*, 1967, 34, 41-42 ; P. H. K. Seymour et H. M. Evans, « Beginning Reading Without Semantics : A Cognitive Study of Hyperlexia », *Cognitive Neuropsychology*, 1992, 9, 89-122.

8. S. E. Stothard et C. Hulme, « Reading Comprehension Difficulties in Children », *Reading and Writing*, 1992, 4, 245-256.

9. Voir, par exemple, R. Olson, B. Wise, F. A. Conners et J. P. Rack, « Organization, Heritability, and Remediation of Component Word Recognition and Language Skills in Disabled Readers », dans T. H. Carr et B. A. Levy (Eds.), *Reading and its Development : Component Skills Approach*, New York, Academic Press, 1990.

10. K. E. Stanovich, « Has the Learning Disabilities Field Lost its Intelligence ? » *Journal of Learning Disabilities*, 1989, 22, 487-502.

11. Voir F. R. Vellutino, *Dyslexia : Theory and practice*, Cambridge, MA, MIT Press, 1979.

12. Voir F. R. Vellutino, « Dyslexia », *Scientific American*, 1987, 256, 20-27. Pour des données allant à l'encontre de l'hypothèse d'un déficit de la mémoire visuelle à l'origine des troubles de la lecture, voir par exemple P. G. Aaron, « Is there a Visual Dyslexia ? », *Annals of Dyslexia*, 1993, 43, 110-124.

13. J. F. Stein et S. Fowler, « Ocular Motor Dyslexia », *Dyslexia Review*, 1982, 5, 25-28.

14. S. P. Newman, H. Kerle, J. F. Wadsworth, R. Archer, R. Hockley et P. Rogers, « Ocular Dominance, Reading and Spelling : A Re-assessment of a Measure Associated with Specific Reading Difficulties », *Journal of Research in Reading*, 1985, 8, 127-128.

15. J. F. Stein et S. Fowler, « Effect of Monocular Occlusion on Visuomotor Perception and Reading in Dyslexic Children », *Lancet*, 13 juillet 1985.

16. D. V. M. Bishop, « Unfixed Reference, Monocular Occlusion and Developmental Dyslexia – a Critique », *British Journal of Ophtalmology*, 1989, 73, 81-85.

17. Voir une présentation détaillée de cette proposition et des critiques qui lui ont été adressées dans P. D. Pumfrey et R. Reason, *Specific Learning Difficulties (Dyslexia)*, Londres, Routledge, 1991.

18. E. H. Giddings et S. L. Carmean, « Reduced Brightness Contrast as a Reading aid », *Perceptual and Motor Skills*, 1989, 69, 383-386 ; H. Irlen et M. J. Lass, « Improving Reading Problems Due to Symptoms of Scotopic Sensitivity Using Irlen Lenses and Overlays », *Education*, 1989, 109, 413-417 ; O. Meares, « Background, Brightness, Contrast, and Reading Disabilities », *Visible Language*, 1980, 14, 13-19.

19. S. Winter, « Irlen Lenses : an Appraisal », *Australian Educational Developmental Psychologist*, 1987, 4, 1-5.

20. Voir G. L. Robinson et L. Miles, « The Use of Coloured Overlays to Improve Visual Processing – a Preliminary Survey », *The Exceptional Child*, 1987, 34, 65-70 ; J. Rosner et J. Rosner, « The Irlen Treatment : a Review of the Literature », *Optician*, 25 septembre 1987, 26-33 ; P. Blaskey,

M. Scheiman, M. Parisi, E. Ciner, M. Gallaway et R. Selznick, « The Effectiveness of Irlen Filters for Improving Reading Performance : A Pilot Study », *Journal of Learning Disabilities*, 1990, 23, 604-610 ; C. S. Hoyt, III, « Irlen Lenses and Reading Difficulties », *Journal of Learning Disabilities*, 1990, 23, 624-626.

21. J. R. Brannan et M. C. Williams, « Developmental Versus Sensory Deficit Effects on Perceptual Processing in the Reading Disabled », *Perception and Psychophysics*, 1988, 44, 437-444.

22. R. Kolinsky, J. Morais, L. Cary et A. Content, « Finding Parts Within Figures : A Developmental Study », *Perception*, 1987, 16, 399-407.

23. Pour la distinction entre « dysphonétiques » et « dyseidéitiques », voir E. Boder, « Developmental dyslexia : A Diagnostic Approach Based on Three Atypical Reading-Spelling Patterns », *Developmental Medicine and Child Neurology*, 1973, 15, 663-687. Cette distinction correspond approximativement à celle entre « dyslexie phonologique » et « dyslexie de surface », utilisée initialement dans le domaine des dyslexies acquises. Une autre distinction en termes de modes de lecture utilisés par le lecteur normal est celle entre « Phéniciens » et « Chinois » : voir J. Baron, « Mechanisms for Pronouncing Printed Words : Use and Acquisition », dans D. LaBerge et S. J. Samuels (Eds.), *Basic Processes in Reading : Perception and Comprehension*, Hillsdale, NJ, Erlbaum, 1977.

24. A. W. Ellis, « The Cognitive Neuropsychology of Developmental (and Acquired) Dyslexia : A Critical Survey », *Cognitive Neuropsychology*, 1985, 2, 169-205.

25. Voir K. E. Stanovich, « Explaining the Differences Between the Dyslexic and the Garden-Variety Poor Reader : The Phonological-Core Variable-Difference Model », *Journal of Learning Disabilities*, 1988, 21, 590-604.

26. U. Frith et M. Snowling, « Reading for Meaning and Reading for Sound in Autistic and Dyslexic Children », *British Journal of Developmental Psychology*, 1983, 1, 329-342.

27. J. P. Rack, M. J. Snowling et R. K. Olson, « The Nonword Reading Deficit in Developmental Dyslexia : A Review », *Reading Research Quarterly*, 1992, 27, 29-53.

28. Voir, par exemple, B. F. Pennington, L. L. McCabe, S. Smith, D. Lefly, M. Bookman, W. Kimberling et H. Lubs, « Spelling Errors in Adults with a Form of Familial Dyslexia », *Child Development*, 1986, 57, 1001-1013.

29. L. S. Siegel, E. Geva et D. Share, *The Development of Orthographic Skills in Normal and Disabled Readers*, manuscrit non publié.

30. L. C. Ehri, « Sources of Difficulty in Learning to Spell and Read », dans M. L. Wolraich et D. Routh (Eds.), *Advances in Developmental and Behavioral Pediatrics*, Greenwich, CT, JAI Press, 1986.

31. C. Juel, « Learning to Read and Write : A Longitudinal Study of 54 Children from First through Fourth Grades », *Journal of Educational Psychology*, 1988, 80, 437-447 ; W. E. Tunmer et A. R. Nesdale, « Phonemic Segmentation Skill and Beginning Reading », *Journal of Educational Psychology*, 1985, 77, 417-427.

32. I. Lundberg et T. Hoien, « Phonemic Deficits : A Core Symptom of Developmental Dyslexia ? », *Irish Journal of Psychology*, 1989, 10, 579-592.

33. C. Juel, *op. cit.*

34. L. S. Siegel et E. B. Ryan, « Development of Grammatical Sensitivity, Phonological, and Short-Term Memory Skills in Normally Achieving and Learning Disabled Children », *Developmental Psychology*, 1988, 24, 28-37.

35. L. L. B. Rego et P. E. Bryant, « The Connection Between Phonological, Syntactic and Semantic Skills and Children's Reading and Spelling », *European Journal of Psychology of Education*, 1993, 3, 235-246.

36. R. Olson, B. Wise, F. A. Conners et J. P. Rack, *op. cit.*

37. A. E. Cunningham et K. E. Stanovich, « Assessing Print Exposure and Orthographic Processing Skill in Children : A Quick Measure of Reading Experience », *Journal of Educational Psychology*, 82, 733-740. Cependant, ces résultats ne sont pas confirmés par F. R. Manis, R. Custodio et P. A. Szeszulski, « Development of Phonological and Orthographic Skill : A 2-Year Longitudinal Study of Dyslexic Children », *Journal of Experimental Child Psychology*, 1993, 56, 64-86.

38. F. R. Manis, R. Custodio et P. A. Szeszulski, *Ibid.*

39. C. McBride-Chang, F. R. Manis, M. S. Seidenberg, R. G. Custodio et L. M. Doi, « Print Exposure as a Predictor of Word Reading and Reading Comprehension in Disabled and Nondisabled Readers », *Journal of Educational Psychology*, 1993, 85, 230-238.

40. U. Frith, « Beneath the Surface of Developmental Dyslexia », dans K. E. Patterson, J. C. Marshall et M. Coltheart (Eds.), *Surface Dyslexia : Neuropsychological and Cognitive Studies of Phonological Reading*, Hillsdale, NJ, Erlbaum, 1985.

41. P. Lecocq, « Sensibilité à la similarité phonétique chez les enfants dyslexiques et les bons lecteurs », *L'Année psychologique*, 1986, 86, 201-221.

42. J. Morais, M. Cluytens et J. Alegria, « Segmentation Abilities of Dyslexics and Normal Readers », *Perceptual and Motor Skills*, 1984, 58, 221-222.

43. Voir J. Morais et P. Mousty, « The Causes of Phonemic Awareness », dans J. Alegria, D. Holender, J. Junça de Morais et M. Radeau (Eds.), *Analytic Approaches to Human Cognition*, Amsterdam, Elsevier, 1992 ; A. E. Fowler, « How Early Phonological Development Might Set the Stage for Phoneme Awareness ? », dans S. A. Brady et D. P. Shankweiler (Eds.), *Phonological Processes in Literacy, A Tribute to Isabelle Y. Liberman*, Hillsdale, NJ, Erlbaum, 1991.

44. A. M. Liberman, F. S. Cooper, D. Shankweiler et M. Studdert-Kennedy, « Perception of the Speech Code », *Psychological Review*, 1967, 24, 431-461.

45. J. J. Godfrey, A. K. Syrdal-Lasky, K. K. Millay et C. M. Knox, « Performance of Dyslexic Children on Speech Perception Tests », *Journal of Experimental Child Psychology*, 1981, 32, 401-424 ; M. A. Reed, « Speech Perception and the Discrimination of Brief Auditory Cues in Reading Disabled Children », *Journal of Experimental Child Psychology*, 1989, 48, 270-292 ; J. F. Werker et R. C. Tees, « Speech Perception in Severely Disabled and Average Reading Children », *Canadian Journal of Psychology*, 1987, 41, 48-61.

46. Voir J. Morais, S. L. Castro et R. Kolinsky, « La reconnaissance des mots chez les illettrés », dans R. Kolinsky, J. Morais et J. Segui (Eds.), *La Reconnaissance des mots dans les différentes modalités sensorielles : Études de psycholinguistique cognitive*, Paris, Presses Universitaires de France, 1991.

47. P. Lieberman, « On the Genetic Basis of Linguistic Variation », dans J. S. Perkell et D. H. Klatt (Eds.), *Invariance and Variability in Speech Process*, Hillsdale, NJ, Erlbaum, 1986.

48. D. P. Hurford et R. E. Sanders, « Assessment and Remediation of a Phonemic Discrimination Deficit in Reading Disabled Second and Fourth Graders », *Journal of Experimental Child Psychology*, 1990, 50, 396-415.

49. D. P. Hurford, « Training Phonemic Segmentation Ability with a Phonemic Discrimination Intervention in Second – and Third-Grade Children with Reading Disabilities », *Journal of Learning Disabilities*, 1990, 23, 564-569.

50. J. Morais et P. Mousty, *op. cit.*

51. J. Morais et P. Mousty, *Ibid.*

52. J. Morais, « Constraints on the Development of Phonemic Awareness », dans S. A. Brady et D. P. Shankweiler (Eds.), *op. cit.*

53. Voir, entre autres, A. W. Alexander, H. G. Andersen, P. C. Heilman, K. K. S. Voeller et J. K. Torgesen, « Phonological Awareness Training and Remediation of Analytic Decoding Deficits in a Group of Severe Dyslexics », *Annals of Dyslexia*, 1991, 41, 193-206.

54. A. M. Liberman et I. G. Mattingly, « The Motor Theory of Speech Perception Revised », *Cognition*, 1985, 21, 1-36 ; I. G. Mattingly et M. Studdert-Kennedy (Eds.), *Modularity and the Motor Theory of Speech Perception*, Hillsdale, NJ, Erlbaum, 1991.

55. J. A. Fodor, *The Modularity of Mind*, Cambridge, MA, MIT Press, 1983.

56. Voir, entre autres, B. F. Pennington, G. Van Orden, D. Kirson et M. Haith, « What is the Causal Relation Between Verbal STM Problems and Dyslexia ? », dans S. A. Brady et D. P. Shankweiler (Eds.), *op. cit.*

57. Voir, par exemple, P. H. Wolff, G. F. Michel, M. Ovrut et C. Drake, « Rate and Timing Precision of Motor Coordination in Developmental Dyslexia », *Developmental Psychology*, 1990, 26, 349-359 ; J. A. Naglieri et S. M. Reardon, « Traditional IQ is Irrelevant to Learning Disabilities – Intelligence is Not », *Journal of Learning Disabilities*, 1993, 26, 127-133.

58. P. H. Wolff, G. F. Michel, M. Ovrut et C. Drake, *ibid.*

59. Voir J. Alegria et J. Leybaert, « Mécanismes d'identification des mots chez le sourd », dans R. Kolinsky, J. Morais et J. Segui (Éds.), *op. cit.*

60. P. A. Szeszulski et F. R. Manis, « An Examination of Familial Resemblance Among Subgroups of Dyslexics », *Annals of Dyslexia*, 1990, 40, 180-191.

61. H. S. Scarborough, « Antecedents to Reading Disability : Preschool Language Development and Literacy Experiences of Children from Dyslexic Families », *Reading and Writing*, 1991, 3, 219-233.

62. H. A. Lubs, M. Rabin, E. Feldman, B. J. Jallad, A. Kushch, K. Gross-Glenn, R. Duara et R. C. Elston, « Familial Dyslexia : Genetic and Medical

Findings in Eleven Three-Generation Families », *Annals of Dyslexia*, 1993, 43, 44-60.

63. Voir J. E. Whittington et P. N. Richards, « The Stability of Children's Laterality Prevalences and their Relationship to Measures of Performance », *British Journal of Educational Psychology*, 1987, 57, 45-55 ; D. V. Mooseley, « Dominance, Reading and Spelling », *Bulletin d'Audiophonologie*, Annales scientifiques de l'Université Franche-Comté, 1988, 443-464.

64. Voir, entre autres, R. Olson, B. Wise, F. A. Conners et J. P. Rack, *op. cit.* ; R. K. Olson, J. P. Rack, F. A. Conners, J. C. DeFries et D. W. Fulker, « Genetic Etiology of Individual Differences in Reading Disability », dans L. V. Feagans, E. J. Short et L. J. Meltzer (Eds.), *Subtypes of Learning Disabilities, Theoretical Perspectives and Research*, Hillsdale, NJ, Erlbaum, 1991 ; B. F. Pennington, « Using Genetics to Understand Dyslexia », *Annals of Dyslexia*, 1989, 39, 81-93 ; B. F. Pennington, « Genetic and Neurological Influences on Reading Disability : An Overview », *Reading and Writing*, 1991, 3, 191-201.

65. R. Olson et B. Wise, *Heritability of Phonetic and Orthographic Word-Decoding Skills in Dyslexia*, communication présentée au meeting annuel de la Psychonomic Society, New Orleans, novembre 1986.

66. R. Olson, B. Wise, F. A. Conners et J. P. Rack, *op. cit.* ; R. K. Olson, J. P. Rack, F. A. Conners, J. C. DeFries et D. W. Fulker, *op. cit.* ; R. K. Olson, J. J. Gillis, J. P. Rack, J. C. DeFries et D. W. Fulker, « Confirmatory Factor Analysis of Word Recognition and Process Measures in the Colorado Reading Project », *Reading and Writing*, 1991, 3, 235-248.

67. R. K. Olson, H. Frosberg et B. Wise, « Genes, Environment, and the Development of Orthographic Skills », dans V. W. Berninger (Ed.), *The Varieties of Orthographic Knowledge I : Theoretical and Developmental Issues*, Dordrecht, Kluwer, 1994.

68. R. Olson, B. Wise, F. Conners, J. Rack et D. Fulker, « Specific Deficits in Component Reading and Language Skills : Genetic and Environmental Influences », *Journal of Learning Disabilities*, 1989, 22, 339-348 ; R. K. Olson, H. Frosberg et B. Wise, *ibid.*

69. Voir S. D. Smith, W. J. Kimberling et B. F. Pennington, « Screening for Multiple Genes Influencing Dyslexia », *Reading and Writing*, 1991, 3, 285-298.

70. Il pourrait y avoir à la fois polygénie (plusieurs gènes agissant ensemble pour produire le trait) et un locus majeur, *cf.* B. F. Pennington, 1989, *op. cit.* ; B. F. Pennington, 1991, *op. cit.*

71. B. G. Bender, M. Linden et A. Robinson, « Cognitive and Academic Skills in Children with Sex Chromosome Abnormalities », *Reading and Writing*, 1991, 3, 315-327.

72. B. F. Pennington, J. W. Gilger, R. K. Olson et J. C. DeFries, « The External Validity of Age – Versus IQ-Discrepancy Definitions of Reading Disability : Lessons from a Twin Study », *Journal of Learning Disabilities*, 25, 562-573 ; R. K. Olson, J. P. Rack, F. A. Conners, J. C. DeFries et D. W. Fulker, *op. cit.*

73. A. M. Galaburda et T. L. Kemper, « Cytoarchitetonic Abnormalities in Developmental Dyslexia : A Case Study », *Annals of Neurology*, 1979, 6,

94-100 ; A. M. Galaburda, G. F. Sherman, G. D. Rosen, F. Aboitiz et N. Geschwind, « Developmental Dyslexia : Four Consecutive Patients with Cortical Anomalies », *Annals of Neurology*, 1985, 18, 222-233 ; A. M. Galaburda, « Ordinary and Extraordinary Brain Development : Anatomical Variation in Developmental Dyslexia », *Annals of Dyslexia*, 1989, 39, 67-80 ; H. Steinmetz et A. M. Galaburda, « Planum Temporale Asymmetry : In-Vivo Morphometry Affords a New Perspective for Neuro-Behavioral Research », *Reading and Writing*, 1991, 3, 331-343.

74. *Cf.* références de la note précédente.

75. G. W. Hynd et M. Semrud-Clikeman, « Dyslexia and Neurodevelopmental Pathology : Relationships to Cognition, Intelligence, and Reading Skill Acquisition », *Journal of Learning Disabilities*, 1989, 22, 204-216.

76. J. P. Larsen, T. Höien et H. Ödegaard, « Magnetic Resonance Imaging of the Corpus Callosum in Developmental Dyslexia », *Cognitive Neuropsychology*, 1992, 9, 123-134.

77. Voir, par exemple, F. H. Duffy, M. Denckla, G. McAnulty et J. A. Holmes, « Neurophysiological Studies in Dyslexia », *Research Publications – Association for Research in Nervous and Mental Disease*, 1988, 66, 149-170 ; T. Ortiz, F. J. Exposito, F. Miguel, M. Martin-Loeches et F. J. Rubia, « Brain Mapping in Dysphonemic Dyslexia : In Resting and Phonemic Discrimination Conditions », *Brain and Language*, 1992, 42, 270-285.

78. J. R. Kershner et R. W. Stringer, « Effects of Reading and Writing on Cerebral Laterality in Good Readers and Children with Dyslexia », *Journal of Learning Disabilities*, 1991, 24, 560-567 ; J. Kershner et J. Micallef, « Cerebral Laterality in Dyslexic Children : Implications for Phonological Word Decoding Deficits », *Reading and Writing*, 1991, 3, 395-411.

79. J. R. Kershner et R. W. Stringer, *ibid.* ; J. Kershner et J. Micallef, *Ibid.*

80. I. S. Raz et P. Bryant, « Social Background, Phonological Awareness and Children's Reading », *British Journal of Developmental Psychology*, 1990, 8, 209-225.

81. A. E. Cunningham et K. E. Stanovich, « Tracking the Unique Effects of Print Exposure in Children : Associations with Vocabulary, General Knowledge, and Spelling », *Journal of Educational Psychology*, 1991, 83, 264-274 ; K. E. Stanovich et A. E. Cunningham, « Studying the Consequences of Literacy Within a Literate Society : The Cognitive Correlates of Print Exposure », *Memory and Cognition*, 1992, 20, 51-68.

82. R. L. Allington, « Content Coverage and Contextual Reading in Reading Groups », *Journal of Reading Behavior*, 1984, 16, 85-96.

83. W. E. Nagy et R. C. Anderson, « How Many Words are there in Printed School English ? », *Reading Research Quarterly*, 1984, 19, 304-330.

84. M. Rutter, « School Effects on Pupil Progress : Research Findings and Policy Implications », *Child Development*, 1983, 54, 1-29.

85. D. L. Share, A. E. Jorm, R. Maclean et R. Matthews, « Sources of Individual Differences in Reading Acquisition », *Journal of Educational Psychology*, 1984, 76, 1309-1324.

86. C. Juel, *op. cit.*

87. I. Ben-Dror, A. Pollatsek et S. Scarpati, « Word Identification in Isolation and in Context by College Dyslexic Students », *Brain and Language*,

1991, 471-490 ; M. Bruck, « Persistence of Dyslexics' Phonological Awareness Deficits », *Developmental Psychology*, 1992, 28, 874-886.

88. L. C. Ehri, « The Development of Spelling Knowledge and its Role in Reading Acquisition and Reading Disability », *Journal of Learning Disabilities*, 1989, 22, 356-365.

89. M. Bruck, *op. cit.*

90. D. L. Lefly et B. F. Pennington, « Spelling Errors and Reading Fluency in Compensated Adult Dyslexics », *Annals of Dyslexia*, 1991, 41, 143-162.

91. S. Lindgren, E. De Renzi et L. Richman, « Cross-National Comparisons of Developmental Dyslexia in Italy and the US », *Child Development*, 1985, 56, 1404-1417.

92. H. Wimmer, « L'acquisition de la lecture dans une orthographe plus régulière que celle de l'anglais : points de divergence », dans J.-P. Jaffré, L. Sprenger-Charolles et M. Fayol (Éds.), *Lecture-Écriture : Acquisition, Les Actes de la Villette*, Paris, Nathan, 1993.

93. H. Stevenson, J. Stigler, W. Lucker, C. Hsu et S. Kitamura, « Reading Disabilities : The Case of Chinese, Japanese, and English », *Child Development*, 1982, 53, 1164-1181.

Chapitre 5 : L'enseignement de la lecture

1. R. G. Crowder et R. K. Wagner, *The Psychology of Reading, An Introduction*, Oxford, Oxford University Press, 1992.

2. D. Feitelson, *Facts and Fads in Beginning Reading : A Cross-Language Perspective*, Norwood, NJ, Ablex, 1988.

3. R. Brown, *Words and Things*, Glencoe, IL, Free Press, 1958 (cité par Feitelson, *ibid.*).

4. R. Flesch, *Why Johnny Can't Read – and What you Can Do about It*, New York, Harper and Row, 1955.

5. M. J. Adams, *Beginning to Read : Learning and Thinking about Print*, Cambridge, MA, MIT Press, 1990.

6. K. Goodman, conférence transcrite dans *Reading Today*, vol. 10, déc. 1992/janv. 1993.

7. J. S. Chall, *Learning to Read : The Great Debate*, New York, McGraw Hill, 1967.

8. J. S. Chall, *Ibid.* ; M. J. Adams, *op. cit.* ; J. Williams, « Reading Instruction Today », *American Psychologist,* 1979, 34, 917-922 ; C. Juel et D. Roper-Schneider, « The Influence of Basal Readers on First Grade Reading », *Reading Research Quarterly*, 1985, 20, 134-152 ; I. S. Brown et R. H. Felton, « Effects of Instruction on Beginning Reading Skills in Children at Risk for Reading Disability », *Reading and Writing*, 1990, 2, 223-241.

9. M. J. Adams et M. Bruck, « Word Recognition : The Interface of Educational Policies and Scientific Research », *Reading and Writing*, 1993, 5, 113-139.

10. K. S. Goodman, *What's Whole in Whole Language : A Parent-Teacher Guide*, Portsmouth, NH, Heinemann, 1986.

11. I. Y. Liberman et A. M. Liberman, « Whole Language Versus Code Emphasis : Underlying Assumptions and Their Implications for Reading Instruction », *Annals of Dyslexia*, 1990, 40, 51-76.

12. M. A. Evans et T. H. Carr, « Cognitive Abilities, Conditions of Lear-

ning, and the Early Development of Reading Skill », *Reading Research Quarterly*, 1985, 20, 327-350.

13. B. R. Foorman, D. J. Francis, D. M. Novy et D. Liberman, « How Letter-Sound Instruction Mediates Progress in First-Grade Reading and Spelling », *Journal of Educational Psychology*, 1991, 83, 456-469.

14. I. S. Brown et R. H. Felton, *op. cit.*

15. J. Alegria, J. Morais, G. d'Alimonte et S. Seyl, *The Development of Speech Segmentation Abilities and Reading Acquisition in a Whole Word Setting*, manuscrit non publié.

16. J. Alegria, E. Pignot et J. Morais, « Phonetic Analysis of Speech and Memory Codes in Beginning Readers », *Memory and Cognition*, 1982, 10, 451-456.

17. M. A. Evans et T. H. Carr, *op. cit.*

18. B. A. Blachman, « An Alternative Classroom Reading Program for Learning Disabled and Other Low-Achieving Children », dans W. Ellis (Ed.), *Intimacy with Language : A Forgotten Basic in Teacher Education*, Baltimore, Orton Dyslexia Society, 1987.

19. L. Bloomfield, « Linguistics and Reading », *Elementary English Review*, 1942, 19, 125-130 ; 183-186 (cité par D. Feitelson, *op. cit.*).

20. Ces questions ont été inspirées en partie par l'analyse très détaillée de la méthodologie de l'enseignement de la lecture présentée par M.-J. Adams, *op. cit.*

21. D. B. Elkonin, « USSR », dans J. Downing (Ed.), *Comparative Reading*, New York, Macmillan, 1973.

22. D. Feitelson, *op. cit.*

23. E. Kunschak, H. Rinner, H. Schraffl et W. Vavra, *Frohes Lernen*, Vienna, Österreichischer Bundesverlag für Unterricht, Wissenschaft und Kunst, 1978.

24. B. A. Wasik et R. E. Slavin, « Preventing Early Reading Failure with One-to-One Tutoring : A Review of Five Programs », *Reading Research Quarterly*, 1993, 28, 179-200.

25. C. Klicpera et A. Schabmann, « Do German-Speaking Children Have a Chance to Overcome Reading and Spelling Difficulties ? A Longitudinal Survey from the Second Until the Eighth Grade », *European Journal of Psychology of Education*, 1993, 3, 307-323.

26. B. F. Pennington, C. Johnson et M. C. Welsh, « Unexpected Reading Precocity in a Normal Preschooler : Implications for Hyperlexia », *Brain and Language*, 1987, 30, 165-180.

27. D. Feitelson, Z. Goldstein, J. Iraqi et D. L. Share, « Effects of Listening to Story Reading on Aspects of Literacy Acquisition in a Diglossic Situation », *Reading Research Quarterly*, 1993, 28, 71-79.

28. A. Y. Durgunoglu, W. E. Nagy et B. J. Hancin-Bhatt, « Cross-Language Transfer of Phonological Awareness », *Journal of Educational Psychology*, 1993, 85, 453-465.

29. Voir C. K. Leong, « Developmental Dyslexia Revisited and Projected », *Annals of Dyslexia*, 1991, 41, 23-40 ; C. R. Wilsher, « Is Medicinal Treatment of Dyslexia Advisable ? », dans M. Snowling et M. Thomson, *Dyslexia, Integrating Theory and Practice*, Londres, Whurr, 1991 ; and P. D. Pumfrey et R. Reason, *Specific Learning Difficulties (Dyslexia)*, Londres, Routledge, 1991.

30. Ce fait, ainsi que les faits suivants, sont décrits dans P. D. Pumfrey et R. Reason, *ibid.* Voir aussi C. R. Wilsher, « Treatments for Dyslexia : Proven or Unproven ? », dans G. Hales (Ed.), *Meeting Points in Dyslexia : Proceedings of the First International Conference of the British Dyslexia Association*, Reading, British Dyslexia Association, 1990.

31. D. Benton et G. Roberts, « Effects of Vitamin Supplementation on Intelligence of a Sample of School Children », *Lancet*, 23 janvier 1988, 140-143.

32. D. J. Naismith, M. Nelson, V. J. Burley et S. J. Getenbym, « Can Children's Intelligence be Increased by Vitamin and Mineral Supplements ? », *Lancet*, 6 août 1988, 335.

33. H. N. Levinson, *A Solution to the Riddle Dyslexia*, New York, Springer Verlag, 1980.

34. B. Brown, G. Haegerstrom-Portnoy, C. D. Yingling, J. Herron, J. Galin et M. Marcus, « Dyslexic Children Have Normal Vestibular Responses to Rotation », *Archives of Neurology*, 1983, 40, 370-373.

35. K. D. Gadow, « Pharmacotherapy for Learning Disabilities », *Learning Disabilities*, 1983, 2, 127-140. Voir aussi R. B. Cooter Jr, « Effects of Ritalin on Reading », *Academic Therapy*, 1988, 23, 461-468.

36. J. Claeys, « Aides nouvelles aux dyslexiques », *Le Soir*, 28 septembre 1989.

37. Voir, par exemple, P. T. Ackerman, R. A. Dykman, C. Holloway, N. P. Paal et M. Y. Gocio, « A Trial of Piracetam in Two Subgroups of Students with Dyslexia Enrolled in Summer Tutoring », *Journal of Learning Disabilities*, 1991, 24, 542-549.

38. J. Kershner, R. L. Cummings et K. A. Clarke, *Two Year Evaluation of the Tomatis Listening Training Program with Learning Disabled Children*, Toronto, The Ontario Institute for Studies in Education, Université de Toronto, 1986.

39. C. H. Lindamood et P. C. Lindamood, *Auditory Discrimination in Depth*, Allen, TX, DLM/Teaching Resources, 1975.

40. A. W. Alexander, H. G. Andersen, P. C. Heilman, K. K. S. Voeller et J. K. Torgesen, « Phonological Awareness Training and Remediation of Analytic Decoding Deficits in a Group of Severe Dyslexics », *Annals of Dyslexia*, 1991, 41, 193-206.

41. Voir C. K. Leong, « Text-to-Speech, Text, and Hypertext : Reading and Spelling with the Computer », *Reading and Writing*, 1992, 4, 95-105.

42. R. K. Olson, G. Foltz et B. Wise, « Reading Instruction and Remediation with the Aid of Computer Speech », *Behavior Research Methods, Instruments and Computers*, 1986, 18, 93-99.

43. R. K. Olson, G. Foltz et B. Wise, *Ibid.*

44. Voir R. K. Olson et B. W. Wise, « Reading on the Computer with Orthographic and Speech Feedback », *Reading and Writing*, 1992, 4, 107-144 ; B. W. Wise, R. K. Olson, M. Anstett, L. Andrews, M. Terjak, V. Schneider, J. Kostuch et L. Kriho, « Implementing a Long-Term Computerized Remedial Reading Program with Synthetic Speech Feedback : Hardware, Software, and Real World Issues », *Behavior Research Methods, Instruments and Computers*, 1989, 21, 173-180.

45. B. W. Wise, « Whole Words and Decoding for Short-Term Learning :

Comparisons on a " Talking-Computer " System », *Journal of Experimental Child Psychology*, 1992, 54, 147-167 ; R. K. Olson et B. W. Wise, *ibid.*

46. R. K. Olson et B. W. Wise, *ibid.*

47. B. W. Wise et R. K. Olson, « How Poor Readers and Spellers Use Interactive Speech in a Computerized Spelling Program », *Reading and Writing*, 1992, 4, 145-163.

48. B. W. Wise et R. K. Olson, *ibid.*

49. J. Tizard, P. Blatchford, J. Burke, C. Farquhar et I. Plewis, *Young Children at School in the Inner City*, Londres, Erlbaum, 1988.

Index

Table des matières

CET OUVRAGE A ÉTÉ TRANSCODÉ
ET ACHEVÉ D'IMPRIMER SUR ROTO-PAGE
PAR L'IMPRIMERIE FLOCH À MAYENNE
EN SEPTEMBRE 1994

N° d'impression : 36029.
N° d'édition : 7381-0263-1.
Dépôt légal : septembre 1994.
Imprimé en France